Pflanzenbuch

für Auszubildende im Garten-, Landschafts- und Sportplatzbau

Band I

Laubgehölze; Nadelgehölze; Obstgehölze; Küchen- und Gewürzkräuter; Pflanzen für die Innenraum-Begrünung

6. überarbeitete und ergänzte Auflage

Bearbeiter: Volker Friedrich (Laubgehölze)
Ludger Plaßmann (Nadelgehölze)
Klaus Fliegel (Laub-, Nadel- und Obstgehölze)
Bernd W. Deigner-Grünberg (Küchen- und Gewürzkräuter, Pflanzen für die Innenraum-Begrünung)

Au GaLa
Ausbildungsförderwerk Garten-, Landschafts- und Sportplatzbau e. V.
Haus der Landschaft, Alexander-von-Humboldt-Straße 4, 53604 Bad Honnef
Tel.: 0 22 24/77 07-0, Fax: 0 22 24/77 07-77, Internet: www.augala.de

Inhaltsübersicht und Impressum

Seite

Impressum

AuGaLa - Pflanzenbuch Band I

Tangstedter Chaussee 14 a, 25462 Rellingen
Telefon: 0152 225 455 50, E-Mail: k.fliegel@gruen-ist-leben.de
6. Auflage, 2018

Pflanzenauswahl, Zusammenstellung und Struktur:
Arbeitsgruppe des AuGaLa: Bernd W. Deigner-Grünberg, Freiberg a.N.; Volker Friedrich, Oberhausen; Christina Lichey, Dessau; Ralf Mago, Erkrath; Ludger Plaßmann, Pinneberg
Verlagsgesellschaft "Grün ist Leben", Klaus Fliegel
Farbbilder: Clasen (2), Deigner-Grünberg (22), Ehsen (2), Floramedia (631), Friedrich (37), Gaedigk (2), Hachmann (1), Kordes (1), Kordes (3), Meilland (1), Möller (2), Müller (111), Münster (4), Noack (1), Rohloff (2), Tantau (3),
nähere Angaben: siehe Band II, Seite 459
Gesamtherstellung: Floramedia Deutschland GmbH, Steinbeisstraße 9, 70736 Fellbach,
Telefon: 0711 51 85 82-0, Telefax: 0711 51 85 82-22, Internet: www.floramedia.de

Vorwort

Der Landschaftsgärtner, ein grüner Beruf mit Zukunft. Gute Pflanzenkenntnisse sind eine wesentliche Voraussetzung, um diese abwechslungsreiche Tätigkeit erfolgreich und mit Begeisterung auszufüllen.
Um die hohe Qualität der Ausbildung zu sichern, gibt das Ausbildungsförderwerk Garten-, Landschafts- und Sportplatzbau e. V. (AuGaLa) dieses zweibändige Pflanzenbuch heraus. Die Träger des AuGaLa, der Bundesverband Garten-, Landschafts- und Sportplatzbau e. V. (BGL) und die Industriegewerkschaft Bauen-Agrar-Umwelt (IG BAU), wollen durch das AuGaLa Ausbildungsbetriebe, Ausbilder und Auszubildende unterstützen sowie qualifizierten Berufsnachwuchs werben.
Finanziert wird das AuGaLa durch eine Umlage aller Garten-, Landschafts- und Sportplatzbaubetriebe in Deutschland auf Grundlage der Bruttolohnsumme. Das AuGaLa verbessert die Ausbildungsqualität, steigert die Wettbewerbsfähigkeit der landschaftsgärtnerischen Unternehmen und sichert somit die Arbeitsplätze in der Branche.
Neben dem zweibändigen Pflanzenbuch und der dazugehörigen App für mobile Endgeräte erarbeitet das AuGaLa weitere Lehr- und Lernmittel und stellt diese den Auszubildenden aus ausbildungsumlagepflichtigen Betrieben kostenlos zur Verfügung. Der Umgang mit der Pflanze und deren Verwendung sowie deren Entwicklung und Pflege sind die Grundlage der landschaftsgärtnerischen Berufsbildung. Die Arbeit mit der Pflanze und das Wissen um die Pflanze kennzeichnen das Berufsbild des Landschaftsgärtners.
Der Auszubildende muss Pflanzen erkennen und darüber hinaus auch deren Eigenschaften und Verwendungsmöglichkeiten verinnerlichen und dieses Wissen auf der landschaftsgärtnerischen Baustelle und in der Pflege umsetzen. Im Garten- und Landschaftsbau hat der Umwelt- und Naturschutz einen hohen Stellenwert. Daher wurde den geschützten, heimischen Pflanzen im Pflanzenbuch ein eigener Teil eingeräumt.
Die Pflanzenzusammenstellung in beiden zusammengehörigen Büchern basiert auf dem ebenfalls vom AuGaLa herausgegebenen Arbeitsheft „Pflanzenliste für Auszubildende“, aber auch weitere Pflanzen, die für den Landschaftsgärtner von Bedeutung sind, fanden Eingang in diese Bücher. Die Pflanzenbeschreibungen umfassen – speziell auf die Berufsausbildung zum Landschaftsgärtner ausgerichtet – einen ausführlichen botanischen Bestimmungs- und landschaftsgärtnerischen Verwendungsteil.
Die Pflanzenbücher und die App sollen anregen, sich bei der täglichen Arbeit mit der Pflanze zu beschäftigen und helfen, Pflanzen zu erkennen und Pflanzenkenntnisse zu erweitern.
Das AuGaLa wünscht Ihnen viel Freude im Umgang mit der Pflanze und eine erfolgreiche Ausbildungszeit.

Ihr Vorstand
Ausbildungsförderwerk
Garten-, Landschafts- und Sportplatzbau e. V.

Seit das AuGaLa die erste Auflage des zweibändigen Pflanzenbuches erarbeitet und herausgegeben hat, sind mittlerweile 18 Jahre vergangen. In dieser Zeit haben sich die Pflanzenbücher mit ihrer elektronischen Ergänzung, zuerst als CD-ROM, dann ab 2009 als DVD und nun als App, zusammen mit der dazu gehörenden Pflanzenliste, zum zentralen Baustein bei der Vermittlung von Pflanzenkenntnissen in der Ausbildung zur Gärtnerin und zum Gärtner in der Fachrichtung Garten- und Landschaftsbau entwickelt.

Auch für diese nun vorliegende 6. Auflage wurden durch die AuGaLa-Arbeitsgruppe „Pflanzenmedien" alle Pflanzengruppen überarbeitet und einige Arten und Sorten ersetzt. Das Sortiment wird, unter Mitwirkung der Landesverbände des BGL und der überbetrieblichen Ausbildungsstätten, auf ihre Bedeutung für die Praxis und die Ausbildung im GaLaBau hin überprüft. Aber auch die Erfahrungen von Ausbilderinnen und Ausbildern sowie von Baumschulen und Staudengärtnereien sind mit in die Pflanzenauswahl eingeflossen. Dazu wurden viele Texte sprachlich überarbeitet, vereinheitlicht und erkannte Fehler korrigiert.
Bei den „Weiteren Arten und Sorten" wurden zahlreiche Veränderungen vorgenommen und zusätzlich insgesamt mehr als 20 neue Arten bzw. Sorten aufgenommen.

Die auf dem Pflanzenbuch aufbauende App wird ständig in der Funktionalität verbessert und erweitert. Dazu werden die Pflanzenporträts jährlich durch zusätzliche Bilder ergänzt. Dadurch sind mittlerweile viele Detail-Fotos von Blüten und Blättern vorhanden und die „Weiteren Arten und Sorten" mehr und mehr mit eigenen Bildern vertreten.

Die **Such-Funktion** der **Pflanzen-App** schließt neben den 842 Pflanzen des Buches und den 69 zusätzlichen, die nur auf dieser App näher beschrieben werden, auch alle aufgeführten ca. 1.800 „Weiteren Arten und Sorten", also **insgesamt über 2.600 Arten und Sorten,** in die Suchergebnisse mit ein.

Die Verbände der Baumschulen und Staudengärtnereien vieler europäischer Länder haben gemeinsame Namenlisten für ihre Sortimente erarbeitet, die alle 5 Jahre aktualisiert werden. Sie werden für die Nomenklatur von Katalogen, Pflanzenetiketten und Fachbüchern genutzt. Den Listen liegen die internationalen Richtlinien für die botanische Nomenklatur sowie für die Benennung von kultivierten Pflanzen zu Grunde. Sie erleichtern in unserer globalisierten Welt den Handel mit Stauden und Gehölzen über die Ländergrenzen hinweg. Sie geben neben den botanischen Namen für die Familien, Gattungen und Arten auch einheitliche Namen für die bekannten Sorten an.

Daher verwenden wir für die **Benennung** der „Laub-, Nadel- und Obstgehölze" sowie der „Pflanzen für die Innenraum-Begrünung" die „**Namenliste Gehölze** (International standard ENA 2016-2020)". Für die „Stauden, Ziergräser, Farne, Sumpf- und Wasserpflanzen" sowie für die „Küchen- und Gewürzkräuter" nutzen wir die „**Namenliste Stauden** (International standard ISU 2016-2020)". In einigen Fällen verzichten wir aber bewusst auf die in Deutschland für diese Gattungen unüblichen Sortengruppen. Näheres dazu finden Sie bei den entsprechenden Pflanzen sowie in den Beilagen.

Solche international abgestimmten Listen gibt es für die anderen Pflanzengruppen nicht. Daher verwenden wir für die Benennung der „Zwiebel- und knollenbildenden Arten" sowie der „Beet- und Balkonpflanzen, Wechselflor" den „**Zander**, Handwörterbuch der Pflanzennamen (19. Auflage, 2014)" und dessen Ergänzung „**Der große Zander**, Enzyklopädie der Pflanzennamen (2008)". Die „Unkräuter, Wildkräuter" und die „Heimischen, geschützten Arten" werden in der Regel auf der Rangstufe der Art auf Grundlage der „**Liste der Gefäßpflanzen Deutschlands** (2008)" dargestellt. Um das Arbeiten mit anderen Fachbüchern und Katalogen zu erleichtern, finden Sie in den Büchern auch umfangreiche Synonym-Listen.

Auf Grund von regionalen Unterschieden in der Namensgebung wurden vor allem bei den gärtnerischen Kulturpflanzen meist mehrere **deutsche Namen** je Pflanze aufgeführt. Da die internationalen Namenlisten keine deutschen Namen enthalten, wurden dafür neben dem „Zander" und der hinten im Buch aufgeführten Literatur auch weitere Kataloge von Betrieben des produzierenden Gartenbaus mit verwendet.

Grundsätzlich werden häufig verwendete Arten und Sorten beschrieben.
In einigen Fällen, vor allem bei Arten mit sehr vielen Sorten, wurde unter der **Bezeichnung Sorte**, z.B. Antirrhinum majus 'Sorte', das gesamte Sortenspektrum und keine spezielle Sorte beschrieben.

Wer sich näher mit den Grundlagen der korrekten Benennung von Pflanzen beschäftigen möchte, findet sowohl in den „Namenlisten Gehölze und Stauden" als auch in beiden Ausgaben des „Zander" ausführliche Hinweise zur botanischen Namensgebung für Wild- und Kultur-Pflanzen.

Bei den Pflanzenbeschreibungen finden Sie unter der Rubrik „**Hinweise**“ viele verschiedene Erfahrungen, Hinweise und Ergänzungen zu den beschriebenen Arten und Sorten, manchmal sind hier auch abweichende Sortennamen aufgeführt. Durchgängig wurde aber die Giftigkeit der jeweiligen Arten bei allen Pflanzengruppen dargestellt. Dies schon wegen der problematischen Verwendung von giftigen, auch leicht giftigen, Arten bei der Anlage von Kinderspielplätzen und Außenanlagen an Kindergärten und Schulen. Ergänzend dazu ist im Anhang beider Bände auch jeweils die „Liste giftiger Pflanzenarten“ zu finden. Das heißt aber nicht, dass Pflanzen, die im Buch nicht extra als giftig aufgeführt sind, grundsätzlich harmlos sind! Sehr viele Pflanzen können bei Einnahme von größeren Mengen zu gesundheitlichen Problemen führen. Genauso gibt es Pflanzen, die bei empfindlichen Menschen zu allergischen Reaktionen führen, auch wenn sie im Allgemeinen nicht als allergene Pflanzen geführt werden. Bei allen staudigen Pflanzen sind hier auch die Ergebnisse aus der **Staudensichtung** aufgeführt. Näheres dazu finden Sie auf Seite 12 der Beilage im Band II.

Seit vielen Jahrzehnten ist es das Ziel der Rosenzüchter, pflegeleichte, gesunde und attraktive Sorten für den Gartenbereich zu schaffen. Daher gibt es bereits seit dem Jahr 1949 die **ADR-Rosenneuheitenprüfung** (ADR = Allgemeine Deutsche Rosenneuheitenprüfung).
An 11 unterschiedlichen Standorten werden für 3 Jahre die gleichen Sorten aufgepflanzt und ohne Pflanzenschutzmittel kultiviert. Mindestens 6 Bonituren erfolgen pro Jahr. Besonders werden die Blattgesundheit, die Blüte, das Blühverhalten, der Duft und der Gesamteindruck bewertet. Bei der Blattgesundheit müssen 25 von 30 Punkten und bei den Allgemeinwerten 75 von 100 Punkten erreicht werden, um das ADR-Prädikat zu erhalten.
Durch Beharrlichkeit und Ausdauer in der Züchtungsarbeit steht zwischenzeitlich ein großes Sortiment in allen Rosen-Gruppen für den Verwender zur Verfügung. Das vollständige ADR-Sortiment ist unter **www.adr-rose.de** mit der entsprechenden Beschreibung nachzulesen. Die vom Arbeitskreis ADR geprüften und mit dem **ADR-Prädikat** versehenen ca. 175 Sorten sind bei optimal aufbereiteten Standorten in der Verwendung gesünder und pflegeleichter als nicht geprüfte Sorten. Allerdings gibt es darüber hinaus auch weitere pflanzwürdige Sorten, bei denen leider gelegentlich Pflanzenschutzmaßnamen erforderlich sind.

Alle pflanzlichen Bereiche, die die „**Verordnung über die Berufsausbildung zur Gärtnerin und zum Gärtner vom 6. März 1996**“ vorgibt, wurden auf 13 Pflanzengruppen verteilt. Dabei wurden die Rasengräser bewusst weggelassen, da sie im Bereich der „Pflanzenbestimmung“ keine Bedeutung haben, sondern nur in Verbindung mit der Rasenansaat zu vermitteln sind.

Die **Zuordnung der Pflanzen zu den einzelnen Gruppen** wurde von uns nach **rein gärtnerischen Gesichtspunkten** vorgenommen. So findet man die Schleifenblume (Iberis sempervirens), obwohl sie ein Halbstrauch ist, bei den „Stauden", da sie von den Staudengärtnereien und nicht von den Baumschulen kultiviert wird. Genauso findet man das Laubgehölz Zitrone (Citrus limon) nicht bei den „Laubgehölzen", sondern bei den „Pflanzen für die Innenraum-Begrünung", da sie in Deutschland ausschließlich in Gebäuden oder als Kübelpflanze verwendet werden kann.

Die „**Innenraum-Begrünung**" ist ein originäres Aufgabengebiet des Garten- und Landschaftsbaus, wenn es auch von der Bedeutung für die Gesamtheit aller Betriebe eher nachrangig ist. Als Konsequenz daraus wurde diese Pflanzengruppe in die Ausbildungsverordnung aufgenommen und ist damit selbstverständlich Bestandteil der AuGaLa-Pflanzenmedien. Da dieser Bereich aber nicht obligatorisch ist, werden diese Pflanzen sicherlich nicht in allen Betrieben vermittelt und dem entsprechend auch nicht überall in den Prüfungen Einzug halten.

Auch bei den „**Heimischen, geschützten Arten**" handelt es sich um einen zwingenden Ausbildungsinhalt im 1. und 2. Ausbildungsjahr. Man findet ihn insbesondere in der Anlage 3a der Verordnung, Abschnitt II, Nr. 2a: „heimische, geschützte Pflanzen nennen und ihren typischen Standorten zuordnen".
Die AuGaLa-Pflanzenmedien enthalten in dieser Rubrik daher auch nur Pflanzen, die in Deutschland einen besonderen Schutz genießen. Es wurden dazu hauptsächlich Pflanzen ausgewählt, die auch gleichzeitig Charakterpflanzen bestimmter, häufig auch bedrohter, Lebensräume sind, so z.B. der Sonnentau (Drosera rotundifolia) für die Moore. Zum anderen fiel die Wahl natürlich auch auf solche geschützten Pflanzen, die trotz des Schutzes häufig in der gärtnerischen Kultur Verwendung finden, wie z.B. die Eibe (Taxus baccata) oder das Schneeglöckchen (Galanthus nivalis).

Laub-gehölze

Das Gerüst des Gartens im Lauf des Jahres

Laubgehölze sind mit ihrer Vielfalt an Wuchseigenschaften, Blüten- und Blattformen, Laubfärbungen und verschiedenen Fruchtausbildungen aus dem Landschaftsbild nicht wegzudenken. Zudem sind sie aufgrund ihres positiven ökologischen Wertes für unsere Umwelt für nahezu jede landschaftsgärtnerische Arbeit unverzichtbar.
So bilden Laubgehölze den gestalterischen Rahmen im öffentlichen Grün, wie im Hausgarten oder bei der Begrünung von Industrieanlagen.
Sie setzen Akzente in der Farbgebung von gärtnerischen Anlagen und sind als Solitärs zum einen Blickfang, zum anderen dienen Sie der Aufwertung von Gebäuden, Parks und gestalteten Grünflächen. Laubgehölze sind außerdem für den Menschen Sympathieträger, mit denen positive, persönliche Erlebnisse und Empfindungen verbunden werden.
Die Kenntnis des breiten Spektrums der Laubgehölze mit ihren wichtigsten Merkmalen und Ansprüchen gehört zum Basiswissen eines jeden, der Landschaft gestalten, Gärten neu anlegen oder erneuern und der Gehölze art- und standortgerecht pflegen will.

Acer campestre

Feld-Ahorn
Sapindaceae,
Seifenbaumgewächse

Erklärung Artname:
campestre = auf dem Feld wachsend

Herkunft:
Europa, Westasien, Nordafrika, in Laubwäldern der Tal- und Höhenlagen bis 800 m

Wuchs:
Mittelgroßer Baum, kurzstämmig, unregelmäßig kegelförmig, im Alter Rundkrone, oft ausgeprägte Korkleisten, Höhe bis 20 m, Breite bis 15 m

Blüten:
Mai; gelbgrüne Doldentrauben, entwickeln sich zeitgleich mit den Blättern

Früchte:
Nüsschen, paarweise geflügelt, Flügel waagerecht ausgespreizt, Fruchtreife August - September

Blätter:
Dunkelgrün, kreuzgegenständig, 3- bis 5-lappig, stumpfeckig, 4-8 cm lang, 4-10 cm breit, milchsaftführend, Herbstfärbung leuchtend gelb bis orange, sommergrün

Verwendung:
Als Landschaftsgehölz, im Siedlungsbereich als kleinkroniger Straßenbaum, freiwachsende und geschnittene Hecken

Lebensbereich:
[6] Steppengehölze und Trockenwälder, Ordnungsziffer 6.3.3.2

Standort:
Sonnig bis halbschattig; sandig-lehmige bis lehmige, mäßig trockene bis frische, schwach saure bis alkalische, mäßig nährstoffreiche Böden; kalkliebend

Gärtnerische Vermehrung:
Durch Aussaat, Sorten durch Veredlung

Hinweise:
Sehr frosthart, trockenresistent, besonders windfest und schattenverträglich, Nähr- und Nistgehölz für Vögel

Weitere Arten und Sorten:
A. campestre 'Elsrijk', Höhe bis 15 m, schmaler wachsend als die Art, Herbstfärbung leuchtend gelb, hervorragender Straßenbaum

Japanischer Feuer-Ahorn
Sapindaceae, Seifenbaumgewächse

Erklärung Artname:
japonicum = aus Japan stammend; aconitifolium = mit Blättern wie Aconitum, sturmhutblättrig

Herkunft:
Züchtung; Art: Japan (Hokkaido, Honshu), in Bergwäldern, seit Jahrhunderten in Kultur

Wuchs:
Großstrauch, meist kurzstämmig, baumförmig locker aufrecht, im Alter breit ausladend, Höhe 3-5 m und meist ebenso breit

Blüten:
April - Mai; purpurrot, in kurzen Trauben

Früchte:
Nüsschen, paarweise geflügelt, Flügel im Sommer glänzend rot

Blätter:
Lebhaft grün, 7- bis 9-lappig, gezähnt, 8-14 cm groß, tiefgelappt, ähnlich Aconitum, Herbstfärbung rot, sommergrün, Knospen rot, paarig an roten Triebspitzen, spitz

Verwendung:
Als Solitärgehölz in Gärten und Parkanlagen, in großen Pflanzgefäßen

Lebensbereich:
[7] Gehölze kühl-feuchter Wälder, Ordnungsziffer 7.2.2.4

Standort:
Sonnig bis halbschattig; sandig-humose bis kiesig-humose, durchlässige, frische bis feuchte, saure bis neutrale, mäßig nährstoffreiche Böden; kalkempfindlich

Gärtnerische Vermehrung:
Durch Veredlung

Hinweise:
Flachwurzler, Wurzelraum mulchen, Korrekturschnitt in der Winterruhe

Weitere Arten und Sorten:
A. japonicum 'Green Cascade', Blätter intensiv grün, geschlitzt, Herbstfärbung gelbrot; A. shirasawanum 'Aureum', Höhe und Breite 2,5-6 m, Blätter auffällig gelb gefärbt, Herbstfärbung gelborange bis rötlich

Oben: Herbstfärbung

Acer negundo 'Aureovariegatum'

Goldbunter Eschen-Ahorn
Sapindaceae,
Seifenbaumgewächse

Erklärung Artname:
negundo = Pflanzenname in Indien (Acer);
aureovariegatum = goldbunt

Herkunft:
Züchtung; Art: Nordamerika,
an Seeufern und in Auenwäldern

Wuchs:
Großstrauch bis Kleinbaum, mehrstämmig, viele, grünliche, brüchige Triebe, Höhe 5-10 m, Breite 4-6 m

Blüten:
März; blassgelb in hängenden Trauben, vor dem Blattaustrieb

Früchte:
Nüsschen, paarweise geflügelt,
Flügel gelblich-weiß

Blätter:
Grün mit breiten, goldgelben Rändern, unpaarig gefiedert, 3- bis 5-zählig, Einzelblätter bis 10 cm lang, Herbstfärbung braun, sommergrün

Verwendung:
Als Solitärgehölz in Gärten und Parkanlagen

Lebensbereich:
[2] Auen- und Ufergehölze, Ordnungsziffer 2.4.6.3

Standort:
Halbschattig; humose, sandig-lehmige, mäßig trockene bis feuchte, schwach saure bis alkalische, nährstoffreiche Böden; kalkempfindlich

Gärtnerische Vermehrung:
Durch Stecklinge und Veredlung

Hinweise:
Panaschierung (Blattfärbung) wird durch Stickstoffüberdüngung beeinträchtigt

Weitere Arten und Sorten:
A. negundo, detaillierte Beschreibung in der App;
A. negundo 'Flamingo', Höhe 5-7 m, Breite 5-6 m, Blätter grün mit leicht rosa bis weißen Rändern, junge Blätter flamingorosa gefärbt, Herbstfärbung gelbbraun;
A. negundo 'Variegatum', Höhe 5-7 m, Breite 3-5 m, Blätter grün mit breiten, weißen Rändern, leicht rosa austreibend, Herbstfärbung gelbbraun

Acer palmatum 'Atropurpureum'

Roter Fächer-Ahorn
Sapindaceae, Seifenbaumgewächse

Hinweise zur Nomenklatur siehe Beilage

Erklärung Artname:
palmatum = handförmig gespreizt;
atropurpureum = dunkelpurpurrot

Herkunft:
Züchtung; Art: Japan, Korea, in sommergrünen Laubwaldzonen

Wuchs:
Großstrauch, baumartig wachsend, Höhe 3-5 m, Breite 3-8 m

Blüten:
Mai - Juni; purpurn, in kleinen Trugdolden

Früchte:
Nüsschen, paarweise geflügelt, 1-2 cm lang

Blätter:
Dunkelrot, 5- bis 7-lappig, tief geschlitzt, 4-10 cm lang, Herbstfärbung leuchtend rot, sommergrün, Knospen kreuzgegenständig, an Kurztrieben paarig, rot

Verwendung:
Als Solitärgehölz in Gärten und Parkanlagen

Lebensbereich:
[7] Gehölze kühl-feuchter Wälder, Ordnungsziffer 7.2.2.4

Standort:
Sonnig bis halbschattig; sandig-humose bis kiesig-humose, frische bis feuchte, saure bis neutrale, mäßig nährstoffreiche Böden; kalkempfindlich

Gärtnerische Vermehrung:
Durch Aussaat, Stecklinge und Veredlung

Hinweise:
Möglichst Schatten am Nachmittag, bei Staunässe sind oft Frostschäden und Pilzerkrankungen die Folge

Weitere Arten und Sorten:
A. palmatum 'Bloodgood', breitrundlich, baumartig wachsend, Höhe und Breite 4-6 m, Blätter bis in den Spätsommer beständig dunkelrot, Früchte rot, Herbstfärbung scharlachrot;
A. palmatum 'Osakazuki', breitbuschig, aufrecht, Höhe und Breite 4-6 m, Blätter intensiv grün, Herbstfärbung dunkelorange

Acer palmatum 'Dissectum'

Grüner Schlitz-Ahorn
Sapindaceae,
Seifenbaumgewächse

Hinweise zur Nomenklatur siehe Beilage

Erklärung Artname:
palmatum = handförmig gespreizt;
dissectum = fein geschlitzt

Herkunft:
Züchtung; Art: Japan, Korea,
in sommergrünen Laubwaldzonen

Wuchs:
Normalstrauch, halbkugelförmig ausgebreitet, Zweige überhängend, Höhe bis 2 m, Breite bis 3 m

Blüten:
Mai - Juni; purpurn, in kleinen Trugdolden, eher unauffällig

Früchte:
Nüsschen, paarweise geflügelt, 1-2 cm lang

Blätter:
Hellgrün, 7- bis 11-lappig, tief fein geschlitzt, Herbstfärbung gelb bis orange, sommergrün, Knospen gegenständig, gelbgrün

Verwendung:
Als Solitärgehölz in Gärten und Parkanlagen

Lebensbereich:
[7] Gehölze kühl-feuchter Wälder,
Ordnungsziffer 7.2.2.5

Standort:
Sonnig bis halbschattig; sandig-humose bis kiesig-humose, frische bis feuchte, saure bis neutrale, mäßig nährstoffreiche Böden; kalkempfindlich

Gärtnerische Vermehrung:
Durch Veredlung

Hinweise:
Bei vollsonnigen Standorten im Hochsommer Blattverbrennung möglich, bei schweren Böden oder Staunässe sind oft Frostschäden und Pilzerkrankungen die Folge

Weitere Arten und Sorten:
A. palmatum 'Garnet', breit ausladend, Höhe 1,5-2 m, Breite 3-5 m, Blätter braunrot, fein geschlitzt, im Austrieb leuchtend rot, Herbstfärbung leuchtend scharlachrot

---

Unten: A. palmatum 'Garnet'

Spitz-Ahorn Sapindaceae, Seifenbaumgewächse

Erklärung Artname:
platanoides = platanenähnlich

Herkunft:
Europa, Kleinasien, Kaukasus, Nordiran, in Mischwäldern, bevorzugt in Tallagen

Wuchs:
Großbaum, meist kurzstämmig, rundkronig, dicht, Höhe 20-30 m, Breite 15-22 m

Blüten:
April - Mai; zitronengelb in Doldentrauben, vor dem Blattaustrieb, duftend

Früchte:
Nüsschen, geflügelt, hängend, Fruchtflügel fast waagerecht ausgespreizt in Büscheln

Blätter:
Grün, glänzend, spitz, 5- bis 7-lappig, 10-18 cm breit, milchsaftführend, Herbstfärbung leuchtend goldgelb bis rot, sommergrün, Knospen kreuzgegenständig, eng anliegend, spitz, rot, an den Triebenden eine große Knospe mit zwei kleinen

Verwendung:
Als Straßen- und Parkbaum, Landschaftsgehölz, Pioniergehölz, Windschutz auf Ödland, an Böschungen und Ufern

Lebensbereich:
[3] Artenreiche Wälder und Gehölzgruppen, Ordnungsziffer 3.1.3.1

Standort:
Sonnig bis halbschattig; sandig-humose bis lehmige, mäßig trockene bis frische, schwach saure bis alkalische, mäßig nährstoffreiche bis nährstoffreiche Böden; kalktolerierend

Gärtnerische Vermehrung:
Durch Aussaat, Sorten durch Veredlung

Hinweise:
Sehr widerstandsfähig, Honigtauabsonderungen, Schnitt nur Oktober - Dezember

Weitere Arten und Sorten:
A. platanoides 'Emerald Queen', Höhe 15-20 m, Breite 8-10 m, Blätter im Austrieb hellrosa, Herbstfärbung hellgelb; A. platanoides 'Eurostar'®, durchgehender Leittrieb, Höhe 12-20 m, Breite 5-8 m, durch späten Austrieb frostresistent, widerstandsfähig, Herbstfärbung goldgelb

Acer platanoides 'Faassen's Black'

Roter Spitz-Ahorn, Schwarz-Ahorn Sapindaceae, Seifenbaumgewächse

Erklärung Artname:
platanoides = platanenähnlich

Herkunft:
Züchtung; Art: Europa, Kleinasien, Kaukasus, Nordiran, in nährstoffreichen, feuchten Mischwäldern

Wuchs:
Kleinbaum, runde Krone, Höhe 12-15 (-20) m, Breite 8-10 m

Blüten:
März; Blütenblätter gelb, Hüllblätter rot, in aufrechten Doldentrauben

Früchte:
Nüsschen, paarweise geflügelt, in Büscheln, lange haftend

Blätter:
Dunkelpurpurrot, 5-lappig, im Austrieb leuchtend rot, 10-16 cm breit, mit nach oben gebogenem Rand, bis einschließlich Herbstfärbung strahlend rot, sommergrün

Verwendung:
Als Solitär- und Straßenbaum

Lebensbereich:
[3] Artenreiche Wälder und Gehölzgruppen, Ordnungsziffer 3.1.2.3

Standort:
Sonnig bis halbschattig; humose, sandig-lehmige, durchlässige, mäßig trockene bis frische, schwach saure bis alkalische, mäßig nährstoffreiche bis nährstoffreiche Böden; kalktolerierend

Gärtnerische Vermehrung:
Durch Veredlung

Hinweise:
Stadtklimafest, windfest, trockenresistent

Weitere Arten und Sorten:
A. platanoides 'Schwedleri', Höhe 15-25 m, Breite 10-15 m, Blätter beim Austrieb karminrot, rötlich-grün verblassend, Herbstfärbung leuchtend karminrot

Acer platanoides 'Globosum'

Kugel-Ahorn
Sapindaceae, Seifenbaumgewächse

Erklärung Artname:
platanoides = platanenähnlich;
globosum = kugelförmig, kugelig

Herkunft:
Züchtung; Art: Europa, Kleinasien, Kaukasus, Nordiran, in nährstoffreichen, feuchten Mischwäldern

Wuchs:
Kleinbaum, geschlossene, dicht verzweigte Kugelkrone, Höhe bis 6 m, Breite 4-6 m

Blüten:
März; Blütenblätter gelb,
in aufrechten Dolden, vor dem Blattaustrieb

Früchte:
Nüsschen (Spaltfrucht), paarweise geflügelt, in Büscheln

Blätter:
Frischgrün, gelappt, Herbstfärbung gelb, sommergrün, Knospen kreuzgegenständig, spitz, rot,

Verwendung:
Als Solitärgehölz für Gärten, als Formelement für städtische Plätze und an Straßen mit ausreichendem Standraum

Lebensbereich:
[3] Artenreiche Wälder und Gehölzgruppen, Ordnungsziffer 3.1.3.4

Standort:
Sonnig bis halbschattig; humose, sandig-lehmige, mäßig trockene bis frische, schwach saure bis alkalische, mäßig nährstoffreiche bis nährstoffreiche Böden; kalktolerierend

Gärtnerische Vermehrung:
Durch Veredlung

Hinweise:
Stadtklimafest, untypisch wachsende Triebe in der Zeit von November - Januar entfernen

Weitere Arten und Sorten:
A. platanoides 'Olmstedt', säulen- bis kegelförmig, Höhe 10-12 m, Breite 5-6 m, Blätter im Austrieb bronzefarben,
später grün, bis 20 cm groß, 5- bis 7-lappig, Herbstfärbung gelb

Unten: A. platanoides 'Olmstedt'

Acer pseudoplatanus

Berg-Ahorn
Sapindaceae,
Seifenbaumgewächse

Erklärung Artname:
pseudoplatanus = falsche Platane,
die Ähnlichkeit mit der Platane andeutend

Herkunft:
Europa, Kaukasus, Kleinasien,
in Laubmischwäldern, im Gebirge bis 1650 m

Wuchs:
Großbaum, breitgewölbte,
meist tief angesetzte Krone, Höhe 25-40 m,
Breite 15-25 m, abblätternde Borke

Blüten:
Mai - Juni; grünlich bis gelb,
in Trauben hängend, bis 15 cm lang

Früchte:
Nüsschen, geflügelt, ab September,
Flügel 3,5-4,5 cm lang, im Sommer rötlich
bis leuchtend rot, recht- bis spitzwinkelig

Blätter:
Grün, 5-lappig, 8-16 cm breit, grob einfach
bis doppelt gesägte Ränder, kein Milchsaft,
Herbstfärbung goldgelb, sommergrün,
Knospen kreuzgegenständig, abstehend, dick

Verwendung:
Im Siedlungsbereich als Solitär-, Straßen-
und Alleebaum, als Pioniergehölz in der
Landschaft, für Gärten meistens zu groß

Lebensbereich:
[7] Gehölze kühl-feuchter Wälder,
Ordnungsziffer 7.3.3.1

Standort:
Sonnig bis halbschattig; humose,
sandig-lehmige bis kiesig-lehmige, frische
bis feuchte, schwach saure bis alkalische,
nährstoffreiche Böden; kalkliebend

Gärtnerische Vermehrung:
Durch Aussaat, Sorten durch Veredlung

Hinweise:
Im Gegensatz zu den Sorten außerordentlich
frosthart, sehr windfest

Weitere Arten und Sorten:
A. pseudoplatanus 'Atropurpureum',
Krone breit kegelförmig, Höhe 20-25 m,
Breite 15-18 m, Blätter oberseits dunkelgrün
mit auffallend lilarot schimmernder Unterseite

Rot-Ahorn
Sapindaceae, Seifenbaumgewächse

Erklärung Artname:
rubrum = rot

Herkunft:
Östliches Nordamerika

Wuchs:
Mittelgroßer Baum, Krone oval aufgerichtet, Rinde glatt, graubraun, Borke mit schmalen Längsfurchen, Höhe 15-20 m, Breite 6-10 m

Blüten:
März - April; dichte, dunkelrote Büschel, vor dem Blattaustrieb

Früchte:
Nüsschen, Fruchtflügel rot, direkt nach dem Blattaustrieb

Blätter:
Oberseits grün, unterseits bläulich-weiß, 5-lappig, die untersten beiden Blattlappen teils undeutlich ausgebildet, gesägt, bis 10 cm lang, Herbstfärbung gelb, orange bis leuchtend rot, sommergrün

Verwendung:
Als Solitärgehölz für Gärten und Parkanlagen

Lebensbereich:
[2] Auen- und Ufergehölze, Ordnungsziffer 2.2.3.2

Standort:
Sonnig; humose, sandig-kiesige bis sandig-lehmige, frische bis feuchte, schwach saure bis alkalische, nährstoffreiche Böden; kalkempfindlich

Gärtnerische Vermehrung:
Durch Veredlung

Hinweise:
Verträgt keine Verdichtung und Anhäufung mit Boden, zu hoher Kalkanteil und Trockenheit schränken die Herbstfärbung ein

Weitere Arten und Sorten:
A. rubrum 'October Glory', Höhe 10-12 m, Breite 4-6 m, Blätter haften lange an, daher verlängerte Herbstfärbung;
A. rubrum 'Red Sunset'®, wie die Art, doch wesentlich rundlicherer Kronenaufbau, Höhe bis 15 m, Breite bis 10 m, lang anhaltende Herbstfärbung

Unten: A. rubrum 'October Glory', Herbstfärbung

Acer tataricum subsp. ginnala

Feuer-Ahorn
Sapindaceae,
Seifenbaumgewächse

Erklärung Artname:
tataricum = aus der Tartarei (Innerasien) stammend, ginnala = Volksname einer Ahornart im Amurgebiet

Herkunft:
Mittel- und Nordchina, Japan, Mandschurei

Wuchs:
Großstrauch, strauchartig, dünne, gebogene Zweige, Höhe und Breite bis 6 m

Blüten:
Mai; gelblich-weiß, klein, duftend, in 4 cm langen Rispen

Früchte:
Nüsschen, parallele bis spitzwinkelige, anfangs auffällig rot gefärbte Fruchtflügel, bis 2,5 cm lang

Blätter:
Oberseits dunkelgrün, glänzend, unterseits hellgrün, tief 3-lappig, Mittellappen deutlich länger als die Seitenlappen, scharf oder grob doppelt gesägt, 4-8 cm lang, 3-6 cm breit, Herbstfärbung tiefrot, sommergrün, Knospen gegenständig

Verwendung:
Als Solitärgehölz in Gärten und Parkanlagen

Lebensbereich:
[6] Steppengehölze und Trockenwälder, Ordnungsziffer 6.3.3.4

Standort:
Sonnig bis halbschattig; sandig-lehmige bis lehmige, mäßig trockene bis frische, schwach saure bis alkalische, mäßig nährstoffreiche bis nährstoffreiche Böden; kalktolerierend

Gärtnerische Vermehrung:
Durch Aussaat

Hinweise:
Sehr robust, bei zu schweren, feuchten und sehr nährstoffreichen Böden Frostschäden

Weitere Arten und Sorten:
A. saccharinum 'Laciniatum Wieri', Höhe 15-20 m, Breite 12-20 m, Blätter geschlitzt, Herbstfärbung leuchtend gelb, detaillierte Beschreibung in der App

---

Unten: Fruchtflügel

Scharlach-Rosskastanie
Sapindaceae, Seifenbaumgewächse

Erklärung Artname:
carnea = fleischfarben; Briotii = nach P. L. Briot (französischer Gärtner, 1804-1888)

Herkunft:
Züchtung; Bastard aus A. hippocastanum (Europa) und A. pavia (USA)

Wuchs:
Mittelgroßer Baum, ausladend, rundliche, geschlossene Krone, Höhe 10-15 m, Breite 8-12 m

Blüten:
Mai; leuchtend blutrot mit gelbem Zentrum, in 25 cm langen, aufrechten Rispen

Früchte:
Spaltfrüchte, kugelig, 3-4 cm Durchmesser, kaum bestachelt, werden selten voll ausgebildet

Blätter:
Dunkelgrün, unterseits hellgrün, 25 cm lang, zu 5-7 fingerförmig gefiedert, in kurzstielige oder stiellose, verkehrt eiförmige Blättchen geteilt, Herbstfärbung gelb, sommergrün, Knospen gegenständig, groß, dick, braun, nicht klebrig

Verwendung:
Als Solitär- und Alleebaum

Lebensbereich:
[3] Artenreiche Wälder und Gehölzgruppen, Ordnungsziffer 3.3.3.3

Standort:
Sonnig; lehmige, frische bis feuchte, schwach saure bis alkalische, nährstoffreiche Böden; kalktolerierend

Gärtnerische Vermehrung:
Durch Veredlung

Hinweise:
Stadtklimafest, geringer Fruchtansatz, unreife Früchte und Schalen giftig, Wurzeln tiefgehend und weit

Weitere Arten und Sorten:
A. flava 'Vestita', breit kegelförmig bis rundlich, Zweige hellbraun, meist behaart, Höhe 12-20 m, Breite 9-15 m, Blüten hellgelb mit dunkelrosa Flecken, Früchte giftig, Blätter rosagelb überlaufen, Herbstfärbung tiefgelb

Aesculus hippocastanum

Rosskastanie
Sapindaceae,
Seifenbaumgewächse

Erklärung Artname:
hippocastanum = Rosskastanie

Herkunft:
Balkan, seit 1576 in Mittel-Europa, in nährstoffreichen, feuchten Gebirgswäldern

Wuchs:
Großbaum, Krone länglich rund, wuchtig, dicht verzweigt, Höhe 20-30 m, Breite 15-25 m

Blüten:
Mai; weiß, gelbrot gefleckt, Rispen, 20-30 cm lang, aufrecht, am mehrjährigen Holz

Früchte:
Spaltfrüchte, stachelige Fruchthüllen mit glänzend braunem, kugelförmigen Samen (Kastanie), bis 6 cm groß, Fruchtreife ab September

Blätter:
Grün, fingerförmig gefächert, 5- bis 7-teilig, 10-25 cm lang, doppelt gesägt, Herbstfärbung leuchtend gelb, sommergrün, Knospen gegenständig, groß, dick, braun, klebrig

Verwendung:
Im Siedlungsbereich als Solitär-, Allee- und Straßenbaum, in der Landschaft als Pioniergehölz

Lebensbereich:
[7] Gehölze kühl-feuchter Wälder, Ordnungsziffer 7.3.2.1

Standort:
Sonnig bis halbschattig; humose, sandig-lehmige bis kiesig-lehmige, frische bis feuchte, schwach saure bis alkalische, nährstoffreiche Böden; kalktolerierend

Gärtnerische Vermehrung:
Durch Aussaat, Sorten durch Veredlung

Hinweise:
Empfindlich gegen Bodenverdichtung, seit Jahren von Miniermotten befallen, gefallenes Laub unbedingt vernichten, sehr frosthart

Weitere Arten und Sorten:
A. hippocastanum 'Umbraculifera', Krone in der Jugend ohne Schnitt kugelig, im Alter breit kegelig, Höhe und Breite bis 8 m, Herbstfärbung gelb bis braun

Aesculus hippocastanum 'Baumannii'

Gefülltblühende Rosskastanie Sapindaceae, Seifenbaumgewächse

Erklärung Artname:
hippocastanum = Rosskastanie;
Baumannii = nach C. A. N. Baumann (französisch-deutscher Gärtner, 1804-1884)

Herkunft:
Züchtung; Art: Balkan, Nordgriechenland, Ostbulgarien, in nährstoffreichen, feuchten Gebirgswäldern

Wuchs:
Großbaum, breite, hochgewölbte, regelmäßige Krone, Höhe 20-25 (-30) m, Breite 15-20 (-25) m

Blüten:
Mai; weiß, gefüllt, steril, in 20-30 cm hohen, aufrechten Rispen

Früchte:
Nicht oder kaum fruchtend

Blätter:
Grün, derb, fingerförmig gefiedert, an bis 20 cm langen Stielen, Herbstfärbung gelbbraun, sommergrün

Verwendung:
Als Solitärbaum in großen Parkanlagen, als Allee- und Straßenbaum

Lebensbereich:
[7] Gehölze kühl-feuchter Wälder, Ordnungsziffer 7.3.2.1

Standort:
Sonnig bis halbschattig; sandig-humose bis sandig-lehmige, frische bis feuchte, schwach saure bis alkalische, nährstoffreiche Böden; kalktolerierend

Gärtnerische Vermehrung:
Durch Veredlung

Hinweise:
Stadtklimafest und auch industriefest, besser in nicht befestigte Flächen pflanzen

Weitere Arten und Sorten:
A. hippocastanum 'Pyramidalis', breit pyramidale Krone, Höhe bis 10 m, Breite bis 6 m, fruchtet weniger als die Art, 5-6 cm dick, stachelig umhüllt, Herbstfärbung gelbbraun

---

Unten: Blütenrispen

Aesculus parviflora

Strauch-Rosskastanie
Sapindaceae, Seifenbaumgewächse

Erklärung Artname:
parviflora = kleinblütig

Herkunft:
Nordamerika
(von Carolina, Alabama bis Florida), an Waldrändern und in lichten Wäldern

Wuchs:
Großstrauch, meist mehrtriebig, Schösslinge bildend, Rinde hellbraun bis grau, auffallende Lentizellen, Höhe 3-4 m, Breite 4-6 m und mehr

Blüten:
Juli - August; weiße, aufrechte Rispen, bis 30 cm lang, herausstehende Staubblätter

Früchte:
Spaltfrüchte, verkehrt eiförmig, glatt, Durchmesser 2-3 cm, braun, selten ausgebildet

Blätter:
Oberseits dunkelgrün, unterseits fein grau behaart, fingerförmig gefiedert, 3 cm und mehr lang, Blättchen eiförmig, Herbstfärbung gelb, sommergrün, Knospen kreuzgegenständig, braun

Verwendung:
Als Solitärgehölz für große Gärten und im öffentlichen Grün

Lebensbereich:
[2] Auen- und Ufergehölze, Ordnungsziffer 2.3.5.4

Standort:
Halbschattig; sandig-humose bis lehmige, frische bis feuchte, schwach saure bis alkalische, mäßig nährstoffreiche bis nährstoffreiche Böden; kalktolerierend

Gärtnerische Vermehrung:
Durch Ableger

Hinweise:
Ausläufer bildend, kaum Fruchtansatz, frosthart, etwas wärmeliebend, stadtklimafest

Weitere Arten und Sorten:
A. pavia 'Atrosanguinea', Krone rundlich, geschlossen, aufrecht, Höhe 3-6 m, Breite 3-5 m, Blüten dunkelrot, bis 25 cm lang, in aufrechten Rispen, Mai, Früchte hellbraun, glatt, bis 6 cm dick, Herbstfärbung gelblich

Götterbaum
Simaroubaceae, Bitterholzgewächse

Erklärung Artname:
altissima = sehr hoch

Herkunft:
China, Indien, Nord-, Mittel- und Südamerika, Westeuropa, in Laub- und Mischwäldern der Tallagen

Wuchs:
Großbaum, breitkronig, oft mehrstämmig, schnell wachsend, sparrig verzweigt, Ausläufer bildend, junge Triebe dick, rotbraun, samtig behaart, Borke im Alter längsrissig, Höhe bis 25 m, Breite 10-20 m

Blüten:
Juli; gelbe Rispen, 10-20 cm lang, zweihäusig, strenger Geruch

Früchte:
Nüsse, Fruchtstände in Büscheln, Früchte geflügelt, eschenähnlich, rötlich-orange, stark fruchtend, bis in den Winter haftend

Blätter:
Oberseits dunkelgrün, unterseits bläulich-grün, wechselständig, 40-60 cm lang, unpaarig gefiedert, Blättchen zu 13-41, unangenehm scharf riechend, keine Herbstfärbung, sommergrün

Verwendung:
Als Solitär-, Park- und Alleebaum

Lebensbereich:
[6] Steppengehölze und Trockenwälder, Ordnungsziffer 6.1.2.1

Standort:
Sonnig; sandige, sandig-kiesige bis kiesig-lehmige, mäßig trockene bis mäßig feuchte, schwach saure bis alkalische, mäßig nährstoffreiche bis nährstoffreiche Böden; kalktolerierend

Gärtnerische Vermehrung:
Durch Aussaat

Hinweise:
Sehr trockenresistent, besonders stadtklimafest, invasiv

Weitere Arten und Sorten:
In Deutschland ist keine weitere bedeutende Art oder Sorte von Ailanthus im Handel

Akebia quinata

Klettergurke, Fingerblättrige Akebie Lardizabalaceae, Fingerfruchtgewächse

Erklärung Artname:
quinata = fünfzählig

Herkunft:
Ostasien, in China, Korea und Japan, in Gebüschen und Wäldern

Wuchs:
Klettergehölz, zunächst schwach-, später stärker wachsend, Höhe 6-10 m

Blüten:
Mai; w: violettbraun, bis 3 cm, m: rosa, 1 cm breit, in bis zu 12 cm langen, hängenden Trauben, würzig duftend

Früchte:
Gurkenförmig, purpurviolett bereift, 5-15 cm lang, essbar, selten

Blätter:
Grün, eirund, 4-8 cm lang, zu 5 fingerteilig an langen Stielen, in milden Wintern auch haftend, Blattspitzen gebuchtet, oberseits dunkelgrün, unterseits blaugrün, im Winter purpurn überlaufen, wintergrün

Verwendung:
Zur Begrünung von Pergolen und Lauben, an Mauern und Lärmschutzwänden (Kletterhilfen erforderlich)

Lebensbereich:
[7] Gehölze kühl-feuchter Wälder, Ordnungsziffer 7.4.5.9

Standort:
Sonnig bis halbschattig; humose bis sandig-lehmige, frische bis feuchte, saure bis schwach alkalische, nährstoffreiche Böden; kalktolerierend

Gärtnerische Vermehrung:
Durch Stecklinge und Aussaat

Hinweise:
Bei Aufkahlen Rückschnitt nach der Blüte, Störungen im Wurzelbereich vermeiden

Weitere Arten und Sorten:
A. quinata 'Alba', cremeweiß

Unten: unreife Früchte

Schwarz-Erle, Rot-Erle
Betulaceae, Birkengewächse

Erklärung Artname:
glutinosa = klebrig (Knospen und Zweige)

Herkunft:
Europa bis Asien, in Nordamerika eingebürgert, an Ufern, in Auen- und in Mischwäldern

Wuchs:
Mittelgroßer Baum, variabel, je nach Standort, Krone kegelförmig, Stamm durchgehend, oft auch mehrstämmig, Äste waagerecht, Höhe 15-25 m, Breite 8-14 m

Blüten:
März - April; m: auffällige, bräunliche Kätzchen, anfangs bläulich schimmernd, w: Kätzchen klein und unscheinbar, vor dem Blattaustrieb

Früchte:
Zapfen, eiförmig verholzt, dunkelbraun, lange am Zweig haftend

Blätter:
Grün, breit, verkehrt eiförmig bis rundlich, an der Spitze abgeflacht oder nach innen gebuchtet, 4-9 cm lang, Basis breit-keilförmig, grob doppelt gezähnt, Herbstfärbung keine, sommergrün, Knospen langgestreckt, anfangs bläulich schimmernd

Verwendung:
Als Solitärgehölz in der Landschaft, zur Boden- und Uferbefestigung, auch im Forst

Lebensbereich:
[1] Moor- und Sumpfgehölze, Ordnungsziffer 1.2.2.2

Standort:
Halbschattig; lehmig-humose, feuchte, schwach saure, nährstoffreiche Böden; kalkempfindlich

Gärtnerische Vermehrung:
Durch Aussaat, Sorten durch Veredlung

Hinweise:
Stickstoffbindend, langlebig, Stockausschläge nach Rückschnitt

Weitere Arten und Sorten:
A. glutinosa 'Imperialis', trichterförmig, schlank, bambusartig überhängende Zweige, Höhe und Breite 6-10 m, Blätter filigran geschlitzt, sonst wie die Art

Unten: Blattaustrieb an jungen Trieben

Alnus incana

Grau-Erle, Weiß-Erle
Betulaceae, Birkengewächse

Erklärung Artname:
incana = aschgrau, weißlich-grau

Herkunft:
Mittel-Europa, östlich bis Kaukasus, Ostsibirien, auf feuchten Standorten, in Auwäldern, Bächen, feuchten Hängen

Wuchs:
Mittelgroßer Baum, kegelförmig, dicht, oft nur Großstrauch, dann mehrstämmig, unregelmäßig, Borke glatt, hellgrau, Höhe bis 20 m, Breite bis 10 m

Blüten:
März - April; Kätzchen, männlich, bis 10 cm lang, gelb, in Büscheln zu 3-4, vor dem Blattaustrieb öffnend

Früchte:
Zapfen, eiförmig, braun, 1,5 cm Durchmesser

Blätter:
Dunkelgrün, breit eirund, unterseits grau behaart, bis 10 cm lang, Herbstfärbung keine, sommergrün

Verwendung:
Als Pioniergehölz auf rohen Böden, zur Hang- und Uferbefestigung, als Windschutz, Begrünung von Ödland, Halden, Dünen und Kalkschotterflächen

Lebensbereich:
[2] Auen- und Ufergehölze, Ordnungsziffer 2.2.4.2

Standort:
Sonnig bis halbschattig; sandig-lehmige bis kiesig-lehmige, frische bis feuchte, schwach saure bis alkalische, mäßig nährstoffreiche Böden; kalkliebend

Gärtnerische Vermehrung:
Durch Aussaat, Sorten durch Veredlung

Hinweise:
Vogelnährgehölz, starker Wurzelausschlag, meidet saure und dauerfeuchte Standorte, Stickstoffsammler

Weitere Arten und Sorten:
A. incana 'Aurea', Krone kompakt, schmal eiförmig, junge Triebe hellgelb bis orange, Höhe 5-12 m, Breite 4-7 m, Blätter im Austrieb gelb, später gelbgrün, Blüten Kätzchen, orange bis kupferrot, Herbstfärbung gelblich

Kupfer-Felsenbirne
Rosaceae, Rosengewächse

Erklärung Artname:
lamarckii = nach J.-B. de Lamarck
(französischer Naturforscher, 1744-1829)

Herkunft:
Östliches Nordamerika,
an Waldrändern und in Mischwäldern

Wuchs:
Großstrauch bis Kleinbaum, mehrere starke Grundstämme, lichte, schildförmige Krone, Höhe 4-8 m, Breite 6-8 m

Blüten:
April; zahlreiche, weiße, sternförmige Trauben, mit dem Blattaustrieb

Früchte:
Beeren, kugelig, schwarz, blaubereift, essbar, schmecken nach Birne, Juli - August

Blätter:
Grün, beim Austrieb kupferfarben, behaart, elliptisch, 4,5 bis 10 cm lang, im oberen Drittel verschmälert, fein gesägt, Herbstfärbung leuchtend gelb bis karminrot, sommergrün

Verwendung:
Als Solitärgehölz in Gärten und Parkanlagen, im Straßenbegleitgrün

Lebensbereich:
[3] Artenreiche Wälder und Gehölzgruppen, Ordnungsziffer 3.2.6.4

Standort:
Sonnig bis halbschattig; sandig-humose bis lehmig-humose, frische bis feuchte, schwach saure bis alkalische, mäßig nährstoffreiche bis nährstoffreiche Böden; kalkliebend

Gärtnerische Vermehrung:
Durch Aussaat, Sorten durch Veredlung

Hinweise:
Sehr frosthart, windfest, stadtklimafest, Nähr- und Nistgehölz für Vögel

Weitere Arten und Sorten:
A. 'Ballerina', Höhe und Breite 6-8 m, Blätter im Austrieb bronze, Blüten reinweiß, bis 3 cm groß, Herbstfärbung dunkelpurpurn; A. laevis, Höhe und Breite 3-6 m, Blätter im Austrieb bronzerot, später bläulich-grün, Blüten weiß, bis 12 cm lang, Herbstfärbung gelb bis orangescharlachrot

Unten: Herbstfärbung

Amelanchier ovalis

Echte Felsenbirne, Gewöhnliche Felsenbirne Rosaceae, Rosengewächse

Erklärung Artname:
ovalis = eiförmig

Herkunft:
Europa, Kleinasien, Nordafrika, in Deutschland in drei süddeutschen Arealen, auf sommerwarmen Standorten, an Waldrändern, im lichten Mischwald

Wuchs:
Normalstrauch, unregelmäßig aus der Basis, locker aufrecht, im Alter rundlich, Triebe anfangs wollig behaart, später olivgrün, glänzend, Höhe und Breite bis 3 m

Blüten:
April - Mai; weiß, vor dem Blattaustrieb, zu 3-6 in aufrechten Trauben, dauerhaft

Früchte:
Beeren, kugelig, blauschwarz, 8-10 mm Durchmesser, reife Früchte essbar (Heidelbeeraroma)

Blätter:
Mattgrün, unterseits filzig, später verkahlend, rundlich bis eiförmig, Herbstfärbung orange bis rot, sommergrün

Verwendung:
Als Pioniergehölz in der Landschaft, auch im Siedlungsbereich

Lebensbereich:
[6] Steppengehölze und Trockenwälder, Ordnungsziffer 6.3.3.5

Standort:
Sonnig; sandig-lehmige bis lehmige, mäßig trockene bis frische, schwach saure bis alkalische, mäßig nährstoffreiche bis nährstoffreiche Böden; kalkliebend

Gärtnerische Vermehrung:
Durch Aussaat

Hinweise:
Bienenweide, Vogelnährgehölz, für Marmeladen und Fruchtsaucen

Weitere Arten und Sorten:
A. spicata, aufrecht, dicht verzweigt, Höhe und Breite bis 3 m, Blätter beim Austrieb unterseits weiß filzig, Blüten weiß, Früchte dunkelpurpurn, süßlich, essbar, Herbstfärbung gelb bis braunrot

Japanische Aralie, Japanischer Angelikabaum Araliaceae, Araliengewächse

Erklärung Artname:
elata = hoch, aufgerichtet

Herkunft:
Japan, Korea, Nordchina, in Gebüschen und lichten Wäldern

Wuchs:
Großstrauch, steif aufrecht, oft mehrstämmig, mit kräftigen, stacheligen Stämmen, Schösslinge bildend, wenig verzweigt, Höhe bis 7 m, Breite bis 4 m

Blüten:
August; weiß, in 30-40 cm breiten, endständigen Trugdolden

Früchte:
Beeren, kugelig, fünfkantig, schwarz, bis 6 mm lang

Blätter:
Grün, unterseits bläulich, zweifach gefiedert, bis 1,2 m lang, mit 80 oder mehr ovalen bis eiförmigen Blättchen, Herbstfärbung gelb, orange, purpurn, sommergrün

Verwendung:
Als Solitärgehölz in Gärten und Parkanlagen

Lebensbereich:
[7] Gehölze kühl-feuchter Wälder, Ordnungsziffer 7.3.2.4

Standort:
Sonnig bis halbschattig; humose, sandig-lehmige bis kiesig-lehmige, frische bis feuchte, schwach saure bis alkalische, nährstoffreiche Böden; kalktolerierend

Gärtnerische Vermehrung:
Durch Wurzelschnittlinge und Aussaat, Sorten durch Veredlung

Hinweise:
Insektenweide, bevorzugt in geschützten Lagen verwenden, Ausläufer treibend, alle Pflanzenteile giftig

Weitere Arten und Sorten:
A. elata 'Variegata', Rinde stark bestachelt, Höhe bis 3 m, Breite bis 2 m, auffallend weißer Blattrand, ansonsten kein Unterschied zur Art

Aristolochia macrophylla

Pfeifenwinde, Amerikanische Osterluzei Aristolochiaceae, Osterluzeigewächse

Erklärung Artname:
macrophylla = großblättrig

Herkunft:
Nordamerika, (Nordosten und Südosten), in Bergwäldern

Wuchs:
Klettergehölz, linkswindend,
Triebe und auch ältere Stämme dunkelgrün,
Höhe (mit Kletterhilfen) 6-10 m, Breite bis 5 m

Blüten:
Juni - August; Röhren, pfeifenförmig gebogen, außen gelbgrün, innen braun,
2,5 cm Durchmesser, bis 8 cm lang,
erst bei älteren Pflanzen erscheinend

Früchte:
Kapseln, hellgrün, 6-klappig, 6-8 cm lang,
4-10 cm breit, gurkenähnlich, nicht genießbar

Blätter:
Dunkelgrün, breit herzförmig, 10-30 cm lang,
Herbstfärbung keine, sommergrün

Verwendung:
Zur Begrünung von Pergolen und Lauben,
an Mauern und Lärmschutzwänden
(Kletterhilfe ratsam)

Lebensbereich:
[2] Auen- und Ufergehölze, Ordnungsziffer 2.4.6.9

Standort:
Halbschattig; sandig-kiesige bis lehmige,
frische bis feuchte, neutrale bis alkalische,
nährstoffreiche Böden; kalktolerierend

Gärtnerische Vermehrung:
Durch Veredlung, Stecklinge und Aussaat

Hinweise:
In den ersten Jahren Winterschutz empfehlenswert, für ausreichende Feuchtigkeit sorgen, alle Pflanzenteile giftig (Aristolochiasäure)

Weitere Arten und Sorten:
In Deutschland ist keine weitere bedeutende Art oder Sorte von Aristolochia im Handel

---

Unten: pfeifenförmig gebogene Blüten

Pflaumenblättrige Apfelbeere
Rosaceae, Rosengewächse

Erklärung Artname:
prunifolia = pflaumenblättrig

Herkunft:
Züchtung; Art: östliches Nordamerika

Wuchs:
Kleiner Strauch mit vielen aufrechten, gut verzweigten Trieben, Höhe bis 1,50 m, Breite bis 1,20 m

Blüten:
Mai; weiße Doldenrispen, bestehend aus 8-20 Einzelblüten

Früchte:
Beeren, violettschwarz, wachsartig bereift, 1,2 cm im Durchmesser, süßsäuerlich, Reifezeit August - Oktober

Blätter:
Oberseits glänzend grün, beim Austrieb rotbraun, elliptisch bis verkehrt eiförmig, 2-5 cm lang, Herbstfärbung gelbrot, sommergrün

Verwendung:
Für Hecken, als Solitär- und Fruchtgehölz

Lebensbereich:
[9] Gehölze der Hecken und Strauchflächen, Ordnungsziffer 9.2.4.6

Standort:
Sonnig bis halbschattig; sandig-humose bis lehmig-humose, frische bis feuchte, saure bis neutrale, nährstoffreiche Böden; kalkempfindlich

Gärtnerische Vermehrung:
Sorten durch Stecklinge, die Art durch Aussaat

Hinweise:
Sehr schöne Herbstfärbung, verträgt keine Staunässe, ab dem 2. Standjahr hoher Fruchtertrag

Weitere Arten und Sorten:
A. melanocarpa, verbreitet sich stark durch Ausläufer, Höhe bis 2,5 m, wesentlich breiter als hoch, Früchte glänzend schwarz, essbar, Herbstfärbung hellrot bis dunkelrot;
A. x prunifolia 'Viking', leicht überhängend, da auch an den Zweigenden Fruchtstände, Höhe bis 1,5 m, im Alter breiter als hoch, Früchte flachkugelig, süßlich, essbar, Herbstfärbung leuchtend weinrot bis dunkelrot

Berberis julianae

Großblättrige Berberitze Berberidaceae, Berberitzengewächse

Erklärung Artname:
Keine eindeutige Erklärung möglich

Herkunft:
Mittel-China,
in Tal- und Höhenlagen, in Mischwäldern

Wuchs:
Normalstrauch, aufrecht, dicht verzweigt, Triebe später bogig überhängend, Rinde gelblich, gefurcht, dreidornig, Dornen bis 4 cm lang, Höhe 2-3 (-4) m, Breite 2-5 m

Blüten:
Mai - Juni;
gelbe Büschel am mehrjährigen Holz

Früchte:
Beeren, elliptisch, blauschwarz bereift

Blätter:
Oberseits dunkelgrün, unterseits blassgrün, oval, verkehrt eiförmig, bis 10 cm lang, derb ledrig, dornig, immergrün

Verwendung:
Im Siedlungsbereich für Gruppenpflanzungen und freiwachsende Hecken, in Gärten als Ziergehölz zur Einzelstellung, in Pflanzgefäßen

Lebensbereich:
[6] Steppengehölze und Trockenwälder, Ordnungsziffer 6.3.4.5

Standort:
Halbschattig; sandig-lehmige bis lehmige, mäßig trockene bis frische, schwach saure bis alkalische, mäßig nährstoffreiche bis nährstoffreiche Böden; kalktolerierend

Gärtnerische Vermehrung:
Durch Stecklinge

Hinweise:
Frosthart, stadtklimafest, anspruchslos, sehr schnittverträglich

Weitere Arten und Sorten:
B. gagnepainii var. lanceifolia,
Höhe und Breite bis 3 m, Blätter schmal lanzettlich, 3-10 cm lang, 1-2,5 cm breit, detaillierte Beschreibung in der App;
B. hookeri, Höhe und Breite bis 1,5 m, Blätter 4-8 cm lang, unterseits bläulich-weiß, Blüten schwefelgelb

Grüne Hecken-Berberitze
Berberidaceae, Berberitzengewächse

Erklärung Artname:
thunbergii = nach C. P. Thunberg (schwedischer Botaniker, 1743-1828)

Herkunft:
Japan, an Waldrändern, in Laubwäldern

Wuchs:
Normalstrauch, vieltriebig, dicht verzweigt, regelmäßig schirmartige Form, Rinde kantig, rotbraun, meist einzelne Blattdornen, Höhe und Breite bis 3 m

Blüten:
Mai; gelb, zu 2-5 in Büscheln, 1 cm lang, am mehrjährigen Holz

Früchte:
Beeren, elliptisch, korallenrot, lange haftend, ab September

Blätter:
Frischgrün, unterseits bläulich, eiförmig, 1-3,5 cm lang, Herbstfärbung scharlachrot, sommergrün

Verwendung:
Im Siedlungsbereich als Straßenbegleitgrün, in Gärten als Ziergehölz, als niedrige, geschnittene Hecke

Lebensbereich:
[9] Gehölze der Hecken und Strauchflächen, Ordnungsziffer 9.3.4.5

Standort:
Sonnig bis halbschattig; sandige bis lehmige, frische bis feuchte, schwach saure bis alkalische, nährstoffreiche Böden; kalkempfindlich

Gärtnerische Vermehrung:
Durch Aussaat

Hinweise:
Sehr frosthart, stadtklimafest, windresistent, anspruchslos, ganzjährig schnittverträglich

Weitere Arten und Sorten:
B. thunbergii 'Atropurpurea', Höhe und Breite bis 3 m, Blätter dunkelrot bis rotbraun, detaillierte Beschreibung in der App

Unten: B. thunbergii 'Atropurpurea'

Berberis verruculosa

Warzen-Berberitze, Blaublatt-Berberitze Berberidaceae, Berberitzengewächse

Erklärung Artname:
verruculosa = mit kleinen Warzen

Herkunft:
Westchina, Laub- und Nadelmischwälder

Wuchs:
Kleinstrauch bis Normalstrauch, dicht, Grundtriebe straff aufrecht, bogig überhängende Seitentriebe, Rinde braungelb, mit schwärzlichen Warzen besetzt, dreidornig, Dornen bis 2 cm lang, Höhe und Breite 1-2 m

Blüten:
Mai - Juni; gelb, Einzelblüten bis 2 cm breit

Früchte:
Beeren, schwarz, blau bereift

Blätter:
Glänzend grün, eiförmig, stark gewellt, stachelspitzig, 2-3 cm lang, unterseits grauweiß, Herbstfärbung vereinzelt scharlachrot, immergrün

Verwendung:
Als Solitärgehölz in Gärten und Parkanlagen, als Heckenpflanze, in großen Pflanzgefäßen, 4-5 Pflanzen/m^2

Lebensbereich:
[7] Gehölze kühl-feuchter Wälder, Ordnungsziffer 7.1.5.6

Standort:
Sonnig bis schattig; sandige bis lehmige, mäßig trockene bis frische, schwach saure bis alkalische, mäßig nährstoffreiche Böden; kalkempfindlich

Gärtnerische Vermehrung:
Durch Stecklinge

Hinweise:
Sehr frosthart, stadtklimafest, windresistent, anspruchslos, ganzjährig schnittverträglich

Weitere Arten und Sorten:
B. buxifolia 'Nana', Höhe bis 0,5 m, Breite bis 0,8 m, Blätter 1-2 cm lang, Blüten leuchtend orangegelb, erscheinen selten, immergrün; B. candidula, Höhe 0,8-1,2 m, oft doppelt so breit, Triebe gelblich-weiß, Blätter dunkelgrün, unterseits schneeweiß, Blüten goldgelb, immergrün

Gewöhnliche Berberitze, Sauerdorn Berberidaceae, Berberitzengewächse

Erklärung Artname:
vulgaris = gewöhnlich

Herkunft:
Europa, vornehmlich Süddeutschland, in lichten Eichen- und Kiefernwäldern, Ural bis Westasien

Wuchs:
Normalstrauch, dicht verzweigt, anfangs aufrecht, später breit ausladend, Rinde an jungen Trieben kantig bis gefurcht, graubraun, dreidornig, Dornen bis 2 cm lang, Höhe 2-3 m und mehr

Blüten:
Mai - Juni; gelb, duftend, in hängenden Trauben

Früchte:
Beeren, länglich, leuchtend rot, zahlreich, essbar, September - Oktober

Blätter:
Frischgrün, länglich elliptisch, 2-4 cm lang, Herbstfärbung orangerot, sommergrün

Verwendung:
Als Pioniergehölz auf trockenen Standorten in der Landschaft

Lebensbereich:
[9] Gehölze der Hecken und Strauchflächen, Ordnungsziffer 9.1.3.5

Standort:
Halbschattig; sandig-humose bis lehmige, trockene bis frische, schwach saure bis alkalische, mäßig nährstoffreiche Böden; kalkliebend

Gärtnerische Vermehrung:
Durch Aussaat, Sorten durch Stecklinge

Hinweise:
Stark bedornt, Ausläufer treibend, Vogelschutz- und Nährgehölz

Weitere Arten und Sorten:
B. x ottawensis 'Superba', Höhe und Breite 3,5-4 m, Blätter 4-5 cm lang, dunkelrot, Blüten leuchtend gelb, Herbstfärbung hellrot bis leuchtend orange

Betula pendula

Sand-Birke, Weiß-Birke, Hänge-Birke
Betulaceae, Birkengewächse

Erklärung Artname:
pendula = hängend

Herkunft:
Europa, Kleinasien, Kaukasus, Nordafrika, Laub- und Nadelwälder, Moore

Wuchs:
Mittelgroßer Baum bis Großbaum, schlank, oft mehrstämmig, Äste weit ausladend, Zweige leicht herabhängend, im Alter wesentlich stärker, Borke weiß, in rissig schwarz übergehend, Höhe 18-30 m, Breite 7-12 m

Blüten:
März - April; Kätzchen, gelbbraun, männlich, auffallend, bis 6 cm lang

Früchte:
Nüsschen, geflügelt, in kleinen Zapfen

Blätter:
Frischgrün, deltaförmig, 3-7 cm lang, zugespitzt, scharf gezähnt, im Austrieb klebrig und süß duftend, Herbstfärbung leuchtend goldgelb, sommergrün

Verwendung:
Als Pioniergehölz für die Landschaft, als Straßen- und Alleebaum, als Dorf- und Hofbaum, in Gärten und Grünanlagen

Lebensbereich:
[4] Artenarme Wälder und Gehölzgruppen, Ordnungsziffer 4.2.3.2

Standort:
Sonnig; sandig-humose bis lehmige, trockene bis frische, saure bis schwach alkalische, mäßig nährstoffreiche Böden; kalktolerierend

Gärtnerische Vermehrung:
Durch Aussaat, Sorten durch Stecklinge und Veredlung

Hinweise:
Frosthart, trockenresistent, Pflanzung im Frühjahr ratsam, Schnittzeitpunkt Oktober - Januar, Wurzelwerk hebt Platten und Pflaster

Weitere Arten und Sorten:
B. pendula 'Crispa', Höhe bis 15 m, überhängende Zweigspitzen, Blätter tief gelappt, Herbstfärbung hellgelb

---

Unten: Herbstfärbung

Betula pendula 'Youngii'

Trauer-Birke, Echte Hänge-Birke Betulaceae, Birkengewächse

Erklärung Artname:
pendula = hängend; Youngii = nach M. G. Young (englischer Gärtner, 1777-1848)

Herkunft:
Züchtung; Art: Europa, Westsibirien, Türkei, Kaukasus-Region, Marokko

Wuchs:
Kleinbaum, schirmartig, Äste hängend, Zweige fadenförmig bis zum Boden, Rinde anfangs glatt, hellgrau, später weiß, leicht abblätternd, längsrissig, Höhe bis 8 m, Breite bis 6 m

Blüten:
März - April; Kätzchen, gelbgrün, einhäusig, selten

Früchte:
Nüsschen, 2,5-3 cm lang, zerfallen im Herbst/Winter

Blätter:
Oberseits lebhaft grün, unterseits graugrün, dreieckig bis rautenförmig, lang zugespitzt, 5-7 cm lang, Herbstfärbung gelb, sommergrün

Verwendung:
Als Solitärgehölz in Gärten und Parkanlagen

Lebensbereich:
[4] Artenarme Wälder und Gehölzgruppen, Ordnungsziffer 4.2.3.3

Standort:
Sonnig; sandig-humose bis lehmige, trockene bis frische, saure bis schwach alkalische, mäßig nährstoffreiche Böden; kalktolerierend

Gärtnerische Vermehrung:
Durch Veredlung

Hinweise:
Pflanzung besser im Frühjahr

Weitere Arten und Sorten:
B. pendula 'Fastigiata', Säulenform, Zweige gedreht, Höhe 10-15 m, Breite 4-6 m, ansonsten wie die Art;
B. pendula 'Tristis', durchgehender Stamm, Hauptäste ansteigend, im Alter senkrecht herunterhängend, Höhe 15-20 m, Breite 6-10 m, ansonsten wie die Art

---

Unten: Stammveredlung

Betula utilis 'Doorenbos'

Weißrindige Himalaya-Birke, Schnee-Birke Betulaceae, Birkengewächse

Erklärung Artname:
utilis = nützlich, brauchbar; Doorenbos = nach S. G. A. Doorenbos (holländischer Gärtner, 1891-1980)

Herkunft:
Selektion aus B. var. jaquemontii;
Art: Himalaya, in Hochlagen der Gebirge von Yunnan (Chinesische Provinz) bis Nepal

Wuchs:
Kleinbaum, aufrecht, trichterförmig, oft mehrstämmig, auffallend weiße Rinde, abblätternd oder abrollend, Höhe 8-12 m, Breite 5-7 m

Blüten:
Mai; Kätzchen gelbgrün, hängend, bis 12 cm lang

Früchte:
Nüsschen, bis 4 cm lang

Blätter:
Dunkelgrün, glänzend, eiförmig, zugespitzt, bis 10 cm lang, Herbstfärbung gelb, sommergrün

Verwendung:
Als Solitärgehölz in Gärten und Parkanlagen, als Gruppengehölz im öffentlichen Grün

Lebensbereich:
[7] Gehölze kühl-feuchter Wälder, Ordnungsziffer 7.2.3.3

Standort:
Sonnig; sandig-humose bis kiesig-humose, frische bis feuchte, saure bis neutrale, mäßig nährstoffreiche Böden; kalkempfindlich

Gärtnerische Vermehrung:
Durch Veredlung

Hinweise:
Die Sorte 'Doorenbos' besitzt das schönste und leuchtendste Weiß aller Birken

Weitere Arten und Sorten:
B. albosinensis, Rinde leicht orangegelb, Höhe bis 8 m, Breite bis 6 m, wächst etwas schwächer als B. utilis 'Doorenbos', Herbstfärbung goldgelb;
B. papyrifera, Rinde schneeweiß, Höhe bis 20 m, Breite bis 15 m, wächst deutlich stärker als B. utilis 'Doorenbos', Herbstfärbung leuchtend gelb

Hänge-Sommerflieder, Schmalblättriger Sommerflieder Scrophulariaceae, Braunwurzgewächse

Erklärung Artname:
alternifolia = wechselblättrig

Herkunft:
Nordwest-China

Wuchs:
Normalstrauch bis Großstrauch, breit wachsend, Zweige überhängend, schlank, Höhe 2-4 m und meist ebenso breit

Blüten:
Juni; in dichten Büscheln an den Blattachseln entlang der vorjährigen Zweige, 4 cm lang, lavendelfarben, stark duftend

Früchte:
Zweifächrige Kapseln, 4 mm Durchmesser, nicht auffallend

Blätter:
Stumpfgrün, gelegentlich silbergrün, schmal lanzettlich, 6-10 cm lang, keine Herbstfärbung, sommergrün

Verwendung:
Als Ziergehölz in Gärten und Parkanlagen, bei Förderung des Haupttriebes als Solitärgehölz geeignet

Lebensbereich:
[6] Steppengehölze und Trockenwälder, Ordnungsziffer 6.3.2.5

Standort:
Sonnig; sandig-lehmige bis lehmige, mäßig trockene bis frische, schwach saure bis alkalische, mäßig nährstoffreiche bis nährstoffreiche Böden; kalkliebend

Gärtnerische Vermehrung:
Durch Stecklinge

Hinweise:
Bienenweide, begehrte Insekten-Futterpflanze, Blüten am zweijährigen Holz (bei Rückschnitt beachten)

Weitere Arten und Sorten:
B. x weyeriana 'Sungold', breit aufrecht, Triebe filzig, Höhe und Breite bis 2,5 m, Blätter bis 20 cm lang, Blüten gelborange, keine Herbstfärbung

Buddleja davidii 'Empire Blue'

Sommerflieder, Schmetterlingsstrauch Scrophulariaceae, Braunwurzgewächse

Erklärung Artname:
davidii = nach A. David
(französischer Botaniker, 1826-1900)

Herkunft:
Züchtung; Art: China

Wuchs:
Großstrauch, trichterförmig aufrecht mit ausladenden Zweigen, Höhe und Breite 3-4 m

Blüten:
Juli - Oktober; Rispen, blauviolett, bis 30 cm lang, am einjährigen Holz, stark duftend

Früchte:
Kapseln, 8 mm lang, nicht auffallend

Blätter:
Oberseits dunkelgrün, unterseits weiß bis grünlich, lanzettlich, bis 25 cm lang, zugespitzt, filzig, keine Herbstfärbung, sommergrün

Verwendung:
Als Blütengehölz in Gärten und Parkanlagen, in Einzelstellung oder in Gruppen, attraktiv, da stark von Schmetterlingen beflogen

Lebensbereich:
[9] Gehölze der Hecken und Strauchflächen, Ordnungsziffer 9.1.1.4

Standort:
Sonnig; sandige bis lehmig-humose, trockene bis frische, schwach saure bis alkalische, mäßig nährstoffreiche Böden; kalkliebend

Gärtnerische Vermehrung:
Durch Stecklinge

Hinweise:
Jährlicher Rückschnitt im Frühjahr bis kurz über dem Boden, Art evtl. invasiv

Weitere Arten und Sorten:
B. davidii 'Black Knight',
purpurne bis violette Rispen, bis 30 cm lang;
B. davidii 'Peace', weiße Rispen, bis 30 cm lang;
B. davidii 'Pink Delight', rosa Rispen,
bis 50 cm lang;
B. davidii 'Royal Red', purpurrote Rispen,
bis 50 cm lang

Unten: B. davidii 'Pink Delight'

Niedriger Buchsbaum
Buxaceae, Buchsbaumgewächse

Erklärung Artname:
sempervirens = immergrün

Herkunft:
Züchtung (entdeckt als Mutation an B. sempervirens 'Suffruticosa'); Art: Nordafrika, Europa bis Kaukasus als Unterwuchs in Buschwäldern

Wuchs:
Zwergstrauch bis Kleinstrauch, kompakt, dicht, kugelig, gleichmäßig langsam wachsend, Höhe und Breite bis 1 m

Blüten:
April - Mai, gelblich-grün

Früchte:
Kapseln, klein, unauffällig

Blätter:
Bläulich-grün, beim Austrieb hellgrün, oval bis eiförmig, leicht gebogen, bis 2 cm lang und 1 cm breit, immergrün

Verwendung:
Für Einfassungen, Ornamente, Abgrenzungen, kleine Gruppen, Kübel

Lebensbereich:
[9] Gehölze der Hecken und Strauchflächen, Ordnungsziffer 9.1.4.6

Standort:
Sonnig bis halbschattig; sandig-humose bis lehmig-humose, trockene bis frische, schwach saure bis stark alkalische, mäßig nährstoffreiche Böden; kalkliebend

Gärtnerische Vermehrung:
Durch Stecklinge

Hinweise:
Ausgezeichnete niedrige, gedrungen wachsende Sorte (lt. BdB-Gehölzsichtung 2000), frosthart, sehr auffallend

Weitere Arten und Sorten:
B. microphylla 'Herrenhausen', gute, schwach- und langsam wachsende Sorte, Blätter länglich-eiförmig, hellgrün; B. sempervirens 'Suffruticosa', detaillierte Beschreibung in der App

Buxus sempervirens var. arborescens

Gewöhnlicher Buchsbaum, Hoher Buchsbaum
Buxaceae, Buchsbaumgewächse

Erklärung Artname:
sempervirens = immergrün;
arborescens = baumartig werdend

Herkunft:
Nordafrika, Europa bis Kaukasus

Wuchs:
Großstrauch, dichtbuschig, aufrecht, Höhe und Breite bis 5 m

Blüten:
April - Mai; gelb, in Büscheln, aromatisch duftend, kaum auffallend

Früchte:
Kapseln, 7-8 mm lang, August - September

Blätter:
Dunkelgrün, glänzend, gegenständig, eirund bis länglich elliptisch, lederartig, ganzrandig, bis 3 cm lang, immergrün

Verwendung:
In Gärten und Parkanlagen zur Unterpflanzung von schattigen Gehölzpartien, als Einzel- oder als Heckenpflanze

Lebensbereich:
[6] Steppengehölze und Trockenwälder, Ordnungsziffer 6.3.3.4

Standort:
Sonnig bis halbschattig; sandig-lehmige bis lehmige, mäßig trockene bis frische, schwach saure bis alkalische, mäßig nährstoffreiche bis nährstoffreiche Böden; kalkliebend

Gärtnerische Vermehrung:
Durch Stecklinge

Hinweise:
Alle Pflanzenteile giftig, Formschnittgehölz, ganzjährig schnittverträglich, alle Buxus durch den Buchsbaumzünsler gefährdet

Weitere Arten und Sorten:
B. microphylla 'Faulkner', breit wachsend, Höhe und Breite bis 2 m, Blätter dunkelgrün, glänzend;
B. sempervirens 'Handsworthiensis', straff aufrecht, Höhe 2-3 m, Breite 1-2 m, Blätter dunkelgrün;
B. sempervirens 'Rotundifolia, detaillierte Beschreibung in der App

Liebesperlenstrauch, Schönfrucht
Lamiaceae, Lippenblütler

Erklärung Artname:
Benannt und beschrieben von Alfred Rehder (deutscher Botaniker, 1863-1949)

Herkunft:
Züchtung, Selektion aus Sämlingen von C. bodinieri var. giraldii;
Art: Mittel- und Westchina

Wuchs:
Normalstrauch, Zweige aufrecht, Höhe 2-3 m, Breite 1-2 m

Blüten:
Juli - August; lila, auch blassrosa, 3,5 cm breit, in gestielten Trugdolden, zahlreich, eher unscheinbar

Früchte:
Steinfrüchte, kugelig, rotviolett, in dicken Büscheln, stark glänzend, zahlreich, sehr dekorativ, September - Oktober, bis in den Winter haftend

Blätter:
Stumpfgrün, elliptisch-eiförmig zugespitzt, 6-18 cm lang, Herbstfärbung hellgelb bis orangerot, sommergrün

Verwendung:
Als Ziergehölz in Gärten und Parkanlagen, Vogelnährgehölz

Lebensbereich:
[9] Gehölze der Hecken und Strauchflächen, Ordnungsziffer 9.2.5.5

Standort:
Halbschattig; sandige bis lehmig-humose, frische bis feuchte, saure bis neutrale, mäßig nährstoffreiche bis nährstoffreiche Böden; kalktolerierend

Gärtnerische Vermehrung:
Durch Stecklinge

Hinweise:
Winterschutz (mulchen) empfehlenswert, treibt nach Frostschäden wieder aus, Beeren nicht zum Verzehr geeignet

Weitere Arten und Sorten:
C. bodinieri var. giraldii, Höhe und Breite bis 3 m, Blüten rosa, in Schirmrispen angeordnet, Juni - Juli, Steinfrüchte, violettblau, sehr dekorativ, Herbstfärbung hellgelb bis orangerot

Calluna vulgaris 'Arabella'^{S}

Besenheide, Heidekraut, Sommerheide Ericaceae, Heidekrautgewächse

Erklärung Artname:
vulgaris = gewöhnlich

Herkunft:
Züchtung; Art: Europa, in Heide- und Moorlandschaften

Wuchs:
Zwergstrauch, dichtbuschig, aufrecht, Höhe bis 0,5 m, Breite bis 0,4 m

Blüten:
August - September; rot, einfach

Früchte:
Kapseln, braun, klein

Blätter:
Dunkelgrün bis graugrün, 1-4 mm lang, paarweise gegenständig, immergrün

Verwendung:
Als Flächenbepflanzung in Heide- und Rhododendrongärten, 10-15 Pflanzen/m^2

Lebensbereich:
[4] Artenarme Wälder und Gehölzgruppen, Ordnungsziffer 4.1.2.7

Standort:
Sonnig; sandig-humose, sandige bis sandig-lehmige, mäßig trockene bis frische, saure, nährstoffarme Böden; kalkempfindlich

Gärtnerische Vermehrung:
Durch Stecklinge

Hinweise:
Schnitt nach der Blüte, frosthart, Bienenweide

Weitere Arten und Sorten:
C. vulgaris 'Amethyst'^{S}, rot, Knospenblüher;
C. vulgaris 'Annabel', rosa, gefüllt, großblumig;
C. vulgaris 'Boskoop', violett, gelbes Laub;
C. vulgaris 'Dark Beauty'^{S}, rot, halbgefüllt;
C. vulgaris 'Heidesinfonie', dunkelrosa, einfach;
C. vulgaris 'Kinlochruel', weiß, gefüllt;
C. vulgaris 'Madonna'^{S}, weiß, Knospenblüher;
C. vulgaris 'Pink Madonna'^{S}, rosa, Knospenblüher

Unten: C. vulgaris 'Kinlochruel'

Campsis x tagliabuana 'Mme Galen'

Großblütige Trompetenblume, Großblütige Klettertrompete Bignoniaceae, Trompetenbaumgewächse

Erklärung Artname:
Keine eindeutige Erklärung möglich

Herkunft:
Züchtung aus C. grandiflora und C. radicans; Elternarten: Nordamerika, in feuchten Wäldern und Sümpfen entlang der Flüsse

Wuchs:
Klettergehölz, mittels Haftwurzeln, teils windend, Triebe überhängend, wüchsig, verholzend, Höhe bis 8 m

Blüten:
Juli - September; orange, endständige Trugdolden, röhrig-glockig, bis 8 cm lang, bis 6 cm breit

Früchte:
Kapseln, 2-klappig, schmal, 7-10 cm lang

Blätter:
Grün, glänzend, unpaarig gefiedert, bis 40 cm lang, bis 15 Fiederblätter, bis 10 cm lang, Herbstfärbung gelb, sommergrün

Verwendung:
Zur Begrünung von Pergolen und Lauben, an Mauern und Wänden (mit Kletterhilfen)

Lebensbereich:
[6] Steppengehölze und Trockenwälder, Ordnungsziffer 6.3.2.9

Standort:
Sonnig; sandig-lehmige bis lehmige, mäßig trockene bis frische, schwach saure bis alkalische, mäßig nährstoffreiche bis nährstoffreiche Böden; kalkliebend

Gärtnerische Vermehrung:
Durch Veredlung und Stecklinge

Hinweise:
Sehr frosthart, Blüten nur in voller Sonne, liebt kühl-feuchten Wurzelbereich

Weitere Arten und Sorten:
C. radicans, rot bis orange, bis 7 cm;
C. radicans 'Flamenco', rot, bis 8 cm;
C. radicans 'Flava', gelb, bis 8 cm

Caragana arborescens

Gewöhnlicher Erbsenstrauch, Hoher Erbsenstrauch Fabaceae, Schmetterlingsblütler

Erklärung Artname:
arborescens = baumartig werdend

Herkunft:
Sibirien, Nordchina, auf ortsfesten Sanddünen der östlichen Steppen

Wuchs:
Großstrauch, steif aufrecht, wenig verzweigt, junge Triebe anfangs fein behaart, Rinde olivgrün bis graubraun, Höhe 3-5 m, Breite 2-3 m

Blüten:
Mai; hellgelbe Schmetterlingsblüten, 2 cm lang, einzeln oder in kleinen Büscheln

Früchte:
Hülsen, rötlich, walzenförmig, bis 5 cm lang

Blätter:
Gelbgrün, gefiedert, zu 8-12, 1-1,5 cm lang, Fieder bis 8 cm lang, Herbstfärbung fahlgelb, sommergrün

Verwendung:
Als Pioniergehölz für Sandflächen und rohe Mineralböden, als Stickstoffsammler bodenverbessernd, als Deckstrauch und für den Windschutz

Lebensbereich:
[6] Steppengehölze und Trockenwälder, Ordnungsziffer 6.3.3.4

Standort:
Sonnig bis halbschattig; sandig-lehmige bis lehmige, mäßig trockene bis frische, schwach saure bis alkalische, mäßig nährstoffreiche bis nährstoffreiche Böden; kalkliebend

Gärtnerische Vermehrung:
Durch Aussaat, Sorten durch Veredlung

Hinweise:
Extrem winterhart, anspruchslos und robust, wächst auch auf salzhaltigen Böden, alle Pflanzenteile gering giftig, Vogelschutzgehölz, Bienenweide

Weitere Arten und Sorten:
C. arborescens 'Pendula', Hängeform, Höhe und Breite bis 2,5 m, ansonsten wie die Art

---

Unten: hellgelbe Schmetterlingsblüten

Hainbuche, Weißbuche Corylaceae, Haselnussgewächse

Erklärung Artname:
betulus = birkenähnlich beblättert, unter Birken wachsend

Herkunft:
Europa, Balkan-Halbinsel, Kaukasus, in Eichen-Hainbuchen-Mischwäldern

Wuchs:
Großbaum, Stamm oft drehwüchsig, grauweiße Rinde, häufig mehrstämmig, hochgewölbte, rundliche Krone, dicht, Höhe bis 25 m, Breite bis 16 m

Blüten:
April - Mai; Kätzchen männlich gelb, bis 3 cm lang, Kätzchen weiblich grün, bis 12 cm lang

Früchte:
Nüsschen, oval, 3-6 cm lange, grüne, später gelbbraune Fruchtstände mit auffälliger, dreizipfeliger Fruchthülle

Blätter:
Dunkelgrün, wechselständig, elliptisch bis eiförmig, unregelmäßig gezähnt, 5-10 cm lang, Herbstfärbung leuchtend gelb, Blätter teilweise in braunem Zustand bis Frühjahr am Zweig, sommergrün, Knospen eng am Trieb anliegend, klein, schuppig

Verwendung:
Als Solitärgehölz und in Gruppen für große Gärten und Parkanlagen, klassische Heckenpflanze, im Forst

Lebensbereich:
[3] Artenreiche Wälder und Gehölzgruppen, Ordnungsziffer 3.1.6.1

Standort:
Sonnig bis halbschattig; sandig-lehmige, mäßig trockene bis frische, schwach saure bis alkalische, mäßig nährstoffreiche bis nährstoffreiche Böden; kalktolerierend

Gärtnerische Vermehrung:
Durch Aussaat, Sorten durch Veredlung

Hinweise:
Frosthart, windresistent, hitzeverträglich, Rückschnitt November - Februar

Weitere Arten und Sorten:
C. betulus 'Quercifolia', Höhe bis 20 m, Blätter eichenartig gelappt oder gebuchtet, Blattränder gesägt, Herbstfärbung leuchtend gelb

Carpinus betulus 'Fastigiata'

Pyramiden-Hainbuche, Säulen-Hainbuche Corylaceae, Haselnussgewächse

Erklärung Artname:
betulus = birkenähnlich beblättert; fastigiata = spitzgipfelig, in die Höhe gerichtet

Herkunft:
Züchtung; Art: Europa, Balkan-Halbinsel, Kaukasus, in Eichen-Hainbuchen-Mischwäldern

Wuchs:
Kleinbaum, säulenförmig, straff aufrecht, später breit aufrecht, Höhe 10-15 (-20) m, Breite 4-5 m

Blüten:
Mai; Kätzchen männlich gelb, bis 3 cm lang, Kätzchen weiblich grün, bis 12 cm lang

Früchte:
Nüsschen, zuerst grüne, dann gelbbraune Fruchtstände, traubig, 3-6 cm lang

Blätter:
Dunkelgrün, elliptisch bis eiförmig, zugespitzt, 7-12 cm lang, gesägt, Herbstfärbung gelb, sommergrün, Blätter haften braun meist bis ins Frühjahr

Verwendung:
Als Straßenbaum, für Stadtplätze und formale Gartenanlagen

Lebensbereich:
[3] Artenreiche Wälder und Gehölzgruppen, Ordnungsziffer 3.1.4.3

Standort:
Sonnig bis halbschattig; sandig-lehmige, mäßig trockene bis frische, schwach saure bis alkalische, mäßig nährstoffreiche bis nährstoffreiche Böden; kalktolerierend

Gärtnerische Vermehrung:
Durch Veredlung

Hinweise:
Frosthart, windresistent, hitzeverträglich, Rückschnitt November - Februar

Weitere Arten und Sorten:
C. betulus 'Frans Fontaine', säulenförmig bis schmal eiförmig, Höhe 8-10 m, Breite 3-4 m, Blüten Kätzchen, männlich, Herbstfärbung goldgelb

Caryopteris x clandonensis 'Heavenly Blue'

Bartblume
Lamiaceae, Lippenblütler

Erklärung Artname:
clandonensis =
nach einem Dorf namens Clandon (England)

Herkunft:
Züchtung aus C. incana (Ostasien)
und C. mongholica (Mongolei)

Wuchs:
Kleinstrauch, buschig, aufrecht,
Höhe 0,6-1 m, Breite 0,8-1 m

Blüten:
August - September; vielblütig, in Büscheln,
tiefblaue Blüten, bis 1 cm breit

Früchte:
Kapseln, unauffällig, 3-4 mm groß, holzig

Blätter:
Graugrün, unterseits silbrig behaart,
länglich-lanzettlich, 5-8 cm lang, aromatisch
duftend, keine Herbstfärbung, sommergrün

Verwendung:
Als Ziergehölz in Hausgärten,
einzeln oder in Gruppen, für Pflanzgefäße

Lebensbereich:
[6] Steppengehölze und Trockenwälder,
Ordnungsziffer 6.1.1.6

Standort:
Sonnig; sandige, sandig-kiesige bis
kiesig-lehmige, trockene bis frische, schwach
saure bis alkalische, mäßig nährstoffreiche
bis nährstoffreiche Böden; kalktolerierend

Gärtnerische Vermehrung:
Durch Stecklinge

Hinweise:
Friert in harten Wintern zurück, generell im
Frühjahr Rückschnitt bis zur Basis,
da Blüten am einjährigen Holz

Weitere Arten und Sorten:
C. x clandonensis 'Grand Bleu'®Ⓢ, Höhe bis
1 m, Breite bis 0,6 m, Blätter bis 8 cm lang,
Blüten dunkelblau, in end- und achselständigen
Büscheln, August - Oktober;
C. x clandonensis 'Kew Blue', locker, aufrecht,
fein verzweigt, breitbuschig, Höhe und Breite
0,8-0,9 m, Blätter oberseits graugrün,
unterseits silbriggrau, bis 6,5 cm lang,
zur Spitze hin gezähnt, aromatisch duftend,
Blüten tief dunkelblau, September - Oktober

Castanea sativa

Ess-Kastanie, Edel-Kastanie, Marone
Fagaceae, Buchengewächse

Erklärung Artname:
sativa = angepflanzt, angebaut, ausgesät

Herkunft:
Südeuropa, Nordafrika, Westasien, in Eichenwäldern

Wuchs:
Großbaum, Stamm kurz, deutlich gedreht, unregelmäßige Rundkrone, Höhe bis 30 m, Breite bis 25 m

Blüten:
Juni - Juli; Kätzchen männlich weiß, strenger, wenig angenehmer Geruch, weiblich klein, grün, unauffällig, einhäusig

Früchte:
Nüsse, groß, braun, in einem grünen, stacheligen, ungleichmäßig aufspringenden Fruchtbecher, essbar, Reife Oktober

Blätter:
Dunkelgrün, wechselständig, länglich-lanzettlich, bis 20 cm groß, stachelspitzig, Austrieb spät, Herbstfärbung gelb, sommergrün

Verwendung:
Als Solitärbaum in Park- und Alleeanlagen, als Dorf- und Hofbaum, in großen Mischpflanzungen (für Gärten zu groß)

Lebensbereich:
[6] Steppengehölze und Trockenwälder, Ordnungsziffer 6.2.2.1

Standort:
Sonnig bis halbschattig; sandige bis sandig-humose, mäßig trockene bis frische, saure bis neutrale, mäßig nährstoffreiche Böden; kalkempfindlich

Gärtnerische Vermehrung:
Durch Aussaat

Hinweise:
Hitzeverträglich, wind- und sturmfest, hohes Ausschlagsvermögen, anspruchslos, Bedarfsschnitt

Weitere Arten und Sorten:
In Deutschland ist keine weitere bedeutende Art oder Sorte von Castanea im Handel

---

Unten: Nüsse, teilweise in aufspringenden Fruchtbechern

Trompetenbaum
Bignoniaceae, Trompetenbaumgewächse

Erklärung Artname:
bignonioides = Bignonia-ähnlich

Herkunft:
Südöstliches Nordamerika, in Ufer- und Auenwäldern der Tal- und Höhenlagen bis 700 m

Wuchs:
Kleinbaum, meist kurzer Stamm und breite, rundliche Krone, Höhe bis 15 m, Breite bis 10 m

Blüten:
Juni - Juli; weiß mit gelbgestreiftem Schlund, bis 5 cm Durchmesser, glockenförmig, in lockeren, aufrechten Rispen, 15-30 cm lang, duftend

Früchte:
Kapseln, bis 30 cm lange Schoten, lang haftend

Blätter:
Dunkelgrün, herzförmig, groß, 10-20 cm lang, Herbstfärbung gelb, sommergrün

Verwendung:
Als Solitärbaum für Gärten und Parkanlagen, als Alleebaum

Lebensbereich:
[2] Auen- und Ufergehölze, Ordnungsziffer 2.4.1.3

Standort:
Sonnig; sandig-kiesige bis sandig-lehmige, frische bis feuchte, neutrale bis alkalische, nährstoffreiche Böden; kalktolerierend

Gärtnerische Vermehrung:
Durch Aussaat, Sorten durch Veredlung

Hinweise:
Schnell wachsend, industriefest, stadtklimafest, Jungpflanzen benötigen Frostschutz, anspruchslos, Bedarfsschnitt

Weitere Arten und Sorten:
C. x erubescens 'Purpurea', anfangs pyramidal, später rundlich bis eiförmig, Höhe bis 15 m, Breite bis 8 m, Blätter im Austrieb schwärzlich-rotbraun, später vergrünend, Blüten weiß, glockenförmig, in aufrechten Rispen, Herbstfärbung hellgelb

Catalpa bignonioides 'Nana'

Kugel-Trompetenbaum Bignoniaceae, Trompetenbaumgewächse

Erklärung Artname:
bignonioides = Bignonia-ähnlich;
nana = zwergig, klein, niedrig

Herkunft:
Züchtung; Art: Südöstliches Nordamerika, in Ufer- und Auenwäldern der Tal- und Höhenlagen bis 700 m

Wuchs:
Großstrauch bis Kleinbaum, strauchförmige, runde Krone, je nach Höhe der Veredlung 4-6 m, Breite 4-6 m

Blüten:
Werden nicht ausgebildet

Früchte:
Werden nicht ausgebildet

Blätter:
Grün, herzförmig, Austrieb erst Ende Mai, kleiner als bei der Art, 10-15 cm lang, Herbstfärbung fahlgelb, sommergrün

Verwendung:
Als Solitärgehölz, Gruppengehölz für Stadtplätze und formale Anlagen, an Hauseingängen

Lebensbereich:
[2] Auen- und Ufergehölze, Ordnungsziffer 2.4.1.4

Standort:
Sonnig; sandig-kiesige bis sandig-lehmige, frische bis feuchte, neutrale bis alkalische, nährstoffreiche Böden; kalktolerierend

Gärtnerische Vermehrung:
Durch Veredlung

Hinweise:
Sehr langsamer Wuchs, sollte gelegentlich zur Erhaltung der Kugelform zurückgeschnitten werden

Weitere Arten und Sorten:
C. bignonioides 'Aurea', Äste weit ausladend, im Alter fast auf dem Boden liegend, Höhe 6-10 m, Breite 3-8 m, Blätter hellgelbgrün, im Austrieb leuchtend goldgelb, Herbstfärbung intensiv gelb

---

Unten: C. bignonioides 'Aurea'

Südlicher Zürgelbaum
Cannabaceae, Hanfgewächse

Erklärung Artname:
australis = aus Australien stammend

Herkunft:
Südeuropa, Nordafrika, Vorderasien, in Höhenlagen bis 2000 m

Wuchs:
Mittelgroßer Baum, breitausladende Krone mit einem buchenartigen, grauen, glatten Stamm, Höhe 15-25 m, Breite 10-20 m

Blüten:
Mai; grün, m: in Büscheln, zwittrig oder einhäusig, unscheinbar, w: 2-4 mm groß, einzeln in den Blattachseln

Früchte:
Steinfrüchte, kugelig-eiförmig, 0,8 bis 1,2 cm dick, rot, später dunkelviolett, mehlig, fleischig, süß, essbar

Blätter:
Oberseits dunkelgrün, rauh behaart, unterseits graugrün, weich behaart, elliptisch-länglich, 10-15 cm lang, zugespitzt, Rand stark gesägt, Herbstfärbung gelb, sommergrün

Verwendung:
In ausreichend warmen Regionen als Park- oder Straßenbaum

Lebensbereich:
[6] Steppengehölze und Trockenwälder, Ordnungsziffer 6.3.1.2

Standort:
Sonnig; sandig-lehmige bis lehmige, mäßig trockene bis frische, schwach saure bis schwach alkalische, mäßig nährstoffreiche bis nährstoffreiche Böden; kalktolerierend

Gärtnerische Vermehrung:
Durch Aussaat

Hinweise:
Im Jugendstadium sehr frostempfindlich bei Frühfrösten, sehr wärmeliebend, Hitze und Trockenheit vertragend, Krankheiten sind nicht bekannt

Weitere Arten und Sorten:
C. occidentalis, Höhe bis 25 m, Breite bis 15 m, Steinfrüchte bis 1 cm dick, orange bis dunkelpurpurn, essbar, Herbstfärbung hellgelb bis goldgelb

---

Unten: C. occidentalis

Cercidiphyllum japonicum

Katsurabaum, Kuchenbaum Cercidiphyllaceae, Kuchenbaumgewächse

Erklärung Artname:
japonicum = aus Japan stammend

Herkunft:
Japan und China, in Ufer- und Auenwäldern, im Bergland

Wuchs:
Kleinbaum bis mittelgroßer Baum, Krone pyramidal bis schirmförmig, Rinde längsrissig gezeichnet, Höhe 8-15 (-20) m, Breite 5-7 (-10) m

Blüten:
April; rot, vor dem Austrieb, endständig in Köpfchen, unscheinbar

Früchte:
Hülsen (Form von Bananen), 1,5-2,5 cm lang, ledrig braun

Blätter:
Bläulich-grün bis frischgrün, im Austrieb bronzerot, gegenständig, selten wechselständig, eiförmig, an Kurztrieben fast kreisrund, 5-8 cm lang, abfallende Blätter mit Karamellduft, häufig Blätter direkt am Stamm und auf den Ästen, Herbstfärbung gelb bis rot, sommergrün

Verwendung:
Als Solitär- oder Gruppengehölz für Gärten, Park- und öffentliche Grünanlagen

Lebensbereich:
[2] Auen- und Ufergehölze, Ordnungsziffer 2.3.2.3

Standort:
Sonnig; sandige, sandig-humose bis lehmig-humose, frische bis feuchte, schwach saure bis neutrale, mäßig nährstoffreiche bis nährstoffreiche Böden; kalktolerierend

Gärtnerische Vermehrung:
Durch Aussaat

Hinweise:
Besonders schöne Herbstfärbung, Auslichtungsschnitt Februar - März, in der Jugend Verwechslung mit Cercis siliquastrum möglich

Weitere Arten und Sorten:
In Deutschland ist keine weitere bedeutende Art oder Sorte von Cercidiphyllum im Handel

Gewöhnlicher Judasbaum
Fabaceae, Schmetterlingsblütler

Erklärung Artname:
siliquastrum = Baum mit "unechten" Schoten

Herkunft:
Südeuropa, Westasien, in Uferwäldern und an Berghängen

Wuchs:
Großstrauch, sparrig verzweigt, junge Triebe rotbraun, Borke olivbraun bis braunschwarz, fein gefeldert, Höhe 4-6 m, Breite bis 6 m

Blüten:
April - Mai; rosarot, 1,5-2 cm lang, in Büscheln zu 4-10, vor dem Blattaustrieb, aus dem Holz der Zweige und älteren Stämme

Früchte:
Hülsen, braun, flach, 10-12 cm lang, lange haftend

Blätter:
Bläulich-grün, verkehrt rundlich herzförmig bis fast kreisförmig, stumpf, 7-12 cm, Blattstiele und Blattnerven rot, Herbstfärbung goldgelb, sommergrün

Verwendung:
Als Solitär- oder Gruppengehölz für Gärten (Blüte), in Grünanlagen, auf Plätzen, vor Mauern und in großen Pflanzgefäßen

Lebensbereich:
[6] Steppengehölze und Trockenwälder, Ordnungsziffer 6.1.1.4

Standort:
Sonnig; sandige, sandig-kiesige bis sandig-lehmige, trockene bis frische, schwach saure bis alkalische, mäßig nährstoffreiche bis nährstoffreiche Böden; kalkliebend

Gärtnerische Vermehrung:
Durch Aussaat

Hinweise:
Fruchtschmuck im Winter, sehr hitze- und trockenheitsverträglich, Winterschutz bei jungen Pflanzen, Bedarfsschnitt Februar - März, in der Jugend Verwechslung mit Cercidiphyllum japonicum möglich

Weitere Arten und Sorten:
C. siliquastrum 'Alba', weiß, sonst wie die Art

Chaenomeles japonica

Japanische Zierquitte, Niedrige Scheinquitte Rosaceae, Rosengewächse

Erklärung Artname:
japonica = aus Japan stammend

Herkunft:
Japan (auf Honshu und Kyushu), in Bergwäldern

Wuchs:
Kleinstrauch, dicht und sparrig verzweigt, dornig, meist breitbuschig, Höhe bis 1,5 m, Breite 1-2 m

Blüten:
März - Mai; ziegelrot, schalenförmig, in Büscheln zu 2-4, 4 cm breit, auffallend

Früchte:
Kernfrüchte, rundlich, grüngelb, 3-4 cm Durchmesser, langhaftend, aromatisch duftend, essbar (Quitten)

Blätter:
Dunkelgrün, glänzend, breit eiförmig bis rundlich, bis 5 cm lang, keine Herbstfärbung, sommergrün

Verwendung:
Als Blüten- und Zierfruchtgehölz, einzeln oder in Gruppen, für niedrige Hecken

Lebensbereich:
[9] Gehölze der Hecken und Strauchflächen, Ordnungsziffer 9.2.2.6

Standort:
Sonnig bis halbschattig; sandige bis lehmig-humose, frische bis feuchte, saure bis neutrale, mäßig nährstoffreiche bis nährstoffreiche Böden; kalkempfindlich

Gärtnerische Vermehrung:
Durch Aussaat, Sorten durch Stecklinge

Hinweise:
Vogelschutzgehölz, Insekten-Nährgehölz, im Schatten blühfaul

Weitere Arten und Sorten:
C. speciosa, aufrecht, Zweige kahl, Höhe und Breite bis 3 m, Blätter spitz zulaufend, scharf gesägt, Blüten rosa bis dunkelrot, Früchte gelblich-grün, essbar; C. speciosa 'Brilliant', Höhe und Breite bis 1,5 m, Blüten orangerot, Früchte anfangs grün, später gelb, essbar; C. speciosa 'Nivalis', Höhe und Breite bis 2 m, Blüten reinweiß, Früchte anfangs grün, später gelb, essbar

Chaenomeles x superba 'Elly Mossel'

Scheinquitte, Zierquitte
Rosaceae, Rosengewächse

Erklärung Artname:
superba = prächtig, stolz, erhaben

Herkunft:
Züchtung aus Chaenomeles japonica und Chaenomeles lagenaria - Selektion

Wuchs:
Kleinstrauch, breitbuschig, sparrig, dornige Triebe, Höhe und Breite bis 1,5 m

Blüten:
April - Mai; feuerrot, sehr großblumig in Büscheln, bis 4,5 breit, blüht nochmals im Sommer

Früchte:
Kernfrüchte, länglich rund, bis 5 cm dick, grün, später gelb

Blätter:
Dunkelgrün, glänzend, schmal bis breit eiförmig oder eilänglich, 3-5 cm lang, keine Herbstfärbung, sommergrün

Verwendung:
Als Blütengehölz in Gärten und Parkanlagen, einzeln oder in Gruppen, 3-4 Pflanzen/m^2

Lebensbereich:
[9] Gehölze der Hecken und Strauchflächen, Ordnungsziffer 9.2.2.5

Standort:
Sonnig bis halbschattig; sandige bis lehmig-humose, frische bis feuchte, saure bis neutrale, mäßig nährstoffreiche bis nährstoffreiche Böden; kalkempfindlich

Gärtnerische Vermehrung:
Durch Stecklinge

Hinweise:
Essbare, duftende Früchte, gut frosthart, anspruchslos, sehr schnittverträglich

Weitere Arten und Sorten:
C. x superba 'Crimson and Gold', dunkelrot;
C. x superba 'Etna', scharlachrot;
C. x superba 'Fire Dance', signalrot;
C. x superba 'Hollandia', lachsrot;
C. x superba 'Jet Trail', weiß;
C. x superba 'Nicoline', scharlachrot;
C. x superba 'Pink Lady', dunkelrosa;
C. x superba 'Vesuvius', hellrot

Unten: C. x superba 'Nicoline'

Chimonanthus praecox

Chinesische Winterblüte
Calycanthaceae,
Gewürzstrauchgewächse

Erklärung Artname:
praecox = frühzeitig

Herkunft:
China

Wuchs:
Normalstrauch, aufrecht, sparrig,
dicht wachsend, Höhe und Breite bis 2 m

Blüten:
Januar - März; blassgelb bis hellgelb, innen rotbraun gezeichnet, interessant geformte Glöckchen, bis 2,5 cm lang, intensiv duftend, je nach Witterung 1. Blüte schon im Dezember

Früchte:
Nüsse, länglich rund, leicht oval,
bis 3 cm lang, graugrün

Blätter:
hellgrün, glänzend, eiförmig bis lanzettlich, teils elliptisch, lang zugespitzt, oberseits rau (wirkt klebrig), unterseits glatt, bis 20 cm lang, Herbstfärbung leicht gelblich-grün, sommergrün

Verwendung:
Als Solitär in Hausgärten und Innenhöfen, für Gruppen und Hecken, in Kübeln, als Blüten- und Duftgehölz für den Winter

Lebensbereich:
[6] Steppengehölze und Trockenwälder, Ordnungsziffer 6.3.1.4

Standort:
Sonnig; sandig-lehmige bis lehmige, mäßig trockene bis frische, schwach saure bis alkalische, wenig nährstoffreiche Böden; kalkliebend

Gärtnerische Vermehrung:
Durch Aussaat und Stecklinge

Hinweise:
Blüten erscheinen oft erst nach 5-8 Jahren, sehr schnittverträglich, rasch neuer Zuwachs, sehr dicht

Weitere Arten und Sorten:
In Deutschland ist keine weitere bedeutende Art oder Sorte von Chimonanthus im Handel

Edel-Clematis, Großblumige Clematis Ranunculaceae, Hahnenfußgewächse

Hinweise zur Nomenklatur siehe Beilage

Erklärung Artname:
Keiner Art zugeordnet

Herkunft:
Züchtung

Wuchs:
Blattranker, Höhe 2-3 m, Breite 1 m

Blüten:
Mai - Juni und August - September; lilarosa, rote Streifen, Einzelblüten, ungefüllt, 12-16 cm

Früchte:
Werden nicht ausgebildet

Blätter:
Hellgrün bis dunkelgrün, gefiedert, drei eiförmige bis lanzettliche Blättchen, bis 10 cm lang, keine Herbstfärbung, sommergrün

Verwendung:
Als Blütengehölz zur Begrünung von Pergolen, Mauern und Zäunen (Kletterhilfen erforderlich)

Lebensbereich:
[9] Gehölze der Hecken und Strauchflächen, Ordnungsziffer 9.3.2.9

Standort:
Sonnig bis halbschattig; sandig-humose bis lehmig-humose, frische bis feuchte, schwach saure bis alkalische, nährstoffreiche Böden; kalktolerierend

Gärtnerische Vermehrung:
Durch Stecklinge und Veredlung

Hinweise:
Sortenabhängiger Rückschnitt November - Dezember, auf 20-50 cm bei Hybriden, die nur im Sommer blühen, leichter Rückschnitt bei Hybriden, die zweimal blühen, bei Neuaustrieb vertrocknete Triebe entfernen

Weitere Arten und Sorten:
C. 'Comtesse de Bouchaud', rosa;
C. 'Jackmanii', violett;
C. 'Julka', violett mit rötlichen Streifen;
C. 'Madame Le Coultre', reinweiß;
C. 'Niobe', samtrot;
C. 'The President', blauviolett

Unten: C. 'Jackmanii'

Clematis alpina

Alpen-Waldrebe
Ranunculaceae, Hahnenfußgewächse

Hinweise zur Nomenklatur siehe Beilage

Erklärung Artname:
alpina = aus den Alpen stammend

Herkunft:
Mittel-Europa, Alpen bis Karpaten, in alpinen, lichten Wäldern und Gebüschen

Wuchs:
Blattranker, schwach kletternd, Höhe 1-2 (-3) m, Breite bis 1,5 m, mit Kletterhilfen

Blüten:
Mai - Juni; blau bis blauviolett mit weißem Zentrum, einzeln, glockig, ungefüllt, 4-7 cm breit, an langen Stielen, groß

Früchte:
Nüsschen, Einzelfrüchte in Fruchtständen, silbrig-behaarter Schweif

Blätter:
Frischgrün, unpaarig gefiedert, Blättchen lanzettlich, keine Herbstfärbung, sommergrün

Verwendung:
Zur Begrünung von Pergolen, Zäunen und Rankgerüsten

Lebensbereich:
[8] Bergwälder und Sträucher alpiner Lagen, Ordnungsziffer 8.1.5.9

Standort:
Halbschattig; sandig-humose, sandig-kiesige bis sandig-lehmige, frische bis feuchte, saure bis neutrale, nährstoffarme Böden; kalktolerierend

Gärtnerische Vermehrung:
Durch Stecklinge

Hinweise:
Kein Rückschnitt, gegebenenfalls nach der Blüte ausdünnen, frosthart, Wurzelbereich schützen, schwach giftig

Weitere Arten und Sorten:
C. alpina 'Albina Plena', weiß, gefüllt;
C. alpina 'Blue Eclipse', hellblau;
C. alpina 'Constance', rötlich;
C. alpina 'Frances Rivis', tiefblau, groß;
C. alpina 'Imke'®, rot gefüllt;
C. alpina 'Pink Flamingo', kräftig rosa

Unten: C. alpina 'Frances Rivis'

Clematis montana var. rubens

Berg-Waldrebe, Anemonen-Waldrebe Ranunculaceae, Hahnenfußgewächse

Hinweise zur Nomenklatur siehe Beilage

Erklärung Artname:
montana = auf Bergen wachsend, rubens = rot

Herkunft:
Züchtung; Art: Ostasien, in kühl-feuchten Wäldern

Wuchs:
Blattranker, Höhe teilweise über 10 m, Breite 2-3 m , Rankhilfen erforderlich

Blüten:
Mai - Juni; rosa, einzeln, anemonenähnlich, mit cremefarbenen Staubbeuteln, 5-8 cm breit, zahlreich am vorjährigen Holz

Früchte:
Nüsschen, mit fiederartigen Flügeln

Blätter:
Mattgrün, purpurn überhaucht, dreizählig, Blättchen eiförmig, zugespitzt, 3-10 cm lang, keine Herbstfärbung, sommergrün

Verwendung:
Zur Begrünung von Rankgerüsten, Mauern und Wänden, an Bäumen

Lebensbereich:
[7] Gehölze kühl-feuchter Wälder, Ordnungsziffer 7.3.2.9

Standort:
Sonnig bis halbschattig; humos-lehmige bis sandig-lehmige, frische bis feuchte, schwach saure bis alkalische, nährstoffreiche Böden; kalktolerierend

Gärtnerische Vermehrung:
Durch Stecklinge

Hinweise:
Fuß beschatten (mulchen), Auslichten nach der Blüte möglich, starkwüchsig

Weitere Arten und Sorten:
C. montana 'Broughton Star', magentarosa, Höhe bis 7 m;
C. montana 'Grandiflora', weiß, duftend, Höhe bis 10 m;
C. montana 'Tetrarose', tiefrosa, duftend, Höhe bis 8 m;
C. montana 'Wilsonii', cremeweiß, stark duftend, Höhe bis 6 m

Clematis vitalba

Gewöhnliche Waldrebe Ranunculaceae, Hahnenfußgewächse

Hinweise zur Nomenklatur siehe Beilage

Erklärung Artname:
vitalba = Weißrebe

Herkunft:
Kaukasus, Orient, West- und Mittel-Europa, an Waldrändern und an Böschungen

Wuchs:
Blattranker, stark kletternd, weit ausbreitend, Höhe 10-12 m

Blüten:
Juli - Oktober; rahmweiß, 2 cm breit, in Massen gebildet, in Trugdolden, herber Geruch

Früchte:
Nüsschen, einzeln, zierende, silbrig-weiße, perückenartige Fruchtstände, auffällig bis ins Frühjahr haftend

Blätter:
Tiefgrün, glänzend, gegenständig, unpaarig gefiedert, eiförmig, gezähnt, keine Herbstfärbung, sommergrün

Verwendung:
In Parkanlagen mit Waldcharakter, im Siedlungsbereich für Lärmschutzwände und zur Fassadenbegrünung

Lebensbereich:
[2] Auen und Ufergehölze, Ordnungsziffer 2.5.3.9

Standort:
Sonnig; sandig-lehmige bis kiesig-lehmige, mäßig trockene bis frische, schwach saure bis alkalische, mäßig nährstoffreiche bis nährstoffreiche Böden; kalkliebend

Gärtnerische Vermehrung:
Durch Aussaat

Hinweise:
Heimische Liane, frosthart, kann schwach wachsende Gehölzarten überwuchern, Verjüngungsschnitt ab November - März

Weitere Arten und Sorten:
C. tibetana subsp. tangutica, goldgelb, silbrige, fedrige Samenstände, Höhe bis 5 m; C. x triternata 'Rubromarginata', weiß, Rand violett, stark duftend, Höhe bis 4 m

---

Unten: C. tibetana subsp. tangutica

Italienische Waldrebe
Ranunculaceae, Hahnenfußgewächse

Hinweise zur Nomenklatur siehe Beilage

Erklärung Artname:
viticella = kleine Rebe

Herkunft:
Südeuropa bis Kleinasien

Wuchs:
Blattranker, teils schleppenartig überhängend, Höhe 3-6 m, Breite bis 3,5 m

Blüten:
Juni - September; rosa bis violett, glockenförmig

Früchte:
Griffel, kurz, kahl

Blätter:
Mittelgrün, lanzettlich, zu 5-7 gefiedert, früher Austrieb, keine Herbstfärbung, sommergrün

Verwendung:
Zur Begrünung von Pergolen, Lauben und Zäunen (mit Kletterhilfen), in Büschen und Bäumen

Lebensbereich:
[6] Steppengehölze und Trockenwälder, Ordnungsziffer 6.3.4.9

Standort:
Halbschattig; sandig-lehmige bis lehmige, mäßig trockene bis frische, schwach saure bis alkalische, mäßig nährstoffreiche bis nährstoffreiche Böden; kalkliebend

Gärtnerische Vermehrung:
Durch Aussaat, Sorten durch Stecklinge und Veredlung

Hinweise:
Rückschnitt im Februar - März auf 40-60 cm

Weitere Arten und Sorten:
C. viticella 'Alba Luxurians', weiß;
C. viticella 'Emilia Plater', hellblau;
C. viticella 'Etoile Violette', purpurviolett;
C. viticella 'Maria Cornelia'®, reinweiß;
C. viticella 'Marmorie', zartrosa;
C. viticella 'Purpurea Plena Elegans', purpurn;
C. viticella 'Rubra', rot;
C. viticella 'Vitiwester'®, leuchtend rot

Colutea arborescens

Gewöhnlicher Blasenstrauch, Hoher Blasenstrauch Fabaceae, Schmetterlingsblütler

Erklärung Artname:
arborescens = baumartig werdend

Herkunft:
Südeuropa, Zentral-Asien, Nordafrika; potentiell gefährdet, Rote Liste: 4

Wuchs:
Normalstrauch, anfangs aufrecht, mäßig verzweigt, später waagerecht ausgebreitet und überhängend, Höhe und Breite 2-3 m

Blüten:
Mai, Nachblüte Juni - September; Schmetterlingsblüten, gelb, zu 3-8, bis 2 cm lang, in Trauben, bis 12 cm lang

Früchte:
Schoten, anfangs grünlich-rot, später hellgrau, ballonartig aufgeblasen, 5-8 cm lang, ab Juni, durchsichtig (pergamentartig)

Blätter:
Frischgrün, gefiedert zu 9-13, bis 15 cm lang, Blättchen 1,5-3 cm breit, breitelliptisch bis eiförmig, Herbstfärbung fahlgelb, sommergrün

Verwendung:
Als Pioniergehölz auf flachgründigen, kalkhaltigen Böden, Landschaftsgehölz, Straßenbegleitgrün

Lebensbereich:
[6] Steppengehölze und Trockenwälder, Ordnungsziffer 6.1.2.5

Standort:
Sonnig; sandige, sandig-kiesige bis kiesig-lehmige, trockene bis frische, schwach saure bis alkalische, mäßig nährstoffreiche bis nährstoffreiche Böden; kalkliebend

Gärtnerische Vermehrung:
Durch Aussaat

Hinweise:
Samen und Blätter giftig

Weitere Arten und Sorten:
In Deutschland ist keine weitere bedeutende Art oder Sorte von Colutea im Handel

---

Unten: gelbe Schmetterlingsblüten

Sibirischer Hartriegel, Purpur-Hartriegel Cornaceae, Hartriegelgewächse

Erklärung Artname:
alba = weiß; sibirica = aus Sibirien stammend

Herkunft:
Züchtung; Art: Russland, Nordchina, Nordkorea, in Mischwäldern, an Seeufern, Flüssen und Bächen

Wuchs:
Normalstrauch, anfangs straff aufrecht, später verzweigt breitbuschig, leuchtend rote Wintertriebe, Höhe und Breite bis 3 m

Blüten:
Mai - Juni; in gelblich-weißen Trugdolden

Früchte:
Steinfrüchte, erbsengroß, weiß, im Oktober

Blätter:
Oberseits grün, unterseits bläulich-grün, eiförmig-elliptisch, 4-8 cm groß, Herbstfärbung rot, sommergrün

Verwendung:
Als Ziergehölz in Gärten und Parkanlagen

Lebensbereich:
[9] Gehölze der Hecken und Strauchflächen, Ordnungsziffer 9.3.3.5

Standort:
Sonnig bis halbschattig; sandig-humose bis sandig-lehmige, frische bis feuchte, schwach saure bis alkalische, nährstoffreiche Böden; kalktolerierend

Gärtnerische Vermehrung:
Durch Steckholz

Hinweise:
Rückschnitt im März bis zur Basis ergibt farbkräftige, neue Triebe (Treibgehölz), winterhart bis -35 °C

Weitere Arten und Sorten:
C. alba 'Elegantissima', Höhe bis 5 m, Breite bis 3 m, Rinde dunkelrot, Blätter weiß gerandet und gefleckt, detaillierte Beschreibung in der App; C. alba 'Spaethii', Höhe und Breite bis 3 m, Rinde dunkelrot, Blätter goldgelb gerandet, Herbstfärbung gelb bis orangerot

Cornus canadensis

Kanadischer Hartriegel, Teppich-Hartriegel Cornaceae, Hartriegelgewächse

Erklärung Artname:
canadensis = aus Kanada stammend

Herkunft:
Nördliches Nordamerika, Japan, im feuchten Grund lichter Laub- und Nadelwälder

Wuchs:
Halbstrauch, flach ausgebreitet, mit unterirdischen Wurzelausläufern kriechend, Höhe bis 0,15 m, Breite unbegrenzt

Blüten:
Mai - Juni; Endblüte 1,5 cm breit, von 4-6 weißen, manchmal rosa überhauchten Brakteen (Deckblättern) umgeben, 1-2 cm lang, über dem Laub stehend

Früchte:
Steinfrüchte, erbsengroß, hellrot, fleischig, zu mehreren, im Herbst

Blätter:
Grün, verkehrt- oder ovaleiförmig, 2-4 cm groß, Herbstfärbung leicht orange-rötlich, sommergrün, in milden Klimazonen auch wintergrün

Verwendung:
Als Bodendecker im Schatten lichter Bäume, mit Moorbeetpflanzen, Stauden und Farnen, 10-15 Pflanzen/m²

Lebensbereich:
[1] Moor- und Sumpfgehölze, Ordnungsziffer 1.1.2.8

Standort:
Halbschattig; humose, feuchte, saure bis neutrale, nährstoffarme Böden; kalkempfindlich

Gärtnerische Vermehrung:
Durch Aussaat, auch Teilung möglich

Hinweise:
In Trockenperioden wässern

Weitere Arten und Sorten:
C. sericea 'Kelseyi', Zwergstrauch, junge Triebe im Winter rotbraun, alte Triebe dunkelolivgrün, Höhe bis 0,75 m, Breite 1,5-2 m, Herbstfärbung gelb bis orangerot

---

Unten: einige wenige Früchte

Pagoden-Hartriegel
Cornaceae, Hartriegelgewächse

Erklärung Artname:
controversa = umstritten, strittig

Herkunft:
China, Japan, in trockenen und weniger trockenen Bergwäldern

Wuchs:
Großstrauch, starkwüchsig, Astpartien auffallend in Etagen ausgebildet, Jungtriebe rötlich-braun, im Alter schwarzbraun, Höhe und Breite 5-10 m

Blüten:
Juni; weiße, sehr schöne Trugdolden, 15 cm breit

Früchte:
Steinfrüchte, kugelig, zahlreich, blauschwarz, bis 6 mm dick

Blätter:
Oberseits grün, unterseits meist bläulich, eiförmig bis breit-elliptisch, zugespitzt, bis 15 cm lang, Herbstfärbung dunkelrot (selten), sommergrün

Verwendung:
Als Solitärgehölz in Gärten und Parkanlagen, speziell Wuchsform und Blüten

Lebensbereich:
[3] Artenreiche Wälder und Gehölzgruppen, Ordnungsziffer 3.2.4.3

Standort:
Halbschattig; sandig-humose bis lehmig-humose, frische bis feuchte, saure bis neutrale, nährstoffreiche Böden; kalkempfindlich

Gärtnerische Vermehrung:
Durch Aussaat und Veredlung

Hinweise:
Stark Wurzelausläufer bildend, an der Oberfläche viele Feinwurzeln, Schnitt im Herbst besser als im Frühjahr

Weitere Arten und Sorten:
C. controversa 'Variegata', breit kegelförmig, Höhe und Breite 4-6 m, Blätter auffallend weiß gerandet, keine Herbstfärbung;
C. nuttallii, kegelförmige bis rundliche Krone, Höhe bis 6 m, Breite bis 5 m, Herbstfärbung leuchtend gelb bis orangerot

Cornus kousa

Japanischer Blumen-Hartriegel Cornaceae, Hartriegelgewächse

Erklärung Artname:
kousa = japanischer Name für eine Cornus-Art

Herkunft:
Japan, Korea,
in Bergwäldern und an Waldrändern

Wuchs:
Großstrauch bis Kleinbaum, straff aufrecht, breite Krone und etagenförmig angeordnete Seitenäste, Höhe 6-8 m, Breite bis 5,5 m

Blüten:
Mai - Juli; weiße Einzelblüten aus vier eilanzettlichen bis eiförmigen Brakteen, die bis 1 cm lange, grüne Blüten ummanteln

Früchte:
Steinfrüchte, rosarot, gestielt,
August - September

Blätter:
Dunkelgrün, eiförmig elliptisch, 5-9 cm lang, Herbstfärbung scharlachrot, sommergrün

Verwendung:
Als Solitärgehölz in Gärten und Parkanlagen

Lebensbereich:
[2] Auen- und Ufergehölze, Ordnungsziffer 2.3.5.4

Standort:
Sonnig bis halbschattig; sandig-humose bis lehmige, frische bis feuchte, schwach saure bis alkalische, nährstoffreiche Böden; kalkempfindlich

Gärtnerische Vermehrung:
Durch Aussaat, Sorten durch Veredlung

Hinweise:
Anspruchslos, Schneiden beeinträchtigt die Wuchsschönheit

Weitere Arten und Sorten:
C. kousa 'China Girl', Höhe bis 5 m, Breite bis 4 m, Blüten weiß, grünlich schimmernd, Herbstfärbung leuchtend rot;
C. kousa 'Satomi', Höhe bis 6 m, Breite bis 5 m, Blüten gelblich-grüne Köpfchen, rosafarbene Brakteen, Herbstfärbung leuchtend rot

Unten: C. kousa 'China Girl'

Kornelkirsche
Cornaceae, Hartriegelgewächse

Erklärung Artname:
mas = männlich

Herkunft:
Europa bis Westasien, in Eichen- und Laubmischwäldern, an Waldrändern und in Gebüschen

Wuchs:
Großstrauch, aufstrebende Äste, sparrig verzweigt, oft mehrstämmig, im Alter oft baumartig, breitbuschig oder rundkronig, Höhe und Breite bis 7 m

Blüten:
März - April; gelbe Dolden, vor dem Blattaustrieb, bis 2 cm breit, auffallend kugelige, gegenständige, oft paarig angeordnete Blütenknospen im Herbst

Früchte:
Steinfrüchte, walzenförmige Kirsche, dunkelrot, essbar, August - September

Blätter:
Grün, glänzend, elliptisch bis eiförmig, gegenständig, 8-10 cm lang, Herbstfärbung purpurrot, sommergrün

Verwendung:
Als Landschaftsgehölz, im Siedlungsbereich für Hecken und für Randstreifen, in Hausgärten als Zier- und auch als Fruchtgehölz, Vogelnährgehölz

Lebensbereich:
[6] Steppengehölze und Trockenwälder, Ordnungsziffer 6.3.3.4

Standort:
Sonnig bis halbschattig; sandig-lehmige bis lehmige, mäßig trockene bis frische, schwach saure bis alkalische, mäßig nährstoffreiche bis nährstoffreiche Böden; kalkliebend

Gärtnerische Vermehrung:
Durch Aussaat, Sorten durch Veredlung

Hinweise:
Windresistent, hitzeverträglich und trockenresistent, sehr schnittverträglich

Weitere Arten und Sorten:
C. mas 'Jolico', Höhe 3-5 m, Breite 2-3 m, Blüten leuchtend gelb, Früchte kirschenartig, essbar, mit hohem Vitamin C-Gehalt

Cornus sanguinea

Roter Hartriegel
Cornaceae, Hartriegelgewächse

Erklärung Artname:
sanguinea = blutrot

Herkunft:
Europa, an Waldrändern von Laubmisch- und Auenwäldern

Wuchs:
Großstrauch, aufrecht wachsend, aufstrebende, überhängende Äste, später breitwüchsig, rötlich-grüne bis grüne Wintertriebe, Höhe und Breite bis 6 m

Blüten:
Mai - Juni; Trugdolden weiß, bis 5 cm breit

Früchte:
Steinfrüchte, kugelig, schwarzviolett mit Punkten

Blätter:
Dunkelgrün, elliptisch, Rand etwas gewellt, 4-10 cm lang, Herbstfärbung flammendrot, sommergrün

Verwendung:
In der Landschaft als Pioniergehölz, für Schutzpflanzungen aller Art

Lebensbereich:
[2] Auen- und Ufergehölze, Ordnungsziffer 2.4.6.4

Standort:
Halbschattig; sandig-kiesige bis lehmige, frische bis feuchte, neutrale bis alkalische, nährstoffreiche Böden; kalkliebend

Gärtnerische Vermehrung:
Durch Aussaat

Hinweise:
Sehr frosthart, hitzeverträglich, Früchte in rohem Zustand schwach giftig, anspruchslos, sehr schnittverträglich, ausgezeichnete Bienenweide und Vogelnährgehölz

Weitere Arten und Sorten:
C. florida, breit ausladend, malerisch verzweigt, Höhe und Breite 4-6 m, Blüten grünlich mit 4 weißen Hochblättern, Herbstfärbung scharlachrot;
C. florida fo. rubra (C. florida 'Rubra'), Höhe bis 8 m, Breite bis 6 m, Blüten grünlich mit 4 rosa Hochblättern, Herbstfärbung leuchtend rot bis violett

Gelbholz-Hartriegel
Cornaceae, Hartriegelgewächse

Erklärung Artname:
sericea = seidig; flaviramea = gelbzweigig

Herkunft:
Züchtung; Art: Westliches und östliches Nordamerika

Wuchs:
Normalstrauch, straff aufrecht, gelbgrüne Rinde, vieltriebig, später Schleppen bildend, Höhe und Breite 2-3 m

Blüten:
Mai; Schirmrispen, weißgelb, 3-5 cm breit

Früchte:
Steinfrüchte, rundlich, weiß, oft blau getönt, mit Steinkern, bis 1 cm Durchmesser

Blätter:
Oberseits dunkelgrün, unterseits blaugrün, eiförmig bis länglich-lanzettlich, 6-12 cm lang, Herbstfärbung orange, sommergrün

Verwendung:
Als Ziergehölz in Gärten und Parkanlagen, gerne zusammen mit anderen Cornus-Arten

Lebensbereich:
[2] Auen- und Ufergehölze, Ordnungsziffer 2.1.4.5

Standort:
Sonnig bis halbschattig; sandig-kiesige bis sandig-lehmige, frische bis feuchte, saure bis neutrale, nährstoffarme bis mäßig nährstoffreiche Böden; kalktolerierend

Gärtnerische Vermehrung:
Durch Steckholz

Hinweise:
Auffallende Rindenfarbe, deren Grüngelb besonders im laublosen Zustand leuchtet, Rückschnitt im März bis zur Basis ergibt farbkräftige neue Triebe, interessante Kombination mit C. alba 'Sibirica'

Weitere Arten und Sorten:
C. alternifolia, breit aufrecht, Äste waagerecht, etagenförmig, Höhe 3-6 m, Breite bis 5 m, Blätter 6-12 cm lang, Blüten gelbweiß, Trugdolden, Früchte blauschwarz, bis 6 mm, Herbstfärbung leuchtend gelb bis scharlachrot

Corylopsis pauciflora

Niedrige Scheinhasel, Niedrige Glockenhasel, Schlüsselblumenstrauch Hamamelidaceae, Zaubernussgewächse

Erklärung Artname:
pauciflora = wenigblütig

Herkunft:
Japan (Honshu, Taiwan), in kühl-regenreichen Bergwäldern mittlerer Höhenlagen

Wuchs:
Normalstrauch, feintriebig, breitwüchsig aufsteigend, Höhe und Breite 1,5-2 m

Blüten:
März - April; auffallend gelb, zu 1-3 in hängenden Trauben, bis 3 cm lang, vor dem Blattaustrieb, sehr zahlreich

Früchte:
Nüsschen, rundlich, selten

Blätter:
Oberseits hellgrün, unterseits blaugrün, eiförmig, spitz, 3-7 cm lang, junge Blätter bronzefarben, Herbstfärbung gelb, sommergrün

Verwendung:
Als Ziergehölz (attraktiver Vorfrühlingsblüher) in kleinen Gärten

Lebensbereich:
[7] Gehölze kühl-feuchter Wälder, Ordnungsziffer 7.2.4.5

Standort:
Sonnig bis halbschattig; sandig-humose bis kiesig-humose, frische bis feuchte, saure bis neutrale, mäßig nährstoffreiche Böden; kalkempfindlich

Gärtnerische Vermehrung:
Durch Stecklinge

Hinweise:
Vor kalten Winden und Austrocknung schützen, mulchen, ggf. schattieren

Weitere Arten und Sorten:
C. spicata, stark aufrecht, sparrig, Höhe und Breite 3-4 m, Blüten hellgelb, zu 6-12, bis 4 cm lang, duftend, Herbstfärbung gelb bis orange

---

Unten: Blüten vor dem Blattaustrieb

Gewöhnliche Hasel, Haselnuss, Wald-Hasel Corylaceae, Haselnussgewächse

Erklärung Artname:
avellana = aus Abella (Italien) stammend

Herkunft:
Europa, Westasien, in lichten Laubwäldern, am Waldrand und in Hecken

Wuchs:
Großstrauch, breit aufrecht, vielstämmig aus der Basis, später schirmförmig, Höhe und Breite bis 7 m

Blüten:
März - April; Kätzchen, gelb, 4-6 cm lang

Früchte:
Nüsse, zu 1-4 in zerschlitzten Becherhüllen, essbar

Blätter:
Frischgrün, rundlich bis herzförmig, gezähnt, Blattoberfläche rau, bis 10 cm lang, Herbstfärbung gelborange, sommergrün

Verwendung:
Als Landschaftsgehölz für Schutzpflanzungen, als Unterholz in Laub- und Mischwäldern, im Siedlungsbereich für Hecken

Lebensbereich:
[3] Artenreiche Wälder und Gehölzgruppen, Ordnungsziffer 3.1.6.4

Standort:
Sonnig bis halbschattig; sandig-lehmige, mäßig trockene bis frische, schwach saure bis alkalische, mäßig nährstoffreiche bis nährstoffreiche Böden; kalktolerierend

Gärtnerische Vermehrung:
Durch Aussaat

Hinweise:
Absolut frosthart, anspruchslos, sehr schnittverträglich, auch Radikalschnitt Februar - März

Weitere Arten und Sorten:
C. avellana in großfrüchtigen Sorten, siehe unter C. avellana 'Sorte' im Kapitel "Obstgehölze";
C. maxima 'Purpurea', Höhe und Breite 4-6 m, Blätter zuerst schwarzrot, später aufhellend, detaillierte Beschreibung in der App

Corylus avellana 'Contorta'

Korkenzieher-Hasel
Corylaceae, Haselnussgewächse

Erklärung Artname:
avellana = aus Abella (Italien) stammend; contorta = gedreht

Herkunft:
Züchtung; Art: Europa, Westasien, in Laubwäldern und in Hecken

Wuchs:
Normalstrauch bis Großstrauch, vielstämmig aufrecht, korkenzieherartig gewundene Zweige, ältere Pflanzen dicht verzweigt, mit überhängenden Ästen,
Höhe 3-5 m, Breite 2-4 m

Blüten:
März - April; m: gelbe Kätzchen, 8-10 cm lang, zahlreich und zierend, einhäusig

Früchte:
Nüsse, kleiner und nicht so zahlreich wie bei Corylus avellana, essbar

Blätter:
Grün, breitrund, etwas gedreht und unregelmäßig geformt, bis 10 cm lang, Herbstfärbung gelb, sommergrün

Verwendung:
Als Ziergehölz zur Einzelstellung in Gärten und Parkanlagen, auch für größere Pflanzgefäße

Lebensbereich:
[3] Artenreiche Wälder und Gehölzgruppen, Ordnungsziffer 3.1.3.5

Standort:
Sonnig bis halbschattig; sandig-lehmige, mäßig trockene bis frische, schwach saure bis alkalische, mäßig nährstoffreiche bis nährstoffreiche Böden; kalktolerierend

Gärtnerische Vermehrung:
Durch Veredlung

Hinweise:
Gelegentlich Wildtriebe an der Basis entfernen, trockenes Holz vorsichtig entfernen, Zweige für Vasenschnitt im Winter

Weitere Arten und Sorten:
C. 'Red Majestic'®, rotblättrige Form der Sorte C. avellana 'Contorta', etwas schwächer wachsend als diese

Baum-Hasel, Türkische Hasel
Corylaceae,
Haselnussgewächse

Erklärung Artname:
colurna = entstanden aus dem lateinischen colurna = Haselstaude

Herkunft:
Südost-Europa, Kleinasien,
in Tal- und Höhenlagen bis 800 m, als Einzelbaum und bestandsbildend in Wäldern

Wuchs:
Mittelgroßer Baum, regelmäßige, kegelförmige, sich verjüngende Krone, gerader, durchgehender Stamm, Borke korkig, längsrissig, Höhe bis 20 m, Breite bis 7 m

Blüten:
Februar - April; Kätzchen, männlich, grünlich-gelb, bis 12 cm lang

Früchte:
Nüsse, in Büscheln, essbar, August - September

Blätter:
Dunkelgrün, breit-eiförmig, flach gelappt, 8-12 cm groß, Herbstfärbung goldgelb, sommergrün

Verwendung:
Als Straßenbaum, vereinzelt auch als Solitär- und Gruppengehölz in Gärten und Parkanlagen

Lebensbereich:
[3] Artenreiche Wälder und Gehölzgruppen, Ordnungsziffer 3.1.3.2

Standort:
Sonnig bis halbschattig; sandig-lehmige, mäßig trockene bis frische, schwach saure bis alkalische, mäßig nährstoffreiche bis nährstoffreiche Böden; kalktolerierend

Gärtnerische Vermehrung:
Durch Aussaat

Hinweise:
Extrem hitzeverträglich, trockenresistent, stadtklimafest, anspruchslos, kein Schnittbedarf

Weitere Arten und Sorten:
C. colurna 'Granat', gleichmäßig, breit pyramidal, ausladend, Höhe 12-15 m, Breite 8-10 m, Blätter dunkelrot, Herbstfärbung leuchtend gelb

---

Unten: in der Mitte heranreifende Frucht

Cotinus coggygria 'Royal Purple'

Roter Perückenstrauch Anacardiaceae, Sumachgewächse

Hinweise zur Nomenklatur siehe Beilage

Erklärung Artname:
coggygria = entstellter griechischer Pflanzenname

Herkunft:
Züchtung; Art: Südeuropa bis China, an felsigen und trockenen Hängen sowie in lichten Büschen

Wuchs:
Normalstrauch, breitbuschig, Höhe 2-3 m, Breite bis 3 m

Blüten:
Juni - Juli; Rispen, rötlich, bis 20 cm lang

Früchte:
Steinfrüchte, fiederartige, perückenähnliche Fruchtstände, rötlich, auffallend

Blätter:
Schwarzrot, glänzend, oval bis verkehrt eiförmig, 5-8 cm lang, Herbstfärbung orangerot bis scharlachrot, sommergrün

Verwendung:
Als Solitär- und Gruppengehölz in Gärten und Parkanlagen

Lebensbereich:
[9] Gehölze der Hecken und Strauchflächen, Ordnungsziffer 9.1.1.5

Standort:
Sonnig; sandig-humose bis lehmig-humose, trockene bis frische, schwach saure bis alkalische, mäßig nährstoffreiche Böden; kalkliebend

Gärtnerische Vermehrung:
Durch Stecklinge

Hinweise:
Extrem trocken- und hitzeresistent, nur Auslichtungsschnitt im Frühjahr

Weitere Arten und Sorten:
C. coggygria,
detaillierte Beschreibung in der App;
C. coggygria 'Golden Spirit'®,
breit aufrecht, Höhe bis 2,5 m, Breite bis 2 m, Blätter goldgelb, ganzrandig, lang gestielt, Herbstfärbung dunkelgelb bis rötlich-violett

---

Unten: Fruchtstände

Cotoneaster dammeri 'Major'

Immergrüne Teppichmispel
Rosaceae, Rosengewächse

Erklärung Artname:
dammeri = nach U. Dammer (deutscher Botaniker, 1860-1920); major = größer

Herkunft:
Westchina, in Tallagen bis 600 m

Wuchs:
Zwergstrauch, kriechend, flach ausgebreitet, auf dem Boden liegende Triebe bilden neue Wurzeln, Höhe bis 0,15 m, Breite bis 1 m

Blüten:
Mai - Juni; weiß bis rosarot, bis zu drei Blüten beisammen, sehr zahlreich

Früchte:
Beeren, rot, im Vergleich zur grazil wirkenden Pflanze auffallend groß

Blätter:
Dunkelgrün glänzend, elliptisch, bis 2 cm lang, immergrün

Verwendung:
Als Bodendecker für Haus- und Steingärten, zur Unterpflanzung, für Gräber und Pflanzgefäße, 8-10 Pflanzen/m^2

Lebensbereich:
[9] Gehölze der Hecken und Strauchflächen, Ordnungsziffer 9.3.2.7

Standort:
Sonnig bis halbschattig; sandig-humose bis lehmig-humose, frische bis feuchte, schwach saure bis alkalische, nährstoffreiche Böden; kalktolerierend

Gärtnerische Vermehrung:
Durch Stecklinge

Hinweise:
Stadtklimafest, gut frosthart, anspruchslos, junge Triebe sehr schnittverträglich, am besten von Mai - Juli

Weitere Arten und Sorten:
C. radicans 'Eichholz', kompakt, bogig abstehende Zweige, Höhe 0,2-0,4 m, Breite 0,5-0,8 m, Blätter bis 2 cm lang, Blüten weiß, Früchte orangerot, bis 5 mm dick, Herbstfärbung einzelner Blätter gelb bis orangerot, 6-8 Pflanzen/m^2

Cotoneaster divaricatus

Breite Strauchmispel, Sparrige Zwergmispel Rosaceae, Rosengewächse

Erklärung Artname:
divaricatus = sperrig, ausgespreizt

Herkunft:
China, verschiedene Provinzen

Wuchs:
Normalstrauch, aufrecht, sparrig verzweigt, Zweige weit abstehend, Seitenzweige fächerförmig, Höhe und Breite 1-2 (-3) m

Blüten:
Mai - Juni; rötlich-weiß, unauffällig

Früchte:
Beeren, rot, 7-9 mm dick, glänzend, ab August reifend

Blätter:
Dunkelgrün, glänzend, elliptisch bis eiförmig, 0,8-2,5 cm lang, Herbstfärbung orangerot, sommergrün

Verwendung:
Als Ziergehölz (einzeln oder in Gruppen) in Gärten und Parkanlagen, auch für freiwachsende Hecken

Lebensbereich:
[6] Steppengehölze und Trockenwälder, Ordnungsziffer 6.3.2.5

Standort:
Sonnig; sandig-lehmige bis lehmige, mäßig trockene bis frische, schwach saure bis alkalische, mäßig nährstoffreiche bis nährstoffreiche Böden; kalktolerierend

Gärtnerische Vermehrung:
Durch Aussaat

Hinweise:
Flachwurzler, außerordentlich frosthart, schattenverträglich

Weitere Arten und Sorten:
C. bullatus, Höhe und Breite bis 4 m, rötlich, Herbstfärbung orange bis braunrot;
C. dielsianus, Höhe und Breite bis 3,5 m, rosa bis weiß, Herbstfärbung gelb bis braunrot;
C. multiflorus, Höhe bis 3 m, Breite bis 5 m, weiß, Herbstfärbung hellgelb bis braunrot

Immergrüne Strauchmispel, Weidenblättrige Strauchmispel Rosaceae, Rosengewächse

Erklärung Artname:
floccosus = beflockt, flockig, wollig

Herkunft:
Westchina, Setschuan, in geschützten Tallagen bis 400 m

Wuchs:
Normalstrauch bis Großstrauch, aufrecht, mehrtriebig, bogig überhängende Zweige, Höhe und Breite bis 5 m

Blüten:
Juni; Doldenrispen, weiß

Früchte:
Beeren, rot, 5 mm groß, September - Oktober

Blätter:
Oberseits dunkelgrün, runzelig, unterseits dicht filzig, lanzettlich, bis 10 cm lang, immergrün

Verwendung:
Als Solitär- oder Gruppengehölz

Lebensbereich:
[6] Steppengehölze und Trockenwälder, Ordnungsziffer 6.3.4.5

Standort:
Halbschattig; sandig-lehmige bis lehmige, mäßig trockene bis frische, schwach saure bis alkalische, mäßig nährstoffreiche Böden; kalkliebend

Gärtnerische Vermehrung:
Durch Stecklinge

Hinweise:
Stadtklimafest, bedingt frosthart, extrem feuerbrandgefährdet, Bodenschutz im Winter, Bedarfsschnitt Februar - März

Weitere Arten und Sorten:
C. x watereri, Höhe und Breite bis 4 m, Blätter bis 12 cm lang, Früchte glänzend hellrot, Herbstfärbung teils rot;
C. salicifolius 'Pendulus', Zweige bis zum Boden überhängend, Höhe bis 3 m, Breite bis 2 m, Blätter dunkelgrün, bis 6 cm lang, halbimmergrün, Blüten weiß, Herbstfärbung teils gelblich

Cotoneaster horizontalis

Fächermispel, Fächer-Zwergmispel Rosaceae, Rosengewächse

Erklärung Artname:
horizontalis = waagerecht, horizontal

Herkunft:
Westchina, auf Strauchflächen, in Gebüschen, an Waldrändern

Wuchs:
Kleinstrauch, Triebe anfangs flach ausgebreitet, später bogig aufrecht, fächerförmig verzweigt (Fischgrätenmuster), Höhe 1-1,5 m, Breite bis 2 m

Blüten:
Mai - Juni; weißlich-rötlich, einzeln oder paarig, zahlreich entlang der vorjährigen Triebe

Früchte:
Beeren, rundlich, dunkelrot, bis 6 mm lang, lange haftend, ab August, nicht zum Verzehr geeignet

Blätter:
Moosgrün, glänzend, oval bis rundlich, bis 1,2 cm lang, Herbstfärbung orange, sommergrün

Verwendung:
Zur Flächenbegrünung, als horizontale (aufrechte) Begrünung von Mauern und Wänden bis ca. 2 m Höhe

Lebensbereich:
[7] Gehölze kühl-feuchter Wälder, Ordnungsziffer 7.1.2.6

Standort:
Sonnig; sandig-lehmige, mäßig trockene bis frische, schwach saure bis alkalische, mäßig nährstoffreiche Böden; kalktolerierend

Gärtnerische Vermehrung:
Durch Aussaat und Stecklinge

Hinweise:
Regelmäßiger Auslichtungsschnitt von Totholz während der Vegetationsruhe

Weitere Arten und Sorten:
C. adpressus, Zwergstrauch, Höhe 0,3 m, Breite 1 m, rosa, Juni, Herbstfärbung weinrot;
C. nanshan, Kleinstrauch,
Höhe 0,8-1,0 m, Breite 1,5-2,0 m, rosa, Mai, Herbstfärbung leuchtend rot

Cotoneaster x suecicus 'Coral Beauty'

Immergrüne Böschungsmispel
Rosaceae, Rosengewächse

Erklärung Artname:
suecicus = aus Schweden stammend

Herkunft:
Züchtung; Art: Westchina,
in boden- und luftfeuchten Mittelgebirgslagen

Wuchs:
Kleinstrauch, kompakt, ausgebreitet bis niederliegend, Höhe 0,5-0,6 m, Breite 1-1,5 m, Zuwachs etwa 0,4 m pro Jahr

Blüten:
Mai - Juni; weiß, zu mehreren gebündelt, erst nach einigen Jahren

Früchte:
Beeren, leuchtend orangerot, sehr zahlreich, 6-8 mm lang

Blätter:
Sattgrün, elliptisch-länglich, derb, 1-2 cm lang, Herbstfärbung an älteren Blättern gelb bis orange, immergrün

Verwendung:
Als Bodendecker zur Begrünung von ebenen Flächen und Böschungen, an Mauern, 5-7 Pflanzen/m²

Lebensbereich:
[9] Gehölze der Hecken und Strauchflächen, Ordnungsziffer 9.3.2.7

Standort:
Sonnig bis halbschattig; sandig-humose bis lehmig-humose, frische bis feuchte, schwach saure bis alkalische, nährstoffreiche Böden; kalktolerierend

Gärtnerische Vermehrung:
Durch Stecklinge

Hinweise:
Äußerst robust, schnittverträglich, trittfest, Beeren nicht zum Verzehr geeignet

Weitere Arten und Sorten:
C. x suecicus 'Jürgl', dicht verzweigt,
Höhe bis 0,6 m, Breite bis 1 m,
Blätter mattgrün, bis 1,5 cm lang, Blüten weiß, rosa überzogen, Früchte hellrot, bis 1 cm dick, sehr zahlreich, 5-7 Pflanzen/m²

Crataegus crus-galli

Hahnen-Dorn, Hahnensporn-Weißdorn Rosaceae, Rosengewächse

Erklärung Artname:
crus-galli = Hahnensporn

Herkunft:
Östliches Kanada, Nordosten und zentrale USA, Südosten bis Florida

Wuchs:
Kleinbaum, meist als Hochstamm gezogen, Krone flach-breit, Rinde bedornt, bis 8 cm lang, Höhe 6-8 m, Breite 3-5 m

Blüten:
Mai - Juni; in weißen Doldenrispen, bis 10 cm Durchmesser, Einzelblüten bis 1,5 cm breit mit rosa Staubbeuteln

Früchte:
Steinfrüchte, lang, rund, rot, bis 1,5 cm Durchmesser, in Dolden, ab Oktober, zahlreich und langhaftend

Blätter:
Dunkelgrün, glänzend, elliptisch, breit, ledrig, bis 10 cm lang, Herbstfärbung auffallend orangerot, sommergrün

Verwendung:
Als kleinkroniger Baum an Straßen und auf Plätzen, als Solitärgehölz in größeren Gärten und Parkanlagen

Lebensbereich:
[6] Steppengehölze und Trockenwälder, Ordnungsziffer 6.4.3.3

Standort:
Sonnig; sandig-lehmige bis lehmige, frische bis mäßig feuchte, schwach saure bis schwach alkalische, mäßig nährstoffreiche Böden; kalktolerierend

Gärtnerische Vermehrung:
Durch Veredlung, Crataegus coccinea durch Aussaat

Hinweise:
Fruchtfall auf Gehwegen lästig, Tiefwurzler

Weitere Arten und Sorten:
C. coccinea, breit aufrecht, abstehende Äste, Dornen 3 cm lang, Höhe 5-7 m, Breite bis 5 m, Blätter scharf doppelt gesägt, 5-7 cm lang, Blüten weiß, rosa Staubgefäße, Herbstfärbung gelb bis orange

Apfel-Dorn, Lederblättriger Weißdorn Rosaceae, Rosengewächse

Erklärung Artname:
lavalleei = nach P. A. Lavallée (französischer Dendrologe, 1836-1884); Carrieri = nach E. A. Carrière (französischer Botaniker, 1816-1896)

Herkunft:
Kreuzung aus C. crus-galli und C. pubescens fo. stipulacea

Wuchs:
Kleinbaum, Krone halbkugelig, dicht, mit bis zu 5 cm langen, leicht gebogenen Dornen, Höhe bis 7 m, Breite bis 10 m

Blüten:
Mai; Einzelblüten weiß bis rosa, bis 2 cm breit, streng duftend

Früchte:
Steinfrüchte, apfelförmig, orangerot, gesprenkelt, bis 1,8 cm dick, August - Dezember

Blätter:
Dunkelgrün, glänzend, elliptisch-länglich, bis 10 cm lang, Herbstfärbung gelbrot, sommergrün

Verwendung:
Als kleinkroniger Baum an Straßen und auf Plätzen, als Solitärgehölz in Gärten und Parkanlagen

Lebensbereich:
[6] Steppengehölze und Trockenwälder, Ordnungsziffer 6.3.3.4

Standort:
Sonnig; sandig-lehmige bis lehmige, mäßig trockene bis frische, schwach saure bis alkalische, mäßig nährstoffreiche Böden; kalkliebend

Gärtnerische Vermehrung:
Durch Veredlung, Crataegus x persimilis durch Aussaat

Hinweise:
Reicher, langhaftender, attraktiver Fruchtschmuck, stadtklimafest, sehr trockenheitsverträglich, anspruchslos, Bedarfsschnitt

Weitere Arten und Sorten:
C. x persimilis, straff aufrecht, dicht verzweigt, stark bedornt, Höhe und Breite 6-7 m, Blätter dunkelgrün, glänzend, Früchte scharlachrot, bis 1,5 cm dick, Herbstfärbung leuchtend gelborange bis rot

Crataegus x media 'Paul´s Scarlet'

Rotdorn
Rosaceae, Rosengewächse

Erklärung Artname:
media = in der Mitte befindlich

Herkunft:
Züchtung; Art: Europa, Nordafrika

Wuchs:
Großstrauch bis Kleinbaum, locker, breit kegelförmig bis rundlich breit ausladend, dornig, Rinde im Alter stark rissig bis borkig, Höhe und Breite 4-6 m

Blüten:
Mai - Juni; rot, 1 cm breit, in gefüllten Dolden, sehr auffallend

Früchte:
Steinfrüchte, rote Beeren

Blätter:
Oberseits dunkelgrün, glänzend, unterseits hellgrün, wechselständig, breit eiförmig, 3- bis 5-lappig, bis 5 cm lang, keine Herbstfärbung, sommergrün

Verwendung:
Als kleinkroniger Baum an Straßen und auf Plätzen, als Solitärgehölz in Gärten und Parkanlagen

Lebensbereich:
[9] Gehölze der Hecken und Strauchflächen, Ordnungsziffer 9.3.3.3

Standort:
Sonnig; sandig-humose bis sandig-lehmige, frische bis feuchte, tiefgründige, schwach saure bis alkalische, nährstoffreiche Böden; kalkliebend

Gärtnerische Vermehrung:
Durch Veredlung

Hinweise:
Essbare Beeren, extrem frosthart, stadtklimafest, sehr schnittverträglich, bevorzugt feuchtere, auch nährstoffreichere Böden als C. monogyna

Weitere Arten und Sorten:
C. monogyna 'Stricta', säulenförmig, dicht verzweigt, Dornen bis 3 cm lang, Höhe bis 6 m, Breite bis 3 m, Blätter tief 3- bis 5-lappig, dunkelgrün, Blüten weiß, angenehm duftend, Früchte dunkelrot, bis 9 mm dick, essbar, Herbstfärbung gelb bis braunrot

---

Unten: doldenförmig aufgesetzte Blütenstände

Eingriffliger Weißdorn
Rosaceae, Rosengewächse

Erklärung Artname:
monogyna = eingrifflig

Herkunft:
Europa bis Westasien, an Wegen und Waldrändern von Laub- und Mischwäldern

Wuchs:
Kleinbaum oder Großstrauch, rundkronig, stark bedornt, Dornen 2-2,5 cm lang, Borke an alten Stämmen schuppig abblätternd, Höhe bis 10 m, Breite bis 6 m

Blüten:
Mai - Juni; Doldenrispen, weiß, zu 6-12 Stück, bis 1,5 cm breit, rosa Staubbeutel, unangenehmer Geruch

Früchte:
Steinfrüchte, dunkelrot, essbar, 6 mm breit

Blätter:
Dunkelgrün, wechselständig, an Langtrieben, tief eingeschnitten, 3- bis 7-lappig, an Kurztrieben 3- bis 5-lappig, bis 5 cm lang, Herbstfärbung gelb, sommergrün

Verwendung:
Als Pioniergehölz in der Landschaft, für geschnittene und freiwachsenden Hecken

Lebensbereich:
[3] Artenreiche Wälder und Gehölzgruppen, Ordnungsziffer 3.1.6.4

Standort:
Sonnig bis halbschattig; sandig-lehmige, mäßig trockene bis frische, schwach saure bis alkalische, mäßig nährstoffreiche bis nährstoffreiche Böden; kalkliebend

Gärtnerische Vermehrung:
Durch Aussaat

Hinweise:
Extrem frosthart, sehr windfest, stadtklimafest, feuerbrandanfällig, anspruchslos, sehr schnittverträglich

Weitere Arten und Sorten:
C. laevigata, breit aufrecht bis breit kegelförmig, Borke abblätternd, Dornen bis 2,5 cm lang, Höhe 3-10 m, Breite 2-6 m, Blätter dunkelgrün, glänzend, bis 6 cm lang, Blüten weiß, endständige Trugdolden, Früchte scharlachrot, essbar (kaum Geschmack), Herbstfärbung leuchtend gelb bis orange

Cytisus 'Andreanus Splendens' (Scoparius-Gruppe)

Edel-Ginster, Schmuck-Ginster Fabaceae, Schmetterlingsblütler

Erklärung Artname:
splendens = glänzend

Herkunft:
Züchtung; Art: Nordwest- bis Westeuropa, an Waldrändern, in lichten Laub- und Nadelmischwäldern, auf Brachflächen

Wuchs:
Kleinstrauch, besenartig, aufrecht, vieltriebig, Höhe und Breite bis 1,5 m

Blüten:
Mai - Juni; gelb, rotgetönte Flügelrückseite, in achselständigen Büscheln, 1,5-2,5 cm lang

Früchte:
Hülsen, schwarz, giftig

Blätter:
Grün, lanzettlich, 3-zählig, behaart, 1-2 cm lang, keine Herbstfärbung, sommergrün

Verwendung:
Als Ziergehölz in Gärten und Parkanlagen, auch in Stein- und Heidegärten

Lebensbereich:
[9] Gehölze der Hecken und Strauchflächen, Ordnungsziffer: 9.2.1.5

Standort:
Sonnig; sandige bis lehmig-humose, frische bis feuchte, saure bis neutrale, mäßig nährstoffreiche bis nährstoffreiche Böden; kalkempfindlich

Gärtnerische Vermehrung:
Durch Stecklinge

Hinweise:
Blüten stark süßlich duftend, Samen wenig giftig, Rückschnitt erst nach der Blüte

Weitere Arten und Sorten:
C. 'Burkwoodii' (Scoparius-Gruppe), Höhe bis 1,5 m, karminrot, braun mit gelbem Rand;
C. 'Golden Sunlight' (Scoparius-Gruppe), Höhe bis 1,5 m, reingelb;
C. 'Palette' (Scoparius-Gruppe), Höhe bis 1,5 m, gelb mit samtroten Flügeln;
C. 'Roter Favorit' (Scoparius-Gruppe), Höhe bis 1,5 m, hellrot mit dunkelroten Flügeln

Unten: verschiedene Sorten aus der Scoparius-Gruppe

Cytisus decumbens

Kriech-Ginster, Niederliegender Geißklee Fabaceae, Schmetterlingsblütler

Erklärung Artname:
decumbens = liegend, niedergebogen

Herkunft:
Südeuropa, auf Magerwiesen sowie auf kalkhaltigen Böden von lichten Eichen- und Kiefernwäldern

Wuchs:
Zwergstrauch, breit, mattenförmig, niederliegende, wurzelnde, spärlich behaarte Triebe, Höhe 0,1-0,2 m, Breite 0,6-0,8 m

Blüten:
Mai - Juni; goldgelb, zahlreich, 1-1,5 cm lang

Früchte:
Hülsen, flach, schwarz, giftig

Blätter:
Dunkelgrün, länglich, einfach, bis 20 mm lang, keine Herbstfärbung, sommergrün

Verwendung:
Einzeln oder in Gruppen für Böschungen, Steingärten, als Bodendecker auf mageren Flächen, 4-6 Pflanzen/m²

Lebensbereich:
[6] Steppengehölze und Trockenwälder, Ordnungsziffer 6.1.2.7

Standort:
Sonnig bis halbschattig; sandige bis lehmige, durchlässige, trockene bis mäßig feuchte, schwach saure bis alkalische, nährstoffarme bis mäßig nährstoffreiche Böden; kalkliebend

Gärtnerische Vermehrung:
Durch Stecklinge

Hinweise:
Gilt als einer der schönsten Zwerg-Ginster, trockenresistent, hitzeverträglich und frosthart

Weitere Arten und Sorten:
C. x beanii, kriechend, Höhe 0,4-0,8 m, Breite 1-1,5 m, Blätter linealisch, behaart, bis 1,2 cm lang, Blüten tiefgelb, bis 2 cm lang, Mai, keine Herbstfärbung;
C. x kewensis, Höhe 0,3-0,5 m, Breite bis 1 m, Blüten rahmweiß bis hellgelb, bis 1,5 cm lang, Mai, detaillierte Beschreibung in der App

Cytisus scoparius

Besen-Ginster
Fabaceae, Schmetterlingsblütler

Erklärung Artname:
scoparius = besenartig

Herkunft:
Nordwest- bis Westeuropa, an Waldrändern, in lichten Laub- und Nadelmischwäldern, auf Brachflächen

Wuchs:
Normalstrauch, reichverzweigt, aufrecht oder bogig aufsteigend, Höhe 1-2 (-3) m, Breite 1-2 m

Blüten:
Mai - Juni; Schmetterlingsblüten, gelb, 1,5-2,5 cm lang, streng riechend, sehr zahlreich, in achselständigen Büscheln

Früchte:
Hülsen, schwarz, giftig

Blätter:
Graugrün, eilanzettlich, 3-zählig, 1-2 cm lang, an Langtrieben einfach und lang haftend, keine Herbstfärbung, sommergrün

Verwendung:
Als Pioniergehölz in der Landschaft für Extremstandorte, z. B. Autobahnböschungen

Lebensbereich:
[4] Artenarme Wälder und Gehölzgruppen, Ordnungsziffer 4.1.1.5

Standort:
Sonnig; sandig-humose bis sandig-lehmige, mäßig trockene bis frische, saure bis neutrale, nährstoffarme Böden; kalkempfindlich

Gärtnerische Vermehrung:
Durch Aussaat, Sorten durch Stecklinge

Hinweise:
Frost- und hitzegefährdet, schlecht verpflanzbar (Pfahlwurzel), mit 12 Jahren relativ kurzlebig

Weitere Arten und Sorten:
C. 'Luna' (Scoparius-Gruppe), straff aufrecht, Höhe und Breite bis 1,5 m, Blüten gelb, streng duftend, Mai, keine Herbstfärbung; C. x praecox 'Allgold', überhängend, dicht, Höhe und Breite bis 1,5 m, Blüten gelb, streng duftend, zahlreich, April - Mai, keine Herbstfärbung

Seidelbast, Kellerhals
Thymelaeaceae, Seidelbastgewächse

Erklärung Artname:
mezereum = Seidelbast,
Mezerein (starkes Gift in allen Pflanzenteilen)

Herkunft:
Europa bis Kaukasus, in Buchen-, Eichen-, Hainbuchen- und Nadelmischwäldern der Höhenlagen bis 1900 m; in wenigen Bundesländern gefährdet, Rote Liste: 2-3

Wuchs:
Kleinstrauch, locker aufgebaut, aufrecht, Höhe und Breite bis 1,2 m

Blüten:
Januar - Februar und März - April;
rosa, zu 2-4 in Büscheln, 6 mm lang

Früchte:
Steinfrüchte, rot, erbsengroß, sehr giftig

Blätter:
Stumpfgrün, verkehrt lanzettlich, bis 12 cm lang, Herbstfärbung gelb, sommergrün

Verwendung:
Als Solitär- und Gruppengehölz,
nicht an Spielplätzen, Schulen, Kindergärten

Lebensbereich:
[3] Artenreiche Wälder und Gehölzgruppen, Ordnungsziffer 3.3.6.6

Standort:
Sonnig bis halbschattig; sandig-lehmige bis lehmige, frische bis feuchte, schwach saure bis alkalische, nährstoffreiche Böden; kalktolerierend

Gärtnerische Vermehrung:
Durch Aussaat, Sorten durch Stecklinge

Hinweise:
Blüten stark riechend, alle Pflanzenteile stark giftig, frosthart, verträgt keinen Rückschnitt

Weitere Arten und Sorten:
D. cneorum, mattenartig ausgebreitet, Höhe bis 0,4 m, Breite bis 0,8 m, Blätter immergrün, Blüten rosa, Früchte rötlich-gelb, giftig;
D. mezereum fo. alba, breit aufrecht, Höhe bis 1 m, Breite bis 1,5 m, Blüten wachsweiß, starker Duft (Kopfschmerzen), Früchte rotgelb, giftig, Herbstfärbung gelb

Davidia involucrata var. vilmoriniana

Taschentuchbaum, Taubenbaum
Nyssaceae, Tupelogewächse

Erklärung Artname:
involucrata = eingehüllt, mit Hüllblättern versehen, vilmoriniana = nach M. L. und P. de Vilmorin (französische Gärtner, 1849-1919 bzw. 1846-1904)

Herkunft:
China (Sichuan), in Bergwäldern

Wuchs:
Kleinbaum bis mittelgroßer Baum, anfangs breit kegelförmig, im Alter unregelmäßig, locker, Höhe 8-15 (-20) m, Breite bis 8 m

Blüten:
Mai - Juni; cremeweiße, an Taschentücher erinnernde Hochblätter umgeben runde, rotbraune Blütenköpfchen, hängend, Blütezeit ungefähr 2-3 Wochen

Früchte:
Steinfrüchte, anfangs grün, später rotbraun, kugelig, 2 bis 3 cm groß, lange haftend

Blätter:
Oberseits hellgrün, unterseits bläulich-grün, breit eiförmig, 10-12 cm groß, wechselständig, Blattränder gezahnt, wenig Herbstfärbung, sommergrün

Verwendung:
Als Solitär für große Gärten und Parkanlagen

Lebensbereich:
[3] Artenreiche Wälder und Gehölzgruppen, Ordnungsziffer 3.2.1.3

Standort:
Sonnig; sandig-humose bis lehmig-humose, frische bis feuchte, saure bis neutrale, nährstoffreiche Böden; kalkempfindlich

Gärtnerische Vermehrung:
Durch Aussaat

Hinweise:
Bevorzugt geschützte, warme Lagen, bei ungünstigen Standortverhältnissen ist der Wuchs schwächer, blüht meistens erst nach 10 bis 15 Jahren

Weitere Arten und Sorten:
In Deutschland ist keine weitere bedeutende Art oder Sorte von Davidia im Handel

---

Unten: Früchte

Zierliche Deutzie, Maiblumenstrauch Hydrangeaceae, Hortensiengewächse

Erklärung Artname:
gracilis = schlank, zierlich, zart

Herkunft:
Japan, in Tallagen bis 600 m, an Berghängen

Wuchs:
Kleinstrauch, aufrecht, dicht, überhängende Triebspitzen, Höhe und Breite bis 0,8 m

Blüten:
Juni; weiße aufrechte Trauben, sternförmige Einzelblüten, bis 2 cm groß, am mehrjährigen Holz

Früchte:
Kapseln, klein, drei- bis fünffächrig

Blätter:
Kräftig hellgrün, lanzettlich-länglich bis eiförmig, 3-6 cm, Herbstfärbung gelblich, sommergrün

Verwendung:
Als Solitärpflanze in Stauden- und Gehölzrabatten, als Gruppengehölz für Kleinhecken

Lebensbereich:
[7] Gehölze kühl-feuchter Wälder, Ordnungsziffer 7.2.2.6

Standort:
Sonnig bis halbschattig; sandig-humose bis kiesig-humose, frische bis feuchte, saure bis neutrale, mäßig nährstoffreiche Böden; kalkempfindlich

Gärtnerische Vermehrung:
Durch Stecklinge

Hinweise:
Reicher Blütenflor, Auslichtungsschnitt, Formschnitt bei Heckenpflanzung, frosthart, Neuaustriebe können aber bei Spätfrösten Schaden nehmen

Weitere Arten und Sorten:
D. x rosea, buschig, aufrecht, überhängende Triebspitzen, Höhe bis 1,5 m, Breite bis 1 m, Blätter rau, runzelig, scharf gesägt, Blüten rosa, innen weiß, Juni - Juli, Herbstfärbung gelblich

---

Unten: Blüten an jungen Trieben

Deutzia x hybrida 'Mont Rose'

Rosen-Deutzie
Hydrangeaceae, Hortensiengewächse

Erklärung Artname:
x hybrida = Kreuzung, Hybride

Herkunft:
Züchtung aus D. discolor und D. longifolia

Wuchs:
Normalstrauch, locker aufrecht, leicht überhängende Seitenzweige, Höhe bis 2 m, Breite bis 1,5 m

Blüten:
Juni; Rispen, rosa, sehr zahlreich, sternförmige Einzelblüte, bis 1,5 cm breit, wellige Kronblätter

Früchte:
Kapseln, klein, drei- bis fünffächrig

Blätter:
Dunkelgrün, gegenständig, länglich-eiförmig, 6 -10 cm lang, keine Herbstfärbung, sommergrün

Verwendung:
Als Blütengehölz in Gärten und Parkanlagen, einzeln oder in Gruppen

Lebensbereich:
[9] Gehölze der Hecken und Strauchflächen, Ordnungsziffer 9.3.2.5

Standort:
Sonnig bis halbschattig; sandig-humose bis lehmig-humose, frische bis feuchte, schwach saure bis alkalische, nährstoffreiche Böden; kalktolerierend

Gärtnerische Vermehrung:
Durch Stecklinge

Hinweise:
Eine der schönsten Deutzien, nur Auslichtungsschnitt

Weitere Arten und Sorten:
D. x lemoinei 'Boule de Neige', straff aufrecht, Zweige bogenförmig abstehend, kompakt, Höhe und Breite bis 1,5 m, Blätter fein scharf gesägt, bis 6 cm lang, Blüten rahmweiß, bis 2,5 cm groß, auffallend gelbe Staubblätter, Herbstfärbung gelb;
D. purpurascens 'Kalmiiflora', Zweige locker überhängend, Höhe und Breite bis 1,5 m, Blätter hellgrün, fein gesägt, Blüten innen weißlich-rosa, außen rosa bis dunkelrot, 5-12 in Doldenrispen, keine Herbstfärbung

Deutzia scabra 'Plena'

Gefüllter Sternchenstrauch, Gefüllte Deutzie Hydrangeaceae, Hortensiengewächse

Erklärung Artname:
scabra = scharf, rau; plena = gefüllt, voll

Herkunft:
Züchtung; Art: Japan,
in Tallagen bis 600 m, an Berghängen

Wuchs:
Großstrauch, Triebe aus der Basis straff aufrecht, Höhe 3-4 m, Breite 2-2,5 m

Blüten:
Juni - Juli; Knospen rosa, Blüten weiß, 1,5 cm breit, gefüllt, in aufrechten Rispen, 8-16 cm lang

Früchte:
Kapseln, klein, drei- bis fünffächrig

Blätter:
Stumpfgrün, eiförmig bis länglich-lanzettlich, beiderseits auffallend rau, bis 8 cm lang, keine Herbstfärbung, sommergrün

Verwendung:
Als Blütengehölz in Gärten und Parkanlagen, in Einzelstellung oder in Kombination mit anderen Blütengehölzen

Lebensbereich:
[9] Gehölze der Hecken und Strauchflächen, Ordnungsziffer 9.3.2.4

Standort:
Sonnig; sandig-humose bis lehmig-humose, frische bis feuchte, schwach saure bis alkalische, nährstoffreiche Böden; kalktolerierend

Gärtnerische Vermehrung:
Durch Steckholz

Hinweise:
Während der Blütezeit und bei Trockenheit zusätzlich wässern, Schnittmaßnahmen nach der Blüte, Verjüngung durch Entfernen alter Grundtriebe

Weitere Arten und Sorten:
D. x magnifica, Höhe bis 4 m, Breite bis 3 m, reinweiß, gefüllt, bis 2,5 cm breit, keine Herbstfärbung;
D. scabra 'Candidissima', Höhe bis 3 m, Breite bis 2 m, reinweiß, sternförmig, gefüllt, bis 3 cm breit, keine Herbstfärbung

Elaeagnus angustifolia

Schmalblättrige Ölweide Elaeagnaceae, Ölweidengewächse

Erklärung Artname:
angustifolia = schmalblättrig

Herkunft:
Mittelmeergebiet bis Mongolei, in Flussbetten von Wüsten und Halbwüsten sowie in Steppen- und Dünengelände

Wuchs:
Großstrauch bis Kleinbaum, sparrig, breit ausladend, rot überlaufene, zuweilen stachelige Äste, im Alter oft überhängend, Höhe und Breite bis 7 m

Blüten:
Mai - Juni; gelbweiß, bis 1 cm lang, auffallend, angenehm duftend

Früchte:
Scheinfrucht, olivenförmig, gelb, essbar

Blätter:
Graugrün, unterseits silbrig geschuppt, weich, schmal-lanzettlich, bis 8 cm lang, keine Herbstfärbung, sommergrün

Verwendung:
Als Pioniergehölz in der Landschaft, für Schutzpflanzungen im Siedlungsbereich, gedeiht gut auf trocken-heißen Standorten

Lebensbereich:
[6] Steppengehölze und Trockenwälder, Ordnungsziffer 6.1.2.4

Standort:
Sonnig; sandige, sandig-kiesige bis sandig-lehmige, trockene bis frische, schwach saure bis alkalische, mäßig nährstoffreiche bis nährstoffreiche Böden; kalkliebend

Gärtnerische Vermehrung:
Durch Aussaat

Hinweise:
Sehr frosthart, sehr trockenresistent, gut salzverträglich, anspruchslos, Bedarfsschnitt Februar - März

Weitere Arten und Sorten:
E. commutata, Ausläufer treibend, dornenlos, Höhe und Breite 3-5 m, Blätter beiderseits silbrig glänzend, Blüten silbrig, innen gelb, trichterförmig, stark duftend, keine Herbstfärbung

Wintergrüne Ölweide
Elaeagnaceae, Ölweidengewächse

Erklärung Artname:
Keine eindeutige Erklärung möglich

Herkunft:
Züchtung; Elternarten: Mittelmeergebiet bis Mongolei, in Flussbetten von Wüsten und Halbwüsten sowie in Steppen- und Dünengelände

Wuchs:
Normalstrauch, straff aufrecht, breitbuschig, breit ausladend, Höhe 3 m, Breite 1-2 m

Blüten:
Oktober - November; weiß, in den Blattachseln, stark duftend

Früchte:
Werden nicht ausgebildet

Blätter:
Dunkelgrün, glänzend, unterseits silbrig beschuppt, elliptisch, ledrig, 9-12 cm lang, immergrün

Verwendung:
Als Ziergehölz in Hausgärten und anderen Grünanlagen, einzeln oder in Gruppen, für Pflanzgefäße

Lebensbereich:
[6] Steppengehölze und Trockenwälder, Ordnungsziffer 6.1.1.5

Standort:
Sonnig; sandige, sandig-kiesige bis sandig-lehmige, trockene bis frische, schwach saure bis alkalische, mäßig nährstoffreiche bis nährstoffreiche Böden; kalkliebend

Gärtnerische Vermehrung:
Durch Stecklinge, Sorten durch Veredlung

Hinweise:
Etwas frostempfindlich, zu lange Triebe im Spätsommer auf ein Auge zurückschneiden

Weitere Arten und Sorten:
E. pungens 'Maculata', dicht verzweigt, sparrig, dornig, Höhe und Breite 1-2 m, Blätter dunkelgrün mit einem unregelmäßigen, leuchtend gelben Fleck, immergrün, Blüten silbrigweiß, schwach duftend, nicht auffallend, Oktober - November

Enkianthus campanulatus

Prachtglocke, Japanische Prachtglocke Ericaceae, Heidekrautgewächse

Erklärung Artname:
campanulatus = glockenförmig

Herkunft:
Japan (Hokkaido und Honshu), in Eichen- und Buchenmischwäldern

Wuchs:
Normalstrauch, straff aufrecht, etagenartig abstehende, dicht verzweigte Seitenäste, Höhe und Breite 2-3 m

Blüten:
Mai; hellgelbe Glöckchen, rosa bis rot gestreift, zu 5-15 in hängenden Trauben, vor dem Blattaustrieb

Früchte:
Kapseln, elliptisch, bis 2 cm lang

Blätter:
Stumpfgrün, in Büscheln an den Triebspitzen, elliptisch, scharf zugespitzt, bis 6 cm lang, stumpfgrün, Herbstfärbung leuchtend rot bis scharlachrot, sommergrün

Verwendung:
Als Blütengehölz in Gärten und Parkanlagen, zu Moorbeetpflanzen und Nadelgehölzen, in Pflanzgefäßen

Lebensbereich:
[7] Gehölze kühl-feuchter Wälder, Ordnungsziffer 7.2.2.5

Standort:
Sonnig bis halbschattig; sandig-humose bis kiesig-humose, frische bis feuchte, saure bis neutrale, mäßig nährstoffreiche Böden; kalkempfindlich

Gärtnerische Vermehrung:
Durch Stecklinge

Hinweise:
Empfindlich gegen Oberflächenverdichtung

Weitere Arten und Sorten:
In Deutschland ist keine weitere bedeutende Art oder Sorte von Enkianthus im Handel

Erica carnea 'Vivellii'

Schnee-Heide, Winter-Heide Ericaceae, Heidekrautgewächse

Erklärung Artname:
carnea = fleischfarbig

Herkunft:
Züchtung; Art: Osteuropa, Nordwest-Italien, Nordwest-Balkan, Zentrale Alpen, an Berghängen, in sonnigen Kiefer- und Legföhrenbeständen, auf Fels- und Schotterflächen

Wuchs:
Zwergstrauch, aufrecht bis niederliegend, breit, geschlossene Teppiche bildend, Höhe bis 0,3 m, Breite bis 0,5 m

Blüten:
März - Mai; rot, glockenförmig, an einseitig gewendeten Rispen, Blüten 6-9 mm lang

Früchte:
Kapseln, klein, braun

Blätter:
Dunkelgrün, linealisch (nadelförmig), 4-18 mm lang, immergrün

Verwendung:
Als flächige Bepflanzung in Heide-, Stein- und Naturgärten, für Gräber, 10-15 Pflanzen/m^2

Lebensbereich:
[9] Gehölze der Hecken und Strauchflächen, Ordnungsziffer 9.1.3.7

Standort:
Sonnig; sandig-humose bis lehmig-humose, trockene bis frische, saure bis schwach saure, mäßig nährstoffreiche Böden; kalktolerierend

Gärtnerische Vermehrung:
Durch Stecklinge

Hinweise:
Frosthart, leichter Rückschnitt nach der Blüte

Weitere Arten und Sorten:
E. carnea 'Golden Starlet', gelblaubig;
E. carnea 'Lohse's Rubin', rubinrosa;
E. carnea 'Nathalie'®, leuchtendrot;
E. carnea 'Snow Queen', reinweiß;
E. carnea 'Whisky'®, buntlaubig;
E. carnea 'Winter Beauty', dunkelpurpurrosa;
E. cinerea 'C.D. Eason', leuchtendrubinrot;
E. cinerea 'Katinka', leuchtendviolett'

Unten: E. carnea 'Snow Queen'

Erica tetralix 'Con Underwood'

Glocken-Heide, Moor-Heide
Ericaceae,
Heidekrautgewächse

Erklärung Artname:
tetralix = vierfach

Herkunft:
Züchtung; Art: Süd- bis nordwestliches Europa, in sumpfig-moorigen Kiefernbeständen, an feuchten Stellen in der Heide sowie in Torfmooren

Wuchs:
Zwergstrauch, Stämmchen bildend, durch Ausläufer verbreitend, Höhe 0,20-0,25 m

Blüten:
Juli - September; lilarot, 5-15 eiförmig zylindrische, kopf-doldig stehende Einzelblüten, bis 1 cm lang

Früchte:
Kapseln, klein, zahlreich

Blätter:
Graugrün, quirlständig und sparrig angeordnet, am Rand gerollt, steif bewimpert, 3-6 mm lang, immergrün

Verwendung:
Für Moorbeetpflanzungen und Heidegärten, als Bodendecker, für Gräber, 8-12 Pflanzen/m^2

Lebensbereich:
[5] Heiden und Dünen, Ordnungsziffer 5.2.1.7

Standort:
Sonnig; sandig-humose bis humose, mäßig trockene bis frische, gelegentlich feuchte, saure bis schwach saure bis gelegentlich neutrale, nährstoffarme bis mäßig nährstoffreiche Böden; kalktolerierend

Gärtnerische Vermehrung:
Durch Stecklinge

Hinweise:
Rückschnitt im zeitigen Frühjahr, Blüten an den jungen Trieben, Bienenweide

Weitere Arten und Sorten:
E. x darleyensis 'Kramer's Rote', Blüten rosarot
E. tetralix 'Alba', Blüten weiß;
E. tetralix 'Tina', Blüten rosa

Unten: E. tetralix 'Alba'

Korkflügelstrauch, Flügel-Spindelstrauch, Geflügeltes Pfaffenhütchen Celastraceae, Spindelstrauchgewächse

Erklärung Artname:
alatus = geflügelt

Herkunft:
Japan, Mandschurei, Zentral-China, in lichten Wäldern und Gebüschen

Wuchs:
Normalstrauch bis Großstrauch, aufrecht breit, sparrig, ausladend, Höhe und Breite 2-4 m, im Alter oft breiter als hoch

Blüten:
Mai - Juni; Blütentrauben, gelblich-weiß

Früchte:
Kapseln, kugelig, rotpurpurn, 1- bis 4-lappig, bis 8 mm breit, Samen mit orangefarbenem Samenmantel, Fruchtansatz sehr gering

Blätter:
Dunkelgrün, verkehrt eiförmig bis elliptisch, gezähnt, 5-7 cm lang,
Herbstfärbung karminrot, sommergrün

Verwendung:
Als Solitärgehölz in Gärten und Parkanlagen

Lebensbereich:
[3] Artenreiche Wälder und Gehölzgruppen, Ordnungsziffer 3.1.6.4

Standort:
Sonnig bis halbschattig; sandige bis lehmige, mäßig trockene bis frische, schwach saure bis alkalische, mäßig nährstoffreiche bis nährstoffreiche Böden; kalktolerierend

Gärtnerische Vermehrung:
Durch Stecklinge

Hinweise:
Frosthart, stadtklimafest, rauchhart, anspruchslos, Bedarfsschnitt Februar – März, besonders attraktiv durch auffällige Korkleisten und schöne Herbstfärbung

Weitere Arten und Sorten:
E. alatus 'Compactus', breit kompakt, Höhe bis 1 m, Breite bis 3 m, Herbstfärbung scharlachrot

---

Oben: Herbstfärbung

Euonymus europaeus

Pfaffenhütchen
Celastraceae, Spindelstrauchgewächse

Erklärung Artname:
europaeus = aus Europa stammend

Herkunft:
Europa, Westasien,
in Auenwäldern, Hecken und an Waldrändern

Wuchs:
Großstrauch, sparrig, locker, grüne Zweige, vierkantig ohne große Korkleisten, Höhe bis 6 m, Breite bis 5 m

Blüten:
Mai - Juni; gelblich-grün, klein, vier Kelchblätter bis 1 mm und vier Kronblätter 3-5 mm lang, unauffällig

Früchte:
Kapseln, leuchtend rosa, hängend, 1-1,5 cm breit, 4-lappig aufspringender Samenmantel mit ein bis vier Samen, orange, stark giftig

Blätter:
Dunkelgrün, eiförmig bis elliptisch, gesägt, 5-8 cm lang, Herbstfärbung leuchtend rot, sommergrün

Verwendung:
Als Pioniergehölz in der Landschaft, als Ziergehölz in Gärten und Parkanlagen

Lebensbereich:
[2] Auen- und Ufergehölze, Ordnungsziffer 2.4.6.4

Standort:
Halbschattig; sandig-kiesige bis sandig-lehmige, frische bis feuchte, neutrale bis alkalische, nährstoffreiche Böden; kalkliebend

Gärtnerische Vermehrung:
Durch Aussaat, Sorten durch Stecklinge

Hinweise:
Alle Pflanzenteile stark giftig, anfällig für einen Befall durch die 2 cm großen Raupen der Pfaffenhütchen-Gespinstmotte (Blattfraß)

Weitere Arten und Sorten:
E. europaeus 'Red Cascade', aufrecht, später überhängend, Höhe bis 4 m, Breite bis 2,5 m, Blüten rosa, nicht auffallend, Mai - Juni, Früchte rosa, sehr zahlreich, Herbstfärbung gelborange bis dunkelrot

Unten: Früchte mit Samen

Euonymus fortunei 'Emerald'n Gold'

Goldbunte Kriechspindel
Celastraceae,
Spindelstrauchgewächse

Erklärung Artname:
fortunei = nach R. Fortune (schottischer Pflanzensammler und Reisender, 1812-1880)

Herkunft:
Züchtung; Art: China, Japan, Korea, auf nährstoffreichen Standorten, am Waldrand oder im Unterholz von Laubmischwäldern

Wuchs:
Zwergstrauch bis Kleinstrauch, buschig, kriechend, mit Haftwurzeln kletternd, Höhe bis 0,6 m, Breite bis 1 m

Blüten:
Juni - Juli; Trugdolden, gelb

Früchte:
Kapseln, kugelig, bis 6 mm groß

Blätter:
Leuchtend grün mit breiten, gelben Rändern, elliptisch, bis 5 cm lang, im Winter rötlich gefärbt, immergrün

Verwendung:
Als Bodendecker in Gärten und anderen Grünanlagen, für Gräber und Pflanzgefäße, 6-8 Pflanzen/m²

Lebensbereich:
[9] Gehölze der Hecken und Strauchflächen, Ordnungsziffer 9.3.6.7

Standort:
Halbschattig; sandig-humose bis lehmig-humose, frische bis feuchte, schwach saure bis alkalische, nährstoffreiche Böden; kalktolerierend

Gärtnerische Vermehrung:
Durch Stecklinge

Hinweise:
Frosthart, stadtklimafest, anspruchslos

Weitere Arten und Sorten:
E. fortunei 'Emerald Gaiety', Höhe 0,5-0,6 m, Blätter grün mit weißem Rand, Herbstfärbung rotbraun, Blattrand rosa überlaufen;
E. fortunei var. radicans, Höhe kriechend bis 0,2 m, kletternd bis 3 m, detaillierte Beschreibung in der App

Unten: E. fortunei 'Emerald Gaiety'

Fagus sylvatica

Rot-Buche
Fagaceae, Buchengewächse

Erklärung Artname:
sylvatica = im Wald wachsend

Herkunft:
Europa bis Kaukasus,
in Tal- und Gebirgslagen bis 1500 m

Wuchs:
Großbaum, Stamm durchgehend,
rundkronig, im Freistand tiefhängende Äste,
Höhe und Breite bis 30 m

Blüten:
Mai; gelb, in Büscheln, mit dem Blattaustrieb,
m: Köpfchen stehend, kugelig,
w: Paare mit 4-lappigen Brakteen

Früchte:
Nüsse, dreikantig (Bucheckern)

Blätter:
Dunkelgrün, eiförmig bis elliptisch,
5-10 cm lang, ganzrandig mit gewelltem Rand,
Herbstfärbung rotbraun, sommergrün,
Knospen wechselständig, meist gestielt,
abstehend, groß geschuppt,
bis 3 cm lang, spitz

Verwendung:
Als Pioniergehölz in der Landschaft,
im Siedlungsbereich als Solitärgehölz,
hauptsächlich aber als klassische
Heckenpflanze, bedeutendes Forstgehölz

Lebensbereich:
[3] Artenreiche Wälder und Gehölzgruppen,
Ordnungsziffer 3.3.5.1

Standort:
Sonnig bis halbschattig; sandig-lehmige
bis lehmige, frische bis feuchte, schwach
saure bis alkalische, nährstoffreiche Böden;
kalkliebend

Gärtnerische Vermehrung:
Durch Aussaat, Sorten durch Veredlung

Hinweise:
Blüten erst im Alter von 15-20 Jahren, verträgt
keine Staunässe, bei Trockenheit wässern,
Bedarfsschnitt Februar - März

Weitere Arten und Sorten:
F. sylvatica 'Aspleniifolia', Höhe 15-25 m,
Breite 15-20 m, Blätter dunkelgrün,
unregelmäßig tief geschlitzt, zierlich, sehr
schmal, bis 10 cm lang, Früchte Bucheckern,
essbar, Herbstfärbung rotbraun

Grüne Hänge-Buche
Fagaceae, Buchengewächse

Erklärung Artname:
sylvatica = im Wald wachsend;
pendula = hängend

Herkunft:
Züchtung; Art: Europa bis Kaukasus, in Tal- und Gebirgslagen bis 1500 m

Wuchs:
Mittelgroßer Baum bis Großbaum, Stamm gerade durchgehend bis zum Kronenansatz, unregelmäßiger Wuchs, Haupt- und Seitenäste überhängend, Zweige senkrecht bis zum Boden, Höhe 15-25 m, Breite bis 20-25 m

Blüten:
Mai; m: gelb, in kugeligen Büscheln, w: mit becherförmiger Hülle

Früchte:
Nüsse, dreikantig (Bucheckern), identisch mit denen der Art

Blätter:
Oberseits dunkelgrün, glänzend, breit elliptisch bis oval, bis 10 cm lang, gewellter Rand, zuerst seidig behaart, Herbstfärbung leuchtend gelb bis rotbraun, sommergrün

Verwendung:
Als Solitärgehölz auf freien Flächen mit angemessenem Wuchsraum

Lebensbereich:
[3] Artenreiche Wälder und Gehölzgruppen, Ordnungsziffer 3.3.5.1

Standort:
Sonnig bis halbschattig; sandig-lehmige bis lehmige, frische bis feuchte, schwach saure bis alkalische, nährstoffreiche Böden; kalkliebend

Gärtnerische Vermehrung:
Durch Veredlung

Hinweise:
Überhängende Äste und Laub bilden Unterschlupf

Weitere Arten und Sorten:
F. sylvatica 'Dawyck',
straff säulenförmig bis schmal kegelförmig, Höhe 15-25 m, Breite 3-4 m, Herbstfärbung leuchtend gelb bis rotbraun

Unten: F. sylvatica 'Dawyck'

Fagus sylvatica 'Purpurea Latifolia'

Veredelte Blut-Buche
Fagaceae, Buchengewächse

Hinweise zur Nomenklatur siehe Beilage

Erklärung Artname:
sylvatica = im Wald wachsend;
purpurea = purpurrot, latifolia = breitblättrig

Herkunft:
Aus Samen von Blutbuchen gewonnen, in Tal und Gebirgslagen bis 1500 m

Wuchs:
Großbaum, rundkronig, Stamm weit durchgehend, im Freistand tiefhängende Äste, Höhe und Breite 25-30 m

Blüten:
Mai; m: in rötlichen, kugeligen Büscheln, w: Blüten zu zweit

Früchte:
Nüsse, dreikantig (Bucheckern), ab September

Blätter:
Dunkelrot im Austrieb, sichtbar behaart, später vergrünend, elliptisch-oval, bis 10 cm lang, mit gewelltem Rand, Herbstfärbung gelbbraun, sommergrün

Verwendung:
Als Solitärpflanze und Alleebaum, als Dorfbaum, im Siedlungsbereich bei entsprechendem Platzangebot, einzeln oder in Gruppen

Lebensbereich:
[3] Artenreiche Wälder und Gehölzgruppen, Ordnungsziffer 3.3.2.1

Standort:
Sonnig; sandig-lehmige bis lehmige, frische bis feuchte, schwach saure bis alkalische, nährstoffreiche Böden; kalkliebend

Gärtnerische Vermehrung:
Durch Veredlung

Hinweise:
Keine Staunässe, bei längerer Trockenheit frühzeitig wässern

Weitere Arten und Sorten:
F. sylvatica 'Purpurea Pendula', Seitenäste weit bogig überhängend, Zweige häufig bis auf den Boden, Höhe bis 6 m, Breite bis 5 m, Blätter im Austrieb tiefrot, später schwarzrot, Herbstfärbung braunrot

---

Unten: F. sylvatica 'Purpurea Pendula', Kopfveredlung

Fallopia baldschuanica (Syn.: Polygonum aubertii)

Schling-Knöterich
Polygonaceae, Knöterichgewächse

Erklärung Artname:
baldschuanica = aus Baldschuan (Mittelasien) stammend

Herkunft:
Ostasien, Tadschikistan, in Gebirgswäldern und felsigen Hängen

Wuchs:
Klettergehölz, außerordentlich schnell und stark wachsend, verholzt, Höhe 8-15 m, Breite 4-8 m

Blüten:
Juli - Oktober; in aufrechten Rispen, weiß, sich rosa verfärbende Trichterblüten, 6-8 mm breit

Früchte:
Nüsschen, in Blütenhülle, klein, kantig, blassrosa bis weiß

Blätter:
Dunkelgrün, breit-eiförmig oder eiförmig, bis 10 cm lang, Herbstfärbung hellgelb, sommergrün

Verwendung:
Zur Begrünung großflächiger Objekte (z. B. Autobahn-Lärmschutzwände), Fassadenbegrünung, für Innenhöfe, Mauern und Zäune

Lebensbereich:
[7] Gehölze kühl-feuchter Wälder, Ordnungsziffer 7.3.2.9

Standort:
Sonnig bis halbschattig; humos-lehmige bis sandig-lehmige, feuchte, schwach saure bis alkalische, nährstoffreiche Böden; kalktolerierend

Gärtnerische Vermehrung:
Durch Steckholz

Hinweise:
Frosthart, stadtklimafest, gut wärmeverträglich, hohes Ausschlagsvermögen, Kletterhilfe und regelmäßiger Rückschnitt alle 2-3 Jahre notwendig, sehr schnittverträglich, anspruchslos bei ausreichender Bodenfeuchte

Weitere Arten und Sorten:
In Deutschland ist keine weitere bedeutende Art oder Sorte von Fallopia im Handel

Fargesia 'Jiuzhaigou Nr. 1'

Jade Bambus
Poaceae, Süßgräser

Erklärung Artname:
Jiuzhaigou = Jiuzhaigougebiet

Herkunft:
China, Provinz Sichuan im Jiuzhaigougebiet, Samen auf etwa 3000 m Höhe gesammelt

Wuchs:
Normalstrauch, Halme horstartig aufrecht, leicht in der Spitze überhängend, zuerst grün mit mehligem Belag, danach bläulich, je nach Härte der Halme und dem Standort rötlichbraun bis rot, bis 1,2 cm dick, Höhe bis 3 m

Blüten:
Endständige Rispen oder Trauben, rosarot

Früchte:
Samen von verblühten Pflanzen

Blätter:
Dunkelgrün, lanzettlich, lang zugespitzt, 6-9 cm lang, 1-1,5 cm breit, 4-6 pro Trieb, immergrün

Verwendung:
Als Solitär, Hecke, Sichtschutz, für Kübel, an Teichen und Bächen

Lebensbereich:
[3] Artenreiche Wälder und Gehölzgruppen, Ordnungsziffer 3.2.7.4

Standort:
Halbschattig bis sonnig; sandig-humose bis lehmig-humose, frische bis feuchte, saure bis neutrale, nährstoffreiche Böden; kalktolerierend

Gärtnerische Vermehrung:
Durch Teilung

Hinweise:
Sehr schnittverträglich (Hecke), äußerst winterhart, bei extremer Kälte oder intensiver Sonneneinstrahlung rollen sich die Blätter zusammen, Wurzelbereich vor Austrocknung bewahren, Bambus des Jahres 2005 (EBS-D)

Weitere Arten und Sorten:
F. 'Winter Joy', Halme dunkelgrün, rötliche Färbung bei sonnigem Standort, Höhe bis 3 m;
F. murieliae 'Jumbo', detaillierte Beschreibung in der App;
F. nitida, detaillierte Beschreibung in der App;
F. nitida 'Pillar', Halme dunkelgrün, dunkelrote Färbung bei sonnigem Standort, Höhe 2,5-3 m

Forsythia x intermedia 'Lynwood'

Goldglöckchen, Forsythie
Oleaceae, Ölbaumgewächse

Erklärung Artname:
intermedia = sich in der Mitte befindend

Herkunft:
Züchtung; Elternarten: Ostasien, in Tal- und Höhenlagen bis 800 m

Wuchs:
Normalstrauch, breit aufrecht, im Alter bogig überhängend, dicht verzweigt, Höhe und Breite 2-3 m

Blüten:
April - Mai; Einzelblüten gelb, 2,5-3,5 cm breit, dicht gedrängt am mehrjährigen Holz, sehr zahlreich

Früchte:
Kapseln, hart, braun, ledrig

Blätter:
Hellgrün bis dunkelgrün, eiförmig-länglich bis lanzettlich, grob gesägt, 8-10 cm, Herbstfärbung hellgelb, violett überlaufen, sommergrün

Verwendung:
Als Blütengehölz in Gärten und Parkanlagen, im Einzelstand oder in Gruppen

Lebensbereich:
[9] Gehölze der Hecken und Strauchflächen, Ordnungsziffer 9.3.2.5

Standort:
Sonnig; sandig-humose bis lehmig-humose, frische bis feuchte, schwach saure bis alkalische, nährstoffreiche Böden; kalktolerierend

Gärtnerische Vermehrung:
Durch Steckholz und Stecklinge

Hinweise:
Frühe Blüte, anspruchslos, winterhart, leichter Auslichtungsschnitt nach der Blüte

Weitere Arten und Sorten:
F. x intermedia 'Goldzauber', Höhe 1,5-2,5 m, Breite 1-1,5 m, intensiv goldgelb, bis 4 cm, April - Mai;
F. x intermedia 'Spectabilis', Höhe 2-3 m, Breite bis 2 m, dottergelb, kurzgestielt, bis 4,5 cm, April - Mai;
F. x intermedia 'Week-End'®©, Höhe bis 2,5 m, Breite bis 3 m, leuchtend goldgelb, bis 3,5 cm, März - April

Fothergilla major

Großer Federbuschstrauch Hamamelidaceae, Zaubernussgewächse

Erklärung Artname:
major = größer

Herkunft:
Nordamerika (Carolina, Georgia, Alabama), in Berg- und in Laub-Mischwäldern

Wuchs:
Normalstrauch, breitbuschig aufrecht, locker verzweigt, Höhe und Breite 1,5-2,5 m

Blüten:
April - Mai; Blütenähren, cremeweiß, manchmal rosa getönt, aufrecht, 2,5-5 cm lang, vor der Blattentfaltung, duftend

Früchte:
Werden nicht ausgebildet

Blätter:
Oberseits mattgrün, unterseits blaugrün, verkehrt eiförmig bis nahezu rund, 7-12 cm lang, gezähnt, Herbstfärbung leuchtend gelb bis rot, sommergrün

Verwendung:
Als Ziergehölz in Hausgärten und anderen, meist kleineren Grünanlagen

Lebensbereich:
[4] Artenarme Wälder und Gehölzgruppen, Ordnungsziffer 4.1.2.5

Standort:
Sonnig; sandig-humose bis lehmig-humose, mäßig trockene bis mäßig feuchte, saure bis neutrale, nährstoffarme Böden; kalkempfindlich

Gärtnerische Vermehrung:
Durch Stecklinge

Hinweise:
Schnittmaßnahmen vermeiden, gegen Oberflächenverdichtung empfindlich (Flachwurzler)

Weitere Arten und Sorten:
F. gardenii, straff aufrecht bis breit buschig, Höhe und Breite bis 1 m, Blätter dunkelgrün, unterseits blaugrün, bis 5 cm lang, Blüten gelblich-weiß, bis 3 cm lang, aromatisch duftend, Herbstfärbung gelborange bis orangerot

---

Unten: Blüten kurz vor dem Blattaustrieb

Gewöhnlicher Faulbaum, Pulverholz Rhamnaceae, Kreuzdorngewächse

Erklärung Artname:
alnus = lateinischer Pflanzenname der Erle

Herkunft:
Europa, Asien, Nordwest-Afrika, in Niederungen und Auenwäldern, an feuchten Ufern

Wuchs:
Normalstrauch bis Kleinbaum, gewunden aufrecht, locker verzweigt, ausladend, oft überhängend, längsrissige, graubraune Borke, Höhe 2-7 m, Breite 3-5 m

Blüten:
Mai - Juni; gelbgrün, in Büscheln, unangenehm riechend

Früchte:
Steinfrüchte, erst rot, dann schwarz, bis 1 cm breit, langhaftend, giftig

Blätter:
Dunkelgrün, glänzend, breit-elliptisch, bis 7 cm lang, Herbstfärbung fahlgelb, sommergrün

Verwendung:
Als Pioniergehölz auf nassen, sauren Standorten in der Landschaft, aber auch in Knicks

Lebensbereich:
[1] Moor- und Sumpfgehölze, Ordnungsziffer 1.2.2.4

Standort:
Sonnig bis halbschattig; humose, feuchte, saure bis neutrale, mäßig nährstoffreiche Böden; kalkempfindlich

Gärtnerische Vermehrung:
Durch Aussaat

Hinweise:
Das Holz diente in früheren Zeiten zur Herstellung von Schießpulver, frische Rinde verbreitet einen fauligen Geruch (Brechreiz), giftig (unreife Früchte, Blätter, Rinde), Syn.: Rhamnus frangula

Weitere Arten und Sorten:
F. alnus 'Asplenifolia', Strauch, Höhe bis 2 m, Breite bis 1,5 m, Blätter filigran tief geschlitzt, Herbstfärbung gelb;
Rhamnus catharticus
(hat eine eigene Seite im diesem Buch)

Unten: F. alnus 'Aspleniifolia'

Fraxinus excelsior

Gewöhnliche Esche
Oleaceae, Ölbaumgewächse

Erklärung Artname:
excelsior = höher, hervorragend

Herkunft:
Europa und Kleinasien, in Tal- und Hanglagen bis 1400 m, in Auen- und Schluchtwäldern, Laubmischwäldern und an Bächen

Wuchs:
Großbaum, rundkronig, Stamm meist kurz, ausladend, Höhe 25-40 m, Breite 20-35 m

Blüten:
April - Mai; Rispen, gelb, bis 10 cm lang, nicht auffallend

Früchte:
Nüsschen, geflügelt, braun, meist büschelig, September - Oktober

Blätter:
Grün, unpaarig gefiedert, bis 30 cm lang, 9-11 oder 13 ovale Fiederblättchen, Herbstfärbung gelb, sommergrün, Knospen schwarz, gegenständig bis leicht schief gegenständig, Knospenschuppen auch nach dem Blattaustrieb deutlich zu erkennen

Verwendung:
Als Pioniergehölz in der Landschaft, als Park-, Straßen- und Auenwaldbaum

Lebensbereich:
[2] Auen- und Ufergehölze, Ordnungsziffer 2.4.2.1

Standort:
Sonnig; sandig-kiesige bis lehmige, frische bis feuchte, neutrale bis alkalische, nährstoffreiche Böden; kalkliebend

Gärtnerische Vermehrung:
Durch Aussaat, Sorten durch Veredlung

Hinweise:
Wärmeliebend, spätfrostgefährdet, gutes Ausschlagvermögen, empfindlich gegen Grundwasserabsenkung und stehende Nässe, anspruchslos und sehr schnittverträglich

Weitere Arten und Sorten:
F. excelsior 'Westhof´s Glorie', breitoval, Höhe 25-40 m, Breite 12-15 m, Blätter im Austrieb erst bronze, dann dunkelgrün, Früchte werden nicht ausgebildet, Herbstfärbung (selten) gelb

Blumen-Esche, Manna-Esche
Oleaceae, Ölbaumgewächse

Erklärung Artname:
ornus = vom griechischen orainós = auf dem Berg wachsend

Herkunft:
Südeuropa, Westasien, auf Karststandorten und in lichten Trockenwäldern

Wuchs:
Kleinbaum, buschig, rundkronig, Borke warzig, dunkelgrau oder schwarzgrau, Höhe und Breite bis 15 m

Blüten:
Mai - Juni; Cremegelb bis weiß, endständig oder achselständig, bis 1,5 cm breit, Rispen überhängend, bis 10 cm lang und breit, mit dem Blattaustrieb, duftend

Früchte:
Nüsschen, dunkelbraun, glänzend, geflügelt, oval, 2-4 cm lang

Blätter:
Oberseits dunkelgrün, unterseits hellgrün, zu 5-9 gefiedert, 20 cm lang, Blättchen elliptisch bis oval, Herbstfärbung gelbbraun, sommergrün, Knospen stumpf, etwas gewölbt, silbriggrau bis bräunlich-grau

Verwendung:
Als Solitärgehölz in großen Gärten und in Parkanlagen, auch als Straßenbaum

Lebensbereich:
[6] Steppengehölze und Trockenwälder, Ordnungsziffer 6.3.1.3

Standort:
Sonnig; sandige bis sandig-humose, trockene bis frische, alkalische bis stark alkalische, mäßig nährstoffreiche Böden; kalkliebend

Gärtnerische Vermehrung:
Durch Aussaat, Sorten durch Veredlung

Hinweise:
Wurzelsystem flach und weitreichend

Weitere Arten und Sorten:
F. angustifolia 'Raywood',
Höhe 15-25 m, Breite 10-15 m, Blätter bis 25 cm lang, Herbstfärbung violettpurpurn;
F. pennsylvanica 'Summit',
Höhe 15-18 m, Breite 8-12 m, Herbstfärbung gelb, die Art ist invasiv

---

Unten: endständige Blütenstände

Gaultheria procumbens

Rote Teppichbeere, Rebhuhnbeere, Scheinbeere Ericaceae, Heidekrautgewächse

Erklärung Artname:
procumbens = niederliegend

Herkunft:
Nordamerika (Neufundland bis Minnesota)

Wuchs:
Zwergstrauch, Teppiche bildend,
Höhe 0,2-0,3 m, Breite bis 1 m

Blüten:
Juni - August; weiße Glöckchen, einzeln in den Blattachseln oder in kleinen Trauben,
1-2,5 cm lang, nickend

Früchte:
Beeren, scharlachrot, erbsengroß, 0,8-1,5 cm breit, zahlreich und langhaftend, wenig giftig

Blätter:
Dunkelgrün, glänzend, eiförmig, zugespitzt, gebuchtet oder borstig, bis 5 cm lang, ledrig, beim Zerreiben stark duftend, immergrün

Verwendung:
Als Bodendecker auf schattigen, luftfeuchten Standorten, 12-15 Pflanzen/m²

Lebensbereich:
[4] Artenarme Wälder und Gehölzgruppen, Ordnungsziffer 4.1.5.7

Standort:
Halbschattig; sandige, sandig-humose bis sandig-lehmige, mäßig trockene bis mäßig feuchte, saure bis neutrale, nährstoffarme Böden; kalkempfindlich

Gärtnerische Vermehrung:
Durch Aussaat, auch Teilung möglich

Hinweise:
In Gruppen zu 5-7 Pflanzen, bei sehr niedrigen Temperaturen bedingt frosthart

Weitere Arten und Sorten:
G. shallon, stark Ausläufer treibend, dicht,
Höhe und Breite 0,4-0,8 m,
Blätter dunkelgrün, ledrig, borstig gesägt,
5-12 cm lang, Blüten rötlich-weiß,
bis 12 cm lang, in überhängenden Trauben,
Früchte schwarzrot, bis 1 cm dick

Unten: Blüten

Stein-Ginster, Lydischer Ginster, Goldland-Ginster Fabaceae, Schmetterlingsblütler

Erklärung Artname:
lydia = aus Lydien (Türkei) stammend

Herkunft:
Südost-Europa, Vorderasien

Wuchs:
Zwergstrauch, breitwüchsig niederliegend, kuppelförmig, schlanke, überhängende, stachelig endende, graugrüne Ästchen, Höhe 0,3-0,6 m, Breite bis 1 m

Blüten:
Mai - Juni; Schmetterlingsblüten, goldgelb, bis 1,5 cm lang, in kurzen, bis zu 5 cm langen Trauben, entlang der Triebe

Früchte:
Hülsen, flach, unauffällig

Blätter:
Blaugrün, linealisch-lanzettlich, spitz, 5-10 mm lang, keine Herbstfärbung, sommergrün

Verwendung:
Als Ziergehölz in kleineren Hausgärten, in Stein- und Heidegärten, für Pflanzgefäße

Lebensbereich:
[6] Steppengehölze und Trockenwälder, Ordnungsziffer 6.1.1.7

Standort:
Sonnig; sandige, sandig-kiesige bis lehmig-kiesige, trockene bis frische, schwach saure bis alkalische, nährstoffarme bis mäßig nährstoffreiche Böden; kalkliebend

Gärtnerische Vermehrung:
Durch Stecklinge

Hinweise:
Kurzlebig, blühfaule Exemplare auswechseln, nur an sonnig geschützte Standorte pflanzen, giftig

Weitere Arten und Sorten:
G. radiata, aufrecht, buschig, Höhe bis 0,8 m, Breite 1-1,8 m, Blüten gelb, bis zu 10-20 in endständigen Köpfchen, Früchte eiförmige Hülsen, mit 1 bis 2 schwarzen Samen, keine Herbstfärbung

Genista tinctoria

Färber-Ginster
Fabaceae,
Schmetterlingsblütler

Erklärung Artname:
tinctoria = zum Färben verwendet

Herkunft:
Europa und Kleinasien, auf Magerwiesen, an Wegrändern, in Eichenwäldern, auf Heiden

Wuchs:
Kleinstrauch, aufrecht, dicht verzweigt, junge Triebe tief gefurcht, dünn, Höhe und Breite 0,4-1,2 m

Blüten:
April - Juni; goldgelb, in aufrechten Trauben

Früchte:
Hülsen, stark abgeflacht, braungrau, bis 3 cm lang

Blätter:
Leuchtendgrün, wechselständig, elliptisch bis lanzettlich, 1-5 cm lang, keine Herbstfärbung, sommergrün

Verwendung:
Als Ziergehölz in Hausgärten, besonders in Stein- und Heidegärten, für Pflanzgefäße und Dachgärten

Lebensbereich:
[4] Artenarme Wälder und Gehölzgruppen, Ordnungsziffer 4.1.1.6

Standort:
Sonnig; sandig-humose bis lehmig-humose, mäßig trockene bis mäßig feuchte, saure bis neutrale, nährstoffarme Böden; kalkempfindlich

Gärtnerische Vermehrung:
Durch Aussaat, Sorten durch Stecklinge

Hinweise:
Frostempfindlich, anspruchslos, alle Pflanzenteile stark giftig

Weitere Arten und Sorten:
G. tinctoria 'Plena', feinverzweigt, Höhe bis 0,5 m, Breite 0,8-1,2 m, goldgelb, gefüllt, Juni - August, keine Herbstfärbung;
G. tinctoria 'Royal Gold', locker aufrecht, Höhe und Breite 0,6-0,8 m, gelb, in bis zu 8 cm langen, konischen Rispen, Juli, keine Herbstfärbung

Gleditschie, Dreidorniger Lederhülsenbaum Fabaceae, Schmetterlingsblütler

Erklärung Artname:
triacanthos = dreistachelig

Herkunft:
Nordamerika,
in Mischwäldern entlang der Flüsse

Wuchs:
Großbaum, lockere Krone, anfangs hochgewölbt, später schirmförmig, Stamm und Äste bedornt, Dornen verzweigt, 8-15 cm lang, Höhe 10-30 m, Breite 8-20 m

Blüten:
Juni - Juli; grün, in Trauben

Früchte:
Hülsen, flach gedreht, bis sichelförmig hängend, bis 45 cm lang, ledrig, rotbraun, ab September

Blätter:
Dunkelgrün glänzend, wechselständig, länglich bis lanzettlich, gefiedert, einfach zu 14-24 oder doppelt zu 4-16, bis 25 cm lang, Herbstfärbung goldgelb, sommergrün

Verwendung:
Im Siedlungsbereich als Park- und Straßenbaum, auch auf extremen Standorten bis hin zu Rohböden

Lebensbereich:
[2] Auen- und Ufergehölze, Ordnungsziffer 2.5.1.1

Standort:
Sonnig; sandig-kiesige bis lehmig-kiesige, mäßig trockene bis frische, schwach saure bis alkalische, mäßig nährstoffreiche bis nährstoffreiche Böden; kalktolerierend

Gärtnerische Vermehrung:
Durch Aussaat

Hinweise:
Auffallender Fruchtschmuck, frosthart, windbruchgefährdet, anspruchslos

Weitere Arten und Sorten:
G. triacanthos fo. inermis, dornenlos, Höhe bis 25 m, sonst wie die Art

Unten: hängende Hülsenfrüchte

Gleditsia triacanthos 'Sunburst'

Gelber Lederhülsenbaum, Gold-Gleditschie Fabaceae, Schmetterlingsblütler

Erklärung Artname:
triacanthos = dreistachelig

Herkunft:
Züchtung; Art: Nordamerika, in Mischwäldern entlang der Flüsse

Wuchs:
Kleinbaum, breitkegelförmige Krone, schnellwüchsig, unbestachelte Äste, Höhe 8-12 m, Breite bis 10 m

Blüten:
Juni; weißliche, kleine Trauben

Früchte:
Werden nicht ausgebildet

Blätter:
Goldgelb im Austrieb, später langsam vergrünend, einfach oder doppelt paarig gefiedert, 14-24 Fiederblättchen, 25 cm lang, Herbstfärbung bräunlich, sommergrün

Verwendung:
Als Solitärbaum in Gärten und Parkanlagen, auf Plätzen

Lebensbereich:
[2] Auen- und Ufergehölze, Ordnungsziffer 2.5.1.3

Standort:
Sonnig; sandig-lehmige bis kiesig-lehmige, mäßig trockene bis frische, schwach saure bis alkalische, mäßig nährstoffreiche bis nährstoffreiche Böden; kalktolerierend

Gärtnerische Vermehrung:
Durch Veredlung

Hinweise:
Etwas spätfrostgefährdet, kaum Erziehungsschnitt (dann nur bis zur Wintermitte)

Weitere Arten und Sorten:
G. triacanthos 'Skyline', gleichmäßig pyramidal, dornenlos, Höhe 20-25 m, Breite bis 7 m, Blätter dunkelgrün, glänzend, einfach oder doppelt gefiedert, Blüten hellgrün, in bis zu 7 cm langen Trauben, nicht auffallend, Herbstfärbung leuchtend gelb

---

Unten: junger Austrieb

Hybrid-Zaubernuss, Großblütige Zaubernuss Hamamelidaceae, Zaubernussgewächse

Erklärung Artname:
intermedia = mittelständig, dazwischenstehend; pallida = bleich, blass

Herkunft:
Züchtung, Kreuzung aus H. mollis (China) und H. japonica (Japan)

Wuchs:
Großstrauch, trichterförmig aufrecht, locker verzweigt, Höhe 3-4 m, Breite 3-5 m

Blüten:
Dezember - Februar; schwefelgelb, Köpfchen mit auffallend langen, bänderartigen Kronblättern, duftend

Früchte:
Kapseln, bräunlich, unauffällig

Blätter:
Mattgrün, verkehrt eiförmig, asymmetrisch, 10-15 cm lang, Herbstfärbung gelb, orange und rot, sommergrün

Verwendung:
Als leuchtendes Blütengehölz in den Wintermonaten und farbprächtiger Herbstfärber in herausgehobener Position in Gärten und Parkanlagen

Lebensbereich:
[9] Gehölze der Hecken und Strauchflächen, Ordnungsziffer 9.2.2.4

Standort:
Sonnig bis halbschattig; sandig-humose bis lehmig-humose, frische bis feuchte, saure bis neutrale, mäßig nährstoffreiche bis nährstoffreiche Böden; kalkempfindlich

Gärtnerische Vermehrung:
Durch Veredlung

Hinweise:
Im Wurzelbereich empfindlich gegen Störungen, Blüten frosthart bis -10 °C

Weitere Arten und Sorten:
H. x intermedia 'Arnold Promise', gelb;
H. x intermedia 'Barmstedt Gold', goldgelb;
H. x intermedia 'Diane', zimtrot;
H. x intermedia 'Jelena', kupfergelb;
H. x intermedia 'Ruby Glow', granatrot;
H. x intermedia 'Westerstede', hellgelb

Hamamelis mollis

Chinesische Zaubernuss, Lichtmess-Zaubernuss Hamamelidaceae, Zaubernussgewächse

Erklärung Artname:
mollis = weich

Herkunft:
China (Provinzen Hubei und Jiangxi), in Höhenlagen von 1300-2500 m

Wuchs:
Großstrauch, locker verzweigt, aufrecht, Höhe und Breite 3-5 m

Blüten:
Januar - März; gelbe Blütenfahnen, 2-3 cm lang, in Büscheln, Kelch innen purpurn, stark angenehm duftend

Früchte:
Kapseln, 2-klappig, verholzend, mit schwarzen Samen

Blätter:
Oberseits dunkelgrün, glänzend, weich behaart, unterseits filzig behaart, eirundlich, bis 15 cm lang, Herbstfärbung goldgelb, sommergrün

Verwendung:
Als Solitärgehölz in Gärten und Parkanlagen, gern in Rasenflächen

Lebensbereich:
[7] Gehölze kühl-feuchter Wälder, Ordnungsziffer 7.1.5.4

Standort:
Halbschattig; sandig-humose bis sandig-lehmige, mäßig trockene bis frische, schwach saure bis alkalische, mäßig nährstoffreiche Böden; kalkempfindlich

Gärtnerische Vermehrung:
Durch Veredlung

Hinweise:
Auffällige Blüten, Bedarfsschnitt möglich im März - April, am schönsten ungeschnitten, geschützter Standort

Weitere Arten und Sorten:
H. japonica, breit bizarr, Höhe und Breite 3-4 m, Blätter grün, unterseits hellgrün, derb, bis 10 cm lang, Blüten gelb, Kelch purpurn, Januar - März, Herbstfärbung leuchtend gelborangerot

Gewöhnlicher Efeu
Araliaceae, Araliengewächse

Erklärung Artname:
helix = gewunden

Herkunft:
Europa bis Kaukasus, in Eichen-, Buchenmisch- und Auenwäldern, an Felsen, Mauern, alten Bäumen und in Gebüschen

Wuchs:
Haftwurzelkletterer, kriechender Bodendecker, wüchsig, Höhe 10-20 m

Blüten:
September - Oktober; gelbe Dolden, ab zehntem Standjahr

Früchte:
Beeren, kugelig, schwarz, giftig

Blätter:
Grün, glänzend, Jugendform 3-lappig, Altersform rautenförmig, 4-6 cm lang, immergrün

Verwendung:
Als Bodendecker (Rasenersatz) und zur flächendeckenden Fassaden- und Wandbegrünung, für Rankgerüste, 6-8 Pflanzen/m^2

Lebensbereich:
[3] Artenreiche Wälder und Gehölzgruppen, Ordnungsziffer 3.1.5.9

Standort:
Sonnig bis halbschattig; sandig-humose bis lehmig-humose, mäßig trockene bis frische, schwach saure bis alkalische, nährstoffreiche Böden; kalktolerierend

Gärtnerische Vermehrung:
Durch Aussaat und Stecklinge, Sorten nur durch Stecklinge

Hinweise:
Verträgt gut Wurzeldruck, hohes Ausschlagsvermögen, sehr langlebig, stadtklimafest, alle Pflanzenteile giftig, anspruchslos, nur Bedarfsschnitt Februar - März

Weitere Arten und Sorten:
H. helix 'Goldheart', Blätter dunkelgrün mit gelber Mitte, dreieckig, ungleich groß, aber insgesamt etwas kleiner als die der Art, überwiegend als Kletterpflanze verwendet (mit Kletterhilfe)

Unten: H. helix 'Goldheart'

Hedera helix 'Arborescens'

Strauch-Efeu
Araliaceae, Araliengewächse

Hinweise zur Nomenklatur siehe Beilage

Erklärung Artname:
helix = gewunden;
arborescens = baumartig werdend

Herkunft:
Züchtung; Art: Europa bis Kaukasus, in Eichen-, Buchenmisch und Auenwäldern, an Felsen, Mauern, alten Bäumen und in Gebüschen

Wuchs:
Normalstrauch, aufrecht, halbkugelig bis rund, dichtbuschig, nicht kletternd,
Höhe und Breite bis 1,8 m

Blüten:
September - Oktober; in kugeligen Doldentrauben, grünlich-gelb

Früchte:
Beeren, schwarz, kugelig,
Veredlungen fruchten schneller als stecklingsvermehrte Exemplare

Blätter:
Dunkelgrün bis mittelgrün, weißlich geadert, wechselständig, ganzrandig, oval,
bis 12 cm lang, gerieben aromatisch nach Harz duftend, immergrün

Verwendung:
Zur Einzel- oder Gruppenstellung, für Einfassungen in Heckenform, zur Unterpflanzung

Lebensbereich:
[3] Artenreiche Wälder und Gehölzgruppen, Ordnungsziffer 3.1.5.5

Standort:
Sonnig bis halbschattig; sandig-humose bis lehmig-humose, mäßig trockene bis frische, schwach saure bis alkalische, mäßig nährstoffreiche bis nährstoffreiche Böden; kalktolerierend

Gärtnerische Vermehrung:
Durch Stecklinge

Hinweise:
Schnelle Anpassung an alle Gegebenheiten, frosthart, sehr schnittverträglich,
alle Pflanzenteile giftig, Altersform der Art

Weitere Arten und Sorten:
H. colchica 'Fall Favourite', Höhe und Breite bis 2 m, Blätter stumpfgrün, bis 15 cm lang, detaillierte Beschreibung in der App

Hibiscus syriacus 'Woodbridge'

Garten-Eibisch, Strauch-Eibisch
Malvaceae, Malvengewächse

Erklärung Artname:
syriacus = aus Syrien stammend

Herkunft:
Züchtung; Art: China, Indien, in geschützten Tallagen bis 400 m

Wuchs:
Normalstrauch, straff aufrecht, buschig, Höhe 1,5-3 m, Breite 1-1,5 m

Blüten:
Juli - September; trompetenförmig, rot mit dunkelrotem Zentrum, bis 10 cm breit

Früchte:
Kapseln, braun, 5-klappig

Blätter:
Dunkelgrün, eiförmig bis rhombisch, dreifingrig, gelappt, gezähnt, 5-10 cm lang, Herbstfärbung gelb, sommergrün

Verwendung:
Als Blütengehölz in Hausgärten, einzeln oder in Gruppen, für Pflanzgefäße

Lebensbereich:
[9] Gehölze der Hecken und Strauchflächen, Ordnungsziffer 9.3.1.5

Standort:
Sonnig; sandig-humose bis lehmig-humose, frische bis feuchte, schwach saure bis alkalische, nährstoffreiche Böden; kalktolerierend

Gärtnerische Vermehrung:
Durch Veredlung und Stecklinge

Hinweise:
Knospen-, Blütenabwurf bei längerer Trockenheit, stadtklimafest, Rückschnitt kurz vor dem Blattaustrieb (April/Mai)

Weitere Arten und Sorten:
H. syriacus 'Ardens', purpurviolett, mit dunkelrotem Mittelfleck, gefüllt;
H. syriacus 'Hamabo', rosa, mit dunkelrotem Mittelfleck;
H. syriacus 'Oiseau Bleu', dunkelblau mit rotem Auge;
H. syriacus 'Red Heart', weiß, mit kleinem, dunkelroten Mittelfleck

---

Unten: H. syriacus 'Hamabo'

Hippophae rhamnoides

Sanddorn
Elaeagnaceae, Ölweidengewächse

Erklärung Artname:
rhamnoides = Rhamnus-ähnlich

Herkunft:
Europa und Asien, an Ufern, Auen, Hängen bis 975 m und in Trockenwäldern

Wuchs:
Großstrauch, unregelmäßig buschig, oft sparrig verzweigt, stachelige Triebe, Höhe und Breite 3-6 m

Blüten:
März - April; gelbgrün, winzig, in Trauben, bis 2 cm lang

Früchte:
Beeren, eiförmig bis kugelig, leuchtend orangefarben, bis 8 mm breit, essbar

Blätter:
Silbrig, auf beiden Seiten silbern bis bronze beschuppt, lanzettlich bis linealisch, 5-7 cm lang, keine Herbstfärbung, sommergrün

Verwendung:
Als Pioniergehölz in der Landschaft, als freiwachsende Hecke, Früchte eignen sich gut zur Saft- und Geleegewinnung, Vitamin-C-Gehalt

Lebensbereich:
[5] Heiden und Dünen, Ordnungsziffer 5.1.2.4

Standort:
Sonnig; sandig-kiesige, trockene bis frische, schwach saure bis alkalische, mäßig nährstoffreiche Böden; kalkliebend

Gärtnerische Vermehrung:
Durch Aussaat, Sorten durch Stecklinge

Hinweise:
Gut frosthart, hitzeresistent, wind- und stadtklimafest, anspruchslos, lichtbedürftig, Schnitt November - Februar

Weitere Arten und Sorten:
H. rhamnoides 'Frugana', weiblich, mittelgroße, orangerote Beeren;
H. rhamnoides 'Leikora', weiblich, große, tief orange Beeren;
H. rhamnoides 'Pollmix', männlich, keine Beeren, Befruchtersorte

---

Unten: H. rhamnoides 'Leikora'

Hydrangea anomala subsp. petiolaris

Kletter-Hortensie
Hydrangeaceae, Hortensiengewächse

Erklärung Artname:
anomala = ungewöhnlich, vom Normalen abweichend, petiolaris = gestielt

Herkunft:
Japan, Taiwan, Korea, in Tal- und Höhenlagen bis 800 m

Wuchs:
Haftwurzelkletterer, kräftige, spärlich verzweigte Äste, an Rankhilfen Höhe 10-15 m, freiwachsend nur bis 1,5 m

Blüten:
Juni - Juli; Schirmrispen, weiß, 15-25 cm breit, flach, am mehrjährigen Holz, süßlich duftend

Früchte:
Werden nicht ausgebildet

Blätter:
Oberseits dunkelgrün, glänzend, herzförmig bis eirund, 5-10 cm lang, gleichmäßig scharf gesägt, Herbstfärbung gelb, sommergrün, in milden Lagen wintergrün

Verwendung:
Zur Begrünung von Mauern, Wänden und großvolumigen Pflanzgefäßen mit Rankhilfen, auch für Flächen

Lebensbereich:
[7] Gehölze kühl-feuchter Wälder, Ordnungsziffer 7.2.6.9

Standort:
Halbschattig; sandig-humose bis kiesig-humose, frische bis feuchte, saure bis neutrale, mäßig nährstoffreiche Böden; kalkempfindlich

Gärtnerische Vermehrung:
Durch Stecklinge

Hinweise:
Gut frosthart, stadtklimafest, Wurzeldruck verträglich, anspruchslos, Bedarfsschnitt Februar - März

Weitere Arten und Sorten:
H. anomala 'Cordifolia', Triebe auf dem Boden aufliegend, Höhe bis 0,6 m, Breite bis 3 m, als Kletterpflanze deutlich höher, Blätter hellgrün, Blattränder scharf gesägt, bis 4 cm lang, Herbstfärbung gelb

Hydrangea arborescens 'Annabelle'

Ball-Hortensie, Strauch-Hortensie Hydrangeaceae, Hortensiengewächse

Erklärung Artname:
arborescens = baumartig werdend

Herkunft:
Züchtung; Art: Nordamerika

Wuchs:
Kleinstrauch bis Normalstrauch, breitbuschig, intensiv verzweigt, mehrere Grundtriebe, aufrecht, Höhe 1-2 m , Breite 1-1,5 m

Blüten:
Juni - September; rahmweiß, anfangs grünlich, ballförmige Dolden, 10-25 cm breit

Früchte:
Werden nicht ausgebildet

Blätter:
Grün, oval, zugespitzt, 10-15 cm lang, keine Herbstfärbung, sommergrün

Verwendung:
Als Solitär oder Gruppenpflanzung in Hausgärten und Parkanlagen, vor Mauern

Lebensbereich:
[3] Artenreiche Wälder und Gehölzgruppen, Ordnungsziffer 3.2.7.6

Standort:
Halbschattig; sandig-humose bis lehmig-humose, frische bis feuchte, saure bis neutrale, nährstoffreiche Böden; kalkempfindlich

Gärtnerische Vermehrung:
Durch Stecklinge

Hinweise:
Ausläufer treibend, Anbinden der schweren Blütenstände, gut schnittverträglich

Weitere Arten und Sorten:
H. arborescens 'Grandiflora',
Höhe bis 3 m, cremeweiß, bis 20 cm;
H. arborescens 'Pink Annabelle'®,
Höhe bis 1,5 m, pink, bis 20 cm

Hydrangea aspera 'Macrophylla'

Fell-Hortensie, Raue Hortensie, Riesenblatt-Hortensie Hydrangeaceae, Hortensiengewächse

Erklärung Artname:
aspera = rau-; macrophylla = großblättrig

Herkunft:
China (Hubei, Sichuan, Yunnan)

Wuchs:
Normalstrauch, dicke Grundtriebe, Seitenäste locker ausgebreitet, Höhe und Breite bis 3 m

Blüten:
Juli - August; Trugdolden, flach, violett, im Verblühen blau, fertile Randblüten weiß, groß und zierend

Früchte:
Werden nicht ausgebildet

Blätter:
Oberseits dunkelgrün, rau behaart, unterseits mit kurzen, steifen, weißlichen Haaren versehen, eiförmig bis lanzettlich, bis zu 30 cm groß und zierend, keine Herbstfärbung, sommergrün

Verwendung:
Als Ziergehölz in Hausgärten, oft zusammen mit Moorbeetpflanzen

Lebensbereich:
[3] Artenreiche Wälder und Gehölzgruppen, Ordnungsziffer 3.1.7.5

Standort:
Halbschattig; humose, frische bis mäßig feuchte, saure bis neutrale, nährstoffreiche Böden; kalkempfindlich

Gärtnerische Vermehrung:
Durch Stecklinge

Hinweise:
Etwas spätfrostgefährdet, treibt nach Rückschnitt wieder aus, abgeblühte Triebe einkürzen

Weitere Arten und Sorten:
H. aspera 'Hot Chocolate'®, Jungtriebe dunkel rotbraun, Höhe bis 2 m, lila, bis 20 cm; H. aspera subsp. sargentiana, Höhe bis 3,5 m, Triebe fingerdick, helllila bis violett, Randblüten weiß, bis 20 cm

Hydrangea macrophylla 'Bouquet Rose' (Hortensia-Gruppe)

Bauern-Hortensie, Garten-Hortensie Hydrangeaceae, Hortensiengewächse

Hinweise zur Nomenklatur siehe Beilage

Erklärung Artname:
macrophylla = großblättrig

Herkunft:
Züchtung; Art: Frankreich, in Tallagen bis 600 m

Wuchs:
Kleinstrauch, breit ausladend, Triebe steif, Höhe und Breite bis 1,5 m

Blüten:
Juni - September; rosa bis hellblau, ballförmige Dolden, bis 25 cm breit

Früchte:
Werden nicht ausgebildet

Blätter:
Dunkelgrün, glänzend, spitz elliptisch, 8-16 cm lang, keine Herbstfärbung, sommergrün

Verwendung:
Als Solitär- oder Gruppenpflanze für Parkanlagen, Gärten, schattige Gehölzpartien, Rabatten, vor Mauern, in Pflanzgefäßen

Lebensbereich:
[9] Gehölze der Hecken und Strauchflächen, Ordnungsziffer 9.2.5.6

Standort:
Halbschattig; sandig-humose bis lehmig-humose, frische bis feuchte, saure bis neutrale, nährstoffreiche bis mäßig nährstoffreiche Böden; kalkempfindlich

Gärtnerische Vermehrung:
Durch Stecklinge

Hinweise:
Die Farbe der Blüten ist sehr vom pH-Wert abhängig, dieser Wert sollte bei 4,5 bis 5,0 liegen

Weitere Arten und Sorten:
H. macrophylla 'Lanarth White' (Lacecap-Gruppe), Höhe und Breite bis 1,2 m, innen rosa bis hellblau, außen weiß;
H. macrophylla 'Mariesii Perfecta' (Lacecap-Gruppe), detaillierte Beschreibung in der App;
H. serrata 'Bluebird' (Lacecap-Gruppe), Höhe und Breite bis 1 m, innen blau bis rötlich-lila, außen lilaweiß bis purpurn

Großblütige Rispen-Hortensie Hydrangeaceae, Hortensiengewächse

Erklärung Artname:
paniculata = rispig; grandiflora = großblütig

Herkunft:
Züchtung; Art: Japan, China, an Wald- und Weidenrändern

Wuchs:
Normalstrauch, aufrecht, verzweigt, breitbuschig, leicht hängende Enden der Triebe, Höhe und Breite 2-3 m

Blüten:
Juli - September; in rahmweißen, kegelförmigen, großen, 20-30 cm hohen, endständigen Rispen, zahlreich und zierend, später rosaweiß

Früchte:
Werden nicht ausgebildet

Blätter:
Mattgrün, eiförmig, zugespitzt, gezähnt, rau, 7-15 cm lang, Herbstfärbung orange, sommergrün

Verwendung:
Als Blütengehölz in Gärten und anderen Grünanlagen, einzeln oder in Gruppen, für Pflanzgefäße

Lebensbereich:
[2] Auen- und Ufergehölze, Ordnungsziffer 2.1.5.5

Standort:
Sonnig bis halbschattig; humose, frische bis feuchte, saure bis neutrale, nährstoffreiche Böden; kalkempfindlich

Gärtnerische Vermehrung:
Durch Stecklinge

Hinweise:
Blüht überwiegend am diesjährigen Holz, Rückschnitt im Frühjahr

Weitere Arten und Sorten:
H. paniculata 'Kyushu',
cremeweiße Rispen, Juli - September;
H. paniculata 'Limelight'®,
limonengelbe Rispen, August - Oktober;
H. paniculata 'Pinky Winky'®,
rosarote Rispen, Juli - August;
H. paniculata 'Unique',
weißrosa Rispen, August - Oktober

Hypericum 'Hidcote'

Großblumiges Johanniskraut, Großblumiger Johannisstrauch Hypericaceae, Johanniskrautgewächse

Erklärung Artname:
Keiner Art zugeordnet; Sorte: Hidcote = von "Hidcote Manor Garden" (Garten in England)

Herkunft:
Züchtung, seit 1920 in England in Kultur; die Herkunft ist nicht bekannt

Wuchs:
Kleinstrauch, dichtbuschig, straff aufrecht, leicht überhängende Triebspitzen, Höhe und Breite 0,8-1,2 (-1,5) m

Blüten:
Juli - Oktober; Trugdolden, gelb, endständig, Einzelblüten schalenförmig, 5-7 cm breit

Früchte:
Fruchtkugeln, selten ausgebildet

Blätter:
Stumpfgrün, lanzettlich, 4-6 cm lang, keine Herbstfärbung, wintergrün bis immergrün

Verwendung:
Für Steingärten, Flächenbepflanzungen, Kleinhecken, Pflanzgefäße, als Einzel- oder Gruppengehölz, 3-4 Pflanzen/m^2

Lebensbereich:
[6] Steppengehölze und Trockenwälder, Ordnungsziffer 6.3.4.6

Standort:
Halbschattig; sandig-lehmige bis lehmige, mäßig trockene bis frische, schwach saure bis alkalische, mäßig nährstoffreiche bis nährstoffreiche Böden; kalkliebend

Gärtnerische Vermehrung:
Durch Stecklinge

Hinweise:
Ausreichend frosthart, hohes Ausschlagsvermögen, stadtklimafest, gut hitzeverträglich, Bedarfsschnitt Februar - März

Weitere Arten und Sorten:
H. kalmianum 'Gemo', Höhe und Breite bis 1 m, goldgelb, auffallend dekorative, rote bis später schwarze Fruchtbildung; H. x moserianum, Höhe und Breite bis 0,8 m, leuchtend gelb, mit gelben Staubgefäßen, die sich nach einem Regen orangerot verfärben

Immergrünes Johanniskraut, Niedriges Johanniskraut Hypericaceae, Johanniskrautgewächse

Erklärung Artname:
calycinum = kelchartig

Herkunft:
Südost-Europa bis Kleinasien

Wuchs:
Zwergstrauch, überhängend bis aufliegend, Ausläufer treibend, Höhe bis 0,3 m, Breite unbegrenzt

Blüten:
Juli - September; leuchtend gelb, schalenförmige Einzelblüten, 5-10 cm breit, auffallend, oft auch zu zweit oder zu dritt

Früchte:
Fruchtkugeln

Blätter:
Oberseits grün, unterseits bläulich, länglich bis schmal-eiförmig, 4,5-10,5 cm lang, keine Herbstfärbung, wintergrün bis immergrün

Verwendung:
Als Bodendecker, auch im Vollschatten, 6-8 Pflanzen/m^2

Lebensbereich:
[6] Steppengehölze und Trockenwälder, Ordnungsziffer 6.4.4.7

Standort:
Sonnig; sandig-lehmige bis lehmige, frische bis mäßig feuchte, schwach saure bis schwach alkalische, mäßig nährstoffreiche Böden; kalktolerierend

Gärtnerische Vermehrung:
Durch Stecklinge

Hinweise:
Hohes Ausschlagsvermögen, stadtklimafest, hitze- und wurzeldruckverträglich, Winterschutz empfehlenswert, Bedarfsschnitt Februar - März

Weitere Arten und Sorten:
H. androsaemum, Triebe zweikantig, Höhe und Breite bis 1 m, Blätter stumpfgrün, unterseits weißlich mit dunklen Öldrüsen, aromatisch duftend, Früchte rot, kugelig, bis 8 mm dick, im Reifezustand schwarz

Ilex aquifolium

Gewöhnliche Stechpalme, Gewöhnliche Hülse Aquifoliaceae, Stechpalmengewächse

Erklärung Artname:
aquifolium = antiker Name für Stechpalme

Herkunft:
Europa und Nordwest-Afrika, in Buchen- und Buchen-Tannenwäldern

Wuchs:
Großstrauch bis Kleinbaum, anfangs aufrecht, später überhängend, Krone kegelförmig bis hochgewölbt, Höhe 3-10 m, Breite 3-5 m

Blüten:
Mai - Juni; weiß, einzeln oder in Büscheln in den Blattachseln, klein, becherförmig, bis 8 mm breit, mit 3-8 meist weißen Kronblättern, duftend, zweihäusig

Früchte:
Steinfrüchte, kugelig, erbsengroß, auffallend rot, stark giftig, ab September

Blätter:
Dunkelgrün, auffällig glänzend, eiförmig mit stacheligem Rand, bis 8 cm lang, Blattform sehr variabel, immergrün

Verwendung:
Als Landschafts-, Park-, Vogelschutz- und Nährgehölz, im Siedlungsbereich und in Hausgärten sind Sorten besser geeignet

Lebensbereich:
[3] Artenreiche Wälder und Gehölzgruppen, Ordnungsziffer 3.2.7.4

Standort:
Halbschattig; sandig-humose bis lehmig-humose, frische bis feuchte, saure bis neutrale, nährstoffreiche Böden; kalkempfindlich

Gärtnerische Vermehrung:
Durch Aussaat, Sorten durch Stecklinge

Hinweise:
Früchte und Blätter stark giftig, unverträglich gegen Hitze und Trockenheit, sehr schnittverträglich

Weitere Arten und Sorten:
I. aquifolium 'Pyramidalis', Höhe bis 8 m, Blätter spitzwinkelig zum Trieb, Blüten leuchtend rot

Fruchtende Garten-Hülse, Fruchtende Stechpalme Aquifoliaceae, Stechpalmengewächse

Erklärung Artname:
aquifolium = antiker Name für Stechpalme

Herkunft:
Züchtung; Art: Europa und Nordwest-Afrika, in Buchen- und Buchen-Tannenwäldern

Wuchs:
Großstrauch bis Kleinbaum, sparrig, waagrecht abstehende Äste, Höhe 6-8 m, Breite 3-4 m

Blüten:
Mai - Juni; weiß, einzeln oder in Büscheln in den Blattachseln, klein, becherförmig, bis 8 mm breit, mit 3-8 meist weißen, selten rosa oder grünen Kronblättern, duftend

Früchte:
Steinfrüchte, orangerot, besonders zahlreich

Blätter:
Dunkelgrün, schmal eiförmig, wenig bedornt, bis 8 cm lang, immergrün

Verwendung:
Als Ziergehölz in Gärten und Parkanlagen, in Einzelstellung oder in Gruppen, als Heckenpflanze, für Pflanzgefäße

Lebensbereich:
[9] Gehölze der Hecken und Strauchflächen, Ordnungsziffer 9.2.6.4

Standort:
Halbschattig; sandig-humose bis lehmig-humose, frische bis feuchte, saure bis neutrale, mäßig nährstoffreiche bis nährstoffreiche Böden; kalkempfindlich

Gärtnerische Vermehrung:
Durch Stecklinge

Hinweise:
Frosthärter als die Art, Früchte und Blätter stark giftig, unverträglich gegen Hitze und Trockenheit, sehr schnittverträglich

Weitere Arten und Sorten:
I. aquifolium 'Alaska', Höhe bis 7 m, Blätter stark dornig, Früchte glänzend, leuchtend rot, detaillierte Beschreibung in der App;
I. aquifolium 'Golden van Tol', Höhe bis 4 m, Blätter auffallend goldgelb gerandet, wenig bedornt

Ilex crenata 'Convexa'

Löffel-Ilex, Japanische Stechpalme Aquifoliaceae, Stechpalmengewächse

Erklärung Artname:
crenata = gekerbt; convexa = gewölbt

Herkunft:
Züchtung; Art: Japan, in Tal- und Höhenlagen bis 600 m und im Hochgebirge

Wuchs:
Normalstrauch, aufrecht, dicht verzweigt, breit, kompakt, purpurgrüne Triebe, Höhe und Breite 1,5-2 m

Blüten:
Mai - Juni; weiß, klein, zweihäusig

Früchte:
Beeren, schwarz glänzend, zahlreich, von außen kaum sichtbar, giftig

Blätter:
Dunkelgrün, glänzend, wechselständig, elliptisch bis ei-länglich, 1-2 cm lang, steif, ledrig, bogig gewölbt (konvex), immergrün

Verwendung:
Als Ziergehölz in Hausgärten und anderen Grünanlagen, einzeln und in Gruppen, für Kleinhecken, als Bodendecker, für Pflanzgefäße

Lebensbereich:
[9] Gehölze der Hecken und Strauchflächen, Ordnungsziffer 9.2.6.5

Standort:
Halbschattig; sandig-humose bis lehmige, frische bis feuchte, saure bis neutrale, mäßig nährstoffreiche bis nährstoffreiche Böden; kalkempfindlich

Gärtnerische Vermehrung:
Durch Stecklinge

Hinweise:
Eine der frosthärtesten Sorten, außerordentlich schattenverträglich, verträgt keine Hitze und Trockenheit, sehr schnittverträglich, ein guter Ersatz für Buxus, Früchte giftig

Weitere Arten und Sorten:
I. crenata 'Golden Gem', breit ausladend, niedrig, Höhe 0,6-0,8 m, Breite 0,8-1,2 m, Blätter goldgelb, später grün, goldgelb gerandet, bis 2 cm lang

Ilex x meserveae 'Blue Princess'

Strauch-Hülse, Blaue Stechpalme Aquifoliaceae, Stechpalmengewächse

Erklärung Artname:
meserveae = nach Mrs. Meserve, St. James, New York (Selektion 1964-1972)

Herkunft:
Züchtung aus Ilex aquifolium (Europa, Vorderasien) und Ilex rugosa (Japan)

Wuchs:
Normalstrauch, aufrecht, breit buschig, purpurgrüne Triebe, Höhe 2,5-3 m, Breite 2-4 m

Blüten:
Mai; weiblich, klein, weiß bis rosaweiß, zweihäusig

Früchte:
Steinfrüchte, leuchtend rot, sehr zahlreich

Blätter:
Dunkelgrün, glänzend, eiförmig, stachelig gezähnt, 4,5-6 cm lang, immergrün

Verwendung:
Als Ziergehölz in Gärten und anderen Grünanlagen, in Einzelstellung oder in Gruppen, als immergrüne Heckenpflanze

Lebensbereich:
[9] Gehölze der Hecken und Strauchflächen, Ordnungsziffer 9.3.2.5

Standort:
Sonnig bis halbschattig; sandig-humose bis lehmige, frische bis feuchte, schwach saure bis alkalische, nährstoffreiche Böden; kalktolerierend

Gärtnerische Vermehrung:
Durch Stecklinge

Hinweise:
Zur Fruchtbildung ist eine männliche Sorte (z. B.: Ilex x meserveae 'Blue Prince') unbedingt erforderlich, Früchte giftig

Weitere Arten und Sorten:
I. x meserveae 'Blue Angel', wie vor, jedoch etwas kleiner im Wuchs, wenig frosthart;
I. x meserveae 'Blue Prince', keine Beeren, männlich;
I. x meserveae 'Heckenpracht'®, speziell für dichte, immergrüne Hecken

Jasminum nudiflorum

Winter-Jasmin
Oleaceae, Ölbaumgewächse

Erklärung Artname:
nudiflorum = nacktblütig

Herkunft:
Nordchina, Ostasien, an Felshängen in Tal- und Höhenlagen bis 800 m

Wuchs:
Spreizklimmer, locker, freistehend, breit wachsend, stark überhängend, grüne, leicht kantige Triebe, Höhe 3 m, Breite 2-3 m

Blüten:
Januar - März; Einzelblüten gelb, 1-2 cm Durchmesser, achselständig am vorjährigen Holz, vor dem Blattaustrieb

Früchte:
Werden nicht ausgebildet

Blätter:
Tiefgrün, gegenständig, lanzettlich bis oval, 1-3 cm lang, 3-teilig gefiedert, Herbstfärbung keine, sommergrün

Verwendung:
Als Ziergehölz in Gärten und anderen Grünanlagen, zur Begrünung von Wänden (mit Kletterhilfe)

Lebensbereich:
[6] Steppengehölze und Trockenwälder, Ordnungsziffer 6.1.3.9

Standort:
Sonnig; sandig-lehmige bis lehmige, mäßig trockene bis feuchte, schwach saure bis stark alkalische, mäßig nährstoffreiche bis nährstoffreiche Böden; kalkliebend

Gärtnerische Vermehrung:
Durch Stecklinge

Hinweise:
Ausreichend frosthart, stadtklimafest, rauchhart, hitze- und windverträglich, wärmeliebend, gut spalierfähig, Bedarfs- oder Formschnitt nach der Blüte, aber nicht später als bis Oktober, ohne Spalier auch bodendeckender Strauch

Weitere Arten und Sorten:
In Deutschland ist keine weitere bedeutende Art oder Sorte von Jasminum im Handel

---

Unten: Blüten vor dem Blattaustrieb

Juglans nigra

Schwarznuss
Juglandaceae, Walnussgewächse

Erklärung Artname:
nigra = schwarz

Herkunft:
Nordamerika (Massachusetts bis Florida, Minnesota bis Texas), in Mischwäldern

Wuchs:
Großbaum, Stamm meist bis Kronenansatz durchgehend, locker, hochgewölbt, weit ausladend, Höhe 20-50 m, Breite 10-25 m

Blüten:
Mai - Juni; m: Kätzchen, grünlich-gelb, in Büscheln hängend, am zweijährigen Trieb, w: Kätzchen, grün, rund, an den Triebspitzen am einjährigen Holz

Früchte:
Steinfrüchte, kugelig mit dicker Fruchtschale, unregelmäßig gefurcht, 4-5 cm Durchmesser, Kern essbar

Blätter:
Oberseits dunkelgrün, glänzend, unterseits grün, behaart, fiederblättrig, 13-23 Blättchen, eiförmig bis eiförmig-lanzettlich, 30-60 cm lang, früher Blattfall, aromatisch duftend, Herbstfärbung gelb, sommergrün

Verwendung:
Als Solitärgehölz für großräumige Parkanlagen

Lebensbereich:
[3] Artenreiche Wälder und Gehölzgruppen, Ordnungsziffer 3.3.2.1

Standort:
Sonnig; sandig-lehmige, frische bis feuchte, schwach saure bis alkalische, nährstoffreiche Böden; kalkliebend

Gärtnerische Vermehrung:
Durch Aussaat

Hinweise:
In den USA sehr begehrtes, hochbezahltes Möbelholz

Weitere Arten und Sorten:
J. nigra 'Laciniata', Höhe bis 15 m (nach 10 Jahren 4 m), Breite bis 10 m, Blätter grün, fein geschlitzt, Blüten grün, Herbstfärbung gelb

---

Oben: Beginnende Herbstfärbung

Juglans regia

Walnuss
Juglandaceae, Walnussgewächse

Erklärung Artname:
regia = königlich

Herkunft:
Kleinasien, Griechenland, Bosnien, Westchina, an Waldrändern, in Auenwäldern und Laubmischwäldern

Wuchs:
Mittelgroßer Baum bis Großbaum, rundkronig, locker, kurz- und häufig schiefstämmig, ausladend, Höhe 15-30 m, Breite 10-15 m

Blüten:
Mai; m: Kätzchen, braungrün, hängend, w: klein, meist einzeln, grün, becherförmig, während des Blattaustriebs, unauffällig, sehr frostempfindlich, einhäusig

Früchte:
Steinfrüchte, 5 cm groß, Fruchthülle grün, durchdringender, aromatischer Geruch, Kern essbar

Blätter:
Dunkelgrün, gefiedert, 20-30 cm lang, meist 5-9 Fiederblätter, aromatisch duftend, elliptisch, gezähnt oder ganzrandig, keine Herbstfärbung, sommergrün

Verwendung:
Als Solitärgehölz im Siedlungsbereich, in großräumigen Anlagen und als Landschaftsgehölz

Lebensbereich:
[3] Artenreiche Wälder und Gehölzgruppen, Ordnungsziffer 3.3.1.2

Standort:
Sonnig; sandig-lehmige, frische bis feuchte, schwach saure bis alkalische, nährstoffreiche Böden; kalkliebend

Gärtnerische Vermehrung:
Durch Aussaat

Hinweise:
Ausreichend frosthart, stadtklimafest, sehr langlebig, anspruchslos, Schnitt empfehlenswert im August

Weitere Arten und Sorten:
J. regia 'Purpurea', Höhe 6-10 m, Breite 4-8 m, Blätter weinrot, unpaarig gefiedert, Früchte essbar (Walnüsse), Schalen dunkelrot; J. regia 'Sorte', siehe im Kapitel "Obstgehölze"

Breitblättrige Lorbeerrose, Großer Berglorbeer Ericaceae, Heidekrautgewächse

Erklärung Artname:
latifolia = breitblättrig

Herkunft:
Atlantisches Nordamerika, Neufundland bis Georgia, in Sümpfen, an Gewässern, in Heiden und an moorigen Dünensenken

Wuchs:
Normalstrauch, unregelmäßig breit aufrecht, dicht, buschig, Höhe und Breite bis 3 m

Blüten:
Mai - Juli; schalenförmig oder becherförmig, 2-2,5 cm breit, blass- bis tiefrosa, manchmal weiß, aus auffällig geknitterten, oft dunkelrosa oder dunkelroten Knospen, an 8-10 cm breiten Schirmrispen zu 40-60 Stück

Früchte:
Kapseln, verholzend, rundlich, 5-klappig

Blätter:
Oberseits dunkelgrün, unterseits gelblich-grün, elliptisch-lanzettlich, gegenständig, 5-12 cm lang, immergrün

Verwendung:
Als Blütengehölz in Moorbeetpflanzungen und vor Nadelgehölzen

Lebensbereich:
[5] Heiden und Dünen, Ordnungsziffer 5.2.4.5

Standort:
Sonnig bis halbschattig; humose bis sandig-humose, mäßig trockene bis frische, saure bis schwach saure, nährstoffarme bis mäßig nährstoffreiche Böden; kalkempfindlich

Gärtnerische Vermehrung:
Durch Aussaat, Sorten durch Veredlung

Hinweise:
Blätter giftig, nach der Blüte Anfang Juli nachdüngen, Wurzelbereich empfindlich, im Winter mulchen, keinen starken Rückschnitt

Weitere Arten und Sorten:
K. angustifolia 'Rubra', kräftig rosa;
K. latifolia 'Elf', weißrosa;
K. latifolia 'Ostbo Red',
blassrosa, leuchtend rote Knospen

Kerria japonica 'Pleniflora'

Gefüllter Ranunkelstrauch, Gefüllte Kerrie
Rosaceae, Rosengewächse

Erklärung Artname:
japonica = aus Japan stammend;
pleniflora = gefüllt blühend

Herkunft:
Züchtung; Art: China, in Tallagen bis 600 m und an sonnigen Waldrändern

Wuchs:
Normalstrauch, straff aufrecht mit leicht überhängenden Triebspitzen, aus der Basis Schösslinge bildend, Höhe und Breite bis 3 m

Blüten:
April - Mai; Blütenbecher, goldgelb, gefüllt, entlang der vorjährigen Triebe, bis 3 cm Durchmesser

Früchte:
Werden nicht ausgebildet

Blätter:
Grün, glänzend, oval-lanzettlich, 5-10 cm lang, stark gesägt, Herbstfärbung gelblich-grün, sommergrün

Verwendung:
Als Blütengehölz in Gärten und anderen Grünanlagen, in Einzelstellung und in Gruppen, auch in schattigen Lagen

Lebensbereich:
[9] Gehölze der Hecken und Strauchflächen, Ordnungsziffer 9.3.2.5

Standort:
Sonnig; sandig-humose bis lehmig-humose, frische bis feuchte, schwach saure bis alkalische, mäßig nährstoffreiche bis nährstoffreiche Böden; kalktolerierend

Gärtnerische Vermehrung:
Durch Stecklinge

Hinweise:
Formschnitt nach der Blüte, gelegentlich (alle 2-3 Jahre) alte Triebe auslichten, auffallend grünliche Triebe

Weitere Arten und Sorten:
K. japonica, Höhe bis 2 m, Breite bis 2,5 m, gelbe, nicht gefüllte Schalenblüten, detaillierte Beschreibung in der App

---

Unten: K. japonica

Koelreuteria paniculata

Blasenbaum, Blasenesche Sapindaceae, Seifenbaumgewächse

Erklärung Artname:
paniculata = rispig

Herkunft:
Japan, Korea, China

Wuchs:
Großstrauch bis Kleinbaum, breit locker, im Alter flach gewölbt bis schirmförmig, oft schief wachsend, Höhe 6-15 m, Breite bis 10 m

Blüten:
Juli - August; gelb an den Zweigenden, bis 1 cm breit, bis 35 cm lange, vielblütige, pyramidenförmige, aufrechte Rispen

Früchte:
Kapseln, lang haftend, lampionartig, papierdünn, rosa oder rot, 3,5-5 cm lang

Blätter:
Dunkelgrün, wechselständig, unpaarig gefiedert, 35 cm lang, 7-15 Blättchen, Einzelblättchen 3-8 cm lang, unregelmäßig kerbig gesägt, am Grund oft eingeschnitten gelappt, Herbstfärbung gelb bis orangebraun, sommergrün

Verwendung:
Als Solitärgehölz, dekorativ für größere Gärten, Gruppenpflanzung in Parkanlagen, Fruchtschmuck

Lebensbereich:
[6] Steppengehölze und Trockenwälder, Ordnungsziffer 6.1.1.4

Standort:
Sonnig; sandige, sandig-kiesige oder kiesig-lehmige, trockene bis frische, schwach saure bis alkalische, nährstoffarme bis mäßig nährstoffreiche Böden; kalkliebend

Gärtnerische Vermehrung:
Durch Aussaat

Hinweise:
Liebt heiße Sommer und warme Standorte, nässeempfindlich, kaum Schnitt, nur beschädigtes und totes Holz ausschneiden, Samen wenig giftig

Weitere Arten und Sorten:
K. paniculata 'Fastigiata', straff aufrecht, säulenförmig, kompakt, Höhe 8-10 m, Breite 1,5-2 m, Herbstfärbung leuchtend gelb, ansonsten wie die Art

Kolkwitzia amabilis

Kolkwitzie, Perlmuttstrauch
Caprifoliaceae, Geißblattgewächse

Erklärung Artname:
amabilis = lieblich

Herkunft:
China, in Tallagen bis 600 m und an Waldrändern

Wuchs:
Normalstrauch, breit aufrecht, im Alter stark überhängend, Rinde im Winter weiß abblätternd, Höhe 2-3 m, Breite 3-4 m

Blüten:
Mai - Juni; rosa, glockig, bis 1,5 cm breit, in Doldentrauben, bis 8 cm groß

Früchte:
Kapseln, einsamig, dunkelgrau, borstig

Blätter:
Stumpfgrün, breit-eiförmig, schmal zugespitzt (Zipfelmütze), gegenständig, 7 cm lang, behaart, Herbstfärbung bräunlich-rot, sommergrün

Verwendung:
Als Blütengehölz in Hausgärten und anderen Grünanlagen, in Einzelstellung oder in Gruppen, für große Pflanzgefäße

Lebensbereich:
[3] Artenreiche Wälder und Gehölzgruppen, Ordnungsziffer 3.1.3.5

Standort:
Sonnig bis halbschattig; sandig-lehmige, mäßig trockene bis frische, schwach saure bis alkalische, mäßig nährstoffreiche bis nährstoffreiche Böden; kalktolerierend

Gärtnerische Vermehrung:
Durch Stecklinge

Hinweise:
Sehr frosthart, industrie- und stadtklimafest, anspruchslos, Auslichtungsschnitt Februar - März, bei zu nahrhaftem Boden ungenügender Blütenansatz

Weitere Arten und Sorten:
K. amabilis 'Pink Cloud', leuchtend tiefrosa; K. amabilis 'Rosea', stärker gerötet, sonst wie die Art

Gewöhnlicher Goldregen, Bohnenbaum
Fabaceae, Schmetterlingsblütler

Erklärung Artname:
anagyroides = Anagyris-ähnlich

Herkunft:
Südeuropa bis Westasien, in lichten Eichen- und Kiefernwäldern

Wuchs:
Großstrauch, trichterförmig aufrecht, junge Triebe behaart, graugrün, Höhe 5-7 m, Breite 3-5 m

Blüten:
Mai - Juni; Schmetterlingsblüten, gelb, in hängenden, 10-30 cm langen Trauben

Früchte:
Hülsen, 4-6 cm lang, seidig behaart, stark giftig

Blätter:
Hellgrün, dreiteilig, wechselständig angeordnet, Blättchen elliptisch, langgestielt, unterseits behaarte Fiedern, 3-8 cm lang, keine Herbstfärbung, sommergrün

Verwendung:
Als Blütengehölz in der Landschaft, selten auch in Gärten und anderen Grünanlagen

Lebensbereich:
[7] Gehölze kühl-feuchter Wälder, Ordnungsziffer 7.1.2.4

Standort:
Sonnig; sandig-humose bis lehmig-humose, mäßig trockene bis frische, schwach saure bis alkalische, mäßig nährstoffreiche Böden; kalkempfindlich

Gärtnerische Vermehrung:
Durch Aussaat

Hinweise:
Alle Pflanzenteile stark giftig, deshalb nicht an Schulen, Kinderspielplätzen und Sportanlagen verwenden

Weitere Arten und Sorten:
L. alpinum, Höhe und Breite bis 8 m, Blätter dunkelgrün, glänzend, mit bis zu 8 cm langen Fiedern, Blüten hellgelb, in 15-40 cm langen Trauben, Früchte dunkelbraun, keine Herbstfärbung

Laburnum x watereri 'Vossii'

Edel-Goldregen
Fabaceae,
Schmetterlingsblütler

Erklärung Artname:
watereri = nach A. Waterer
(englischer Gärtner, 1822-1896)

Herkunft:
Züchtung: vermutlich 1875 in Holland entstanden

Wuchs:
Großstrauch bis Kleinbaum, straff aufrecht, im Alter stark verzweigt, breit ausladend, leicht übergeneigt, behaarte Triebe, Höhe und Breite bis 8 m

Blüten:
Mai - Juni; Trauben, goldgelb, hängend, 40-60 cm lang, am mehrjährigen Holz, duftend

Früchte:
Hülsen, grün, flach, seidig behaart, ab September, stark giftig!

Blätter:
Grün, glänzend, wechselständig, zu 3, elliptisch bis verkehrt eiförmig, bis 10 cm lang, keine Herbstfärbung, sommergrün

Verwendung:
Als Blütengehölz in Gärten und anderen Grünanlagen, meist im Einzelstand, selten auch in Gruppen

Lebensbereich:
[9] Gehölze der Hecken und Strauchflächen, Ordnungsziffer 9.3.2.4

Standort:
Sonnig bis halbschattig; sandig-humose bis sandig-lehmige, frische bis feuchte, schwach saure bis alkalische, nährstoffreiche Böden; kalktolerierend

Gärtnerische Vermehrung:
Durch Veredlung

Hinweise:
Alle Pflanzenteile stark giftig, deshalb nicht an Schulen, Kinderspielplätzen und Sportanlagen verwenden, empfindlich gegen starken Rückschnitt , frosthart, stadtklimafest

Weitere Arten und Sorten:
L. alpinum 'Pendulum', Normalstrauch, hängende Zweige, Höhe und Breite bis 2 m, ansonsten wie die Art

Echter Lavendel
Lamiaceae, Lippenblütler

Erklärung Artname:
angustifolia = schmalblättrig

Herkunft:
Mittelmeergebiet

Wuchs:
Kleinstrauch, dicht verzweigt, kompakt, buschig, feintriebig, Höhe und Breite bis 0,6 m

Blüten:
Juli - August; Scheinähren,
blau bis violettblau, langgestielt, unverzweigt, 10-15 cm lang, duftend

Früchte:
Nüsschen, zu 4 angeordnet,
von Klausen umgeben

Blätter:
Oberseits grün, filzig, unterseits heller, lineal-lanzettlich, 2-6 cm lang, immergrün

Verwendung:
Als Blütengehölz für Hausgärten und andere Grünanlagen, oft in Kombination mit Rosen, 8-10 Pflanzen/m^2

Lebensbereich:
[6] Steppengehölze und Trockenwälder, Ordnungsziffer 6.1.2.8

Standort:
Sonnig; sandige, sandig-kiesige bis sandig-lehmige, trockene bis frische, schwach saure bis alkalische, nährstoffarme bis mäßig nährstoffreiche Böden; kalkliebend

Gärtnerische Vermehrung:
Durch Stecklinge und Aussaat,
Sorten nur durch Stecklinge

Hinweise:
Aromatisch duftend, Duftstoffe von Blüten und Blättern wirken beruhigend, regelmäßiger Rückschnitt wichtig, aber nicht ins alte Holz

Weitere Arten und Sorten:
L. angustifolia 'Dwarf Blue', niedrig, Höhe bis 0,3 m, Blätter silbriggrau, Blüten violettblau;
L. angustifolia 'Hidcote', gedrungen, Höhe bis 0,4 m, Blätter silbrig, groß, Blüten dunkelviolett bis blaupurpurn;
L. angustifolia 'Munstead', kompakt, Höhe bis 0,4 m, Blätter graugrün, Blüten violett bis blau

Lespedeza thunbergii

Großblumiger Buschklee, Thunbergs Buschklee Fabaceae, Schmetterlingsblütler

Erklärung Artname:
thunbergii = nach C. P. Thunberg (schwedischer Botaniker, 1743-1828)

Herkunft:
Mittel-Japan, Nordchina

Wuchs:
Normalstrauch, zahlreiche lange, rutenförmige, wenig verzweigte Grundtriebe, durch das Gewicht der Blüten bogig überhängend oder niederliegend, Höhe 1-2 m, Breite 1-3 m

Blüten:
August - Oktober; purpurrosa, in bis zu 80 cm langen, endständigen Rispen, Einzelblüten 1,2 cm lang

Früchte:
Flache Hülsen, nicht auffallend

Blätter:
Dunkelgrün, gegenständig, 3-zählig, meist schmal-länglich, 3-5 cm lang, scharf zugespitzt, keine Herbstfärbung, sommergrün

Verwendung:
Als Solitär in Staudenflächen, auffallender Spätblüher in Misch- oder Strauchrabatten

Lebensbereich:
[6] Steppengehölze und Trockenwälder, Ordnungsziffer 6.2.1.5

Standort:
Sonnig; sandige bis sandig-lehmige, mäßig trockene bis frische, schwach saure bis alkalische, mäßig nährstoffreiche Böden; kalktolerierend

Gärtnerische Vermehrung:
Durch Aussaat

Hinweise:
Es empfiehlt sich in unseren Klimazonen ein regelmäßiger, starker Rückschnitt zur Bildung zahlreicher, neuer Triebe, frostgefährdet, nicht zu schweren Boden auswählen, da sonst keine Blütenbildung

Weitere Arten und Sorten:
In Deutschland ist keine weitere bedeutende Art oder Sorte von Lespedeza im Handel

Wintergrüner Liguster, Ovalblättriger Liguster Oleaceae, Ölbaumgewächse

Erklärung Artname:
ovalifolium = mit eiförmigen Blättern, ovalblättrig

Herkunft:
Japan, in küstennahen Gebüschen und lichten Wäldern

Wuchs:
Großstrauch, straff aufrecht, vieltriebig aus der Basis, Höhe 3-5 m, Breite 2-3 m

Blüten:
Juni - Juli; Blütenrispen, rahmweiß, kurz, bis 5 cm lang, strenger Geruch

Früchte:
Beeren, erbsengroß, schwarz, schwach giftig

Blätter:
Dunkelgrün, glänzend, unterseits gelbgrün, elliptisch-eiförmig, 3-7 cm lang, lang anhaftend, keine Herbstfärbung, wintergrün bis sommergrün

Verwendung:
Fast ausschließlich als Heckenpflanze, gelegentlich auch als Formgehölz

Lebensbereich:
[6] Steppengehölze und Trockenwälder, Ordnungsziffer 6.3.4.4

Standort:
Halbschattig; sandig-lehmige bis lehmige, mäßig trockene bis frische, schwach saure bis alkalische, mäßig nährstoffreiche bis nährstoffreiche Böden; kalkliebend

Gärtnerische Vermehrung:
Durch Steckholz, Sorten durch Stecklinge

Hinweise:
In wintermilden Gebieten auch wintergrün, sonst sommergrün, etwas frostgefährdet, auch für rohe Böden geeignet

Weitere Arten und Sorten:
L. ovalifolium 'Aureum', straff aufrecht, leicht spitzkegelig, Höhe 2-3 m, Breite 1,5-2 m, Blätter goldgelb panaschiert, bis 6 cm lang, Blüten rahmweiß, in 5-10 cm langen, gedrungenen Rispen, Früchte purpurschwarz, Beeren, bis 8 mm dick

---

Unten: L. ovalifolium 'Aureum'

Ligustrum vulgare

Gewöhnlicher Liguster, Rainweide
Oleaceae, Ölbaumgewächse

Erklärung Artname:
vulgare = gewöhnlich

Herkunft:
Europa, Nordafrika und Kleinasien, in Eichen- und Kiefernwäldern und an Waldrändern

Wuchs:
Großstrauch, locker aufrecht, breit ausladend, teilweise niederliegend, Höhe und Breite 2-7 m

Blüten:
Juni - Juli; weiß, in vielblütigen, fast aufrechten Rispen, 4-6 cm lang, intensiv duftend

Früchte:
Beeren, kugelig, schwarz, giftig, ab August

Blätter:
Dunkelgrün, gegenständig, länglich-eiförmig bis lanzettlich, 3-6 cm lang, lederartig, im Herbst manchmal violettbraun gefärbt, wintergrün bis sommergrün

Verwendung:
Als Pioniergehölz für Schutzpflanzungen in der Landschaft, für Hecken

Lebensbereich:
[9] Gehölze der Hecken und Strauchflächen, Ordnungsziffer 9.1.4.4

Standort:
Sonnig bis halbschattig; sandige bis lehmig-humose, trockene bis frische, schwach saure bis alkalische, mäßig nährstoffreiche Böden; kalkliebend

Gärtnerische Vermehrung:
Durch Steckholz

Hinweise:
Frosthart, hitzeverträglich, stadtklimafest, alle Pflanzenteile giftig, anspruchslos und sommerschnittverträglich, Nähr- und Nistgehölz für Vögel

Weitere Arten und Sorten:
L. obtusifolium var. regelianum, breitbuschig, nach 40 Jahren Höhe bis 3 m, Breite bis 5 m, Blüten weiß, in dichten Rispen, Früchte schwarz, bis 5 mm dick, Herbstfärbung bläulich-violett

Schwarzgrüner Liguster
Oleaceae, Ölbaumgewächse

Erklärung Artname:
vulgare = gewöhnlich;
atrovirens = schwärzlich-grün

Herkunft:
Züchtung; Art: Europa, Nordafrika und Kleinasien, in Eichen- und Kiefernwäldern und an Waldrändern

Wuchs:
Großstrauch, straff aufrecht, dicht verzweigt, kurze, abstehende Seitentriebe, Höhe und Breite 3-4 m

Blüten:
Juni - Juli; cremeweiß, Rispen bis 8 cm lang, angenehm duftend

Früchte:
Beeren, kugelig, glänzend schwarz, giftig, ab September

Blätter:
Tiefgrün, breit-elliptisch, bis 6 cm lang, Herbstfärbung violettbraun, langhaftend, sommergrün oder wintergrün

Verwendung:
Durch langhaftende Blätter besonders gut als schnellwachsende Heckenpflanze geeignet, zur Unter- und Sichtschutzpflanzung

Lebensbereich:
[6] Steppengehölze und Trockenwälder, Ordnungsziffer 6.3.2.4

Standort:
Sonnig; sandig-lehmige bis lehmige, mäßig trockene bis frische, schwach saure bis alkalische, mäßig nährstoffreiche bis nährstoffreiche Böden; kalkliebend

Gärtnerische Vermehrung:
Durch Steckholz

Hinweise:
Frosthart, hitzeverträglich, stadtklimafest, sehr schattenverträglich, alle Pflanzenteile giftig, anspruchslos, radikaler Verjüngungsschnitt jederzeit möglich

Weitere Arten und Sorten:
L. vulgare 'Lodense', niedrig, stark verzweigt, Höhe und Breite bis 1 m, Blätter graugrün, im Winter bronzebraun, ansonsten wie die Art

Liquidambar styraciflua

Amberbaum, Amerikanischer Amberbaum Altingiaceae, Amberbaumgewächse

Erklärung Artname:
styraciflua = Storax liefernd

Herkunft:
Südöstliches Nordamerika, in Uferwäldern, Tälern und an Hängen in Laubmischwäldern

Wuchs:
Mittelgroßer Baum, Krone je nach Standort schlank, kegelförmig bis hochgewölbt, Triebe mit korkigen Leisten, Höhe 15-20 m, Breite 6-10 m

Blüten:
Mai; m: aufrechte Trauben, 5-7 cm lang, w: langgestielt, kugelig, hängend, einhäusig

Früchte:
Kapseln, kugelig, hängend, bis ins nächste Frühjahr haftend, braunrot, 2-3 cm lang

Blätter:
Dunkelgrün, glänzend, ahornartig, 5- bis 7-lappig, fingerförmig, wechselständig, groß, bis 15 cm breit, Herbstfärbung tiefpurpurn (alle nur denkbaren Rottöne), sommergrün

Verwendung:
Als Solitärgehölz in großen Gärten und Parkanlagen, als Straßenbaum

Lebensbereich:
[2] Auen- und Ufergehölze, Ordnungsziffer 2.3.1.1

Standort:
Sonnig; sandig-humose bis lehmige, frische bis feuchte, schwach saure bis neutrale, mäßig nährstoffreiche bis nährstoffreiche Böden; kalktolerierend

Gärtnerische Vermehrung:
Durch Aussaat, Sorten durch Veredlung

Hinweise:
In der Jugend frostempfindlich, einzigartige Herbstfärbung

Weitere Arten und Sorten:
L. styraciflua 'Gum Ball', Baum, Krone kugelförmig, dicht, langsam wachsend, auffallende Korkleisten, Höhe bis 7 m, Breite bis 6 m, Blätter und Früchte wie die Art, Herbstfärbung orangerot bis dunkelpurpur

---

Unten: Herbstfärbung

Tulpenbaum, Amerikanischer Tulpenbaum Magnoliaceae, Magnoliengewächse

Erklärung Artname:
tulipifera = tulpentragend

Herkunft:
Östliches Nordamerika,
in Tälern, an feuchten Hängen, in Mischwäldern

Wuchs:
Großbaum, Krone pyramidal, im Alter mehr rundlich, locker, mit herabhängenden Zweigen im unteren Bereich, Höhe 25-35 m, Breite 15-20 m

Blüten:
Juni - Juli; blassgrün, tulpenähnlich, 4-6 cm lang, an der Basis orangefarben gezeichnet

Früchte:
Zapfen, aufrecht, länglich, 6-8 cm lang, 1-2 cm dick, verholzt

Blätter:
Oberseits frischgrün, unterseits schwach bläulich, wechselständig, gelappt (sattelförmig), 8-15 cm lang und breit, Herbstfärbung goldgelb, sommergrün

Verwendung:
Als Solitärbaum in großen Gärten und Parkanlagen

Lebensbereich:
[2] Auen- und Ufergehölze, Ordnungsziffer 2.3.2.1

Standort:
Sonnig; sandig-humose bis lehmige, frische bis feuchte, schwach saure bis neutrale, mäßig nährstoffreiche bis nährstoffreiche Böden; kalktolerierend

Gärtnerische Vermehrung:
Durch Aussaat, Sorten durch Veredlung

Hinweise:
Frosthart, Frühjahrspflanzung besser, nur Bedarfsschnitt, bei nassem Laub und starkem Wind Neigung zu Brüchen, bedingt stadtklimafest, Blüten erst nach 20-30 Standjahren, hervorragendes Nutzholz

Weitere Arten und Sorten:
L. tulipifera 'Fastigiatum', straff aufrecht, kegelförmig, Höhe bis 20 m, Breite bis 8 m, ansonsten wie die Art

Lonicera caprifolium

Jelängerjelieber, Echtes Geißblatt Caprifoliaceae, Geißblattgewächse

Erklärung Artname:
caprifolium = lateinischer Name für Geißblatt

Herkunft:
Ost- und Südeuropa,
in Laubwäldern, an Waldrändern

Wuchs:
Klettergehölz, rechtswindend,
Höhe 3-8 m, Breite bis 3 m

Blüten:
Juni - Juli; gelblich-weiß, rosa überlaufen, röhrenförmig, in sechszähligen Quirlen, bis 5 cm lang, zweilippig

Früchte:
Beeren, elliptisch, orangerot, giftig

Blätter:
Blaugrün, elliptisch bis eiförmig, 4-10 cm lang, die oberen Blattpaare sind paarig miteinander verwachsen, keine Herbstfärbung, sommergrün

Verwendung:
Zur Begrünung von Rankgerüsten und in Bäumen, auch in schattigen Partien

Lebensbereich:
[3] Artenreiche Wälder und Gehölzgruppen, Ordnungsziffer 3.3.2.9

Standort:
Sonnig; sandig-lehmige, frische bis feuchte, schwach saure bis alkalische, nährstoffreiche Böden; kalkliebend

Gärtnerische Vermehrung:
Durch Stecklinge

Hinweise:
Früher Austrieb, Blüten intensiv duftend, Wurzelbereich kühl halten, beschatten

Weitere Arten und Sorten:
L. x brownii 'Dropmore Scarlet',
Höhe bis 5 m, leuchtend rot bis orangerot, wintergrün bis immergrün;
L. x heckrottii, Höhe bis 4 m, karminrot, später rosa, keine Herbstfärbung;
L. x tellmanniana, Höhe bis 6 m, leuchtend orangegelb, Herbstfärbung gelb

---

Unten: L. x brownii 'Dropmore Scarlet'

Immergrünes Geißblatt, Immergrüne Geißschlinge Caprifoliaceae, Geißblattgewächse

Erklärung Artname:
henryi = nach A. Henry (englischer Botaniker und Pflanzensammler in China, 1857-1930)

Herkunft:
China, Ostasien,
in Tal- und Höhenlagen bis 600 m

Wuchs:
Klettergehölz, stark wachsend,
buschig, schleppenartig überhängend,
stark windend, Höhe bis 10 m

Blüten:
Juni - August; gelb bis rot, zweilippig mit gelbem Schlund, an achselständigen oder endständigen, quirligen Ähren

Früchte:
Beeren, kugelig, schwarz,
August - September, giftig

Blätter:
Dunkelgrün, glänzend, lanzettlich, paarig, bis 10 cm lang, schmal zulaufend, immergrün

Verwendung:
Zur Begrünung von Lärmschutzwänden, Mauern, Säulen, Lauben und Zäunen (Kletterhilfe erforderlich)

Lebensbereich:
[6] Steppengehölze und Trockenwälder,
Ordnungsziffer 6.4.4.9

Standort:
Sonnig bis halbschattig; sandig-lehmige bis lehmige, frische, schwach saure bis schwach alkalische, mäßig nährstoffreiche Böden; kalktolerierend

Gärtnerische Vermehrung:
Durch Stecklinge und Aussaat

Hinweise:
Ausreichend frosthart, stadtklimaverträglich, Auslichtungs- und Verjüngungsschnitt November - März, anspruchslos

Weitere Arten und Sorten:
L. similis var. delavayi, Höhe bis 3 m, Breite bis 2 m, gelblich-weiß, sehr zahlreich, stark duftend, immergrün

Lonicera nitida 'Maigrün'

Immergrüne Flache Heckenmyrte Caprifoliaceae, Geißblattgewächse

Erklärung Artname:
nitida = glänzend

Herkunft:
Züchtung; Art: westliches China

Wuchs:
Kleinstrauch, breitbuschig, dicht, kompakt, Höhe und Breite 0,8-1,0 m

Blüten:
Mai; rahmweiß, paarig an kurzen Stielen, 8 bis 10 mm lang

Früchte:
Beeren, kugelig, purpurn glänzend, bis 4 mm dick, giftig

Blätter:
Frischgrün bis mittelgrün, glänzend, klein, gegenständig, eiförmig, zweizeilig angeordnet, bis 2 cm lang, immergrün

Verwendung:
Als Bodendecker, zur Unterpflanzung insbesondere schattiger Partien in Gärten und Parkanlagen, an Böschungen, 5-7 Pflanzen/m^2

Lebensbereich:
[9] Gehölze der Hecken und Strauchflächen, Ordnungsziffer 9.3.5.6

Standort:
Halbschattig; sandig-humose bis lehmig-humose, frische bis feuchte, schwach saure bis alkalische, mäßig nährstoffreiche Böden; kalktolerierend

Gärtnerische Vermehrung:
Durch Stecklinge

Hinweise:
Sehr schnittfest, schattenverträglich, frosthart, laut Bundesgehölzsichtung (1983 - 1987) beste aller geprüften Sorten, auch im Winter auffallend grüne Blätter

Weitere Arten und Sorten:
L. pileata, niedrig, ausgebreitet, Höhe bis 0,8 m, Breite bis 1,5 m, Blüten rahmweiß, duftend, Früchte Beeren, violett, detaillierte Beschreibung in der App

---

Unten: L. pileata

Tatarische Heckenkirsche, Tataren-Heckenkirsche Caprifoliaceae, Geißblattgewächse

Erklärung Artname:
tatarica = aus der Tartarei (Innerasien) stammend

Herkunft:
Sibirien, in Tal- und Höhenlagen bis 800 m

Wuchs:
Großstrauch, aufrecht, breit buschig, Höhe 3-4 m, Breite 2,5-3 m

Blüten:
Mai - Juni; weißrosa, paarweise, röhrig, bis 2,5 cm breit, 5-zipfelig

Früchte:
Beeren, kugelig, scharlachrot bis gelborange, Juli - August, sehr schwach giftig

Blätter:
Dunkelgrün, glänzend, unterseits bereift, eiförmig bis lanzettlich, 4-6 cm lang, paarig, keine Herbstfärbung, sommergrün

Verwendung:
Als Windschutzgehölz in der Landschaft, auch im Siedlungsbereich

Lebensbereich:
[4] Artenarme Wälder und Gehölzgruppen, Ordnungsziffer 4.2.3.4

Standort:
Sonnig; sandig-humose bis lehmige, trockene bis frische, saure bis schwach alkalische, mäßig nährstoffreiche bis nährstoffreiche Böden; kalktolerierend

Gärtnerische Vermehrung:
Durch Aussaat und Steckholz

Hinweise:
Außerordentlich frosthart, trockenresistent, stadtklimafest, rauchhart, anspruchslos, Auslichtungs- oder Verjüngungsschnitt wirkt Wachtum fördernd

Weitere Arten und Sorten:
L. tatarica 'Arnold Red', breitbuschig, Höhe und Breite 3-4 m, Blüten blaurot, kugelige Früchte tiefrot, giftig;
L. tatarica 'Hack´s Red', breitbuschig, Höhe und Breite 3-4 m, Blüten purpurrosa, kugelige Früchte hellrot, giftig

Lonicera xylosteum

Gewöhnliche Heckenkirsche, Rote Heckenkirsche Caprifoliaceae, Geißblattgewächse

Erklärung Artname:
xylosteum = griechischer Pflanzenname: mit knochenhartem Holz

Herkunft:
Mittel-Europa, im Unterholz krautreicher Laub- und Nadelmischwälder

Wuchs:
Normalstrauch, aufrecht bis leicht übergeneigt, dicht buschig, Höhe 2-3 m, Breite 2-2,5 m

Blüten:
Mai - Juni; gelblich-weiß, paarweise, in den Blattachseln, bis 1,5 cm lang, zweilippig, duftend

Früchte:
Beeren, breit eiförmig, paarweise, dunkelrot, giftig

Blätter:
Stumpfgrün, eiförmig, paarig, 3-6 cm, Herbstfärbung fahlgelb, sommergrün

Verwendung:
Als Pioniergehölz in der Landschaft, auch als Zierstrauch im Siedlungsbereich, als Deckstrauch, auch für Schattenlagen

Lebensbereich:
[3] Artenreiche Wälder und Gehölzgruppen, Ordnungsziffer 3.1.6.5

Standort:
Sonnig bis halbschattig; sandig-lehmige, mäßig trockene bis frische, schwach saure bis alkalische, mäßig nährstoffreiche bis nährstoffreiche Böden; kalktolerierend

Gärtnerische Vermehrung:
Durch Aussaat und Steckholz, Sorten durch Stecklinge und Steckholz

Hinweise:
Sehr schnittverträglich, frosthart, hitzeverträglich

Weitere Arten und Sorten:
L. x xylosteoides 'Clavey´s Dwarf', breit ausladend, niedrig, dicht, Höhe bis 1,5 m, Breite bis 2 m, Blätter bläulich-grün, beiderseits stark behaart, Blüten weiß, Früchte dunkelrot, Herbstfärbung gelblich

Purpur-Magnolie
Magnoliaceae, Magnoliengewächse

Erklärung Artname:
liliiflora = lilienblütig; nigra = schwarz

Herkunft:
Züchtung; Art: Japan, aber auch dort seit Jahrhunderten als Kulturpflanze

Wuchs:
Großstrauch, (meist) mehrstämmig aus der Basis, dicht verzweigt, buschig, Höhe 3-4 m, Breite bis 2,5 m

Blüten:
Mai - Juni, gelegentlich auch nochmals im September; außen sehr dunkelrot, innen rosafarben, schmalglockig, aufrecht, bis 7 cm breit

Früchte:
Werden nicht ausgebildet

Blätter:
Dunkelgrün, glänzend, verkehrt eiförmig, 12-20 cm lang, keine Herbstfärbung, sommergrün

Verwendung:
Als Blütengehölz, bevorzugt in Einzelstellung, auch in kleinen Gärten und Parkanlagen

Lebensbereich:
[9] Gehölze der Hecken und Strauchflächen, Ordnungsziffer 9.2.1.4

Standort:
Sonnig; sandig-humose bis lehmig-humose, frische bis feuchte, saure bis neutrale, mäßig nährstoffreiche bis nährstoffreiche Böden; kalkempfindlich

Gärtnerische Vermehrung:
Durch Stecklinge

Hinweise:
Gegen Austrocknung schützen, Korrekturschnitt nur vorsichtig, ab Mitte Sommer möglich, blüht lang anhaltend

Weitere Arten und Sorten:
M. 'Susan', kugelig bis kegelförmig, kompakt, Höhe und Breite bis 4 m, Blätter mittelgrün, glänzend, unterseits behaart, kurz zugespitzt, bis 15 cm lang, Blüten tiefpurpurn, innen heller, bis 8 cm lang, duftend, Früchte braun, bis 5 cm lang, keine Herbstfärbung

Magnolia x soulangeana

Tulpen-Magnolie
Magnoliaceae, Magnoliengewächse

Erklärung Artname:
soulangeana = nach E. Soulange-Bodin (französischer Gärtner, 1747-1846)

Herkunft:
Züchtung (seit 1826 in Frankreich als Bastard bekannt); Elternarten: Ostasien, Nordamerika

Wuchs:
Großstrauch oder Kleinbaum, locker aufrecht, im Alter breit ausladend, überhängend, Höhe und Breite 4-8 m

Blüten:
April - Mai; außen rötlich-rosa, innen weiß, glockenförmig, später schalenförmig öffnend, aufrecht, duftend, vor dem Austrieb, sehr zahlreich

Früchte:
Zapfen, Fruchtstände rot

Blätter:
Dunkelgrün, verkehrt-eiförmig, 15-20 cm lang, keine Herbstfärbung, sommergrün

Verwendung:
Als Blütengehölz in Gärten und Parkanlagen, meist in Einzelstellung

Lebensbereich:
[9] Gehölze der Hecken und Strauchflächen, Ordnungsziffer 9.2.1.4

Standort:
Sonnig; sandig-humose bis lehmig-humose, frische bis feuchte, saure bis neutrale, mäßig nährstoffreiche bis nährstoffreiche Böden; kalkempfindlich

Gärtnerische Vermehrung:
Durch Stecklinge, M. kobus durch Aussaat

Hinweise:
Frosthart, spätfrostempfindlich, Windschutz

Weitere Arten und Sorten:
M. grandiflora 'Galissonnière', Höhe und Breite bis 4 m, Blätter schmal elliptisch, immergrün, Blüten weiß, leicht duftend, April - Juni;
M. kobus, kegelförmig bis breit rundlich, Höhe bis 10 m, Breite bis 6 m, Blätter verkehrt eiförmig, bis 15 cm lang und 5-10 cm breit, Blüten weiß, zartrosa überlaufen, bis 10 cm breit, Früchte rot, walzenförmig, keine Herbstfärbung

Stern-Magnolie
Magnoliaceae, Magnoliengewächse

Erklärung Artname:
stellata = sternförmig, sternartig

Herkunft:
Japan, in Tallagen und geschützten Höhenlagen bis 600 m

Wuchs:
Normalstrauch, dicht verzweigt, anfangs oft gedrungen, Höhe und Breite 2-3 m

Blüten:
März - April; weiß, aufrecht, sternförmig, 8-12 cm Durchmesser, bis fünfzehn-blättrig, manchmal schwach rosa überhaucht, vor dem Austrieb in großen Mengen seidig behaarte Knospen

Früchte:
Zapfen, Fruchtstände rot

Blätter:
Dunkelgrün bis hellgrün, verkehrt-eiförmig, schmal, 4-10 cm lang, keine Herbstfärbung, sommergrün

Verwendung:
Als Blütengehölz in Stein- und Hausgärten und in Parkanlagen, meist in Einzelstellung

Lebensbereich:
[7] Gehölze kühl-feuchter Wälder, Ordnungsziffer 7.2.2.5

Standort:
Sonnig; sandig-humose bis kiesig-humose, frische bis feuchte, saure bis neutrale, mäßig nährstoffreiche Böden; kalkempfindlich

Gärtnerische Vermehrung:
Durch Stecklinge und Absenker

Hinweise:
Duftende Blüten, sehr frosthart, frei von Schädlingen und Krankheiten, spätfrostempfindlich, Windschutz, nur bedingt schnittverträglich

Weitere Arten und Sorten:
M. stellata 'Royal Star', breitbuschig, dicht verzweigt, Höhe und Breite bis 3,5 m, Knospen schwach rosa , Blüten reinweiß, sternförmig, bis 12 cm Durchmesser, duftend, blüht bis zu zwei Wochen später als die Art

Mahonia aquifolium

Gewöhnliche Mahonie Berberidaceae, Berberitzengewächse

Erklärung Artname:
aquifolium = antiker Name für Stechpalme

Herkunft:
Westliches Nordamerika, in Tal- und Höhenlagen bis 800 m

Wuchs:
Kleinstrauch, aufrecht, breitbuschig, vieltriebig, Höhe und Breite bis 1 m

Blüten:
April - Mai; Blütentrauben, gelb, aufrecht, 5-8 cm lang

Früchte:
Beeren, schwarzpurpurn, blau bereift

Blätter:
Grün, glänzend, gefiedert, bis 25 cm lang, meistens bestehend aus 9 Einzelblättern, schief eiförmig, dornig gezähnt, aber kaum stechend, im Winter oft purpurrot, immergrün

Verwendung:
Im Siedlungsbereich zur Unterpflanzung schattiger Partien und als Straßenbegleitgrün, in Hausgärten als niedrige Hecken, für Pflanzgefäße, 3-5 Pflanzen/m^2

Lebensbereich:
[7] Gehölze kühl-feuchter Wälder, Ordnungsziffer 7.2.5.6

Standort:
Halbschattig; sandig-humose bis kiesig-humose, frische bis feuchte, saure bis neutrale, mäßig nährstoffreiche Böden; kalkempfindlich

Gärtnerische Vermehrung:
Durch Aussaat, Sorten durch Stecklinge

Hinweise:
Frosthart, rauchhart, stadtklimafest, hohes Ausschlagsvermögen, Wurzeldruck vertragend, sehr schnittverträglich, anspruchslos, bei sonnigen Standorten rasche, rötliche Verfärbung der Blätter

Weitere Arten und Sorten:
M. aquifolium 'Apollo', etwas niedriger als die Art, Blätter dunkelgrün, glänzend, gefiedert, 5- bis 11-zählig, bis 30 cm lang, Blüten leuchtend gelb, Früchte schwarz, hellblau bereift, Herbstfärbung purpurn bis dunkelrotbraun

Mahonia japonica

Japanische Mahonie Berberidaceae, Berberitzengewächse

Erklärung Artname:
japonica = aus Japan stammend

Herkunft:
China, in Wäldern und Gebüschen

Wuchs:
Normalstrauch, dicke, kaum verzweigte Triebe, aufrecht, Höhe 1-2 m, Breite 1-3 m

Blüten:
Februar - April; leuchtend gelb, endständige, aufrechte Trauben, 7-15 cm lang, duftend, vielblütig

Früchte:
Beeren, schwarz, blau bereift, eiförmig, bis 1 cm lang, in hängenden Trauben, ungenießbar, ungiftig

Blätter:
Dunkelgrün, gefiedert, bis 40 cm lang, bestehend aus 9-15 Einzelblättern, eiförmig, derb, ledrig, dornig gezähnt, immergrün

Verwendung:
Als Ziergehölz (Blätter, Blüten, Früchte) in Hausgärten und anderen Grünanlagen, meist im Einzelstand

Lebensbereich:
[6] Steppengehölze und Trockenwälder, Ordnungsziffer 6.4.4.5

Standort:
Halbschattig; sandig-lehmige, frische bis mäßig feuchte, schwach saure bis schwach alkalische, mäßig nährstoffreiche Böden; kalktolerierend

Gärtnerische Vermehrung:
Durch Stecklinge

Hinweise:
Bei Stellung in voller Sonne rote Verfärbung der Blätter, stellenweise Brandflecken, Gewicht der Früchte lässt die Zweige zu Boden neigen

Weitere Arten und Sorten:
M. x media 'Winter Sun', aufrecht, Höhe und Breite bis 2 m, Blätter grün, gefiedert mit bis zu 23 Einzelblättern, immergrün, Blüten hellgelb, in bis zu 30 cm langen, aufrechten Trauben, Früchte blauschwarz, sehr zahlreich

Malus 'Evereste'®

Zier-Apfel, Kirsch-Apfel
Rosaceae, Rosengewächse

Erklärung Artname:
Keiner Art zugeordnet

Herkunft:
Züchtung (INRA, Angers, Frankreich, 1978)

Wuchs:
Großstrauch bis Kleinbaum, breit pyramidal, Seitenäste im Alter überhängend, Höhe 4-8 m, Breite 4-5 m

Blüten:
Mai; rötlich aufblühend, dann weiß, an den Rändern rosa Streifen, bis 5 cm breit

Früchte:
Kernfrüchte, leuchtend orangerot, unregelmäßig kugelig, bis 2,5 cm dick

Blätter:
Dunkelgrün, leicht eingebuchtet, gesägt, bis 8 cm lang, bis 5 cm breit, Blattstiel rot, Herbstfärbung orangegelb, sommergrün

Verwendung:
Als Solitär für Gärten und Parkanlagen, als kleinkroniger Straßenbaum

Lebensbereich:
[3] Artenreiche Wälder und Gehölzgruppen, Ordnungsziffer 3.3.3.4

Standort:
Sonnig; sandig-humose, sandig-lehmige bis lehmige, frische bis feuchte, schwach saure bis alkalische, nährstoffreiche Böden; kalktolerierend

Gärtnerische Vermehrung:
Durch Veredlung

Hinweise:
Guter Pollenspender, nicht schorfanfällig, sehr schönes Ziergehölz

Weitere Arten und Sorten:
M. 'Coccinella'®®, Höhe und Breite bis 7 m, Blätter rötlich-purpurn, Blüten rosaviolett bis rotviolett, Früchte purpurrot, flachkugelig, bis 2,5 cm dick, Herbstfärbung orangerot;
M. 'Rudolph', Höhe bis 7 m, Breite bis 4 m, Blüten rosarot, Früchte orangegelb, detaillierte Beschreibung in der App;
M. 'Winter Gold', Höhe und Breite bis 6 m, Blätter grün, im Austrieb rotbraun, Blüten zartrosa bis weiß, Früchte gelb, bis 2 cm dick, Herbstfärbung gelborange

---

Unten: M. 'Rudolph'

Zier-Apfel, Kirsch-Apfel
Rosaceae, Rosengewächse

Erklärung Artname:
Keiner Art zugeordnet

Herkunft:
Züchtung (Sorte 1972, Cole Nursey)

Wuchs:
Großstrauch bis Kleinbaum, aufrecht mit kegelförmiger, gedrungener Krone, Höhe 3-6 m, Breite 3-4 m

Blüten:
April; weiß, bis 4 cm breit, zahlreich

Früchte:
Kernfrüchte, rot, rund, bis 1,2 cm dick

Blätter:
Grün, im Austrieb hellgrün, breitlänglich bis eiförmig, leicht gelappt, bis 10 cm lang, sommergrün

Verwendung:
Als Solitär, für Gärten und Parkanlagen, als Ziergehölz (Blüten, Früchte)

Lebensbereich:
[3] Artenreiche Wälder und Gehölzgruppen, Ordnungsziffer 3.3.3.4

Standort:
Sonnig; sandig-humose, sandig-lehmige bis lehmige, frische bis feuchte, schwach saure bis alkalische, nährstoffreiche Böden; kalktolerierend

Gärtnerische Vermehrung:
Durch Veredlung

Hinweise:
Früchte haften bis in den Winter, eine der wertvollsten Sorten, kaum schorfanfällig

Weitere Arten und Sorten:
M. 'Royalty', Höhe und Breite 4-6 m, Blätter dunkelrotgrün, bis 8 cm lang, Blüten rubinrot, in Knospe schwarzrot, bis 4 cm breit, Früchte dunkelrot, bis 4 cm dick, Herbstfärbung bräunlich-rot; M. floribunda, Höhe und Breite 4-10 m, Blüten rosa, Früchte gelblich-grün, Herbstfärbung orangerot, detaillierte Beschreibung in der App; M. toringo, Höhe 6-8 m, Breite 8-15 m, Blüten weiß, anfangs hellrosa, Mai, Früchte rot bis gelbbraun, bis 1 cm dick, Herbstfärbung gelbrot

Unten: M. floribunda

Malus sylvestris

Holz-Apfel, Wild-Apfel
Rosaceae, Rosengewächse

Erklärung Artname:
sylvestris = wild wachsend

Herkunft:
Europa, auch Teile von Asien, in Auen- und Laubmischwäldern

Wuchs:
Großstrauch oder Kleinbaum mit breiter, dichter Krone, Äste aufrecht, später überhängend, bedornt, Höhe 6-10 m, Breite 4-6 m

Blüten:
Ende April - Juni; weißrosa, später reinweiß, schalenförmig, 2-3 cm breit

Früchte:
Kernfrüchte, gelbgrün, später etwas rötlich, kugelig, 2-4 cm groß, essbar, sauer

Blätter:
Grün, elliptisch bis eiförmig, 4-8 cm lang, Herbstfärbung gelb, sommergrün

Verwendung:
Als Pioniergehölz in der Landschaft, in Hecken- und Schutzpflanzungen

Lebensbereich:
[2] Auen- und Ufergehölze, Ordnungsziffer 2.5.2.3

Standort:
Sonnig; sandig-kiesige bis lehmige, mäßig trockene bis frische, schwach saure bis alkalische, mäßig nährstoffreiche bis nährstoffreiche Böden; kalkliebend

Gärtnerische Vermehrung:
Durch Aussaat, Sorten durch Veredlung

Hinweise:
Frosthart, sehr windfest, gut schnittverträglich, Nährgehölz für viele Tierarten

Weitere Arten und Sorten:
M. tschonoskii, breit pyramidal, Höhe 8-15 m, Breite 4-7 m, Blätter dunkelgrün, anfangs weißfilzig, bis 12 cm lang, Blüten weiß, bis 4 cm breit, zu 2-5 gebüschelt, Mai, Früchte gelbgrün bis rot, bis 3 cm dick, selten, Herbstfärbung orangerot

Echte Mispel
Rosaceae, Rosengewächse

Erklärung Artname:
germanica = germanisch, deutsch

Herkunft:
Nördlicher Iran, nördliches Kleinasien, Kaukasus bis Süd- und Südost-Europa

Wuchs:
Großstrauch, breit aufrecht, sparrig mit unregelmäßiger Krone, kurzer Stamm, Zweige oftmals bedornt, langsam wachsend, Höhe 3-6 m, Breite 4-8 m

Blüten:
Mai - Juni; weiß, manchmal rosa überzogen, einzeln, flach, 4-5 cm breit

Früchte:
Kernfrüchte, braun, birnenförmig bis kugelig, bis 5 cm breit, nach Frosteinwirkung essbar

Blätter:
Oberseits dunkelgrün, unterseits hellgrün, behaart, länglich-oval oder lanzettlich, wechselständig, bis 15 cm lang und bis 5 cm breit, Herbstfärbung rötlich-braun, manchmal auch gelblich-braun, sommergrün

Verwendung:
Solitär für größere Gärten oder Parkanlagen, spezielles Fruchtgehölz

Lebensbereich:
[6] Steppengehölze und Trockenwälder, Ordnungsziffer 6.3.2.4

Standort:
Sonnig; sandig-lehmige bis lehmige, mäßig trockene bis frische, schwach saure bis alkalische, mäßig nährstoffreiche bis nährstoffreiche Böden; kalkliebend

Gärtnerische Vermehrung:
Durch Aussaat und Veredlung

Hinweise:
Voll frosthart, stadtklimafest, hitzeverträglich, die essbaren Früchte reifen im Spätherbst und sind nach den ersten Frösten weich und teilweise vergoren

Weitere Arten und Sorten:
In Deutschland ist keine weitere bedeutende Art oder Sorte von Mespilus im Handel

Morus nigra

Schwarze Maulbeere
Moraceae, Maulbeergewächse

Erklärung Artname:
nigra = schwarz

Herkunft:
Herkunft ungeklärt, vermutlich Südwest-Asien

Wuchs:
Großstrauch oder Kleinbaum, rundliche, dichte Krone, Triebe behaart, später kahl, hellbraun, Höhe und Breite 6-15 m

Blüten:
Mai - Juni; grünlich-gelb, winzige, becherförmige, männliche und weibliche Blüten in getrennten Kätzchen auf derselben Pflanze

Früchte:
Beeren, eiförmig, bis 2,5 cm lang, anfangs grün nach rot, zuletzt purpurn, essbar mit einem angenehmen, schwach sauren Geschmack

Blätter:
Oberseits mittelgrün, rau, unterseits hellgrün, behaart, eiförmig bis herzförmig, oft doppelt gesägt, bis 15 cm lang, keine Herbstfärbung, sommergrün

Verwendung:
Solitär, einer der besten Obstbäume der Gattung, verschiedene Arten werden als Futter für Seidenraupen genutzt

Lebensbereich:
[6] Steppengehölze und Trockenwälder, Ordnungsziffer 6.4.1.3

Standort:
Vollsonnig; sandig-lehmige-lehmige, durchlässige, frische bis mäßig feuchte, schwach saure bis schwach alkalische, mäßig nährstoffreiche Böden; kalktolerierend

Gärtnerische Vermehrung:
Durch Aussaat

Hinweise:
Gutes Fruchtgehölz, Schnitt im Spätherbst, sonst Bluten möglich, etwas frostempfindlich

Weitere Arten und Sorten:
M. alba, Höhe 8-10 m, Breite 4-6 m, Früchte weiß bis rosa, essbar, Blätter gelbgrün, glänzend, bis 15 cm lang, Herbstfärbung gelb

Scheinbuche, Südbuche, Pfennigbuche
Fagaceae, Buchengewächse

Erklärung Artname:
antarctica = aus dem Südpolargebiet stammend

Herkunft:
Chile, in Bergwäldern

Wuchs:
Kleinbaum oder Großstrauch, aufrecht, oft mehrstämmig, Seitenäste waagerecht, meist fischgrätenförmig, Rinde fast schwarz mit auffällig quer verlaufenden Lentizellen, Höhe bis 15 m, Breite bis 10 m

Blüten:
Mai; grünlich, klein und unauffällig, einhäusig, aromatischer Duft

Früchte:
Nüsschen, zu dritt in einer 4-lappigen Cupula (typischer Fruchtbecher bei Fagaceae/ Buchengewächse)

Blätter:
Frischgrün, eiförmig bis breit eiförmig, klein, bis 1,5 cm lang, mit gekraustem Rand, fein gesägt, sehr auffällig, Herbstfärbung goldgelb, sommergrün

Verwendung:
Als Solitärgehölz im Siedlungsbereich und in Parkanlagen, in Gärten als Ziergehölz, in großen Pflanzgefäßen

Lebensbereich:
[7] Gehölze kühl-feuchter Wälder, Ordnungsziffer 7.2.1.3

Standort:
Sonnig; sandig-humose bis kiesig-humose, frische bis feuchte, saure bis neutrale, mäßig nährstoffreiche Böden; kalkempfindlich

Gärtnerische Vermehrung:
Durch Stecklinge

Hinweise:
Im Alter frosthart, stadtklimafest, nur sehr bedingt schnittverträglich, nur Bedarfsschnitt, besonders attraktiv durch den malerischen Wuchs

Weitere Arten und Sorten:
In Deutschland ist keine weitere bedeutende Art oder Sorte von Nothofagus im Handel

Osmanthus heterophyllus

Duftblüte
Oleaceae, Ölbaumgewächse

Erklärung Artname:
heterophyllus = ungleichblättrig, verschiedenblättrig

Herkunft:
Südost-Asien, Japan, Taiwan

Wuchs:
Großstrauch, eng verzweigt, aufrecht, später rundlich, Höhe 3-5 m, Breite 2-3 m

Blüten:
September - Oktober, weiß, kelchförmig, in Büscheln, süßlich duftend

Früchte:
Steinfrüchte, blauschwarz, eilänglich, hartschalig mit einem Samen, bis 1,2 cm lang

Blätter:
Oberseits dunkelgrün, glänzend, unterseits gelbgrün, derb, matt, elliptisch-länglich, in der Jugend spitze Blattränder, immergrün

Verwendung:
Als Solitär, für Gruppenpflanzungen, Einfassungen, Hecken, als Duftpflanze

Lebensbereich:
[6] Steppengehölze und Trockenwälder, Ordnungsziffer 6.3.4.5

Standort:
Halbschattig; sandig-lehmige bis lehmige, mäßig trockene bis frische, schwach saure bis alkalische, mäßig nährstoffreiche bis nährstoffreiche Böden; kalktolerierend

Gärtnerische Vermehrung:
Durch Stecklinge

Hinweise:
Robust und sehr schnittverträglich

Weitere Arten und Sorten:
O. x burkwoodii, Höhe bis 3 m, Breite bis 2 m, Blätter stark gesägt, Blüten silbrig-weiß, aromatisch duftend;
O. fragrans, Höhe bis 10 m, Blätter länglich-spitz, bis 10 cm lang, unterseits stark geadert, gegenständig, Blüten weiß, deutlicher Aprikosenduft, Früchte bläulich-schwarz, bis 1 cm groß

Schattengrün, Dickmännchen Buxaceae, Buchsbaumgewächse

Erklärung Artname:
terminalis = endständig

Herkunft:
Japan, in Laubmischwäldern

Wuchs:
Zwergstrauch, Triebe aufrecht, teppichartig, durch Rhizome ausbreitend, Höhe 0,2-0,3 m

Blüten:
April - Mai; Blütenähren, weiß, endständig, 2-3 cm lang

Früchte:
Kapseln, nicht auffallend

Blätter:
Dunkelgrün, glänzend, verkehrt-eiförmig, 5-10 cm lang, grobgezähnt, quirlständig angeordnet, immergrün

Verwendung:
Als Bodendecker zur Unterpflanzung von Gehölz- oder Rhododendrongruppen, auf Gräbern, 10-15 Pflanzen/m^2

Lebensbereich:
[3] Artenreiche Wälder und Gehölzgruppen, Ordnungsziffer 3.2.7.7

Standort:
Halbschattig; sandig-humose bis lehmig-humose, frische bis feuchte, saure bis neutrale, nährstoffreiche Böden; kalktolerierend

Gärtnerische Vermehrung:
Durch Stecklinge

Hinweise:
Frosthart, verträgt Wurzeldruck, sehr schattenverträglich, stadtklimafest, leichter Rückschnitt in den ersten 3-4 Jahren im März

Weitere Arten und Sorten:
P. terminalis 'Compact Gem', kompakt, sehr niedrig, Höhe 0,08-0,15 m, Blätter dunkelgrün, glänzend, noch zierlicher als P. 'Green Carpet'; P. terminalis 'Green Carpet', kompakt, gedrungen, niedrig, Höhe 0,15-0,20 m, Ausläufer bildend, Blätter hellgrün, bis 6 cm lang, stark glänzend, auffallend, ansonsten zierlicher als die Art

Unten: endständige (terminale) Blüten

Paeonia suffruticosa 'Kamada-nishiki'

Strauch-Pfingstrose, Strauch-Päonie Paeoniaceae, Pfingstrosengewächse

Erklärung Artname:
suffruticosa = halbstrauchig

Herkunft:
Züchtung; Japan, Art: China, Sammelbegriff für Gruppe von Kulturformen (nach Warda)

Wuchs:
Kleinstrauch, aufrecht, wenig verzweigt, Triebe dick, steif, Höhe und Breite 1-2 m, auffallend große Winterknospen

Blüten:
Mai; lilarosarot, innen dunkler, halbgefüllt, 18 bis 20 cm breit, gewellt mit Einschnitten und weißen Pinselspuren

Früchte:
Balge, braun, leuchtend rote Samen

Blätter:
Grün, unterseits blaugrün, doppelt gefiedert, keine Herbstfärbung, sommergrün

Verwendung:
Einzeln oder als Gruppe mit andersfarbigen Sorten in Gärten und Parkanlagen

Lebensbereich:
[9] Gehölze der Hecken und Strauchflächen, Ordnungsziffer 9.3.1.6

Standort:
Sonnig; sandig-humose, sandig-lehmige bis humos-lehmige, frische bis feuchte, schwach saure bis alkalische, nährstoffreiche Böden; kalktolerierend

Gärtnerische Vermehrung:
Durch Veredlung

Hinweise:
Winterschutz durch Mulchen mit Laub, nur mineralische Dünger verwenden

Weitere Arten und Sorten:
P. suffruticosa 'Reine Elisabeth', Höhe bis 1,5 m, lachsrosa bis dunkelrosa, doppelt gefüllt, 18-20 cm;
P. suffruticosa 'Renkaku', Höhe bis 1,5 m, weiß bis elfenbein, einfach, 22-24 cm

---

Unten: P. suffruticosa 'Renkaku'

Parrotie, Eisenholzbaum
Hamamelidaceae, Zaubernussgewächse

Erklärung Artname:
persica = aus Persien stammend

Herkunft:
Vorderasien, Nordiran, in Auen- und Uferwäldern

Wuchs:
Großstrauch oder Kleinbaum, meist mehrstämmig, kurzstämmig, aufrecht, breit ausladend, im Alter abfallende, graue bis braune Borke, Höhe 6-8 m, Breite 6-10 m

Blüten:
Februar - März; gelb, kugelige Köpfe mit heraushängenden roten Staubgefäßen, Blütenblätter fehlen, 1 cm breit, sehr zahlreich vor dem Austrieb

Früchte:
Kapseln, braun, filzig, bis 1,5 cm lang

Blätter:
Oberseits dunkelgrün, glänzend, unterseits hellgrün, im Austrieb oft rötlich getönt, verkehrt eiförmig, leicht ledrig, teils bogig gezähnt, 10-12 cm lang, Herbstfärbung orangerot bis violett, vor dem Laubfall leuchtend goldgelb, sommergrün

Verwendung:
Als Solitärgehölz im Siedlungsbereich, in öffentlichen Grünanlagen und ausreichend großen Gärten

Lebensbereich:
[2] Auen- und Ufergehölze, Ordnungsziffer 2.3.2.3

Standort:
Sonnig; sandig-humose bis lehmige, frische bis feuchte, schwach saure bis neutrale, mäßig nährstoffreiche bis nährstoffreiche Böden; kalktolerierend

Gärtnerische Vermehrung:
Durch Aussaat

Hinweise:
Frosthart, stadtklimafest, anspruchslos, nur Bedarfsschnitt

Weitere Arten und Sorten:
P. persica 'Vanessa', gerader Stamm, Krone oval, Rinde hellgrau mit braunvioletten Flecken, abblätternd, Höhe und Breite 6-12 m, obere Blattrandhälfte gewellt, Herbstfärbung gelb, rot bis purpur, ab September

Parthenocissus quinquefolia

Wilder Wein, Gewöhnliche Jungfernrebe Vitaceae, Rebengewächse

Erklärung Artname:
quinquefolia = fünfblättrig

Herkunft:
Östliches bis mittleres Nordamerika, an Waldrändern

Wuchs:
Haftscheibenkletterer, starkwüchsig, holzig, Höhe 10-20 m

Blüten:
Juli - August; Rispen, weiß bis grünlich-weiß, endständig

Früchte:
Beeren, kugelig, bis 6 mm dick, blauschwarz, ab Oktober bis Winter, nicht genießbar (Unwohlsein)

Blätter:
Dunkelgrün, glänzend, fingerförmig, 5-teilige, ovale, scharf gesägte, bis 15 cm lange Fiedern, Herbstfärbung leuchtend scharlachrot, sommergrün

Verwendung:
Zur Begrünung von Wänden, Pergolen, Zäunen, als Wind-, Sonnen- und Sichtschutz (selbstklimmend durch Haftscheiben)

Lebensbereich:
[2] Auen- und Ufergehölze, Ordnungsziffer 2.4.3.9

Standort:
Sonnig; sandig-lehmige bis kiesig-lehmige, frische bis feuchte, neutrale bis alkalische, nährstoffreiche Böden; kalktolerierend

Gärtnerische Vermehrung:
Durch Steckholz und Aussaat

Hinweise:
Gut frosthart, anspruchslos, jederzeit schnittverträglich für Bedarfs- und Verjüngungsschnitt

Weitere Arten und Sorten:
P. inserta, P. quinquefolia sehr ähnlich, aber keine Haftscheiben sondern Ranken (Kletterhilfe erforderlich);
P. quinquefolia var. engelmannii, Blätter oberseits mattgrün, unterseits bläulich-grün, Herbstfärbung purpurrot bis karminrot, detaillierte Beschreibung in der App

---

Oben: Herbstfärbung

Parthenocissus tricuspidata 'Veitchii'

Selbstklimmender Wilder Wein, Dreispitz-Jungfernrebe Vitaceae, Rebengewächse

Erklärung Artname:
tricuspidata = dreispitzig; veitchii = nach den englischen Gärtnern J. G. Veitch (1839-1867) und H. J. Veitch (1840-1924)

Herkunft:
Züchtung; Art: Japan,
in Tal- und Höhenlagen bis 800 m

Wuchs:
Haftscheibenkletterer, wüchsig, holzig,
Höhe 12-20 m

Blüten:
Juni - Juli; gelblich, Trugdolden

Früchte:
Beeren, kugelig, bis 8 mm dick, blauschwarz, ab Oktober bis Winter, ungenießbar

Blätter:
Leuchtend grün, an sterilen Neutrieben ungelappt, breit eiförmig oder 3-zählig, bis 20 cm lang, tief gesägt, Herbstfärbung purpurrot (auffallend), sommergrün

Verwendung:
Zur Begrünung von Wänden, Pergolen, Zäunen und Lauben (selbstklimmend)

Lebensbereich:
[7] Gehölze kühl-feuchter Wälder,
Ordnungsziffer 7.3.2.9

Standort:
Sonnig; humos-sandig bis sandig-lehmige, frische bis feuchte, schwach saure bis alkalische, nährstoffreiche Böden; kalktolerierend

Gärtnerische Vermehrung:
Durch Veredlung und Stecklinge

Hinweise:
Sehr widerstandsfähig, jederzeit schnittverträglich für Bedarfs- und Verjüngungsschnitt

Weitere Arten und Sorten:
P. tricuspidata 'Green Spring', raschwüchsig, Höhe 12-20 m, Blätter hellgrün, unterseits mattgrün, im Austrieb bronzefarben, 15-25 cm lang, Herbstfärbung orange bis scharlachrot

Unten: Herbstfärbung

Paulownia tomentosa

Blauglockenbaum
Paulowniaceae, Blauglockenbaumgewächse

Erklärung Artname:
tomentosa = filzig, polstrig

Herkunft:
Mittel-China, in Tallagen bis 400 m

Wuchs:
Mittelgroßer Baum, Krone locker, breit gewölbt, kräftige Triebe, Höhe und Breite bis 15 m

Blüten:
April - Mai; rosafliederfarben mit purpurnen und gelben Schlundflecken, bis 5 cm lang, duftend, an aufrecht schmalen Rispen, bis 30 cm lang, vor dem Blattaustrieb

Früchte:
Kapseln, graubraun, walnussähnlich, bis ins nächste Jahr haftend

Blätter:
Oberseits grün, unterseits graufilzig belegt, breit herzförmig, manchmal schwach gelappt, bis 30 cm lang und 25 cm breit, keine Herbstfärbung, sommergrün

Verwendung:
Als Solitärgehölz im Siedlungsbereich, selten auch als Alleebaum

Lebensbereich:
[6] Steppengehölze und Trockenwälder, Ordnungsziffer 6.1.1.3

Standort:
Sonnig; sandig-kiesige bis kiesig-lehmige, trockene bis frische, schwach saure bis alkalische, nährstoffarme bis mäßig nährstoffreiche Böden; kalkliebend

Gärtnerische Vermehrung:
Durch Aussaat

Hinweise:
Stadtklimafest, rauchhart, wärmeliebend, nur für Regionen mit Weinbauklima und an geschützten Standorten geeignet, Winterschutz, ausreichend frosthart im Alter

Weitere Arten und Sorten:
In Deutschland ist keine weitere bedeutende Art oder Sorte von Paulownia im Handel

Halbhoher Gartenjasmin
Hydrangeaceae,
Hortensiengewächse

Hinweise zur Nomenklatur siehe Beilage

Erklärung Artname:
Keiner Art zugeordnet

Herkunft:
Züchtung; Kreuzung aus P. coronarius und P. microphyllus

Wuchs:
Kleinstrauch, vieltriebig aus der Basis, buschig aufrecht, überhängend, abblätternde, dunkelbräunlich-schwarze Borke, Höhe und Breite 1-1,5 m

Blüten:
Juni - Juli; reinweiß, halbgefüllt bis gefüllt, bis 2 cm breit, zu mehreren in Form einer gedrungenen Traube, paarweise oder drei- bis fünfblütig, stark duftend

Früchte:
Werden nicht ausgebildet

Blätter:
Dunkelgrün, eiförmig, zugespitzt, ganzrandig, bis 2 cm lang, keine Herbstfärbung, sommergrün

Verwendung:
Als Blütengehölz in Gärten und anderen Grünanlagen, im Einzelstand und in Gruppen

Lebensbereich:
[9] Gehölze der Hecken und Strauchflächen, Ordnungsziffer 9.3.4.6

Standort:
Sonnig bis halbschattig; sandig-humose bis lehmig-humose, frische bis feuchte, schwach saure bis alkalische, nährstoffreiche Böden; kalktolerierend

Gärtnerische Vermehrung:
Durch Steckholz und Stecklinge

Hinweise:
Regelmäßiger Verjüngungsschnitt aus der Basis, Korrekturschnitt nach der Blüte

Weitere Arten und Sorten:
P. 'Belle Etoile', Höhe 1,2 m, Breite 2,5 m, weiß, im Zentrum blasspurpur, 5 cm;
P. 'Erectus', Höhe und Breite 1,5 m, cremeweiß, dicht gefüllt, duftend

Philadelphus coronarius

Bauernjasmin, Europäischer Pfeifenstrauch Hydrangeaceae, Hortensiengewächse

Hinweise zur Nomenklatur siehe Beilage

Erklärung Artname:
coronarius = kronenartig

Herkunft:
Südeuropa bis Kaukasus, in Tal- und Höhenlagen bis 800 m

Wuchs:
Großstrauch, straff aufrecht, seitlich überhängende Zweige, Höhe 3-4 m, Breite 1,5-3 m

Blüten:
Mai - Juni; cremeweiß, becherförmig, 2,5 cm breit, in Trauben zu 5-9, einfach, stark duftend

Früchte:
Kapseln, nicht auffallend

Blätter:
Tiefgrün, eiförmig, bis 9 cm lang, flach gesägt, keine Herbstfärbung, sommergrün

Verwendung:
Als Blütengehölz in Gärten und anderen Grünanlagen, im Einzelstand und auch in Gruppen

Lebensbereich:
[3] Artenreiche Wälder und Gehölzgruppen, Ordnungsziffer 3.1.3.5

Standort:
Sonnig; sandig-lehmige, mäßig trockene bis frische, schwach saure bis alkalische, mäßig nährstoffreiche bis nährstoffreiche Böden; kalktolerierend

Gärtnerische Vermehrung:
Durch Steckholz

Hinweise:
Frosthart, stadtklimafest, hohes Ausschlagsvermögen, Auslichtungsschnitt alle 2-3 Jahre

Weitere Arten und Sorten:
P. 'Schneesturm', Höhe bis 4 m, Breite bis 2 m, schneeweiß, gefüllt, bis 5 cm, stark duftend;
P. 'Virginal', Höhe und Breite bis 3 m, weiß, schalenförmig, gefüllt, bis 6 cm, sehr zahlreich, duftend

Purpur-Glanzmispel, Rotlaubige Glanzmispel Rosaceae, Rosengewächse

Erklärung Artname:
fraseri = nach J. Fraser (schottischer Gärtner und Pflanzensammler, 1750-1811)

Herkunft:
Züchtung; Elternarten: Himalaya bis Südost-Asien, Sorte: Neuseeland

Wuchs:
Normalstrauch, breitbuschig, locker, vieltriebig, im Alter sehr breit, Höhe 1,5-3 m

Blüten:
Mai - Juni; weiß, Rispen, schirmartig, 10-12 cm breit, an den Enden kurzer Triebe über den Blättern

Früchte:
Beeren, kugelig, rot, 5 mm dick, werden hier nur selten ausgebildet

Blätter:
Leuchtend rot beim Austrieb, später kupfergrün, glänzend, wechselständig, verkehrt-eiförmig, zugespitzt, ledrig, scharf gesägt, 8-15 cm lang, immergrün

Verwendung:
Für Einzelstellung, Abdeckung von Zäunen und Hauswänden, für Hecken

Lebensbereich:
[9] Gehölze der Hecken und Strauchflächen, Ordnungsziffer 9.1.1.5

Standort:
Sonnig; sandig-humose bis lehmig-humose, trockene bis frische, schwach saure bis alkalische, mäßig nährstoffreiche Böden; kalkliebend

Gärtnerische Vermehrung:
Durch Stecklinge

Hinweise:
Hauptsächlich für wintermilde Regionen ausreichend winterhart, ansonsten als Kübelpflanze zu halten, "Modepflanze", als Hecke sehr locker im Wuchs

Weitere Arten und Sorten:
P. villosa, Höhe und Breite bis 5 m, Blätter dunkelgrün, glänzend, ledrig, lang zugespitzt, scharf gesägt, bis 8 cm lang, Blüten weiß, bis 5 cm breit, in Trugdolden, Früchte leuchtend rot, kugelig, bis 8 mm dick, essbar, Herbstfärbung orange bis scharlachrot

Phyllostachys aureosulcata 'Spectabilis'

Zickzack-Bambus
Poaceae, Süßgräser

Erklärung Artname:
aureus = goldgelb, sulcata = gefurcht

Herkunft:
China

Wuchs:
Großstrauch, horstartig, aufrecht, stark wachsend, leicht überhängend, Halme anfangs hellgelb, später gelb mit grüner Sulcus (Furche), in der Sonne orange bis rötlich gefärbt, 3,5-4 cm dick, im unteren Bereich geknickt, Höhe 3-7 m, Breite unbegrenzt, da Ausläufer treibend

Blüten:
Rispen, endständig, beblättert, 3 Staubblätter und 3 Narben

Früchte:
Samenansatz nach der Blüte (unerwünscht!)

Blätter:
Grün, glänzend, weiß gestreift,nahe der Mittelrippe flaumig behaart, 6-10 cm lang, 1-1,5 cm breit, immergrün

Verwendung:
Als Solitär, Straßenbegleitgrün, Hecke (Schnitt jährlich Anfang Mai), Sichtschutz, für Kübel

Lebensbereich:
[3] Artenreiche Wälder und Gehölzgruppen, Ordnungsziffer 3.2.1.5

Standort:
Sonnig bis halbschattig; sandig-humose bis lehmige, frische bis feuchte, saure bis neutrale, nährstoffreiche Böden; kalktolerierend

Gärtnerische Vermehrung:
Durch Teilung

Hinweise:
Bambus des Jahres 2018 (durch die EBS-D/Europäische Bambus Sektion Deutschland), Rhizomsperre ratsam, keine Staunässe, Platzbedarf 10-20 m^2

Weitere Arten und Sorten:
P. aureosulcata 'Aureocaulis', Höhe 3-6 m, im Alter bis 8 m, Halme im basalen Bereich wie die Art, goldgelb bis braun;
P. aureosulcata 'Harbin', Höhe 6-7 m, Halme im basalen Bereich wie die Art, gelb mit vielen kleinen grünen Streifen

Schwarzer Bambus, Schwarzrohrbambus Poaceae, Süßgräser

Erklärung Artname:
nigra = schwarz

Herkunft:
China

Wuchs:
Großstrauch, Halme horstartig, locker aufrecht, schlank, grün, im zweiten oder dritten Jahr glänzend schwarz werdend, Halmstärke bis 6 cm, äußere Halme überhängend, Höhe 4-6 m, Breite 2-3 m

Blüten:
Ähren mit 3 Staubblättern und 3 Narben, cremeweißrosa

Früchte:
Überreicher Samenansatz nach der Blüte

Blätter:
Oberseits dunkelgrün, glänzend, unterseits matt graugrün, lanzettlich, 4-13 cm lang, immergrün

Verwendung:
Für Gärten und Innenhöfe, an Teichen, bevorzugt an geschützten Plätzen

Lebensbereich:
[3] Artenreiche Wälder und Gehölzgruppen, Ordnungsziffer 3.2.1.4

Standort:
Sonnig; sandig-humose bis lehmig-humose, frische bis feuchte, saure bis neutrale, nährstoffreiche Böden; kalktolerierend

Gärtnerische Vermehrung:
Durch Teilung

Hinweise:
Halme ausgereift dekorativ glänzend schwarz, wenig Ausläufer treibend, frosthart, eine Blüte ist nicht erwünscht, da diese das Absterben der meisten Bambusarten nach sich zieht, mit Rhizomsperre pflanzen

Weitere Arten und Sorten:
P. aurea, Halme gelbgrün bis graugrün, Halmstärke 2-3 cm, Höhe 2,5-4 m, Blätter gelbgrün, 6-15 cm lang;
P. bissetii, Halme dunkelgrün, Halmstärke 2,5-3 cm, Höhe bis 7,5 m, Blätter dunkelgrün, frosthärteste aller Phyllostachys-Arten

Physocarpus opulifolius 'Diabolo'®

Blasenspiere, Fasanenspiere
Rosaceae, Rosengewächse

Erklärung Artname:
opulifolius = schneeballblättrig

Herkunft:
Züchtung; Art: Nordamerika

Wuchs:
Normalstrauch bis Großstrauch, vieltriebig, straff aufrecht, buschig, später überhängend, Höhe 2-3,5 m, Breite 1,5-3 m

Blüten:
Juni - Juli; weiß, doldenförmig, bis 5 cm breit

Früchte:
Balgfrüchte, zweiklappig, braun

Blätter:
Dunkelrot, dreigeteilt bis 5-lappig, zugespitzt, bis 10 cm lang, Herbstfärbung orange bis gelbbraun, sommergrün

Verwendung:
Als Solitär in Gärten und Parkanlagen, Kontrast vor weißen Mauern und grünen Hecken, in großen Kübeln, für gemischte Strauch- und Staudenrabatten

Lebensbereich:
[3] Artenreiche Wälder und Gehölzgruppen, Ordnungsziffer 3.1.6.4

Standort:
Sonnig bis halbschattig; sandig-humose bis lehmig-humose, mäßig trockene bis frische, schwach saure bis alkalische, nährstoffreiche Böden; kalktolerierend

Gärtnerische Vermehrung:
Durch Stecklinge, die Art durch Aussaat

Hinweise:
Pflegeleicht, robust, frosthart, schnittverträglich, wertvoller Strauch

Weitere Arten und Sorten:
P. opulifolius, Höhe 3-4 m, Blätter grün, Herbstfärbung gelb bis braungelb;
P. opulifolius 'Darts Gold',
Höhe und Breite 2-2,5 m, Blätter gelblichgrün, im Austrieb goldgelb bis orange, Früchte rötlich, Herbstfärbung orangerot

Japanische Lavendelheide, Hängendes Schattenglöckchen Ericaceae, Heidekrautgewächse

Erklärung Artname:
japonica = aus Japan stammend

Herkunft:
Japan, in Gebirgswäldern bis 1800 m

Wuchs:
Normalstrauch, breit aufrecht, gedrungen, rundlich, Höhe und Breite 2-3 m

Blüten:
März - Mai; weiß, dicht gedrängt, Rispen bis 15 cm lang

Früchte:
Kapseln, kugelförmig, graubraun

Blätter:
Oberseits grün, glänzend, unterseits hellgrün, im Austrieb rötlich, dicht quirlständig, länglich-lanzettlich, 3-8 cm lang, immergrün

Verwendung:
Als Ziergehölz in Hausgärten und Grünanlagen, für schattige Bereiche

Lebensbereich:
[7] Gehölze kühl-feuchter Wälder, Ordnungsziffer 7.2.5.5

Standort:
Halbschattig; sandig-humose bis kiesig-humose, frische bis feuchte, saure bis neutrale, mäßig nährstoffreiche Böden; kalkempfindlich

Gärtnerische Vermehrung:
Durch Aussaat und Stecklinge, Sorten nur durch Stecklinge

Hinweise:
Frosthart, rauchhart, Windschutz nötig

Weitere Arten und Sorten:
P. floribunda,
detaillierte Beschreibung in der App
P. japonica 'Debutante', Höhe und Breite bis 1,5 m, Blüten rahmweiß, Kelch grünlich;
P. japonica 'Mountain Fire', Höhe und Breite bis 1,5 m, Blätter dunkelgrün, Blattaustrieb bronzerot bis braunrot, Blüten weiß

Unten: P. japonica 'Mountain Fire'

Platanus x hispanica

Platane, Ahornblättrige Platane Platanaceae, Platanengewächse

Erklärung Artname:
hispanica = aus Spanien stammend

Herkunft:
Vermutlich eine Hybride zwischen P. orientalis und P. occidentalis

Wuchs:
Großbaum, Krone hochgewölbt, breitausladend, Rinde abblätternd, Höhe 20-30 m, Breite 15-25 m

Blüten:
Mai; gelblich-grün, unauffällig

Früchte:
Nüsschen, in Fruchtkugeln, borstig, erst grün, später olivbraun, hängend, 2,5 cm breit, August - September, langhaftend in Gruppen bis zu 4

Blätter:
Hellgrün, glänzend, gelappt, 3- bis 5-lappig, bis 35 cm groß, Herbstfärbung goldgelb, sommergrün

Verwendung:
Als Solitär-, Allee- und Straßenbaum, dachförmig gezogene Exemplare als besondere Gestaltungselemente

Lebensbereich:
[2] Auen- und Ufergehölze, Ordnungsziffer 2.5.2.1

Standort:
Sonnig; sandig-kiesige bis kiesig-lehmige, mäßig trockene bis frische, schwach saure bis alkalische, mäßig nährstoffreiche bis nährstoffreiche Böden; kalktolerierend

Gärtnerische Vermehrung:
Durch Steckholz, Sorten durch Veredlung

Hinweise:
Frosthart, rauchhart, industrie- und strahlungsfest, hohes Ausschlagsvermögen, sehr schnittverträglich

Weitere Arten und Sorten:
P. x hispanica 'Alphen's Globe',
Höhe als Hochstamm bis 6 m, Breite bis 4 m, Kleinbaum mit kugeliger Krone, benötigt erst nach vielen Standjahren einen Rückschnitt, ansonsten wie die Art

Populus alba 'Nivea'

Silber-Pappel
Salicaceae, Weidengewächse

Erklärung Artname:
alba = weiß; nivea = schneeweiß

Herkunft:
Züchtung; Art: Europa, Nordafrika, Westasien

Wuchs:
Großbaum, Stamm durchgehend bis zur Krone, Krone breitrund, locker, Jungtriebe weiß behaart, Höhe 20-30 m, Breite 15-20 m

Blüten:
April; m: Kätzchen, rot, bis 7 cm lang, hängend, w: Kätzchen grüngelb, 5 cm lang, zweihäusig

Früchte:
Werden nicht ausgebildet

Blätter:
Oberseits dunkelgrün, glänzend, unterseits weißfilzig, breit eiförmig bis fast rund, Handförmig gelappt, bis 10 cm lang, Herbstfärbung fahlgelb, sommergrün

Verwendung:
Als Pioniergehölz in der Landschaft, als Wind- und Küstenschutz, in großräumigen Grünanlagen

Lebensbereich:
[2] Auen- und Ufergehölze, Ordnungsziffer 2.4.2.1

Standort:
Sonnig; sandig-kiesige bis lehmige, frische bis feuchte, schwach saure bis alkalische, mäßig nährstoffreiche bis nährstoffreiche Böden; kalkliebend

Gärtnerische Vermehrung:
Durch Steckholz

Hinweise:
Junge Pflanzen mulchen, vor Wildverbiss schützen, auf trockenen Standorten auch strauchartig und mit Ausläufern

Weitere Arten und Sorten:
P. balsamifera, schmal, Äste gleichmäßig ansteigend, Terminalknospen dick, harzig, beim Austrieb stark duftend (Zimt), Höhe bis 25 m, Breite bis 10 m, Blätter dunkelgrün, bis 12 cm lang, Blüten Kätzchen, männlich bis 9 cm lang, weiblich bis 14 cm lang, vor dem Blattaustrieb, Herbstfärbung gelb

Populus nigra 'Italica'

Säulen-Pappel, Pyramiden-Pappel Salicaceae, Weidengewächse

Erklärung Artname:
nigra = schwarz;
italica = aus Italien stammend

Herkunft:
Züchtung; Art: Norditalien,
in Tal- und Höhenlagen bis 800 m

Wuchs:
Großbaum, Krone säulenförmig,
Stamm durchgehend, Seitenäste straff
aufrecht, Höhe 25-30 m, Breite 3-5 m

Blüten:
März - April; Kätzchen, nur männliche,
rot, 5 cm lang, hängend

Früchte:
Werden nicht ausgebildet

Blätter:
Oberseits dunkelgrün, unterseits graugrün,
breit herzförmig bis dreieckig, bis 4 cm lang,
Herbstfärbung gelb, sommergrün

Verwendung:
In der Landschaft und im Siedlungsbereich
als Allee-, Park- und Straßenbaum,
als Sichtschutz (dann besser
bis unten beastete Exemplare –
sogenannte Stammbüsche – verwenden)

Lebensbereich:
[2] Auen- und Ufergehölze, Ordnungsziffer 2.4.3.1

Standort:
Sonnig; sandig-kiesige bis lehmige, frische
bis feuchte, neutrale bis schwach alkalische,
nährstoffreiche Böden; kalkliebend

Gärtnerische Vermehrung:
Durch Steckholz

Hinweise:
Genügend frosthart, windresistent,
anspruchslos, sehr schnittverträglich

Weitere Arten und Sorten:
P. x canadensis 'Robusta', aufrecht,
Äste quirlständig angeordnet, schnellwüchsig,
Höhe bis 35 m, Breite bis 20 m ,
Blätter dunkelgrün, im Austrieb rotbraun,
Herbstfärbung gelb, die Art ist invasiv

Unten: P. x canadensis 'Robusta'

Zitter-Pappel, Espe
Salicaceae, Weidengewächse

Erklärung Artname:
tremula = zitternd, leicht beweglich

Herkunft:
Europa, Nordafrika, Kleinasien, Sibirien, an Waldrändern und in Bergwäldern

Wuchs:
Mittelgroßer Baum, anfangs kegelförmig, später locker, unregelmäßig, rundlich bis fast eiförmig, Stamm gerade, durchgehend, Rinde anfangs weißgrau, später schwarzgrau, längsrissig, Höhe 10-30 m, Breite 7-12 m

Blüten:
März - April; m: Kätzchen, graubraun, beim Stäuben gelblich, 5-10 lang, vor dem Blattaustrieb, sehr zahlreich, w: Kätzchen grün, mit rötlichen Tragblättern, 5-10 cm lang; zweihäusig

Früchte:
Kätzchen, hängend, grün, später weiß, wollig

Blätter:
Oberseits dunkelgrün, unterseits mittelgrün, an Langtrieben herzförmig zugespitzt, an Kurztrieben eirund, bis 8 cm lang, grob gesägt, Herbstfärbung leuchtend gelb bis orange, sommergrün, Knospen leicht klebrig

Verwendung:
Als Pioniergehölz in der Landschaft, als Straßenbaum, Halden- und Windschutzgehölz

Lebensbereich:
[4] Artenarme Wälder und Gehölzgruppen, Ordnungsziffer 4.2.3.2

Standort:
Sonnig; sandig-humose bis lehmige, trockene bis frische, saure bis schwach alkalische, mäßig nährstoffreiche bis nährstoffreiche Böden; kalktolerierend

Gärtnerische Vermehrung:
Durch Aussaat, Sorten durch Veredlung

Hinweise:
Sehr frosthart, stadtklimafest, anspruchslos, Bedarfsschnitt, Insektennährgehölz

Weitere Arten und Sorten:
P. tremula 'Erecta', schmal säulenförmig, bis zum Boden beastet, Höhe 8-15 m, Breite 3-5 m, Blätter mattgrün, unterseits bläulich, buchtig gezähnt, bis 8 cm lang, Herbstfärbung goldgelb bis orange

Potentilla fruticosa 'Abbotswood'

Fingerstrauch
Rosaceae, Rosengewächse

Erklärung Artname:
fruticosa = strauchig, buschig

Herkunft:
Züchtung; Art: Nordeuropa, auf Bergwiesen der Tal- und Höhenlagen bis 600 m

Wuchs:
Kleinstrauch, dicht verzweigt, breit-buschig, Höhe bis 1 m, Breite bis 1,2 m

Blüten:
Juni - Oktober; weiß, schalenförmig, einzeln oder zu mehreren, am einjährigen Holz, 3-5 cm breit

Früchte:
Nüsschen, klein, hart, unscheinbar

Blätter:
Dunkelblaugrün, gefingert, schmal, länglich, 3- bis 7-zählig, 1-4 cm lang, 2-3 cm breit, keine Herbstfärbung, sommergrün

Verwendung:
Zur Flächenbegrünung, als Kleinhecke, Unterpflanzung im lichten Schatten, 5-7 Pflanzen/m^2

Lebensbereich:
[9] Gehölze der Hecken und Strauchflächen, Ordnungsziffer 9.3.2.6

Standort:
Sonnig; sandig-humose bis sandig-lehmige, frische bis feuchte, schwach saure bis alkalische, nährstoffreiche Böden; kalktolerierend

Gärtnerische Vermehrung:
Durch Stecklinge

Hinweise:
Frosthart, stadtklimafest, anspruchslos, sehr schnittverträglich, optimaler Blütenansatz nur bei voll sonnigem Standort

Weitere Arten und Sorten:
P. fruticosa 'Goldteppich', aufliegend, Höhe bis 0,6 m, Breite bis 1 m, leuchtend gelb, Mai - September; P. fruticosa 'Lovely Pink'®©, Höhe bis 0,6 m, Breite bis 1 m, dunkelrosa, Juni - September; P. fruticosa 'Red Ace', Höhe bis 0,7 m, Breite bis 1,2 m, zinnoberrot, auf der Rückseite der Kronblätter gelb, verblassen bei vollem Sonnenlicht

Potentilla fruticosa 'Goldfinger'

Fingerstrauch
Rosaceae, Rosengewächse

Erklärung Artname:
fruticosa = strauchig, buschig

Herkunft:
Züchtung; Art: Nordeuropa, auf Bergwiesen der Tal- und Höhenlagen bis 600 m

Wuchs:
Kleinstrauch, dicht verzweigt, breitbuschig; Höhe und Breite bis 1,2 m

Blüten:
Juni - Oktober; goldgelb, schalenförmig, bis 5 cm breit, einzeln oder zu mehreren, am einjährigen Holz

Früchte:
Nüsschen, klein, hart, unscheinbar

Blätter:
Grün bis bläulich-grün, gefingert, schmal, länglich, 3- bis 7-zählig, 1-4 cm lang, keine Herbstfärbung, sommergrün

Verwendung:
Als Blütengehölz (meistens in kleinen Gruppen zu 3-5) in Gärten und Grünanlagen, für halbhohe Hecken

Lebensbereich:
[9] Gehölze der Hecken und Strauchflächen, Ordnungsziffer 9.3.2.6

Standort:
Sonnig; sandig-humose bis sandig-lehmige, frische bis feuchte, schwach saure bis alkalische, nährstoffreiche Böden; kalktolerierend

Gärtnerische Vermehrung:
Durch Stecklinge, die Art durch Aussaat

Hinweise:
Frosthart, stadtklimafest, anspruchslos, sehr schnittverträglich, optimaler Blütenansatz nur bei voll sonnigem Standort

Weitere Arten und Sorten:
P. fruticosa, Höhe und Breite bis 1,5 m, gelb, Mai - September;
P. fruticosa 'Gold Drop', Höhe und Breite bis 1 m, goldgelb, Juni - August;
P. fruticosa 'Klondike', Höhe und Breite bis 1 m, intensiv gelb, Mai - August;
P. fruticosa 'Snowflake', Höhe und Breite bis 1 m, weiß, Juni - Oktober

Prunus 'Accolade'

Frühe Zier-Kirsche
Rosaceae, Rosengewächse

Erklärung Artname:
Keiner Art zugeordnet

Herkunft:
Züchtung aus P. sargentii und P. subhirtella

Wuchs:
Kleinbaum, Hauptäste trichterförmig aufsteigend, ausladend, Höhe 5-10 m, Breite 3-8 m

Blüten:
April; blassrosa, dunkelrosa Knospen, halbgefüllt, 4 cm breit, in Dolden zu 3, vor dem Austrieb

Früchte:
Werden nicht ausgebildet

Blätter:
Dunkelgrün, elliptisch, spitz zulaufend, bis 10 cm lang, 5 cm breit, Herbstfärbung gelborange, sommergrün

Verwendung:
Als Solitär- oder Gruppengehölz in Gärten und Parkanlagen, als Straßenbaum

Lebensbereich:
[9] Gehölze der Hecken und Strauchflächen, Ordnungsziffer 9.3.2.3

Standort:
Sonnig; sandig-humose bis sandig-lehmige, frische bis feuchte, schwach saure bis alkalische, nährstoffreiche Böden; kalktolerierend

Gärtnerische Vermehrung:
Durch Veredlung

Hinweise:
Gut frosthart, nur Bedarfsschnitt

Weitere Arten und Sorten:
P. sargentii, breit aufrecht, Höhe bis 12 m, Breite bis 8 m, Blätter im Austrieb bronzefarben, Blüten reinrosa, bis 4 cm breit, sehr zahlreich, April, Herbstfärbung orange bis scharlachrot; P. x yedoensis, Äste trichterförmig bis breit ausladend, Höhe 5-10 m, Breite 4-7 m, Blüten anfangs hellrosa, später weiß, bis 3,5 cm breit, März - April, Herbstfärbung goldgelb bis orangerot

---

Unten: junge Blüten vor dem Blattaustrieb

Vogel-Kirsche, Wild-Kirsche
Rosaceae, Rosengewächse

Erklärung Artname:
avium = von Vögeln gern gefressen

Herkunft:
Europa, Westasien, in Mischwäldern, an Waldrändern und Bachufern

Wuchs:
Mittelgroßer Baum, breit aufrecht, ei-rundlich, quirlig gestellte Äste, ausladend, Stamm durchgehend, mahagoni bis braunrot gestreifte Borke, Höhe 15-20 m, Breite bis 10 m

Blüten:
April - Mai; weiß, schüsselförmig, 3 cm breit, in Dolden, am mehrjährigen Holz, vor dem Blattaustrieb

Früchte:
Steinfrüchte, schwarzrot, 1 cm breit, süß bis bittersüß

Blätter:
Bronzefarben beim Austrieb, später dunkelgrün, wechselständig, ei-länglich, gesägt, bis 15 cm lang und bis 8 cm breit, Herbstfärbung gelborange, sommergrün

Verwendung:
Als Park- und Straßenbaum für die Landschaft, an Waldrändern, für Windschutzhecken

Lebensbereich:
[3] Artenreiche Wälder und Gehölzgruppen, Ordnungsziffer 3.3.3.2

Standort:
Sonnig; lehmige, frische bis mäßig feuchte, schwach saure bis alkalische, nährstoffreiche Böden; kalkliebend

Gärtnerische Vermehrung:
Durch Aussaat, Sorten durch Veredlung

Hinweise:
Gut frosthart, Lehmzeiger – grundsätzlich nicht auf Sand- oder Tonböden, nur Bedarfsschnitt

Weitere Arten und Sorten:
P. avium 'Plena', Höhe 7-12 m, Breite 4-8 m, schneeweiß, dicht gefüllt, bis 3 cm, April - Mai, Herbstfärbung gelborange bis scharlachrot

Prunus cerasifera 'Nigra'

Blut-Pflaume
Rosaceae, Rosengewächse

Erklärung Artname:
cerasifera = kirschentragend; nigra = schwarz

Herkunft:
Züchtung (um 1916 in Amerika entstanden); Art: Westasien, Kaukasus

Wuchs:
Kleinbaum oder Großstrauch, rundlich bis breit kegelförmig, im Alter überhängende Zweige, teils dornig, Rinde dunkelbraunrot, an Jungtrieben schwarzrot, Höhe 5-7 m, Breite 3-6 m

Blüten:
April; rosa, 2,5 cm breit, schüsselförmig, in Büscheln, am mehrjährigen Holz, vor oder mit dem Austrieb, sehr zahlreich, leicht duftend

Früchte:
Steinfrüchte, pflaumenartig, 2-3 cm breit, dunkelrot, essbar, sehr saftig, süß-säuerlich

Blätter:
Schwarzrot, eiförmig bis elliptisch, bis 7 cm lang, keine Herbstfärbung, sommergrün

Verwendung:
Als Solitärgehölz in Hausgärten und anderen Grünanlagen, als kleinkroniger Straßenbaum im Siedlungsbereich

Lebensbereich:
[9] Gehölze der Hecken und Strauchflächen, Ordnungsziffer 9.3.1.4

Standort:
Sonnig; sandig-humose bis sandig-lehmige, frische bis feuchte, schwach saure bis alkalische, mäßig nährstoffreiche Böden; kalktolerierend

Gärtnerische Vermehrung:
Durch Veredlung und Steckholz

Hinweise:
Frosthart, stadtklimaverträglich, anspruchslos, nur Bedarfsschnitt

Weitere Arten und Sorten:
P. x cistena, aufrecht, dicht, unregelmäßig verzweigt, Höhe und Breite bis 2,5 m, Blätter dunkelbraunrot, glänzend, bis 6 cm lang, Blüten weiß, bis 2,5 cm breit, mit rötlichen Staubgefäßen, April - Mai, Früchte schwärzlich-purpurn, auffallend, keine Herbstfärbung

Prunus laurocerasus 'Herbergii'

Aufrechte Lorbeerkirsche, Aufrechter Kirschlorbeer Rosaceae, Rosengewächse

Erklärung Artname:
laurus = Lorbeer, cerasus = Kirsche

Herkunft:
Züchtung; Art: Ost-Balkan, Kaukasus, Vorderasien, im Unterholz von Wäldern

Wuchs:
Normalstrauch, aufrecht, gedrungen, breit ausladend, dicht verzweigt, Höhe und Breite bis 3 m

Blüten:
Mai; weiß, Trauben, aufrecht, 5-10 cm lang

Früchte:
Beeren, kugelig, schwarzrot, giftig

Blätter:
Grün, glänzend, schmal, lanzettlich, 10-15 cm lang, immergrün

Verwendung:
Als Solitär- oder Gruppengehölz, zum Abdecken von Wänden und Zäunen, sehr gute Heckenpflanze

Lebensbereich:
[9] Gehölze der Hecken und Strauchflächen, Ordnungsziffer 9.3.5.5

Standort:
Sonnig bis halbschattig; sandig-humose bis lehmig-humose, frische bis feuchte, schwach saure bis alkalische, nährstoffreiche Böden; kalktolerierend

Gärtnerische Vermehrung:
Durch Stecklinge

Hinweise:
Anspruchslos, sehr schnittverträglich (Heckenschnitt), alle Pflanzenteile giftig

Weitere Arten und Sorten:
P. laurocerasus 'Caucasica', stark aufrecht, bis 5 m hoch, frosthärteste der großblättrigen Sorten; P. laurocerasus 'Etna'®, breit aufrecht, sehr gute Alternative zu P. 'Herbergii', bis 2,5 m hoch; P. laurocerasus 'Genolia'®, schmal aufrecht, hervorragende Heckenpflanze, bis 3,5 m hoch; P. laurocerasus 'Novita', stark aufrecht, sehr gute Alternative zu P. 'Herbergii', bis 3 m hoch

Unten: P. laurocerasus 'Genolia'®

Prunus laurocerasus 'Otto Luyken'

Breitwüchsige Lorbeerkirsche, Breitwüchsiger Kirschlorbeer Rosaceae, Rosengewächse

Erklärung Artname:
laurus = Lorbeer, cerasus = Kirsche

Herkunft:
Züchtung; Art: Ost-Balkan, Kaukasus, Vorderasien, im Unterholz von Wäldern

Wuchs:
Kleinstrauch, breitbuschig, dicht verzweigt, gedrungen, oft trichterförmig ausladend, Höhe bis 1,5 m, Breite bis 3 m

Blüten:
Mai - Juni; weiß, in aufrechten Ähren, 5-10 cm lang, im Herbst oft zweite Blüte

Früchte:
Beeren, rund, schwarz, 0,8-1 cm, giftig

Blätter:
Dunkelgrün, glänzend, wechselständig, schmal lanzettlich, zugespitzt, bis 11 cm lang

Verwendung:
Als Solitär- oder Gruppengehölz, am Gehölzrand, zur Flächenbegrünung

Lebensbereich:
[9] Gehölze der Hecken und Strauchflächen, Ordnungsziffer 9.3.6.5

Standort:
Sonnig bis halbschattig; sandig-humose bis sandig-lehmige, frische bis feuchte, schwach saure bis alkalische, nährstoffreiche Böden; kalktolerierend

Gärtnerische Vermehrung:
Durch Stecklinge

Hinweise:
Frosthart, alle Pflanzenteile giftig, Vogelnährgehölz, verträgt Schatten

Weitere Arten und Sorten:
P. laurocerasus 'Kleopatra'®, breit aufrecht, Höhe bis 2 m, Breite bis 1,2 m, sehr gesunde, winterharte Sorte;
P. laurocerasus 'Mount Vernon', flache, bodendeckende Form, Höhe bis 0,3 m, Breite bis 1 m;
P. laurocerasus 'Piri', breit aufrecht, Höhe und Breite bis 1 m, gut geeignet zur Flächenbegrünung

---

Unten: P. laurocerasus 'Mount Vernon'

Prunus lusitanica 'Angustifolia'

Portugiesische Lorbeerkirsche
Rosaceae, Rosengewächse

Erklärung Artname:
lusitanica = aus Portugal (Lusitanien) stammend; angustifolia = schmalblättrig

Herkunft:
Züchtung; Art: Südwest-Europa

Wuchs:
Großstrauch, dicht, kompakt, aufrecht konisch, gut verzweigt, Höhe 4-6 m, Breite 3-5 m

Blüten:
Juni; weiß, klein, becherförmig, bis 1,5 cm breit, in schlanken, 12-15 cm langen, aufsteigenden bis hängenden Trauben, duftend

Früchte:
Beeren, eiförmig, kirschenartig, 8 mm lang, dunkelrot bis schwarz

Blätter:
Dunkelgrün, glänzend, ledrig, mit auffälligen rötlichen Stielen, schmal länglich-eiförmig bis elliptisch, 6-10 cm lang, bis 4 cm breit, immergrün

Verwendung:
Als Solitärgehölz für Gärten und Parkanlagen, für Hecken, Gruppenpflanzungen und große Kübel

Lebensbereich:
[6] Steppengehölze und Trockenwälder, Ordnungsziffer 6.2.2.4

Standort:
Sonnig; sandig bis sandig-humose, frische bis feuchte, saure bis neutrale, mäßig nährstoffreiche Böden; kalktolerierend

Gärtnerische Vermehrung:
Durch Stecklinge

Hinweise:
Sehr gut schnittverträglich (nach der Blüte), frosthart, keine Staunässe, Bienenweide, Vogelnährgehölz, giftig

Weitere Arten und Sorten:
P. maackii 'Amber Beauty', kegelförmig, Rinde kupfergelb bis bernsteinfarben, papierartig, bastförmig abrollend, im Winter stark auffallend, Höhe 10-15 m, Breite 4-5 m, Blüten weiß, 10-12 cm lange Doldentrauben, April, Früchte (selten) schwarz, bis 5 mm dick, Herbstfärbung buttergelb;
P. tenella 'Fire Hill', breit, locker aufrecht, dünntriebig, Höhe bis 1,5 m, Breite bis 3 m (durch Ausläufer), Blüten rosarot, bis 3 cm breit, April - Mai, keine Herbstfärbung

Prunus padus

Trauben-Kirsche
Rosaceae, Rosengewächse

Erklärung Artname:
padus = griechischer Pflanzenname, auch: am Po (Italien) wachsend

Herkunft:
Europa, Nordasien bis Korea, Japan, in Auen- und Bergwäldern, an Waldrändern

Wuchs:
Großstrauch oder Kleinbaum, dichtkronig, oft mehrstämmig, ausladend, Höhe 8-15 m, Breite 6-8 m

Blüten:
April - Mai; weiß, Trauben, locker angeordnet, bis 15 cm lang, becherförmig, bis 1,5 cm breit, stark duftend

Früchte:
Beeren, kugelig, erbsengroß, bis 8 mm, schwarz, ab August, essbar, bitter im Geschmack

Blätter:
Dunkelgrün, länglich-elliptisch, 6-12 cm lang, scharf gesägt, Herbstfärbung gelb oder rot, sommergrün

Verwendung:
Als Pioniergehölz in der Landschaft, als Solitärgehölz im Siedlungsbereich

Lebensbereich:
[2] Auen- und Ufergehölze, Ordnungsziffer 2.2.4.4

Standort:
Sonnig; sandig-kiesige bis lehmige, frische bis feuchte, neutrale bis schwach alkalische, nährstoffreiche Böden; kalkliebend

Gärtnerische Vermehrung:
Durch Aussaat, Sorten durch Veredlung

Hinweise:
Sehr frosthart, stadtklimaverträglich, hohes Ausschlagsvermögen, anspruchslos, nur Bedarfsschnitt, Früchte zur Verarbeitung zu Saft, Essig, Misch-Marmelade

Weitere Arten und Sorten:
P. mahaleb, breit ausladend, Höhe und Breite bis 10 m, Blätter hellgrün, Blüten weiß, zu 6-10 angeordnet, bis 1,5 cm breit, angenehm duftend, Mai, Früchte schwarz, bis 1 cm dick, essbar, keine Herbstfärbung; P. padus 'Colorata', locker aufrecht, Höhe 3-10 m, Breite 4-6 m, Blätter grün, im Austrieb rot, Blüten rosa, April - Mai, Herbstfärbung gelblich bis rötlich

Prunus serrulata 'Amanogawa'

Japanische Säulen-Kirsche
Rosaceae, Rosengewächse

Erklärung Artname:
serrulata = fein gesägt

Herkunft:
Züchtung; Art: Japan, dort seit Jahrhunderten in Kultur

Wuchs:
Großstrauch bis Kleinbaum, säulenförmig aufrecht, Höhe 4-8 m, Breite 2-4 m

Blüten:
April - Mai; weißlich-rosa, halbgefüllt oder schalenförmig, 4 cm breit, in Doldentrauben von 3-5 Einzelblüten, sehr zahlreich, waagerecht auf kräftigen Stielen, duftend

Früchte:
Keine, da Blüten steril

Blätter:
Bronzefarben beim Austrieb, später frischgrün, eiförmig-lanzettlich, zugespitzt, bis 12 cm lang, Herbstfärbung gelborange, sommergrün

Verwendung:
Als Blütengehölz in Hausgärten, als Straßenbaum in engen Straßen, an Plätzen und Wegen

Lebensbereich:
[9] Gehölze der Hecken und Strauchflächen, Ordnungsziffer 9.3.2.4

Standort:
Sonnig; sandig-humose bis sandig-lehmige, frische bis feuchte, schwach saure bis alkalische, nährstoffreiche Böden; kalktolerierend

Gärtnerische Vermehrung:
Durch Veredlung

Hinweise:
Insektennährgehölz, treibt auch nach starkem Rückschnitt (1. Winterhälfte) wieder willig aus

Weitere Arten und Sorten:
P. serrula, breit rundlich, Rinde glänzend mahagonibraun, in schmalen Streifen abrollend, Höhe 6-10 m, Breite 5-7 m, Blätter dunkelgrün, im Austrieb gelblich-braun, bis 10 cm lang, Blüten weiß, einfach, bis 2 cm breit, April - Mai, Früchte rot, bis 1,5 cm dick, Herbstfärbung gelblich

Prunus serrulata 'Kanzan'

Japanische Nelken-Kirsche
Rosaceae, Rosengewächse

Erklärung Artname:
serrulata = fein gesägt

Herkunft:
Züchtung; Art: Japan,
dort seit Jahrhunderten in Kultur

Wuchs:
Großstrauch bis Kleinbaum,
oft mehrstämmig, Krone mit trichterförmig aufstrebenden, starken Hauptästen,
Höhe 7-12 m, Breite 5-8 m

Blüten:
April - Mai; dunkelrosa, später silberrosa, dicht gefüllt, in Büscheln zu 2-5, gefüllt, bis 5 cm breit, reichblühend

Früchte:
Keine, da Blüten steril

Blätter:
Bronzefarben beim Austrieb, später grün, glänzend, elliptisch bis eiförmig, bis 12 cm lang, Herbstfärbung orangegelb, sommergrün

Verwendung:
Als Solitär- oder Gruppengehölz in Gärten und anderen Grünanlagen,
als kleinkroniger Straßenbaum

Lebensbereich:
[9] Gehölze der Hecken und Strauchflächen, Ordnungsziffer 9.3.2.3

Standort:
Sonnig; sandig-humose bis sandig-lehmige, frische bis feuchte, schwach saure bis alkalische, nährstoffreiche Böden; kalktolerierend

Gärtnerische Vermehrung:
Durch Veredlung

Hinweise:
Frosthart, reichblütig, schnittfest (1. Winterhälfte), Insektennährgehölz

Weitere Arten und Sorten:
P. 'Kiku-shidare-zakura', Hängeform, Blüten rosa, detaillierte Beschreibung in der App;
P. serrulata 'Fugenzo', Höhe und Breite 7-9 m, Blätter grün, im Austrieb kupferfarben, Blütenknospen weißlich-rosa, Blüten reinweiß, Herbstfärbung gelb bis orangerot

Schlehe, Schwarzdorn
Rosaceae, Rosengewächse

Erklärung Artname:
spinosa = dornig

Herkunft:
Europa, Nordafrika, Westasien, an Waldrändern

Wuchs:
Normalstrauch bis Großstrauch, sparrig, bedornt, Höhe 2-5 m, Breite 2-6 m

Blüten:
April - Mai; weiß, einfach, bis 1,5 cm breit, vor dem Blattaustrieb

Früchte:
Steinfrüchte, kugelig, 1,5 cm breit, schwarz, blau bereift, ab September, essbar

Blätter:
Matt dunkelgrün, wechselständig, breit-lanzettlich bis elliptisch, bis 5 cm lang, Herbstfärbung gelblich, sommergrün

Verwendung:
Als Pioniergehölz in der Landschaft, als Gruppengehölz in Hecken- und Schutzpflanzungen

Lebensbereich:
[6] Steppengehölze und Trockenwälder, Ordnungsziffer 6.3.3.5

Standort:
Sonnig; sandig-lehmige bis lehmige, mäßig trockene bis frische, schwach saure bis alkalische, mäßig nährstoffreiche bis nährstoffreiche Böden; kalkliebend

Gärtnerische Vermehrung:
Durch Aussaat

Hinweise:
Sehr anpassungsfähig, anspruchslos, ausschlagsfreudig, Früchte nur nach Frost genießbar, süß-sauer, Nähr- und Nistgehölz für Vögel

Weitere Arten und Sorten:
P. cerasifera, sparrig, dichtbuschig verzweigt, bis zu 2 cm lange Dornen, Höhe 5-8 m, Breite 4-6 m, Blüten weiß, bis 2,5 cm breit, März - April, Früchte gelbrot, bis 3 cm dick, essbar, Herbstfärbung gelblich;
P. serotina, schmal, eiförmig, Höhe 10-25 m, Breite 5-10 m, Blüten weiß, April - Juni, Früchte dunkelpurpurn, bis 1 cm dick, Herbstfärbung gelblich, trockene Blätter für Vieh giftig, invasiv

Prunus x subhirtella 'Autumnalis'

Schnee-Kirsche, Winter-Kirsche Rosaceae, Rosengewächse

Erklärung Artname:
subhirtella = etwas zottig;
autumnalis = herbstlich

Herkunft:
Züchtung; Art: Japan

Wuchs:
Großstrauch, ausladend, meistens mehrtriebig, dicht und fein verzweigt, Höhe und Breite 4-5 m

Blüten:
April; weißlich-rosa, halbgefüllt, 2 cm breit, in Büscheln zu 2-5 Blüten, vor dem Blattaustrieb, bei milder Witterung erste Blüten bereits von Oktober an

Früchte:
Steinfrüchte, eirundlich, rot, später schwarz, bis 1 cm Durchmesser

Blätter:
Bronzefarben beim Austrieb, später dunkelgrün, eiförmig-lanzettlich, oft 3-lappig, bis 8 cm lang, gesägt, Herbstfärbung gelb, sommergrün

Verwendung:
Als Blütengehölz in Gärten und Parkanlagen

Lebensbereich:
[9] Gehölze der Hecken und Strauchflächen, Ordnungsziffer 9.3.2.4

Standort:
Sonnig; sandig-humose bis sandig-lehmige, frische bis feuchte, schwach saure bis alkalische, nährstoffreiche Böden; kalktolerierend

Gärtnerische Vermehrung:
Durch Veredlung

Hinweise:
Gut geeignet als Treibgehölz für Ausstellungen und Messen

Weitere Arten und Sorten:
P. pendula, hängende Zweige, Höhe und Breite 3-4 m, im Alter breiter als hoch, rosa;
P. x subhirtella 'Fukubana', breit überhängende Zweige, Höhe 4-6 m, Breite 2-4 m, tiefrosa, sonst wie P. 'Autumnalis'

Untden: P. x subhirtella 'Fukubana'

Mandelbäumchen
Rosaceae, Rosengewächse

Erklärung Artname:
triloba = dreilappig

Herkunft:
China, dort als Kulturform verbreitet (Wildform: P. triloba fo. simplex)

Wuchs:
Normalstrauch (oft auf Stämmchen gezogen), dicht verzweigt, breit buschig, Höhe und Breite 2-3 m

Blüten:
April - Mai; rosa, rosettenartig gefüllt, einzeln oder paarig, schüsselförmig, 2-3,5 cm breit, am vorjährigen Holz, zahlreich und zierend entlang der Triebe, erscheinen vor dem Blattaustrieb

Früchte:
Steinfrüchte, rot, kugelig, bis 1 cm breit

Blätter:
Oberseits sattgrün, unterseits hellgrün und behaart, verkehrt eiförmig, 4-8 cm lang, vorne oft 3-lappig, Herbstfärbung (gelegentlich) gelb, sommergrün

Verwendung:
Als Blütengehölz in Hausgärten (auch in kleinen), als Solitär, für Blütenhecken, in Staudenrabatten, in Pflanzgefäßen

Lebensbereich:
[9] Gehölze der Hecken und Strauchflächen, Ordnungsziffer 9.3.1.5

Standort:
Sonnig; sandig-humose bis sandig-lehmige, frische bis feuchte, schwach saure bis alkalische, nährstoffreiche Böden; kalktolerierend

Gärtnerische Vermehrung:
Durch Stecklinge und Veredlung

Hinweise:
Mit Monilia befallene Triebe bis ins gesunde Holz zurückschneiden, sonstige Schnittmaßnahmen nach der Blüte, stellenweise Bildung von Stamm- und Wurzelwildtrieben

Weitere Arten und Sorten:
P. nipponica 'Brillant', Höhe und Breite bis 1,5 m, weiß, einfach, März - April, Herbstfärbung orangerot

Pseudosasa japonica

Japanischer Pfeilbambus, Immergrüner Breitblattbambus Poaceae, Süßgräser

Erklärung Artname:
japonica = aus Japan stammend

Herkunft:
Japan, Südkorea,
in Gehölzen und entlang von Wegen

Wuchs:
Normalstrauch, mit Halmen horstartig, straff aufrecht, dichtbuschig, schnell Ausläufer treibend, Höhe 2-3 m, oft auch höher

Blüten:
Rispen, klein, bis 5 cm lang, Pseudosasa blüht seit 1983 in ganz Europa, Pflanzen sterben dann ab

Früchte:
Werden nicht ausgebildet

Blätter:
Oberseits dunkelgrün, glänzend, unterseits blaugrün, lanzettlich, lang zugespitzt, am Halmende fächerförmig gehäuft, bis 25 cm lang, 2-4 cm breit, immergrün

Verwendung:
Einzeln oder als Gruppe, an Gewässern, in Verbindung mit Moorbeetpflanzen

Lebensbereich:
[2] Auen und Ufergehölze, Ordnungsziffer 2.3.5.5

Standort:
Sonnig bis halbschattig; sandig-humose bis lehmige, frische bis feuchte, schwach saure bis neutrale, mäßig nährstoffreiche bis nährstoffreiche Böden; kalktolerierend

Gärtnerische Vermehrung:
Durch Teilung

Hinweise:
Wegen des starken Wucherns sind Wurzelsperren (Rhizomsperren) angebracht

Weitere Arten und Sorten:
In Deutschland ist keine weitere bedeutende Art oder Sorte von Pseudosasa im Handel; Pleioblastus argenteostriatus fo. pumilus, detaillierte Beschreibung in der App

Kaukasische Flügelnuss
Juglandaceae, Walnussgewächse

Erklärung Artname:
fraxinifolia = eschenblättrig

Herkunft:
Kaukasus bis Nordiran, in Auenwäldern, an Flussufern

Wuchs:
Mittelgroßer Baum, breit ausladend, wüchsig, meist mehrstämmig, Hauptäste aufrecht, an der Basis bogenförmig geschwungen, waagerechte Etagen bildend, Borke schwarzgrau, tief gefurcht, Höhe 15-25 m, Breite 15-20 m

Blüten:
Mai; hängende Kätzchen, zahlreich, grün, dick, einhäusig

Früchte:
Nüsschen, einsamig, halbkreisförmig, geflügelt, an 30-50 cm langen, perlenartig hängenden Ähren, Juli - August

Blätter:
Oberseits dunkelgrün, glänzend, unterseits mattgrün, unpaarig gefiedert, zu 7-27 Blättchen, bis 4 cm lang, Blättchen länglich bis eiförmig, Herbstfärbung goldgelb, sommergrün

Verwendung:
Als Solitärgehölz in großen Garten- und Parkanlagen, als Straßenbaum wegen der Bildung von Ausläufern problematisch

Lebensbereich:
[2] Auen- und Ufergehölze, Ordnungsziffer 2.1.1.2

Standort:
Sonnig; sandig-kiesige bis sandig-lehmige, frische bis feuchte, saure bis neutrale, nährstoffreiche Böden; kalktolerierend

Gärtnerische Vermehrung:
Durch Aussaat

Hinweise:
Bei schattigem Standort oft anfällig für Pilzerkrankungen (haben aber scheinbar keine Auswirkungen)

Weitere Arten und Sorten:
In Deutschland ist keine weitere bedeutende Art oder Sorte von Pterocarya im Handel

Pyracantha 'Orange Glow'

Feuerdorn
Rosaceae, Rosengewächse

Erklärung Artname:
Keiner Art zugeordnet

Herkunft:
Züchtung aus P. coccinea und P. crenatoserrata

Wuchs:
Normalstrauch, locker verzweigt, aufrecht, dornige Triebe, Rinde schwarzgrau, Höhe und Breite bis 3 m

Blüten:
Mai - Juni; weiß, Schirmrispen, sehr zahlreich entlang der mehrjährigen Triebe

Früchte:
Beeren, in Büscheln, orangerot, auffallend, September bis Winter

Blätter:
Oberseits dunkelgrün, glänzend, unterseits mattgrün, eiförmig bis lanzettlich, ganzrandig, 2-4 cm lang, immergrün

Verwendung:
Als Ziergehölz (Früchte) in Gärten und anderen Grünanlagen, als Heckenpflanze

Lebensbereich:
[6] Steppengehölze und Trockenwälder, Ordnungsziffer 6.3.2.5

Standort:
Sonnig; sandig-lehmige bis lehmige, mäßig trockene bis frische, schwach saure bis alkalische, mäßig nährstoffreiche bis nährstoffreiche Böden; kalkliebend

Gärtnerische Vermehrung:
Durch Stecklinge

Hinweise:
Frosthart, sehr hitzeresistent, rauchhart, stadtklimaverträglich, sehr schnittverträglich, Heckenschnitt im Früh- oder Hochsommer, widerstandsfähig gegen Schorf, Nähr- und Nistgehölz für Vögel

Weitere Arten und Sorten:
P. 'Orange Charmer', aufrecht, buschig, Höhe bis 2,5 m, Früchte orange;
P. 'Soleil d'Or', buschig, Höhe bis 2 m, Früchte goldgelb;
P. coccinea 'Red Column', aufrecht, Höhe bis 3 m, Früchte leuchtend rot

---

Unten: P. 'Soleil d'Or'

Pyrus calleryana 'Chanticleer'

Chinesische Wild-Birne
Rosaceae, Rosengewächse

Erklärung Artname:
Keine eindeutige Erklärung möglich

Herkunft:
Züchtung; Art: China, an Flussufern, in Wäldern

Wuchs:
Kleinbaum, durchgehender Mitteltrieb, aufrechte Krone, Höhe 8-15 m, Breite bis 5 m

Blüten:
April - Mai; weiß, Trauben, doldenartig, bis zu 12 angeordnet, bis 2 cm breit, zeitgleich mit dem Austrieb

Früchte:
Kernfrüchte, braun, 1 cm breit, kugelig, ab August

Blätter:
Dunkelgrün, glänzend, breitoval, bis 8 cm lang, feingebuchtet oder gesägt, ledrig, Herbstfärbung rot bis karminrot, sommergrün

Verwendung:
Als Allee- und Straßenbaum im Siedlungsbereich, in Hausgärten

Lebensbereich:
[6] Steppengehölze und Trockenwälder, Ordnungsziffer 6.1.2.3

Standort:
Sonnig; sandige, sandig-kiesige bis kiesig-lehmige, trockene bis frische, schwach saure bis alkalische, mäßig nährstoffreiche bis nährstoffreiche Böden; kalkliebend

Gärtnerische Vermehrung:
Durch Veredlung

Hinweise:
Ausreichend frosthart, stadtklimafest, windfest, sehr hitzeverträglich, anspruchslos, nur Bedarfsschnitt

Weitere Arten und Sorten:
P. communis 'Beech Hill', bogig aufrecht, sparrig verzweigt, Höhe 10-15 m, Breite 5-7 m, Blätter grün, gleichmäßig fein gesägt, Blüten reinweiß, bis 4 cm breit, April - Mai, Früchte gelbgrün, bis 4 cm groß, sauer, Herbstfärbung gelborangerot;
P. salicifolia, Höhe und Breite bis 6 m, Blätter silbergrau bis silbergrün, ähneln denen der Weiden, Früchte grün, 2-3 cm lang, Herbstfärbung gelblich

Quercus palustris

Sumpf-Eiche, Boulevard-Eiche
Fagaceae, Buchengewächse

Erklärung Artname:
palustris = in Sümpfen vorkommend

Herkunft:
Nordöstliche USA, in Auenwäldern

Wuchs:
Mittelgroßer Baum, breit kegelförmig, Hauptstamm durchgehend bis zur Krone, Äste fast waagerecht abstehend, Rinde glatt, graubraun bis dunkelgrau, mit silbrig schimmernden Längsstreifen, im Alter rau, flach gefurcht, Höhe 15-25 m, Breite 10-15 m

Blüten:
Mai; gelb, in ährenartig hängenden Büscheln, einhäusig

Früchte:
Nüsse, fast kugelig, in schüsselförmigem Becher, reift im 2. Jahr

Blätter:
Lebhaft grün, unterseits in den Achseln der Blattadern große Haarbüschel, verkehrt eiförmig, gestielt, 8-15 cm lang, nach innen rund gebuchtet, Außenlappen zugespitzt, Herbstfärbung auffallend rot, sommergrün

Verwendung:
Als Allee- und Straßenbaum in großräumigen Anlagen, als Solitär in großen Gärten

Lebensbereich:
[2] Auen- und Ufergehölze, Ordnungsziffer 2.3.2.2

Standort:
Sonnig; sandig-humose bis lehmige, frische bis feuchte, schwach saure bis neutrale, mäßig nährstoffreiche bis nährstoffreiche Böden; kalktolerierend

Gärtnerische Vermehrung:
Durch Aussaat

Hinweise:
Nicht auf sumpfigem, staunassen Grund (Name täuscht hier)

Weitere Arten und Sorten:
Q. palustris 'Green Dwarf', strauchförmig, kugelig, nach 15 Jahren Höhe und Breite 2 m (Endhöhe unbekannt), ansonsten wie die Art

Unten: Herbstfärbung

Trauben-Eiche
Fagaceae, Buchengewächse

Erklärung Artname:
petraea = an Felsen vorkommend, auf steinigem Boden wachsend

Herkunft:
Europa bis Kleinasien, in Wäldern der Höhenlagen bis 950 m

Wuchs:
Großbaum, breit kegelförmig, graue, rissige, gerippte Borke, Höhe 20-40 m, Breite 15-25 m

Blüten:
Mai - Juni; Kätzchen, männlich: grün, unscheinbar, weiblich: hellgrün, zu wenigen büschelig zusammen, während des Blattaustriebs, einhäusig

Früchte:
Nüsse, zu 2-5 oder einzeln an Zweigen sitzend, fast ohne Stiel, September - Oktober

Blätter:
Oberseits dunkelgrün, glänzend, unterseits hellgrün, wechselständig, verkehrt eiförmig, 8-12 cm lang, gestielt, regelmäßig gelappt, jederseits mit 5-7 engen Buchten, Blätter oft über Winter haftend, Herbstfärbung gelblich bis braun, sommergrün

Verwendung:
Im Siedlungsbereich als Straßen- und Alleebaum, in der Landschaft als Pioniergehölz, als Forstgehölz

Lebensbereich:
[4] Artenarme Wälder und Gehölzgruppen, Ordnungsziffer 4.2.2.1

Standort:
Sonnig; sandig-humose bis lehmige, trockene bis frische, saure bis schwach alkalische, mäßig nährstoffreiche Böden; kalktolerierend

Gärtnerische Vermehrung:
Durch Aussaat

Hinweise:
Frosthart, trockenresistent, stadtklimafest, anspruchslos, nur Bedarfsschnitt

Weitere Arten und Sorten:
Q. cerris, breit kegelförmig, waagerecht abstehende und aufsteigende Äste, Höhe 25-35 m, Breite 10-20 m, Knospen behaart, Blätter tief buchtig gelappt, bis 12 cm lang, Herbstfärbung gelbbraun

Quercus robur

Stiel-Eiche, Deutsche Eiche
Fagaceae, Buchengewächse

Erklärung Artname:
robur = Kraft, Eichenholz, Hartholz

Herkunft:
Europa, Westasien,
in Auen, Niederungen und Laubmischwäldern

Wuchs:
Großbaum, unregelmäßig weit ausladend, Stamm meist kurz, im Alter knorriger Drehwuchs, rissige, graubraune Borke, Höhe 25-40 m, Breite 15-25 m

Blüten:
Mai; Kätzchen, männlich gelbgrün, weiblich an langgestielten Ähren, unscheinbar, einhäusig

Früchte:
Nüsse (Eicheln), grün, später braun, 2-3 cm lang, in Fruchtbechern an bis zu 12 cm langen Stielen, zu 2-5 in Gruppen, September - Oktober

Blätter:
Oberseits tiefgrün, unterseits graugrün, kurz gestielt, verkehrt eiförmig, 10-15 cm lang, gelappt, jederseits mit 3-6 rundlichen Lappen, Herbstfärbung gelb, sommergrün

Verwendung:
Im Siedlungsbereich als Allee- und Straßenbaum, als Pioniergehölz in der Landschaft, als Forstgehölz einer der bedeutendsten Bäume unserer Wälder

Lebensbereich:
[3] Artenreiche Wälder und Gehölzgruppen, Ordnungsziffer 3.1.4.1

Standort:
Sonnig bis halbschattig; sandig-lehmige bis lehmig-humose, mäßig trockene bis frische, schwach saure bis alkalische, nährstoffreiche Böden; kalktolerierend

Gärtnerische Vermehrung:
Durch Aussaat

Hinweise:
Frost- und rauchhart, stadtklima- sowie trockenheitsverträglich, anspruchslos

Weitere Arten und Sorten:
Q. coccinea, breit pyramidal bis rundlich, Höhe 20-25 m, Breite 9-18 m, Blätter jederseits mit 3-4 Lappen, grob gezähnt, bis 15 cm lang, Herbstfärbung leuchtend scharlachrot

Quercus robur 'Fastigiata Koster'

Säulen-Eiche, Pyramiden-Eiche
Fagaceae, Buchengewächse

Erklärung Artname:
robur = Kraft, Eichenholz, Hartholz;
fastigiata = spitzgipfelig, in die Höhe gerichtet

Herkunft:
Züchtung; Art: Europa, Kaukasus, in Laubmischwäldern

Wuchs:
Mittelgroßer Baum, schmal säulenförmig mit dicht stehenden, straff aufrechten Ästen, Höhe 15-20 m, Breite 2-4 m

Blüten:
Mai; m: Kätzchen, gelbgrün, bis 4 cm lang, w: in langgestielten Ähren

Früchte:
Nüsse, eichelförmig, 2-4 cm lang, an 5-12 cm langen Stielen

Blätter:
Oberseits dunkelgrün, unterseits mattgrün, (fast) ungestielt, bis 15 cm lang, rund gebuchtet, etwas derb, Herbstfärbung leuchtend gelb bis gelbbraun, sommergrün

Verwendung:
Solitär oder in Gruppen für große Gärten oder Parkanlagen, als Straßenbaum, für schmale Innenstadtbereiche

Lebensbereich:
[3] Artenreiche Wälder und Gehölzgruppen, Ordnungsziffer 3.1.2.2

Standort:
Sonnig; sandig-lehmige bis lehmige, mäßig trockene bis frische, schwach saure bis alkalische, nährstoffreiche Böden; kalktolerierend

Gärtnerische Vermehrung:
Durch Veredlung

Hinweise:
Sehr anspruchslos, robust und frosthart, Blätter haften bis zum nächsten Frühjahr

Weitere Arten und Sorten:
Q. robur 'Fastigiata', Höhe 15-20 m, Breite 3-5 m, wächst breiter als die Sorte Q. 'Fastigiata Koster', detaillierte Beschreibung in der App

---

Unten: Q. robur 'Fastigiata'

Quercus rubra

Amerikanische Rot-Eiche
Fagaceae, Buchengewächse

Erklärung Artname:
rubra = rot

Herkunft:
Nordamerika, in Laubmischwäldern

Wuchs:
Großbaum, Krone rund, Stamm durchgehend, glatte, graue Rinde, Höhe 20-25 m, Breite 12-22 m

Blüten:
Mai; Kätzchen, männlich, rot, erst nach fast 30 Jahren

Früchte:
Nüsse, kurz gestielt, eiförmig, bis 2,5 cm lang, wenig Fruchtansatz

Blätter:
Oberseits dunkelgrün, unterseits gelblichgrün, langgestielt, verkehrt eiförmig, 12-22 cm lang, 4- bis 6-lappig, Lappen spitzgezähnt, nach innen rund gebuchtet, Herbstfärbung orangerot bis scharlachrot, sommergrün

Verwendung:
Als Landschafts- und Forstgehölz sowie als Pionierpflanze für Schutzpflanzungen, im Siedlungsbereich, für Alleen und in Parkanlagen

Lebensbereich:
[4] Artenarme Wälder und Gehölzgruppen, Ordnungsziffer 4.2.2.1

Standort:
Sonnig; sandig-humose bis lehmige, trockene bis frische, saure bis schwach alkalische, mäßig nährstoffreiche Böden; kalktolerierend

Gärtnerische Vermehrung:
Durch Aussaat

Hinweise:
Frosthart, stadtklima- und industriefest, hitzeverträglich, anspruchslos, invasiv

Weitere Arten und Sorten:
Q. frainetto, Höhe bis 25 m, Breite bis 15 m, Blätter stark gebuchtet, wechselständig, Herbstfärbung rötlichgelb bis braun;
Q. x turneri 'Pseudoturneri', Großstrauch bis Kleinbaum, Höhe bis 10 m, Breite bis 7 m, Blätter schwach gebuchtet, wintergrün

---

Unten: Herbstfärbung

Echter Kreuzdorn, Purgier-Kreuzdorn Rhamnaceae, Kreuzdorngewächse

Erklärung Artname:
cathartica = reinigend, abführend

Herkunft:
Europa, Zentral-Asien, Nordwest-Afrika, in Trockengebüschen, an Waldrändern und in Mischwäldern

Wuchs:
Großstrauch, unregelmäßig, aufrecht, sparrig verzweigt, dornige Kurztriebe, Höhe 4-6 m, Breite 2-4 m

Blüten:
Mai - Juni; gelbgrün, achselständig, in Büscheln, zweihäusig

Früchte:
Beeren, rot, später schwarzviolett, 6-8 mm Durchmesser, ungenießbar, unreife Früchte giftig

Blätter:
Oberseits dunkelgrün, unterseits hellgrün, breit oval bis elliptisch, bis 6 cm lang, Herbstfärbung fahlgelb, sommergrün

Verwendung:
Als Pioniergehölz in der Landschaft, im Siedlungsbereich als Gruppengehölz, für Hecken- und Schutzpflanzungen

Lebensbereich:
[6] Steppengehölze und Trockenwälder, Ordnungsziffer 6.3.3.4

Standort:
Sonnig; sandig-lehmige bis lehmige, mäßig trockene bis frische, schwach saure bis alkalische, mäßig nährstoffreiche bis nährstoffreiche Böden; kalkliebend

Gärtnerische Vermehrung:
Durch Aussaat

Hinweise:
Zweispitzendornig, salzverträglich, hitzeverträglich, Nähr- und Nistgehölz für Vögel, Rinde und unreife Früchte giftig

Weitere Arten und Sorten:
R. frangula (jetzt Frangula alnus, hat eine eigene Seite in diesem Buch)

Rhododendron 'Baden-Baden' (Forrestii-Gruppe)

Flacher Rhododendron
Ericaceae,
Heidekrautgewächse

Hinweise zur Nomenklatur siehe Beilage

Erklärung Artname:
Keiner Art zugeordnet; forrestii = nach G. Forrest (schottischer Pflanzensammler, 1812-1880)

Herkunft:
Züchtung, Dietrich G. Hobbie, 1956

Wuchs:
Zwerg- bis Kleinstrauch, kompakt, breitrund, Höhe 0,6-1 m, Breite bis 1,25 m

Blüten:
April - Mai; scharlachrot mit schwacher, dunkelbrauner Zeichnung, mittelgroß, lockere Blütenstände bestehend aus 2-6 Blüten

Früchte:
Kapseln, holzig

Blätter:
Dunkelgrün, elliptisch, 4-7 cm lang, auffallend gedreht, oft runzelig, immergrün

Verwendung:
Als Solitär- oder Gruppengehölz in Gärten und Parkanlagen, zur Flächenbegrünung, für Gräber und Gefäßbepflanzungen sowie für niedrige Hecken

Lebensbereich:
[7] Gehölze kühl-feuchter Wälder, Ordnungsziffer 7.2.4.6

Standort:
Sonnig bis halbschattig; sandig-humose, frische bis feuchte, saure, mäßig nährstoffreiche Böden; kalkempfindlich

Gärtnerische Vermehrung:
Durch Stecklinge

Hinweise:
Gut winterhart, Pflanzfläche mulchen, nicht hacken

Weitere Arten und Sorten:
R. 'Bengal' (Forrestii-Gruppe), dicht, rund, kompakt, Höhe bis 0,6 m, Breite bis 1,2 m, leuchtend reinrot, Ende April bis Mitte Mai;
R. 'Scarlet Wonder' (Forrestii-Gruppe), breit, kompakt, Höhe bis 0,6 m, Breite bis 1,5 m, scharlachrot mit schwacher, brauner Zeichnung, Anfang bis Mitte Mai, rote Blütenknospen;
R. 'Lissabon' (Williamsianum-Gruppe), detaillierte Beschreibung in der App

Rhododendron 'Blue Tit' (Impeditum-Gruppe)

Kissen-Rhododendron, Veilchenblauer Rhododendron Ericaceae, Heidekrautgewächse

Hinweise zur Nomenklatur siehe Beilage

Erklärung Artname:
Keiner Art zugeordnet

Herkunft:
Züchtung, Dietrich G. Hobbie, vor 1967

Wuchs:
Kleinstrauch, gedrungen flach, dicht verzweigt, Höhe bis 1,2 m, Breite bis 0,9 m

Blüten:
Mai; hell lavendelblau, trichterförmig

Früchte:
Kapseln, holzig

Blätter:
Oberseits dunkelgrün, unterseits hellgrün, beiderseits braun beschuppt, immergrün

Verwendung:
Als Blütenstrauch in Stein- und Heidegärten, zur Flächenbepflanzung, 4-6 Pflanzen/m²

Lebensbereich:
[8] Bergwälder und Sträucher alpiner Lagen, Ordnungsziffer 8.1.2.6

Standort:
Sonnig; sandig-humose, frische bis feuchte, saure, mäßig nährstoffreiche Böden; kalkempfindlich

Gärtnerische Vermehrung:
Durch Stecklinge

Hinweise:
Zuverlässig winterhart bis -24 °C

Weitere Arten und Sorten:
R. 'Azurika' (Impeditum-Gruppe), Höhe bis 0,5 m, Breite bis 0,8 m, tief violettblau, Mai; R. 'Blue Tit Magor' (Impeditum-Gruppe), Höhe bis 1,2 m, Breite bis 0,8 m, hell lilablau, Mai; R. 'Gristede' (Impeditum-Gruppe), Höhe bis 1 m, Breite bis 1,25 m, dunkelblau, Mai; R. 'Luisella' (Augustinii-Gruppe), Höhe bis 0,6 m, Breite bis 1 m, lilablau, Mai; R. 'Ramapo', Höhe bis 0,5 m, Breite bis 1 m, hell lilablau, Mai

Unten: R. 'Azurika' (Impeditum-Gruppe)

Rhododendron 'Canzonetta' (Japanische Azaleen)

Japanische Azalee
Ericaceae,
Heidekrautgewächse

Hinweise zur Nomenklatur siehe Beilage

Erklärung Artname:
Keiner Art zugeordnet

Herkunft:
Züchtung, Hans Hachmann, 1974

Wuchs:
Kleinstrauch, kompakt, verzweigt,
Höhe bis 0,6 m, Breite bis 0,8 m

Blüten:
Mai - Anfang Juni; rosarot bis purpurrot,
4-5 cm Durchmesser, reichblütig, leicht gefüllt

Früchte:
Kapseln, holzig

Blätter:
Dunkelgrün, glänzend, rundlich bis oval, bis
3 cm groß, wintergrün, dunkelrotes Winterlaub

Verwendung:
Als Ziergehölz mit anderen Japanischen
Azaleen und Kalmien, für flächige Pflanzungen,
schmale Rabatten und Pflanzgefäße

Lebensbereich:
[9] Gehölze der Hecken und Strauchflächen,
Ordnungsziffer 9.1.6.6

Standort:
Sonnig bis halbschattig; sandig-humose,
trockene bis frische, schwach saure, mäßig
nährstoffreiche Böden; kalkempfindlich

Gärtnerische Vermehrung:
Durch Stecklinge

Hinweise:
Maßvoll mineralisch und organisch düngen

Weitere Arten und Sorten:
R. 'Diamant Rosa' (Japanische Azaleen),
Höhe 0,5 m, Breite 0,6 m, reinrosa,
kleinblumig, Mai - Juni;
R. 'Kermesina Rosé' (Japanische Azaleen),
Höhe 0,4 m, Breite 0,7 m,
rosa mit weißem Saum, Mai - Juni;
R. 'Schneeperle'® (Japanische Azaleen),
Höhe 0,6 m, Breite 0,7 m, weiß gefüllt,
Mai - Juni

Unten: R. 'Schneeperle'® (Japanische Azaleen)

Rhododendron 'Catawbiense Grandiflorum' (Catawbiense-Gruppe)

Großblumiger Rhododendron
Ericaceae,
Heidekrautgewächse

Hinweise zur Nomenklatur siehe Beilage

Erklärung Artname:
Keiner Art zugeordnet; catawbiense = nach dem Catawba River in South Carolina, grandiflorus = großblütig

Herkunft:
Züchtung, A. Waterer, vor 1850

Wuchs:
Normalstrauch bis Großstrauch, aufrecht und geschlossen, Höhe 2-6 m, Breite 2-4 m

Blüten:
Mai - Juni; dunkellila mit gelbroter Zeichnung, trichterförmig, mittelgroß, Blütenstände bestehend aus 12-16 Blüten

Früchte:
Kapseln, holzig

Blätter:
Dunkelgrün, länglich-elliptisch, Blattspreite leicht gewölbt, 9,5-13 cm lang, immergrün

Verwendung:
Als Solitär- oder Gruppengehölz in Gärten und Parkanlagen, für Hecken, gute Solitärpflanzen bildend

Lebensbereich:
[7] Gehölze kühl-feuchter Wälder, Ordnungsziffer 7.2.6.4

Standort:
Sonnig bis halbschattig; sandig-humose, frische bis feuchte, saure, mäßig nährstoffreiche Böden; kalkempfindlich

Gärtnerische Vermehrung:
Durch Stecklinge

Hinweise:
Winterhart, robust, Pflanzfläche mulchen, nicht hacken, Bedarfsschnitt; Sorten sind unterschiedlich empfindlich gegenüber dem Knospensterben, übertragen durch die Rhododendron-Zikade

Weitere Arten und Sorten:
R. 'Cunningham's White' (Caucasicum-Gruppe), Höhe bis 3 m, Breite bis 4,5 m, weiß, im Aufblühen hellrosa, innen gelbe bis braune Zeichnung, 5-6 cm, Mai;
R. 'Nova Zembla' (Catawbiense-Gruppe), Höhe und Breite bis 2,5 m, rubinrot mit schwarzer Zeichnung, 4 cm, Mai - Anfang Juni

Rhododendron 'Elite' (Syn.: R. 'P.J.M. Elite') (Dauricum-Gruppe)

Rhododendron, Alpenrose
Ericaceae,
Heidekrautgewächse

Hinweise zur Nomenklatur siehe Beilage

Erklärung Artname:
Keiner Art zugeordnet

Herkunft:
Züchtung, Ed Mezitt, 1987, USA, Carolinianum-Hybride

Wuchs:
Kleinstrauch, aufrecht, kompakt wachsend, Höhe 1,2-1,5 m, Breite bis 1,5 m

Blüten:
Mitte April; tief purpurrosa, breit trichterförmig, 3,5-4,5 cm lang

Früchte:
Kapseln, holzig

Blätter:
Dunkelgrün, im Winter bronzefarben, elliptisch bis breit elliptisch, 4-6 cm lang, immergrün

Verwendung:
Als Solitär- und Gruppengehölz in Gärten und Parkanlagen

Lebensbereich:
[4] Artenarme Wälder und Gehölzgruppen, Ordnungsziffer 4.3.5.6

Standort:
Sonnig bis halbschattig; sandig-humose, mäßig trockene bis feuchte, schwach saure, mäßig nährstoffreiche Böden; kalkempfindlich

Gärtnerische Vermehrung:
Durch Stecklinge

Hinweise:
Vollkommen winterhart, Pflanzfläche mulchen, nicht hacken, blüht später und leuchtender als die bekannte R. 'Praecox', vergreist nicht

Weitere Arten und Sorten:
R. 'Praecox', 1,5 m hoch, 1,2 m breit, hell lilarosa, blüht oft schon ab Ende Februar, daher sehr frostgefährdet;
R. 'P.J. Mezitt', Höhe und Breite 1,0 m bis 1,2 m, purpurrosa mit roter Zeichnung, April - Mai;
R. 'P.J.M. Regal', der Sorte 'P.J.M. Elite' sehr ähnlich

Unten: R. 'Praecox'

Rhododendron 'Fantastica' (Yakushimanum-Gruppe)

Yakushimanum-Rhododendron, Kompakt-Rhododendron Ericaceae, Heidekrautgewächse

Hinweise zur Nomenklatur siehe Beilage

Erklärung Artname:
Keiner Art zugeordnet

Herkunft:
Züchtung, Hans Hachmann, 1968

Wuchs:
Kleinstrauch, breitrund, kompakt, Höhe bis 1,1 m, Breite bis 1,6 m

Blüten:
Mai - Juni; leuchtend rosarot, innen weißrosa, 7-8,5 cm Durchmesser, in Doldentrauben bestehend aus 19-21 Einzelblüten

Früchte:
Kapseln, holzig

Blätter:
Dunkelgrün, glänzend, filzig behaart, elliptisch bis lanzettlich, 8-14 cm lang, immergrün

Verwendung:
Als Ziergehölz in Gärten und Parkanlagen, für Gefäßbepflanzungen

Lebensbereich:
[7] Gehölze kühl-feuchter Wälder, Ordnungsziffer 7.2.5.6

Standort:
Sonnig bis halbschattig; humose, frische bis feuchte, saure, mäßig nährstoffreiche Böden; kalkempfindlich

Gärtnerische Vermehrung:
Durch Veredlung

Hinweise:
Filziger Belag (Indumentum) auf den Blättern dient als Sonnen- und Verdunstungsschutz, oft sehr zierend

Weitere Arten und Sorten:
R. 'Frühlingsanfang' (Yakushimanum-Gruppe), Höhe bis 1 m, Breite bis 1,5 m, dunkelrosa, Mai; R. 'Kalinka' (Yakushimanum-Gruppe), Höhe bis 1,4 m, Breite bis 1,8 m, reinrosa, Mai bis Anfang Juni; R. 'Koichiro Wada' (Yakushimanum-Gruppe), schöne Selektion aus der Wildart, Höhe bis 1,2 m, Breite bis 1,5 m, zartrosa, aufgeblüht weiß, Mai; R. 'Schneekrone' (Yakushimanum-Gruppe), Höhe bis 1,3 m, Breite bis 1,7 m, zartrosa, aufgeblüht reinweiß, Mai bis Anfang Juni

Unten: R. 'Koichiro Wada' (Yakushimanum-Gruppe)

Rhododendron 'INKARHO®-Dufthecke weiß' (Caucasicum-Gruppe)

Kalktoleranter Rhododendron Ericaceae, Heidekrautgewächse

Hinweise zur Nomenklatur siehe Beilage

Erklärung Artname:
Keiner Art zugeordnet

Herkunft:
Züchtung, W. Preil & W. Ebbinghaus, 2006 von der INKARHO-GmbH eingeführt

Wuchs:
Strauch, breit aufrecht, Höhe und Breite bis 2 m

Blüten:
Anfang bis Ende Mai; weiß, grünlich-gelb gezeichnet, bei warmer Witterung duftend, bis 8 cm Durchmesser, 9-11 Blüten pro Triebspitze

Früchte:
Kapseln, holzig

Blätter:
Glänzend dunkelgrün, elliptisch, etwas gewellt, immergrün

Verwendung:
Als Hecken- oder Gruppengehölz in Gärten und Parkanlagen

Lebensbereich:
[7] Gehölze kühl-feuchter Wälder, Ordnungsziffer 7.2.5.5

Standort:
Sonnig bis halbschattig; sandig-humose bis lehmig-humose, frische bis feuchte, saure (bis pH 6,5), mäßig nährstoffreiche Böden; kalktolerierend

Gärtnerische Vermehrung:
Durch Veredlung

Hinweise:
Robust, winterhart, schnittverträglich (dann aber geringere Blütenausbildung)

Weitere Arten und Sorten:
R. 'INKARHO®-Dufthecke lila' (Caucasicum-Gruppe), breit aufrecht, Höhe und Breite bis 2 m, hellllila, Mai;
R. 'Bloombux'®,
rundlich, Höhe und Breite bis 1 m, hellrosa, kleinblumig, kalktolerant, Juni

---

Unten: R. 'Bloombux'®

Pontische Azalee
Ericaceae,
Heidekrautgewächse

Hinweise zur Nomenklatur siehe Beilage

Erklärung Artname:
luteus = gelb

Herkunft:
Westlicher Kaukasus, Nordtürkei, Polen

Wuchs:
Strauch, breit, aufrecht, Höhe und Breite 2-3 m

Blüten:
Mai - Juni; gelb, trichterförmig, bis 4 cm lang, stark duftend

Früchte:
Kapseln, holzig

Blätter:
Hellgrün, beidseitig behaart, länglich, 5-10 cm lang, 1,5-3 cm breit, Blattspitze stumpf, Herbstfärbung gelb, sommergrün

Verwendung:
Als Solitär- oder Gruppengehölz in Gärten und Parkanlagen

Lebensbereich:
[7] Gehölze kühl-feuchter Wälder, Ordnungsziffer 7.2.3.5

Standort:
Sonnig bis halbschattig; sandig-humose, frische bis feuchte, saure, mäßig nährstoffreiche Böden; kalkempfindlich

Gärtnerische Vermehrung:
Durch Aussaat, Sorten durch Stecklinge und Veredlung

Hinweise:
Vollkommen winterhart, Pflanzfläche mulchen, nicht hacken, Bedarfsschnitt, Sämlinge und Sorten sind unterschiedlich anfällig für Echten Mehltau

Weitere Arten und Sorten:
R. 'Feuerwerk' (Knap-Hill-Gruppe), Höhe 1,5-2 m, außen leuchtend rot, innen zart orangefarben, Mai - Juni;
R. 'Gibraltar' (Knap-Hill-Gruppe), Höhe 1,5-2 m, goldorange, sehr reichblühend, Mai - Juni, detaillierte Beschreibung in der App;
R. 'Nabucco' (Knap-Hill-Gruppe), Höhe bis 1,5 m, dunkelrot, Mai - Juni;
R. 'Persil' (Knap-Hill-Gruppe), Höhe 1,5 m, reinweiß mit gelbem Fleck, Mai - Juni

Unten: R. 'Feuerwerk' (Knapp-Hill-Gruppe)

Rhus typhina

Essigbaum, Hirschkolben-Sumach Anacardiaceae, Sumachgewächse

Erklärung Artname:
typhina = rohrkolbenartig

Herkunft:
Östliches Nordamerika, in Tal- und Höhenlagen bis 900 m, an Waldrändern

Wuchs:
Großstrauch oder Kleinbaum, meist mehrstämmig, dicht samtig behaart, dachförmige Krone, Höhe und Breite 4-10 m

Blüten:
Juni - Juli; Rispen, gelbgrün, aufrecht, endständig, bis 20 cm lang, am einjährigen Holz

Früchte:
Fruchtkolben, samtartig, bis 15 cm lang, rot, langhaftend

Blätter:
Grün, zu 11-31 unpaarig gefiedert, bis zu 60 cm lang, Herbstfärbung leuchtend gelborangerot, sommergrün

Verwendung:
Als Solitär- oder Gruppengehölz im Siedlungsbereich, in Gärten als Hausbaum (Blätter, Blüten, Früchte, Herbstfärbung)

Lebensbereich:
[5] Heiden und Dünen, Ordnungsziffer 5.3.2.3

Standort:
Sonnig; sandig-kiesige, sandig-humose bis lehmige, trockene bis frische, schwach saure bis schwach alkalische, mäßig nährstoffreiche Böden; kalktolerierend

Gärtnerische Vermehrung:
Durch Wurzelschnittlinge

Hinweise:
Gut frosthart, stadt- und industriefest, anspruchslos, nur Bedarfsschnitt, Februar - März, stark Ausläufer treibend, evtl. invasiv

Weitere Arten und Sorten:
R. typhina 'Dissecta',
Höhe 3-4 m, Blätter tief und fein geschlitzt, detaillierte Beschreibung in der App

---

Unten: Fruchtkolben

Alpen-Johannisbeere
Grossulariaceae, Stachelbeergewächse

Erklärung Artname:
alpinum = alpin

Herkunft:
Asien, Europa, in Berg- und Auenwäldern der Tal- und Höhenlagen bis 2000 m

Wuchs:
Kleinstrauch, straff aufrecht, später breit übergeneigt, dicht verzweigt, Höhe und Breite 1-2 m

Blüten:
April - Mai; Trauben, grünlich-gelb, bis 4 cm lang, aufrecht, süßlich duftend, meist zweihäusig

Früchte:
Beeren, rot, klein, 7 mm breit, essbar, aber geschmacklos

Blätter:
Mittelgrün, wechselständig, 3- bis 5-lappig, breit eiförmig, 5 cm lang, Herbstfärbung fahlgelb, sommergrün

Verwendung:
Als Unterpflanzung, für Misch- und Schutzpflanzungen, freie oder geschnittene Hecken, als Straßenbegleitgrün sowie als Vogelschutz- und Bienennährgehölz

Lebensbereich:
[7] Gehölze kühl-feuchter Wälder, Ordnungsziffer 7.1.6.6

Standort:
Sonnig bis halbschattig; sandig-humose bis lehmige, mäßig trockene bis frische, schwach saure bis alkalische, mäßig nährstoffreiche Böden; kalktolerierend

Gärtnerische Vermehrung:
Durch Steckholz, Sorten durch Stecklinge

Hinweise:
Gut frosthart, stadtklima-, industrie- und wildverbissfest, Wurzeldruck vertragend, anspruchslos, Verjüngungsschnitt Februar - März

Weitere Arten und Sorten:
R. alpinum 'Schmidt', Höhe und Breite 1-2 m, Blüten gelblich-grün, keine Früchte da männlicher Klon, Herbstfärbung gelblich

Ribes sanguineum 'Atrorubens'

Blut-Johannisbeere Grossulariaceae, Stachelbeergewächse

Erklärung Artname:
sanguineum = blutrot; atrorubens = dunkelrot

Herkunft:
Züchtung; Art: Westliches Nordamerika (wurde 1826 eingeführt), in Tal- und Höhenlagen bis 800 m

Wuchs:
Normalstrauch, locker aufrecht, verzweigt, Höhe 1,2-3 m, Breite bis 2,5 m

Blüten:
April - Mai; Trauben, rot, bis 6 cm lang, am mehrjährigen Holz, zahlreich

Früchte:
Beeren, 5 mm groß, schwarz, blauweiß bereift

Blätter:
Oberseits dunkelgrün, unterseits weiß filzig, gelappt, aromatisch duftend, 3- bis 5-lappig, 5-10 cm lang, rundlich, gesägt, keine Herbstfärbung, sommergrün

Verwendung:
Als Solitär- oder Gruppengehölz in Hausgärten und im Siedlungsbereich, für Zierstrauchhecken

Lebensbereich:
[9] Gehölze der Hecken und Strauchflächen, Ordnungsziffer 9.3.2.5

Standort:
Sonnig; sandig-humose bis sandig-lehmige, frische bis feuchte, schwach saure bis alkalische, nährstoffreiche Böden; kalktolerierend

Gärtnerische Vermehrung:
Durch Steckholz und Stecklinge

Hinweise:
Frosthart, anspruchslos, Bedarfsschnitt Februar - März, beim Zerreiben der Blätter Johannisbeergeruch

Weitere Arten und Sorten:
R. sanguineum 'King Edward VII', gedrungen, dicht, Höhe und Breite bis 2 m, dunkelrot, in Trauben, April - Mai;
R. sanguineum 'Pulborough Scarlet', starkwüchsig, Höhe und Breite 2-3 m, tiefrot mit weißer Mitte, reichblühend

Borstige Robinie
Fabaceae, Schmetterlingsblütler

Erklärung Artname:
hispida = steifhaarig;
macrophylla = großblättrig

Herkunft:
Züchtung; Art: südöstliches Nordamerika

Wuchs:
Normalstrauch, sparrig verzweigt, Zweige dicht mit langen, roten Borsten besetzt, Höhe und Breite 1,5-3 m

Blüten:
Mai - September (Nachblüte); purpurrosa, 2,5 cm lang, zu 15 in langen Trauben, bis 12 cm lang

Früchte:
Hülsen, braun, 4-6 cm lang

Blätter:
Oberseits dunkelgrün, unterseits graugrün, unpaarig gefiedert, bis 23 cm lang, 7-15 Einzelblätter, Blättchen stachelspitzig, breit eiförmig, 2-3,5 cm lang, keine Herbstfärbung, sommergrün

Verwendung:
Für windgeschützte Plätze in Gärten, als Spalier an Wänden und Mauern

Lebensbereich:
[6] Steppengehölze und Trockenwälder, Ordnungsziffer 6.1.2.5

Standort:
Sonnig; sandige, sandig-kiesige bis kiesig-lehmige, trockene bis frische, schwach saure bis alkalische, mäßig nährstoffreiche bis nährstoffreiche Böden; kalktolerierend

Gärtnerische Vermehrung:
Durch Veredlung

Hinweise:
Brüchiges Holz, daher windgeschützt oder als Spalier pflanzen, zu nährstoffreiche und zu nasse Böden provozieren Frostschäden

Weitere Arten und Sorten:
R. pseudoacacia 'Tortuosa', Zweige korkenzieherartig gedreht, Höhe 8-10 m, Breite 5-8 m, Blättchen oft drehwüchsig, detaillierte Beschreibung in der App

Unten: R. pseudoacacia 'Tortuosa'

Robinia pseudoacacia

Robinie, Scheinakazie Fabaceae, Schmetterlingsblütler

Erklärung Artname:
pseudoacacia = falsche Akazie, Scheinakazie

Herkunft:
Östliches Nordamerika, in Laubmischwäldern der Tal- und Höhenlagen bis 700 m

Wuchs:
Großbaum, Krone rundlich, locker, im Alter schirmförmig, Stamm leicht gedreht, häufig auch mehrstämmig, bedornte Triebe, Höhe 20-25 m, Breite 12-20 m

Blüten:
Mai - Juni; Trauben, weiß, hängend, bis 20 cm lang, Einzelblüten bis 2 cm lang, am mehrjährigen Holz, stark duftend

Früchte:
Hülsen, 10 cm lang, braun, stark giftig

Blätter:
Oberseits sattgrün, unterseits graugrün, gefiedert, 20-30 cm lang, elliptisch, giftig, Herbstfärbung gelblich, sommergrün

Verwendung:
In der Landschaft als Pioniergehölz und als Bodenverbesserer, im Siedlungsbereich als Park- und Alleebaum

Lebensbereich:
[6] Steppengehölze und Trockenwälder, Ordnungsziffer 6.1.3.1

Standort:
Sonnig; sandige, sandig-kiesige bis kiesig-lehmige, trockene bis frische, schwach saure bis alkalische, mäßig nährstoffreiche bis nährstoffreiche Böden; kalktolerierend

Gärtnerische Vermehrung:
Durch Aussaat, Sorten durch Veredlung

Hinweise:
Ganze Pflanze stark giftig, besonders die Früchte und die Rinde, Stickstoffsammler, sehr widerstandsfähig, Bedarfsschnitt Februar - März, invasiv

Weitere Arten und Sorten:
R. x margaretta 'Casque Rouge', aufrecht, breit trichterförmig, Höhe bis 10 m, etwas bruchgefährdet, violettrot, bis 2,5 cm, in bis zu 15 cm langen Trauben

Robinia pseudoacacia 'Umbraculifera'

Kugel-Robinie
Fabaceae,
Schmetterlingsblütler

Erklärung Artname:
pseudoacacia = falsche Akazie, Scheinakazie; umbraculifera = schirmtragend

Herkunft:
Züchtung; Art: Östliches Nordamerika, in Tal- und Höhenlagen bis 700 m

Wuchs:
Kleinbaum, licht kugelrund, fein verzweigt, Rinde hellbraun, dornenlos, Höhe 5-6 m, Breite bis 4 m

Blüten:
Werden nicht ausgebildet

Früchte:
Werden nicht ausgebildet

Blätter:
Hellgrün, unpaarig gefiedert, zu 9-23, bis 15 cm lang, giftig, Herbstfärbung gelb, sommergrün

Verwendung:
Als Straßenbaum, an Stadtplätzen, in Fußgängerzonen, in Vorgärten, als Gruppenpflanzung oder Solitär

Lebensbereich:
[6] Steppengehölze und Trockenwälder, Ordnungsziffer 6.1.3.4

Standort:
Sonnig; sandige, sandig-kiesige bis kiesig-lehmige, trockene bis frische, schwach saure bis alkalische, mäßig nährstoffreiche bis nährstoffreiche Böden; kalktolerierend

Gärtnerische Vermehrung:
Durch Veredlung

Hinweise:
Kronenrückschnitt alle 2-3 Jahre ratsam, kaum Stockausschlag, Rinde und Blätter giftig

Weitere Arten und Sorten:
R. pseudoacacia 'Frisia', locker aufrecht, Triebe hellbraun, Dornen rot, Höhe 9-12 m, Breite 6-8 m, Blätter goldgelb, im Sommer gelbgrün, Herbstfärbung orangegelb

Unten: R. pseudoacacia 'Frisia'

Robinia pseudoacacia 'Unifoliola'

Einblättrige Robinie, Straßen-Robinie Fabaceae, Schmetterlingsblütler

Erklärung Artname:
pseudoacacia = falsche Akazie, Scheinakazie; unifolia = einblättrig

Herkunft:
Züchtung; Art: Östliches Nordamerika, in Tal- und Höhenlagen bis 900 m

Wuchs:
Mittelgroßer Baum, aufrecht, feingliedrig verzweigt, Höhe 15-20 m, Breite 8-14 m

Blüten:
Mai - Juni; Trauben, weiß, 10-15 cm lang, 10-15 zählig, stark süßlich duftend

Früchte:
Kolben, aufrecht, scharlachrot

Blätter:
Grün, wenig gefiedert, mit bis zu 15 cm langen Endblättern, giftig, Herbstfärbung gelblich, sommergrün

Verwendung:
Als Alleebaum, in Fußgängerzonen, in großen Gärten und Parkanlagen

Lebensbereich:
[6] Steppengehölze und Trockenwälder, Ordnungsziffer 6.1.3.2

Standort:
Sonnig; sandige, sandig-kiesige bis kiesig-lehmige, trockene bis frische, schwach saure bis alkalische, mäßig nährstoffreiche bis nährstoffreiche Böden; kalktolerierend

Gärtnerische Vermehrung:
Durch Veredlung

Hinweise:
Bienenweide, Rinde und Blätter giftig

Weitere Arten und Sorten:
R. pseudoacacia 'Bessoniana',
Höhe 15-25 m, Breite 10-15 m,
Triebe meist ohne Dornen,
Herbstfärbung gelblich;
R. pseudoacacia 'Semperflorens',
Höhe bis 25 m, Blüten weiß, sehr zahlreich,
Juni - September, Herbstfärbung gelblich

Unten: R. pseudoacacia 'Bessoniana'

Kletter-Rose
Rosaceae, Rosengewächse

Hinweise zur Nomenklatur siehe Beilage

Erklärung Artname:
Keiner Art zugeordnet

Herkunft:
Züchtung: Tantau 2011, ADR 2012
(ADR = Erklärung Seite 6)

Wuchs:
Klettergehölz, Höhe bis 3 m

Blüten:
Juni - Oktober, rosa, pinkfarbige Zeichnung, 5-10 cm groß, gefüllt, öfterblühend, duftend

Früchte:
Hagebutten (Kletter-Rosen fruchten selten)

Blätter:
Grün, glänzend, sehr gesund, sommergrün

Verwendung:
Als Solitärpflanze an Pergolen, Lauben und Hauswänden, Mindestabstand 1 m

Lebensbereich:
Nicht definiert

Standort:
Sonnig; sandig-lehmige, tiefgründige, mäßig trockene bis frische, schwach saure bis neutrale (pH-Wert 5,5 bis 7,0), nährstoffreiche Böden; kalktolerierend

Gärtnerische Vermehrung:
Durch Veredlung

Hinweise:
Robust, wenig anfällig für Sternrußtau und Mehltau, frosthart, bis unten beastet, nur altes und schwaches Holz entfernen

Weitere Arten und Sorten:
R. 'Bajazzo'®, orangerosa, gelbe Mitte, leicht gefüllt, Höhe bis 2,5 m, Kordes 2011, ADR 2010; R. 'Florentina'®, mittelrot, stark gefüllt, nostalgisch, Höhe bis 2,5 m, Kordes 2011, ADR 2016; R. 'Golden Gate'®, goldgelb, halbgefüllt, guter Duft, Höhe bis 3,0 m, Kordes 2005, ADR 2006; R. 'Heidetraum® PLUS', karminrosarot, gut gefüllt, Höhe bis 2,5 m, Noack 2011, ADR 2014; R. 'Laguna'®, kräftig pink, gut gefüllt, starker Duft, Höhe bis 2,5 m, Kordes 2004, ADR 2007; R. 'Sommergold'®, goldgelb, gefüllt, Zitronen-Duft, Höhe bis 3,0 m, Noack 2012, ADR 2016; R. 'Uetersener Klosterrose'®, cremefarben, leicht gefüllt, Höhe bis 3,5 m, Tantau 2006

Unten: R. 'Golden Gate'®

Rosa 'Flashlight'® (Strauch-Rosen)

Strauch-Rose
Rosaceae, Rosengewächse

Hinweise zur Nomenklatur siehe Beilage

Erklärung Artname:
Keiner Art zugeordnet

Herkunft:
Züchtung: Noack 2006, ADR 2006

Wuchs:
Kleinstrauch, Höhe bis 1,2 m, Breite bis 0,9 m, kräftige Triebe

Blüten:
Juni - Oktober; leuchtend rosa, gut gefüllt, in Dolden, nostalgisch, reichlicher Duft

Früchte:
Hagebutten (Strauch-Rosen fruchten kaum)

Blätter:
Hellgrün bis mittelgrün, glänzend, mittelgroß, dicht, sommergrün

Verwendung:
In Einzelstellung oder auch in Gruppen, Mindestabstand 1-1,2 m

Lebensbereich:
Nicht definiert

Standort:
Sonnig; sandig-lehmige, tiefgründige, mäßig trockene bis frische, schwach saure bis neutrale (pH-Wert 5,5 bis 7,0), nährstoffreiche Böden; kalktolerierend

Gärtnerische Vermehrung:
Durch Veredlung

Hinweise:
Robust, wenig anfällig für Sternrußtau und Mehltau, nur altes und schwaches Holz entfernen

Weitere Arten und Sorten:
R. 'Candela'®, honiggelb, gut gefüllt, Höhe bis 1 m, Tantau 2016, ADR 2016;
R. 'Goldspatz'®, hellgelb, leicht gefüllt, Höhe bis 1,5 m, Kordes 2011, ADR 2009;
R. 'Postillion'®, leuchtend gelb, halbgefüllt, Höhe bis 1,8 m, Kordes 1998, ADR 1996;
R. 'Residenz'®, pink mit heller Mitte, offen, Höhe bis 1 m, Noack 2012, ADR 2011;
R. 'Roter Korsar'®, dunkelrot, leicht gefüllt, Höhe bis 1,5 m, Kordes 2004, ADR 2005;
R. 'Weg der Sinne'®, purpur-violett, gelbe Mitte, offen, Höhe bis 0,8 m, Kordes 2013, ADR 2015

Unten: R. 'Weg der Sinne'®

Rosa 'Gärtnerfreude'® (Bodendecker-Rosen)

Bodendecker-Rose, Kleinstrauch-Rose Rosaceae, Rosengewächse

Hinweise zur Nomenklatur siehe Beilage

Erklärung Artname:
Keiner Art zugeordnet

Herkunft:
Züchtung: Kordes 1999, ADR 2001

Wuchs:
Zwergstrauch, kriechend, kompakt, dicht bodendeckend, gut verzweigt, Höhe bis 0,5 m, Breite bis 0,6 m

Blüten:
Juni - Oktober, gefüllt, himbeerrot, in Büscheln, öfterblühend, regenfest

Früchte:
Hagebutten (gelegentlich)

Blätter:
Grün, glänzend, gesund, sommergrün

Verwendung:
Für Flächen und kleine Böschungen, Steingärten und Pflanzgefäße, Pflanzabstand 40 bis 60 cm, 3-4 Pflanzen/m^2

Lebensbereich:
Nicht definiert

Standort:
Sonnig; sandig-lehmige, tiefgründige, mäßig trockene bis frische, schwach saure bis neutrale (pH-Wert 5,5 bis 7,0), nährstoffreiche Böden; kalktolerierend

Gärtnerische Vermehrung:
Durch Veredlung und Stecklinge

Hinweise:
Robust, wenig anfällig für Sternrußtau und Mehltau, frosthart, benötigt wenig Rückschnitt

Weitere Arten und Sorten:
R. 'Candia Meidiland'®, rot, weiße Mitte, offen, Höhe bis 0,8 m, Meilland 2007, ADR 2008;
R. 'Heidetraum'®, karminrosarot, halbgefüllt, Höhe bis 0,6 m, Noack 1988, ADR 1990;
R. 'Innocencia'®, reinweiß, halbgefüllt, Höhe bis 0,5 m, Kordes 2003, ADR 2003;
R. 'Silencio'®, karminrosa, halbgefüllt, Höhe bis 0,7 m, Noack 2011, ADR 2010;
R. 'Stadt Rom'®, lachsrosa, offen, gelbe Staubgefäße, Höhe bis 0,8 m, Tantau 2007, ADR 2007

Unten: R. 'Stadt Rom'®

Rosa 'Lions-Rose'® (Beet-Rosen)

Beet-Rose
Rosaceae, Rosengewächse

Hinweise zur Nomenklatur siehe Beilage

Erklärung Artname:
Keiner Art zugeordnet

Herkunft:
Züchtung: Kordes 2002, ADR 2002

Wuchs:
Kleinstrauch, gedrungen, Edelrosencharakter, Höhe bis 0,7 m, Breite bis 0,5 m

Blüten:
Juni - Oktober; cremefarben, bis 8 cm groß, stark gefüllt, nostalgische Blütenform, leicht duftend, sehr reichblühend

Früchte:
Hagebutten (Beet-Rosen fruchten selten)

Blätter:
Dunkelgrün, glänzend, mittelgroß, sommergrün

Verwendung:
Für Flächenbepflanzung oder in kleineren Gruppen, 4-5 Pflanzen/m^2

Lebensbereich:
Nicht definiert

Standort:
Sonnig; sandig-lehmige, tiefgründige, mäßig trockene bis frische, schwach saure bis neutrale (pH-Wert 5,5 bis 7,0), nährstoffreiche Böden; kalktolerierend

Gärtnerische Vermehrung:
Durch Veredlung

Hinweise:
Wenig anfällig für Sternrußtau und Mehltau, Rückschnitt auf 3-5 Augen vor dem Austrieb

Weitere Arten und Sorten:
R. 'Bentheimer Gold'®, apricot-orange, stark gefüllt, Höhe bis 0,6 m, Kordes 2015, ADR 2015; R. 'Gartenfreund'®, intensiv pink, leicht gefüllt, Höhe bis 0,7 m, Kordes 2013, ADR 2013; R. 'Hansestadt Rostock'®, bernstein-apricot, gut gefüllt, Höhe bis 0,7 m, Tantau 2010; R. 'Rouge Meilove'®, dunkelblutrot, gut gefüllt, Höhe bis 0,6 m, Meilland 2005, ADR 2004; R. 'Sirius'®, apricot, später reinweiß, gut gefüllt, Höhe bis 0,7 m, Tantau 2013, ADR 2013; R. 'Westart'®, leuchtend goldgelb, leicht gefüllt, Höhe bis 0,6 m, Noack 2010, ADR 2012

Unten: R. 'Hansestadt Rostock'®

Edel-Rose
Rosaceae, Rosengewächse

Hinweise zur Nomenklatur siehe Beilage

Erklärung Artname:
Keiner Art zugeordnet

Herkunft:
Züchtung: Meilland 2006, ADR 2008

Wuchs:
Kleiner Strauch, aufrechter, starker Wuchs, Höhe bis 1 m

Blüten:
Juni - Oktober; salmrosa, 8-10 cm groß, überragender Duft

Früchte:
Hagebutten (Edel-Rosen fruchten selten)

Blätter:
Dunkelgrün, robust, regenfest, sommergrün

Verwendung:
Für Gruppenpflanzungen (6-7 Pflanzen/m²), selten auch im Einzelstand, sehr gut für den Schnitt geeignet

Lebensbereich:
Nicht definiert

Standort:
Sonnig; sandig-lehmige, tiefgründige, mäßig trockene bis frische, schwach saure bis neutrale (pH-Wert 5,5 bis 7,0), nährstoffreiche Böden; kalktolerierend

Gärtnerische Vermehrung:
Durch Veredlung

Hinweise:
Wenig anfällig für Sternrußtau und Mehltau, starker Rückschnitt vor dem Austrieb, verblühte Blüten herausschneiden

Weitere Arten und Sorten:
R. 'Charisma'®, magentarot, edel, gefüllt, Höhe bis 0,9 m, Noack 2010, ADR 2012;
R. 'Gräfin Diana'®, purpurviolett, stark gefüllt, Duft, Höhe bis 1,0 m, Kordes 2012, ADR 2014;
R. 'Grande Amore'®, leuchtend rot, stark gefüllt, Duft, Höhe bis 0,9 m, Kordes 2004, ADR 2005;
R. 'Inspiration'®, lachsrosa mit gelb, edel, gefüllt, Höhe bis 0,8 m, Noack 2003, ADR 2005;
R. 'Romina'®, antikes Rosa, edel, gefüllt, Höhe bis 1,2 m, Tantau 2015, ADR 2016;
R. 'Sunny Sky'®, honiggelb, edel, gefüllt, Höhe bis 1,2 m, Kordes 2009, ADR 2015

Unten: R. 'Charisma'®

Rosa canina

Hunds-Rose
Rosaceae, Rosengewächse

Erklärung Artname:
canina = hundsgemein

Herkunft:
Europa, Nordasien, Nordafrika, in Laub- und Nadelmischwäldern, an Wald- und Wegrändern, auf Wiesen

Wuchs:
Normalstrauch, locker aufrecht, bogig überhängende Äste, Stacheln wie Widerhaken gebogen, Höhe und Breite bis 3 m

Blüten:
Mai - Juli; rosa Schalenblüten, nur wenige Tage, aber sehr reichblühend, angenehm duftend

Früchte:
Hagebutten, eiförmig bis elliptisch, scharlachrot, nur bedingt essbar, ab Oktober, hoher Vitamin C-Gehalt

Blätter:
Frischgrün bis bläulich-grün, wechselständig, unpaarig gefiedert, 5-7 Blättchen, dünn, elliptisch, apfelartig duftend, Herbstfärbung fahlgelb, sommergrün

Verwendung:
Als Strauchrose und Pioniergehölz, für Misch- und Schutzpflanzungen, für Hecken und Böschungsbefestigungen, Veredlungsunterlage

Lebensbereich:
[6] Steppengehölze und Trockenwälder, Ordnungsziffer 6.3.3.5

Standort:
Sonnig; sandig-lehmige bis lehmige, mäßig trockene bis frische, schwach saure bis alkalische, mäßig nährstoffreiche bis nährstoffreiche Böden; kalktolerierend

Gärtnerische Vermehrung:
Durch Aussaat

Hinweise:
Absolut frosthart, robust, trocken- und hitzeresistent, wind- und stadtklimafest, stark Wurzelausläufer treibend

Weitere Arten und Sorten:
R. rubiginosa, dicht aufrecht, stark bestachelt, Höhe und Breite 2-3 m, Blätter apfel- oder weinartig duftend, Blüten rosa, dunkel geadert, 3-5 cm breit, keine Herbstfärbung, Hagebutten eiförmig

Hecht-Rose, Rotblättrige Rose
Rosaceae, Rosengewächse

Erklärung Artname:
glauca = blaugrün, graublau

Herkunft:
Mittel- bis südeuropäische Gebirge, an trockenen Gehölzrändern, auf Schotterflächen und Waldlichtungen

Wuchs:
Normalstrauch, locker aufrecht, überhängend, rötlich-grüne Triebe, bläulich bereift, Stacheln meist gerade, vereinzelt hakenförmig, Höhe 2 m, Breite 1,5 m

Blüten:
Juni; rosa bis karminrot mit weißem Auge, einfach, 4 cm breit, zu mehreren angeordnet, goldgelbe Staubblätter

Früchte:
Viele Hagebutten, kugelig, rot, 1,5 cm dick

Blätter:
Grün, bläulich bereift, unpaarig gefiedert, bis 14 cm lang, zu 5-7, elliptisch, zugespitzt, Blattstiele dunkelrot bis violett, früher Blattfall, Herbstfärbung (selten) gelb bis orange-rötlich, sommergrün

Verwendung:
Als Pioniergehölz auf trocken-heißen, offenen Plätzen, Landschaftsgehölz für lockere Hecken

Lebensbereich:
[6] Steppengehölze und Trockenwälder, Ordnungsziffer 6.1.3.5

Standort:
Sonnig; sandige, sandig-kiesige bis kiesig-lehmige, trockene bis frische, schwach saure bis alkalische, mäßig nährstoffreiche bis nährstoffreiche Böden; kalktolerierend

Gärtnerische Vermehrung:
Durch Aussaat

Hinweise:
Frosthart, etwas schattenverträglich, stadtklimafest, hitzefest

Weitere Arten und Sorten:
R. carolina, dicht verzweigt, Höhe 1-2 m, Breite 1-3 m, Blätter dunkelgrün, glänzend, Blüten rosa, bis 6 cm breit, Früchte karminrot, Herbstfärbung orangerot

Rosa multiflora

Vielblütige Rose, Büschel-Rose
Rosaceae, Rosengewächse

Erklärung Artname:
multiflora = vielblütig

Herkunft:
China, Japan, Korea, Taiwan, in Gebüschen und an Waldrändern

Wuchs:
Großstrauch, aufrecht mit breit überhängenden Zweigen, Höhe 2-3 m, bis 5 m kletternd, Breite 2-3 m

Blüten:
Juni - Juli, weiß, einfach, bis 3 cm breit, in dichten Doldenrispen, duftend, rot verblassend

Früchte:
Kleine Hagebutten, rundlich bis eiförmig, rot, ab August, bis 7 mm lang, zahlreich, lange haftend

Blätter:
Hellgrün bis mittelgrün, unpaarig gefiedert, verkehrt eiförmig, zu 7-9, 2-3 cm lange Fiedern, Herbstfärbung fahlgelb, sommergrün

Verwendung:
Als Landschaftsgehölz, gelegentlich auch als Veredlungsunterlage für Rosen

Lebensbereich:
[5] Heiden und Dünen, Ordnungsziffer 5.3.3.4

Standort:
Sonnig bis halbschattig; sandig-kiesige, sandig-humose bis lehmige, trockene bis frische, schwach saure bis schwach alkalische, mäßig nährstoffreiche Böden; kalkempfindlich

Gärtnerische Vermehrung:
Durch Aussaat

Hinweise:
Triebe bestachelt, teils auch unbewehrt, Bienenweide, Vogelnährgehölz, große Mengen Blüten, jedoch kurz blühend, erreicht kletternd eine Höhe von 5 m

Weitere Arten und Sorten:
R. arvensis, Feld-Rose, kletternd, überhängend kriechend, Höhe 0,5 bis 2 m, Breite bis 3 m, Blüten weiß, bis 5 cm breit, nicht duftend, Früchte bräunlich-rot, essbar, keine Herbstfärbung

Glanz-Rose
Rosaceae, Rosengewächse

Erklärung Artname:
nitida = glänzend

Herkunft:
Nordamerika, in Auenwäldern und auf feuchten Standorten von Seen und Teichen, Bächen und Flüssen, in Sumpf- und Überschwemmungsgebieten

Wuchs:
Kleinstrauch, straff aufrecht, wenig verzweigt, rötliches Holz mit wenig stechenden Stacheln, Höhe 0,5-1,0 m, Breite bis 2 m

Blüten:
Juni - August; kräftig rosa, einfach, bis 5 cm Durchmesser

Früchte:
Hagebutten, rot, rund bis flachrund, bis 1 cm dick, langhaftend, hoher Zierwert

Blätter:
Dunkelgrün, stark glänzend, unpaarig gefiedert, länglich-elliptisch, zu 7-9, bis 3 cm lang, Herbstfärbung braunrot bis leuchtend rot, sommergrün

Verwendung:
Als Gruppengehölz, für Böschungen, im Verkehrsbegleitgrün, Gehölzrand, Hecken, Winterziergehölz (Früchte)

Lebensbereich:
[1] Moor- und Sumpfgehölze, Ordnungsziffer 1.2.1.6

Standort:
Halbschattig; humose, frische bis feuchte, saure bis neutrale, nährstoffarme Böden; kalkempfindlich

Gärtnerische Vermehrung:
Durch Kurzsteckholz, Stecklinge und Wurzelschnittlinge

Hinweise:
Durch starke Ausläufer Gebüsche bildend, Vogelnährgehölz

Weitere Arten und Sorten:
R. x rugotida, Kreuzung aus R. rugosa und R. nitida, Höhe und Breite bis 1 m, Triebe dicht mit Stacheln besetzt, bildet Ausläufer, rosa, bis 6 cm, Juni - Juli, Herbstfärbung gelb bis orange

Unten: einfache Blüte

Rosa pimpinellifolia

Bibernell-Rose, Dünen-Rose
Rosaceae, Rosengewächse

Erklärung Artname:
pimpinellifolia = bibernellblättrig

Herkunft:
Europa, Westasien, Nordafrika, in Trockenbuschgesellschaften

Wuchs:
Kleinstrauch, vieltriebig aufrecht, ausladend, dicht, sparrig, Schösslinge bildend, Triebe mit geraden Stacheln und Borsten besetzt, Höhe 1-1,5 m, Breite bis 2 m

Blüten:
Mai - Juni; weiß bis blassgelb, einfach, sehr zahlreich, einzeln, becherförmig, 4 cm breit

Früchte:
Hagebutten, rundlich, schwarzbraun bis violett

Blätter:
Oberseits dunkelgrün, unterseits hellgrün, unpaarig gefiedert, fast kreisrund, zu 7-9, 0,5-2 cm lange Fiedern, Herbstfärbung gelblich, sommergrün

Verwendung:
Als Pioniergehölz, auf trockenen, sandig-steinigen oder flachgründigen Standorten, konkurrenzschwach

Lebensbereich:
[5] Heiden und Dünen, Ordnungsziffer 5.1.2.6

Standort:
Sonnig; sandig-kiesige, trockene bis frische, schwach saure bis alkalische, mäßig nährstoffreiche Böden; kalktolerierend

Gärtnerische Vermehrung:
Durch Aussaat

Hinweise:
Lichthungrig, verträgt keine Beschattung, unempfindlich gegen Seewind, stark Ausläufer bildend

Weitere Arten und Sorten:
R. virginiana, aufrecht, Triebe braunrot, hakenförmige Stacheln, Ausläufer bildend, Höhe und Breite bis 1,5 m, Blüten hellrosa, bis 5 cm breit, meist zu 5 angeordnet, duftend, Früchte rot, flachkugelig, bis 1,5 cm dick, Herbstfärbung dunkelgelb bis orangerot

Kartoffel-Rose, Apfel-Rose
Rosaceae, Rosengewächse

Erklärung Artname:
rugosa = runzelig

Herkunft:
China (1854 nach Europa eingeführt), an sandigen Stränden gut gedeihend

Wuchs:
Normalstrauch, straff aufrecht, steif, buschig dicht, dicht mit Stacheln und Borsten besetzt, Rinde grau, filzig, Ausläufer bildend, Höhe 1-2 m, Breite bis 2 m

Blüten:
Juni; dunkelrosa bis hellrot, einfach, bis 8 cm breit, stehen auch kurzstielig in Dolden an Enden starker Triebe, duftend

Früchte:
Hagebutten, sehr groß, flachkugelig, gut verwertbar (Marmelade, Tee), rot bis orangerot

Blätter:
Oberseits dunkelgrün, glänzend, unterseits hellgrün, unpaarig gefiedert, 5-9 Blättchen, schmal, länglich, 2,5-5 cm lang, sehr runzelig, Herbstfärbung gelb, sommergrün

Verwendung:
In Gruppen für Parkanlagen, Böschungen, Landschaftsschutz, als Heckenpflanzen

Lebensbereich:
[5] Heiden und Dünen, Ordnungsziffer 5.2.3.5

Standort:
Sonnig; humose bis sandig-humose, mäßig trockene bis frische, saure bis schwach saure, nährstoffarme bis mäßig nährstoffreiche Böden; kalkempfindlich

Gärtnerische Vermehrung:
Durch Aussaat

Hinweise:
Sehr frosthart, hitze- und stadtklimafest, trockenheitsverträglich, salzresistent, stark Ausläufer bildend, Insekten- und Vogelnährgehölz

Weitere Arten und Sorten:
R. rugosa 'Alba', einfach weißblühende Form, Zweige stark bestachelt, dicht, Ausläufer treibend, Höhe 1,5-2 m, Breite bis 2 m, Blätter unpaarig gefiedert, bis 5 cm lang, bis 9 cm breit, in Knospe blassrosa gefärbt, Herbstfärbung gelb

Rubus fruticosus

Wilde Brombeere, Wild-Brombeere
Rosaceae, Rosengewächse

Erklärung Artname:
fruticosus = strauchig, buschig

Herkunft:
Europa, in Gebüschen, an Waldrändern, auf Lichtungen

Wuchs:
Normalstrauch, aufrechte bis bogig überhängende und liegende, unterschiedlich bestachtelte Triebe, Höhe und Breite 1-3 m

Blüten:
Juni - August; weiß bis hellrosa, einfach, bis 2 cm breit, in vielblütigen rispenförmig angeordneten Doldentrauben

Früchte:
Beeren, schwarz oder schwarzrot, ausgereift glänzend, süß, essbar

Blätter:
Oberseits dunkelgrün, glänzend, bis mattgrün, unterseits hellgrün bis graugrün, weißfilzig, zum Teil oder sämtlich 5-zählig gefingert, 4-6 cm lang, Herbstfärbung gelblich-rotbraun, sommergrün, zum Teil auch wintergrün

Verwendung:
Als Wildgehölz nur als Rasse im eigenen Naturraum verwenden, Sorten als Fruchtgehölz

Lebensbereich:
[9] Gehölze der Hecken und Strauchflächen, Ordnungsziffer 9.2.5.9

Standort:
Sonnig bis halbschattig; sandig-humose bis lehmig-humose, frische bis feuchte, saure bis neutrale, mäßig nährstoffreiche bis nährstoffreiche Böden; kalktolerierend

Gärtnerische Vermehrung:
Durch Stecklinge und Ausläufer

Hinweise:
Stark Ausläufer bildend, gute Bienenweide, zur Befestigung von Hängen und Böschungen sowie sandigem Ödland

Weitere Arten und Sorten:
Siehe die eigene Seite im Kapitel "Obstgehölze"

Zimt-Himbeere, Wohlriechende Himbeere Rosaceae, Rosengewächse

Erklärung Artname:
odoratus = wohlriechend

Herkunft:
Nordamerika,
an Waldrändern und an felsigen Hängen

Wuchs:
Normalstrauch, aufrecht, wenig verzweigt,
an den Spitzen leicht übergeneigt,
Höhe 1,5-3 m, durch Bilden von Ausläufern
oft wesentlich breiter

Blüten:
Juni - August; rosarot, einfach, bis 5 cm breit,
in vielblütigen, kurzen Rispen, stark duftend

Früchte:
Beeren, klein, kugelig, rot, 0,5 cm dick,
(Himbeeren ähnlich), essbar,
jedoch fader Geschmack

Blätter:
Oberseits dunkelgrün, unterseits hellgrün,
handförmig gelappt, ahornähnlich,
3- bis 5-lappig, 10-30 cm breit,
keine Herbstfärbung, sommergrün

Verwendung:
Als Wildgehölz dekorativ (Blüte, Blattstruktur),
in absonnigen Partien von Grünanlagen,
gelegentlich auch in Privatgärten

Lebensbereich:
[2] Auen- und Ufergehölze, Ordnungsziffer 2.3.6.5

Standort:
Halbschattig; sandig-humose bis lehmige,
frische bis feuchte, schwach saure
bis neutrale, mäßig nährstoffreiche bis
nährstoffreiche Böden; kalktolerierend

Gärtnerische Vermehrung:
Durch Wurzelschnittlinge

Hinweise:
Stark Ausläufer treibend, frosthart

Weitere Arten und Sorten:
R. tricolor, Höhe bis 0,4 m,
Breite mindestens bis 1 m,
Triebe dicht mit dünnen Borsten besetzt,
Blüten weiß, bis 2,5 cm breit,
Früchte rot, himbeerartig, essbar,
keine Herbstfärbung

Silber-Weide, Weiß-Weide
Salicaceae, Weidengewächse

Erklärung Artname:
alba = weiß

Herkunft:
Europa bis Westsibirien, Süd- und Westasien, Himalaya und Nordafrika, in Auenwäldern bis in Höhen von 900 m

Wuchs:
Mittelgroßer Baum, breit ausladende, reich verzweigte, hochgewölbte Krone, Stamm im Alter mit grauer, tief rissiger Rinde, junge Zweige seidig behaart, Höhe 15-20 m, Breite 10-15 m

Blüten:
April - Mai; Kätzchen, leicht gebogen, gelb gefärbt bei männlichen Exemplaren, bis 7 cm lang

Früchte:
Kapseln, 2-klappig, zahlreich

Blätter:
Oberseits grün, unterseits blaugrün, lanzettlich, anfangs beiderseits dicht seidig behaart, 6-10 cm lang, keine Herbstfärbung, sommergrün

Verwendung:
Für Auen und Parkanlagen, Rutengewinnung, Pioniergehölz

Lebensbereich:
[2] Auen- und Ufergehölze, Ordnungsziffer 2.2.3.2

Standort:
Sonnig; sandig-lehmige bis sandig-kiesige, frische bis feuchte, schwach saure bis alkalische, nährstoffreiche Böden; kalktolerierend

Gärtnerische Vermehrung:
Durch Steckholz

Hinweise:
Durch ständigen Rückschnitt zur Gewinnung von Ruten sind von der Silber-Weide nicht selten alte Kopfweiden entstanden

Weitere Arten und Sorten:
S. alba 'Liempde', pyramidal bis kegelförmig, Höhe 20-40 m, Breite 8-12 m, männliche Selektion, keine Herbstfärbung

---

Unten: Kopfweide

Sal-Weide
Salicaceae, Weidengewächse

Erklärung Artname:
caprea = Ziegen zur Nahrung dienend

Herkunft:
Nordasien, Europa, in Mischwäldern, an Waldrändern, am Rand von Gewässern

Wuchs:
Großstrauch bis Kleinbaum, breit aufrecht, leicht sparrig, Höhe 5-8 m, Breite 3-6 m

Blüten:
März - April; Kätzchen, goldgelb bis grausilbrig, vor dem Blattaustrieb

Früchte:
Werden nicht ausgebildet

Blätter:
Grün, breit oval bis länglich-elliptisch, bis 10 cm lang, leicht runzelig, filzig behaart, Herbstfärbung (selten) gelb bis orangebraun, sommergrün

Verwendung:
Als Pioniergehölz für Landschaftsbereiche, als Bienenweide, für Schutzpflanzungen im Ufer- oder Böschungsbereich

Lebensbereich:
[4] Artenarme Wälder und Gehölzgruppen, Ordnungsziffer 4.3.3.3

Standort:
Sonnig; kiesig-lehmige, sandig-lehmige bis lehmige, mäßig trockene bis feuchte, schwach saure bis schwach alkalische, nährstoffreiche Böden; kalktolerierend

Gärtnerische Vermehrung:
Durch Aussaat und Steckholz

Hinweise:
Auf Grund des weitverzweigten Wurzelsystems ideale Bepflanzung von Rohböden, Hängen, rutschgefährdeten Halden und Böschungen, sowie für Heckenpflanzungen

Weitere Arten und Sorten:
S. aurita, gedrungen, dicht und feintriebig, Höhe und Breite bis 3 m, Herbstfärbung fahlgelb;
S. cinerea, halbkugelig, dicht verzweigt, Höhe und Breite bis 5 m, keine Herbstfärbung;
S. viminalis, dicke, aufrechte Äste, schnell wachsend, Höhe bis 10 m, Breite bis 8 m, keine Herbstfärbung

Salix caprea 'Atlas'

Echte Sal-Weide, Kätzchen-Weide Salicaceae, Weidengewächse

Erklärung Artname:
caprea = Ziegen zur Nahrung dienend

Herkunft:
Züchtung; Art: Europa bis Nordasien, Selektion, männliche, veredelte Form

Wuchs:
Großstrauch bis Kleinbaum, kräftige, breitaufrecht strebende Grundäste, dichtbuschig und rundlich, sparrig, untere Äste im Alter herabhängend, Höhe 5-8 m, Breite 3-6 m

Blüten:
März - April; m: Kätzchen, goldgelb, bis 4,5 cm lang mit vielen, goldgelben Staubbeuteln, schwach duftend, auffallend

Früchte:
Keine, da männliche, veredelte Form

Blätter:
Grün, länglich-elliptisch bis breitoval, runzelig, bis 10 cm lang und 6 cm breit, keine Herbstfärbung, sommergrün

Verwendung:
Als Ziergehölz im Siedlungsbereich, für Gärten und Parkanlagen, Zweige für die Treiberei und als Vasenschmuck

Lebensbereich:
[9] Gehölze der Hecken und Strauchflächen, Ordnungsziffer 9.3.3.4

Standort:
Sonnig; sandig-lehmige bis sandig-humose, frische bis feuchte, schwach saure bis alkalische, nährstoffreiche Böden; kalktolerierend

Gärtnerische Vermehrung:
Durch Veredlung

Hinweise:
Frosthart, anspruchslos, sehr schnittverträglich, die wohl wertvollste Kätzchen-Weide

Weitere Arten und Sorten:
S. caprea 'Kilmarnock' (vormals S. caprea 'Pendula'), dichte, kompakte Hängeform, ausschließlich als Halbstamm in Kultur, Höhe je nach Unterlage bis 1,5 m, Blüten: Kätzchen, silbrig, dicht besetzt

---

Unten: S. caprea 'Kilmarnock'

Purpur-Weide, Korb-Weide
Salicaceae, Weidengewächse

Erklärung Artname:
purpurea = purpurrot

Herkunft:
Europa, Nordafrika, in Auenwäldern und Flussbetten

Wuchs:
Großstrauch, breitbuschig, besenförmig, überhängende, rot überzogene Sprossen, Höhe und Breite 3-5 m

Blüten:
März - April; Kätzchen, rote, später gelbe Staubblätter, bis 4 cm lang, mit dem Blattaustrieb

Früchte:
Werden nicht ausgebildet

Blätter:
Oberseits stumpfgrün, unterseits bläulichgrün, lanzettlich, fast ganzrandig, 5-10 cm lang, aromatisch duftend, Herbstfärbung mattgelb bis leuchtend goldgelb, sommergrün

Verwendung:
Als Pioniergehölz, zum Lebendverbau an Bach- und Flussufern, für Schutzpflanzungen

Lebensbereich:
[2] Auen und Ufergehölze, Ordnungsziffer 2.2.3.4

Standort:
Sonnig bis halbschattig; sandig-kiesige bis lehmige, frische bis feuchte, schwach saure bis alkalische, nährstoffreiche Böden; kalkliebend

Gärtnerische Vermehrung:
Durch Aussaat und Steckholz

Hinweise:
Frosthart, hitzeverträglich, dürreresistent, stadtklimafest, anspruchslos, sehr schnittverträglich

Weitere Arten und Sorten:
S. purpurea 'Nana',
kugelförmig, Höhe bis 2 m, Breite bis 4 m, detaillierte Beschreibung in der App;
S. pyrifolia,
Höhe bis 2 m, Breite bis 2,5 m, Blätter oberseits dunkelgrün, unterseits blaugrün, stark duftend, Herbstfärbung goldgelb

Salix repens var. nitida

Sand-Weide, Dünen-Weide, Silberlaubige Kriech-Weide Salicaceae, Weidengewächse

Erklärung Artname:
repens = kriechend, nitida = glänzend

Herkunft:
Mittel-Europa, atlantische Küsten und westliche Ostsee, in Dünen und Strauchheiden

Wuchs:
Zwergstrauch, bogig aufrecht bis bodenaufliegend, Höhe 0,3-1 m, Breite 1-2 m

Blüten:
April; Kätzchen, gelb, bis 2 cm lang, eher unauffällig

Früchte:
Werden nicht ausgebildet

Blätter:
Graugrün, rundlich-elliptisch, beiderseits dicht seidig behaart, 2-4 cm lang, Herbstfärbung fahlgelb, sommergrün

Verwendung:
Als Pionier- und Landschaftsgehölz für Dünen, Böschungen und in Trockenheiden, für Heide- und Steingärten, als Verkehrsbegleitgrün, 2-3 Pflanzen/m^2

Lebensbereich:
[5] Heiden und Dünen, Ordnungsziffer 5.2.2.7

Standort:
Sonnig; humose bis sandig-humose, mäßig trockene bis frische, schwach saure bis neutrale, nährstoffarme bis mäßig nährstoffreiche Böden; kalkempfindlich

Gärtnerische Vermehrung:
Durch Steckholz, Sorten durch Stecklinge

Hinweise:
Auch auf Rohböden, frosthart, bei Übersandungen üppiges Wachstum, eingesandeter Stamm hält die Wasserversorgung aufrecht

Weitere Arten und Sorten:
S. hastata 'Wehrhahnii', buschig, Höhe bis 1,5 m, Zweige rotbraun, Kätzchen silberweiß, dicht reihenförmig, Herbstfärbung fahlgelb; S. rosmarinifolia, Höhe und Breite bis 3 m, Kätzchen gelb, mit dem Blattaustrieb, April, Herbstfärbung gelb

---

Unten: S. rosmarinifolia

Salix x sepulcralis 'Chrysocoma' (Syn.: Salix alba 'Tristis')

Hänge-Weide, Trauer-Weide
Salicaceae, Weidengewächse

Erklärung Artname:
sepulcralis = als Grabschmuck verwendet;
chrysocoma = goldschopfig

Herkunft:
Züchtung, 1815 in Frankreich gefunden;
Art: in Auen und Tallagen

Wuchs:
Mittelgroßer Baum, weit ausladend, herabhängende Äste bis zum Boden, schleppenartig, Höhe und Breite 15-20 m

Blüten:
April; Kätzchen, m: gelb, 4-6 cm lang, mit dem Austrieb, w: gelbgrün, bis 3 cm lang, ungestielt, mit dem Austrieb, zweihäusig

Früchte:
Kapseln, 2-klappig, zahlreicher Samen mit Haarschopf zur Windverbreitung

Blätter:
Hellgrün, schmal-lanzettlich, bis 10 cm lang, anfangs seidig behaart, Herbstfärbung gelbgrün, sommergrün

Verwendung:
Als Solitär- oder Gruppengehölz im Siedlungsbereich, an Gewässern

Lebensbereich:
[2] Auen- und Ufergehölze, Ordnungsziffer 2.4.2.2

Standort:
Sonnig; sandig-kiesige bis lehmige, frische bis feuchte, neutrale bis alkalische, nährstoffreiche Böden; kalktolerierend

Gärtnerische Vermehrung:
Durch Steckholz

Hinweise:
Verträgt gut trockene und feuchte Standorte, anspruchslos, sehr schnittverträglich

Weitere Arten und Sorten:
S. x fragilis, breit, gewölbt, Höhe bis 15 m, Breite bis 12 m, Samen verbreitet sich als wollige Flocke, Herbstfärbung grünlich-gelb; S. udensis 'Sekka', Höhe und Breite bis 4 m, Triebe bis zu 5 cm breit verbändert, daher Drachen-Weide, dicht mit Kätzchen besetzt, Herbstfärbung gelb

Unten: S. x fragilis

Sambucus nigra

Schwarzer Holunder, Fliederbeere Adoxaceae, Moschuskrautgewächse

Erklärung Artname:
nigra = schwarz

Herkunft:
Mittel-Europa, Kaukasus, Kleinasien, auf feuchten Waldlichtungen, Schuttplätzen und in Siedlungsnähe

Wuchs:
Großstrauch, mit kräftigen Sprossen, meist rundkronig, Wurzelausschläge möglich, Höhe 3-7 m, Breite 3-5 m

Blüten:
Juni - Juli; Schirmrispen, weiß, bis 20 cm breit

Früchte:
Steinfrüchte (bekannt als Holunderbeeren), 8 mm breit, violettschwarz, nur gekocht oder als Saft genießbar

Blätter:
Dunkelgrün, unpaarig gefiedert, 10-15 cm lang, mit 5 eiförmigen, gesägten Einzelblättern, aromatisch strenger Duft, keine Herbstfärbung, sommergrün

Verwendung:
Als Landschaftsgehölz, für Schutzpflanzungen und Hecken sowie als Obstgehölz in Bauern- und Hausgärten

Lebensbereich:
[3] Artenreiche Wälder und Gehölzgruppen, Ordnungsziffer 3.1.6.4

Standort:
Sonnig bis halbschattig; sandig-lehmige bis lehmig-humose, mäßig trockene bis frische, schwach saure bis alkalische, nährstoffreiche Böden; kalktolerierend

Gärtnerische Vermehrung:
Durch Aussaat, Sorten durch Steckholz

Hinweise:
Frosthart, stadtklimafest, Stickstoffanzeiger, hohes Ausschlagsvermögen, anspruchslos, verträgt radikalen Rückschnitt

Weitere Arten und Sorten:
S. nigra 'Haschberg', Fruchtsorte, Höhe 3-5 m, Breite 2-4 m, große, hängende Dolden, Erntezeit September-Oktober, etwa 1 kg Ertrag/Doldentraube

Sambucus nigra 'Eva'® *(Syn.: Sambucus nigra* Black Lace®*)*

Rotblättriger Schwarzer Holunder Adoxaceae, Moschuskrautgewächse

Erklärung Artname:
nigra = schwarz

Herkunft:
Züchtung; Art: Mittel-Europa, Kaukasus, Kleinasien, auf feuchten Waldlichtungen, Schuttplätzen und in Siedlungsnähe

Wuchs:
Normalstrauch, locker, aufrecht, Höhe 2-3,5 m, Breite 2,5-3 m

Blüten:
Mai - Juni; Schirmrispen, weiß, Knospen rosa, bis 15 cm breit, Zitronenduft

Früchte:
Steinfrüchte, glänzend schwarz, rund, sehr saftreiche Fruchtdolden, Ernte September-Oktober

Blätter:
Rot, im Austrieb grün-rot, leicht glänzend, stark geschlitzt, sommergrün

Verwendung:
Für größere Hausgärten und Anlagen, im Erwerbsobstbau

Lebensbereich:
[9] Gehölze der Hecken und Strauchflächen, Ordnungsziffer 9.3.4.5

Standort:
Sonnig bis halbschattig; sandig-lehmige bis lehmig-humose, frische bis feuchte, schwach saure bis schwach alkalische, nährstoffreiche Böden; kalkliebend

Gärtnerische Vermehrung:
Durch Steckholz und Stecklinge

Hinweise:
Schöner Kontrast in Verbindung mit gelblaubigen Gehölzen

Weitere Arten und Sorten:
S. nigra Black Beauty®, Höhe 2-3 m, Breite 1-2 m, Blätter dunkelbraunrot, bleichen nicht aus; S. nigra Black Tower®, säulenförmig, kompakt, Höhe 1,5-3 m, Breite 1-1,5 m, Blätter glänzend schwarzrot, Blüten pinkweiß, doldenförmig, Juni bis September

---

Unten: S. nigra Black Tower®

Sambucus racemosa

Trauben-Holunder, Roter Holunder, Hirsch-Holunder Adoxaceae, Moschuskrautgewächse

Erklärung Artname:
racemosa = traubig

Herkunft:
Europa, Asien

Wuchs:
Großstrauch, dicke Triebe, straff aufrecht, locker verzweigt, überhängend, Höhe und Breite 3-4 m

Blüten:
April; Rispen, grünlich-gelb, aufrecht, konisch, bis 8 cm lang

Früchte:
Steinfrüchte, rot, 4 mm breit, in auffälligen, dichten Trauben, roh nicht zum Verzehr geeignet

Blätter:
Bronzefarben beim Austrieb, später oberseits dunkelgrün, unterseits hellgrün, gefiedert, meist zu 5, oval oder eiförmig gesägt, bis 25 cm lang, keine Herbstfärbung, sommergrün

Verwendung:
Als Pioniergehölz auf Halden, Rohböden, Hängen, Landschaftsgehölz

Lebensbereich:
[7] Gehölze kühl-feuchter Wälder, Ordnungsziffer 7.2.3.4

Standort:
Sonnig bis halbschattig; sandig-humose bis lehmige, frische bis feuchte, saure bis neutrale, mäßig nährstoffarme Böden; kalkempfindlich

Gärtnerische Vermehrung:
Durch Aussaat, Sorten durch Steckholz

Hinweise:
Hat im Gegensatz zu Sambucus nigra rötlich-braunes Mark

Weitere Arten und Sorten:
S. canadensis 'Aurea', Höhe und Breite bis 3 m, Blätter bis 15 cm lang, an den Spitzen intensiv goldgelb, Blüten rahmweiß, bis 25 cm breit, Früchte essbar, keine Herbstfärbung

Frucht-Skimmie, Japanische Skimmie Rutaceae, Rautengewächse

Erklärung Artname:
japonica = aus Japan stammend

Herkunft:
Japan, China,
in Tal- und Höhenlagen, im Unterwuchs

Wuchs:
Kleinstrauch, breitbuschig, aufrecht, dichttriebig, Höhe 0,6-1,8 m, Breite 0,6-2 m

Blüten:
Mai; Rispen, weiß, bis 8 cm lang, aufrecht, am mehrjährigen Holz, duftend, Einzelblüten 6 mm breit, manchmal rot oder rosa überzogen, in Knospe rot, zweihäusig

Früchte:
Beeren, 8 mm lang, rot,
ab September, lang haftend

Blätter:
Oberseits grün, glänzend, unterseits gelblich-grün, elliptisch, bis 12 cm lang, schwach aromatisch, immergrün

Verwendung:
Als Gruppengehölz zur Flächenbegrünung, als Unterpflanzung im Siedlungsbereich und als Zierstrauch in Hausgärten, auf Terrassen in Pflanzgefäßen

Lebensbereich:
[7] Gehölze kühl-feuchter Wälder, Ordnungsziffer 7.2.5.6

Standort:
Halbschattig; sandig-humose bis humoslehmige, frische bis feuchte, saure bis neutrale, mäßig nährstoffreiche Böden; kalkempfindlich

Gärtnerische Vermehrung:
Durch Stecklinge

Hinweise:
Genügend frosthart, stadtklimafest, Winterschutz, Bedarfsschnitt Februar - März, auf einem sehr schattigen Platz in 35 Jahren 1,3 m hoch, 2,5 m breit

Weitere Arten und Sorten:
S. japonica 'Rubella', Zwergstrauch,
Höhe und Breite bis 1 m, Früchte scharlachrot

Sorbus aria

Mehlbeere, Echte Mehlbeere
Rosaceae, Rosengewächse

Erklärung Artname:
aria = griechischer Pflanzenname für Mehlbeere

Herkunft:
Europa, in Laubmischwäldern, an Wald- und Gehölzrändern, in Trockengebüschen und an Kalkhängen

Wuchs:
Kleinbaum, breit säulenförmig oder kugelig, oft vielstämmig, Höhe 6-15 m, Breite 4-12 m

Blüten:
Mai - Juni; Schirmrispen, weiß, 8 cm breit

Früchte:
Beeren, kugelig oder eiförmig, bis 1 cm breit, orangescharlachrot, braun gefleckt, essbar

Blätter:
Oberseits dunkelgrün, glänzend, unterseits weißfilzig, elliptisch bis breit eiförmig, 8-12 cm lang, gesägt, Herbstfärbung gelb oder orangebraun, sommergrün

Verwendung:
Als Landschaftsgehölz, für Schutzpflanzungen im Siedlungsbereich, kleinkroniger Straßen- und Alleebaum

Lebensbereich:
[6] Steppengehölze und Trockenwälder, Ordnungsziffer 6.3.3.3

Standort:
Sonnig; sandig-lehmige bis lehmige, mäßig trockene bis frische, schwach saure bis alkalische, mäßig nährstoffreiche bis nährstoffreiche Böden; kalkliebend

Gärtnerische Vermehrung:
Durch Aussaat, Sorten durch Veredlung

Hinweise:
Frosthart, hitze- und trockenverträglich, stadtklimafest, windresistent, anspruchslos, sehr schnittverträglich

Weitere Arten und Sorten:
S. aria 'Magnifica', gleichmäßig kegelförmig, Höhe 10-18 m, Breite 6-10 m, Herbstfärbung gelb oder Blätter grün abfallend, detaillierte Beschreibung in der App

---

Unten: S. aria 'Magnifica'

Eberesche, Vogelbeere
Rosaceae, Rosengewächse

Erklärung Artname:
aucuparia = zum Vogelfang dienend

Herkunft:
Europa, an Waldrändern und Mooren, in Höhenlagen bis 2000 m

Wuchs:
Kleinbaum, oft auch strauchförmig, rundliche, lockere Krone, Höhe 10-15 m, Breite 4-6 m, Äste mit zunehmendem Alter überhängend

Blüten:
Mai - Juni; weiße Rispen, flach, bis 12 cm breit

Früchte:
Beeren, erbsengroß, orangerot, bis 8 mm, sehr reichlich, ab August

Blätter:
Oberseits dunkelgrün, unterseits blaugrün, gefiedert, bis zu 20 cm lang, zu 9-15, scharf gesägt, Herbstfärbung gelborange bis rot, sommergrün

Verwendung:
In der Landschaft als Pioniergehölz, für Misch- und Schutzpflanzungen, als Solitär- oder Gruppenpflanze im Siedlungsbereich, an Straßen und Plätzen, als Hausbaum

Lebensbereich:
[7] Gehölze kühl-feuchter Wälder, Ordnungsziffer 7.1.3.3

Standort:
Sonnig bis halbschattig; sandig-humose bis lehmig-humose, mäßig trockene bis frische, schwach saure bis alkalische, mäßig nährstoffreiche Böden; kalktolerierend

Gärtnerische Vermehrung:
Durch Aussaat, Sorten durch Veredlung

Hinweise:
Gut frosthart, hohes Ausschlagsvermögen, anspruchslos, Terminalknospen schonen

Weitere Arten und Sorten:
S. aucuparia var. edulis,
Höhe bis 15 m, Breite bis 7 m, Früchte korallenrot, bis 1,3 cm dick, essbar, starker Behang in Trauben, zur Fruchtverwertung geeignet, detaillierte Beschreibung in der App

Sorbus domestica

Speierling
Rosaceae, Rosengewächse

Erklärung Artname:
domestica = zum Haus gehörend

Herkunft:
Südeuropa, in Deutschland stellenweise eingebürgert und verwildert, in Eichenmischwäldern, Trockengebüschen und Feldhecken

Wuchs:
Kleinbaum, meist kurzschäftig, säulenförmig mit breitrunder Krone, Höhe 10-20 m, Breite 8-12 m

Blüten:
Mai; Rispen, weiß, konisch, schirmartig, 10 cm breit, unangenehmer Geruch

Früchte:
Beeren, apfel- oder birnenförmig, bis 3 cm breit, gelblich-braun, erst nach Überreife weiches Fruchtfleisch genießbar

Blätter:
Mattgrün, gefiedert mit 11-21 Blättchen, bis 20 cm lang, Herbstfärbung gelborange, sommergrün

Verwendung:
Als Solitärgehölz, als Dorf- und Hausbaum, an Landstraßen, an trocken-heißen Standorten

Lebensbereich:
[6] Steppengehölze und Trockenwälder, Ordnungsziffer 6.1.2.3

Standort:
Sonnig; sandige, sandig-kiesige bis kiesig-lehmige, trockene bis frische, schwach saure bis alkalische, mäßig nährstoffreiche bis nährstoffreiche Böden; kalkliebend

Gärtnerische Vermehrung:
Durch Aussaat, Sorten durch Veredlung

Hinweise:
Bienenweide, Vogelnährgehölz, Presssaft für Mostbereitung

Weitere Arten und Sorten:
S. decora, Höhe bis 10 m, Breite bis 5 m, Früchte 1-1,2 cm dick, hochrot, in bis zu 16 cm breiten Fruchtständen, keine Herbstfärbung; S. torminalis, Höhe bis 20 m, Breite bis 15 m, Früchte gelbbraun, 1,5 cm lang, essbar (mehlig), Herbstfärbung gelborange, rot bis gelbbraun

Schwedische Mehlbeere, Oxelbeere Rosaceae, Rosengewächse

Erklärung Artname:
intermedia = mittelständig, dazwischenstehend

Herkunft:
Nordeuropa, in Norddeutschland eingebürgert und verwildert, in Laubmischwäldern

Wuchs:
Kleinbaum, kurzschäftig, gedrungen, eiförmige, dichte Krone, Höhe 10-18 m, Breite 5-7 m

Blüten:
Juni; Schirmrispen, weiß, bis 12 cm breit

Früchte:
Beeren, kugelig bis eilänglich, 1,5 cm breit, orange bis scharlachrot, ab September, nicht zum Verzehr geeignet

Blätter:
Oberseits dunkelgrün, glänzend, unterseits weißfilzig, eiförmig bis länglich elliptisch, bis 12 cm lang, gesägt, an der Basis mit 6-9 runden Lappen, Herbstfärbung (selten) gelb bis orangegelb, sommergrün

Verwendung:
Als Straßen- und Alleebaum, in Mischpflanzungen und als Windschutzhecke, in Gärten und Parkanlagen

Lebensbereich:
[3] Artenreiche Wälder und Gehölzgruppen, Ordnungsziffer 3.1.3.3

Standort:
Sonnig bis halbschattig; sandig-lehmige, mäßig trockene bis frische, schwach saure bis alkalische, mäßig nährstoffreiche bis nährstoffreiche Böden; kalktolerierend

Gärtnerische Vermehrung:
Durch Aussaat, Sorten durch Veredlung

Hinweise:
Windfest, große Anpassungsfähigkeit an Boden und Standort, frosthart

Weitere Arten und Sorten:
S. x thuringiaca 'Fastigiata',
schmal kegelförmig, Höhe 5-7 m, Breite 3-4 m, Früchte dunkelorangerot, unförmig kugelig, bis 1,4 cm lang, bis 1,2 cm breit, zierend, lange haftend, Herbstfärbung gelb bis orangerot

Spiraea x arguta

Braut-Spiere, Schnee-Spiere
Rosaceae, Rosengewächse

Erklärung Artname:
arguta = spitzig, spitzzähnig

Herkunft:
Züchtung aus Spiraea multiflora und Spiraea thunbergii

Wuchs:
Normalstrauch, aufrecht, dichtbuschig, rundlich, überhängende Triebe, Höhe und Breite 1,5-2 m

Blüten:
April - Mai; Schirmrispen, weiß, 6 cm breit, kurz gestielt entlang dem vorjährigen Holz, sehr zahlreich, streng duftend, schalenförmige Einzelblüten

Früchte:
Balgkapseln

Blätter:
Lebhaft grün, schmal-lanzettlich, gesägt, bis 4 cm lang, früh austreibend, Herbstfärbung gelb, sommergrün

Verwendung:
Im Siedlungsbereich als Deckstrauch, für Gruppen und freiwachsende oder geschnittene Hecken, in Gärten als Zierstrauch (Frühjahrsblüher)

Lebensbereich:
[9] Gehölze der Hecken und Strauchflächen, Ordnungsziffer 9.2.2.5

Standort:
Sonnig; sandig-lehmige, mäßig trockene bis feuchte, saure bis schwach alkalische, mäßig nährstoffreiche Böden; kalktolerierend

Gärtnerische Vermehrung:
Durch Stecklinge

Hinweise:
Frosthart, trockenverträglich, Verjüngungsschnitt nach der Blüte alle 2-3 Jahre

Weitere Arten und Sorten:
S. x cinerea 'Grefsheim',
Triebe zierlich überhängend, Höhe und Breite bis 2 m, schneeweiß, sehr zahlreich, April - Mai, Herbstfärbung gelblich;
S. thunbergii, Höhe und Breite bis 1,2 m, weiß, in fünfblütigen Dolden, März - Mai, Herbstfärbung gelb bis orange-rötlich

Spiraea japonica 'Anthony Waterer'

Rote Sommer-Spiere
Rosaceae, Rosengewächse

Erklärung Artname:
japonica = aus Japan stammend;
Anthony Waterer = nach A. Waterer (englischer Gärtner, 1822-1896)

Herkunft:
Züchtung; Art: Japan

Wuchs:
Kleinstrauch, halbrund, locker verzweigt, Höhe und Breite 0,6-0,8 m

Blüten:
Juni - August (September); Schirmrispen rot, bis 20 cm breit, am einjährigen Holz

Früchte:
Werden nicht ausgebildet

Blätter:
Bronzerot beim Austrieb, später hellgrün, lanzettlich, bis 12 cm lang, oft cremeweiß gerandet, Herbstfärbung bronzefarben bis orangerot, sommergrün

Verwendung:
Als Gruppengehölz zur Vorpflanzung, für niedrige Hecken, als Bodendecker, 4-6 Pflanzen/m^2

Lebensbereich:
[9] Gehölze der Hecken und Strauchflächen, Ordnungsziffer 9.3.3.6

Standort:
Sonnig; sandig-humose, frische bis feuchte, schwach saure bis alkalische, nährstoffreiche Böden; kalktolerierend

Gärtnerische Vermehrung:
Durch Steckholz und Stecklinge

Hinweise:
Jährlicher Rückschnitt im Frühjahr bis auf Handbreite, über dem Boden, fördert Blütenansatz

Weitere Arten und Sorten:
S. japonica 'Albiflora', Höhe bis 0,8 m, Breite bis 1,5 m, weiß, Juli - August, Herbstfärbung bronzefarben bis orangerot;
S. japonica 'Dart´s Red', Höhe bis 0,8 m, Breite bis 1 m, leuchtend rubinrot, Juni - September, Herbstfärbung bronzefarben bis orangerot

Spiraea japonica 'Little Princess'

Rosa Zwerg-Spiere
Rosaceae, Rosengewächse

Erklärung Artname:
japonica = aus Japan stammend

Herkunft:
Züchtung; Art: Japan

Wuchs:
Zwergstrauch, dichtbuschig gedrungen, kompakt, Höhe 0,4-0,6 m, Breite 0,4-1,2 m

Blüten:
Juni - Juli; rosa bis rosalila, zahlreich, bis 5 mm breit, in Doldentrauben, zierend, über dem Laub

Früchte:
Werden nicht ausgebildet

Blätter:
Oberseits dunkelgrün, unterseits graugrün, elliptisch bis eiförmig zugespitzt, 2-4 cm lang, Herbstfärbung bronzefarben bis orangerot, sommergrün

Verwendung:
Als Gruppengehölz, als Bodendecker, für Einfassungen von Beeten und Rabatten, in Heidegärten, 5-6 Pflanzen/m²

Lebensbereich:
[9] Gehölze der Hecken und Strauchflächen, Ordnungsziffer 9.3.3.7

Standort:
Sonnig; sandig-humose, frische bis feuchte, schwach saure bis alkalische, nährstoffreiche Böden; kalkempfindlich

Gärtnerische Vermehrung:
Durch Stecklinge

Hinweise:
Einkürzen nach der Blüte möglich, frosthart, Blüte am einjährigen Holz

Weitere Arten und Sorten:
S. decumbens, Zwergstrauch, polsterartig, niederliegend, Höhe bis 0,25 m, Breite bis 0,5 m, weiß, bis 5 cm, in Trugdolden, keine Herbstfärbung;
S. japonica 'Genpei, Kleinstrauch, Höhe und Breite bis 1 m, mehrfarbig, weiß, rosa, rot, keine Herbstfärbung;
S. japonica 'Golden Princess', Kleinstrauch, Höhe bis 0,6 m, Breite bis 1 m, Blätter anfangs bronzerot, später hellgelb, leuchtend rosa, Herbstfärbung rot

Pracht-Spiere
Rosaceae, Rosengewächse

Erklärung Artname:
vanhouttei = nach Louis van Houtte (belgischer Gärtner, 1810-1876)

Herkunft:
Züchtung aus Spiraea cantoniensis und Spiraea trilobata

Wuchs:
Normalstrauch, dichttriebig aus der Basis, Zweige bogig aufrecht bis überhängend, Höhe 2,0-2,5 m, Breite bis 1,5 m

Blüten:
Mai - Juni; Doldentrauben, weiß, zahlreich, an hängenden Zweigen

Früchte:
Werden nicht ausgebildet

Blätter:
Oberseits dunkelgrün, unterseits bläulich-grün, keilförmig, vorderer Blattrand 3- bis 5-lappig, bis 4,5 cm lang, gebuchtet oder grobgesägt, Herbstfärbung gelblich, sommergrün

Verwendung:
Als Ziergehölz, einzeln und in Gruppen, freiwachsende oder geschnittene Hecken, Deckstrauch

Lebensbereich:
[9] Gehölze der Hecken und Strauchflächen, Ordnungsziffer 9.3.4.5

Standort:
Sonnig; sandig-humose bis sandig-lehmige, frische bis feuchte, saure bis alkalische, nährstoffreiche Böden; kalktolerierend

Gärtnerische Vermehrung:
Durch Steckholz

Hinweise:
Schnittfest, gelegentlich altes Holz auslichten, leidet bei starker Hitze und übermäßiger Bodentrockenheit

Weitere Arten und Sorten:
S. x billardii 'Triumphans', Höhe und Breite bis 2 m, tiefrosa, Rispen kegelförmig, bis zu 20 cm, sehr dicht, robust, keine Herbstfärbung

Stephanandra incisa 'Crispa'

Niedrige Kranzspiere, Zwerg-Kranzspiere Rosaceae, Rosengewächse

Erklärung Artname:
incisa = eingeschnitten; crispa = kraus

Herkunft:
Züchtung; Art: Japan, Korea, in Bergwäldern und Schluchten

Wuchs:
Kleinstrauch, dichttriebig, Triebe bogenförmig ausgebreitet bis aufliegend, Höhe 0,5-0,8 m, Breite 1-1,5 m

Blüten:
Juni - Juli; Rispen, grünlich-weiß, klein, bis 8 cm lang

Früchte:
Werden nicht ausgebildet

Blätter:
Frischgrün, eiförmig, unregelmäßig tief eingeschnitten, bis 6 cm lang, meist krausrunzelig oder welliger Rand, Herbstfärbung gelb bis rot, sommergrün

Verwendung:
Als Bodendecker für ebene Flächen und an Böschungen, im Unterwuchs lichter Laubbäume

Lebensbereich:
[9] Gehölze der Hecken und Strauchflächen, Ordnungsziffer 9.2.6.6

Standort:
Halbschattig; sandig-humose bis lehmig-humose, frische bis feuchte, saure bis neutrale, mäßig nährstoffreiche bis nährstoffreiche Böden; kalkempfindlich

Gärtnerische Vermehrung:
Durch Stecklinge, die Art durch Aussaat

Hinweise:
Empfindlich gegen Bodenverdichtung, Trockenheit, Luftverschmutzung

Weitere Arten und Sorten:
S. incisa, Höhe und Breite bis 2 m, grünlich-weiß, zart duftend, frühe Herbstfärbung in orange bis braunrot, eignet sich auch für Heckenpflanzungen

Styphnolobium japonicum (Syn.: Sophora japonica)

Japanischer Schnurbaum
Fabaceae,
Schmetterlingsblütler

Erklärung Artname:
japonica = aus Japan stammend

Herkunft:
China, Korea, in geschützten Tallagen von Misch- und Auenwäldern

Wuchs:
Mittelgroßer Baum bis Großbaum, rundkronig, im Alter breit ausladend, Höhe 15-25 m, Breite 12-20 m

Blüten:
Juli - August; Trauben, gelblich-weiß, bis 25 cm lang, Einzelblüten wickenartig, bis 1,5 cm lang, duftend

Früchte:
Hülsen, ab Oktober hängend, rundwangig, perlschnurartig gefiedert (werden nur in warmen Sommern ausgebildet)

Blätter:
Grün, glänzend, unpaarig gefiedert, bis 25 cm lang, bis zu 17 eiförmige bis lanzettliche Einzelblätter, Herbstfärbung leuchtend gelb, sommergrün

Verwendung:
Als Solitär- oder Gruppengehölz im Siedlungsbereich, an Straßen und auf Plätzen

Lebensbereich:
[6] Steppengehölze und Trockenwälder, Ordnungsziffer 6.1.2.2

Standort:
Sonnig; sandige, sandig-kiesige bis kiesig-lehmige, trockene bis frische, schwach saure bis alkalische, mäßig nährstoffreiche bis nährstoffreiche Böden; kalktolerierend

Gärtnerische Vermehrung:
Durch Aussaat, Sorten durch Veredlung

Hinweise:
Hitze- und trockenverträglich, frostempfindlich, Bedarfsschnitt Februar - März

Weitere Arten und Sorten:
S. japonicum 'Pendula',
lange, hängende Zweige, Höhe und Breite 4-8 m, blüht selten, Herbstfärbung gelb;
S. japonicum 'Regent',
breiteiförmig, Höhe 15-25 m, Breite 10-15 m, cremeweiß, in pyramidalen Trauben, nach 6-8 Jahren, Herbstfärbung gelb

Symphoricarpos albus var. laevigatus

Gewöhnliche Schneebeere, Knallerbsenstrauch Caprifoliaceae, Geißblattgewächse

Erklärung Artname:
albus = weiß, laevigatus = glatt

Herkunft:
Östliches Nordamerika, im lichten Schatten von Bäumen und Sträuchern

Wuchs:
Normalstrauch, dichtbuschig aufrecht, überhängende Triebe, durch Wurzelausläufer stark ausbreitend, Höhe und Breite 1-2 m

Blüten:
Juni - September; rosaweiß, kleine Blütenbüschel, glockenförmig

Früchte:
Beeren, kugelig, weiß, 1-1,5 cm Durchmesser, ab September, langhaftend

Blätter:
Oberseits dunkelgrün, unterseits hellgrün, eiförmig bis länglich-oval, an Langtrieben oft gelappt, bis 5 cm lang, Herbstfärbung gelblich (unscheinbar), sommergrün

Verwendung:
Als Landschafts- und Pioniergehölz, pflegeleichter Füll- und Deckstrauch

Lebensbereich:
[3] Artenreiche Wälder und Gehölzgruppen, Ordnungsziffer 3.3.6.5

Standort:
Sonnig bis halbschattig; sandig-lehmige, frische bis feuchte, schwach saure bis alkalische, nährstoffreiche Böden; kalktolerierend

Gärtnerische Vermehrung:
Durch Aussaat

Hinweise:
Robust, anspruchslos, salzfest, gedeiht auch auf nährstoffarmen, sandigen Böden, bildet schnell ausgedehnte Dickichte, invasiv

Weitere Arten und Sorten:
S. x doorenbosii 'Magic Berry', Höhe und Breite bis 1,5 m, rosa, bis 3 cm, Fruchtfarbe variabel von rosa, weiß bis orange, Herbstfärbung gelblich

Symphoricarpos x chenaultii 'Hancock'

Niedrige Purpurbeere, Niedrige Bastard-Korallenbeere Caprifoliaceae, Geißblattgewächse

Erklärung Artname:
chenaultii = nach A. Chenault
(französischer Botaniker u. Gärtner, 1853-1930)

Herkunft:
Züchtung aus S. microphyllus und S. orbiculatus; Elternarten: Japan, in Tal- und Höhenlagen bis 800 m

Wuchs:
Kleinstrauch, dichtbuschig, ausgebreitete, niederliegende Triebe, Ausläufer bildend, Höhe bis 0,8 m, Breite bis 1,5 m

Blüten:
Juni - August; Ähren, weiß, mit glockenförmigen Blüten, klein, krugförmig

Früchte:
Beeren, rundlich, dick, bis 6 mm groß, dunkelrosa, wenige, ab September, giftig

Blätter:
Oberseits dunkelgrün, unterseits bläulich, eiförmig, fein behaart, 1-2 cm lang, keine Herbstfärbung, sommergrün

Verwendung:
In der Landschaft und im Siedlungsbereich als Deckstrauch, zur Flächenbegrünung und als Straßenbegleitgrün, nicht an Kinderspielplätzen, Schulen, Kindergärten, 3-4 Pflanzen/m^2

Lebensbereich:
[9] Gehölze der Hecken und Strauchflächen, Ordnungsziffer 9.3.4.5

Standort:
Sonnig bis halbschattig; sandig-humose bis sandig-lehmige, frische bis feuchte, schwach saure bis alkalische, nährstoffreiche Böden; kalktolerierend

Gärtnerische Vermehrung:
Durch Steckholz und Stecklinge

Hinweise:
Frost- und rauchhart, stadtklimafest, salztolerant, hohes Ausschlagsvermögen, anspruchslos, nur Bedarfsschnitt

Weitere Arten und Sorten:
S. x chenaultii, Höhe und Breite bis 2 m, rosa, Juni - Juli, Früchte violettrot, sehr zahlreich, keine Herbstfärbung

Symphoricarpos orbiculatus

Korallenbeere
Caprifoliaceae, Geißblattgewächse

Erklärung Artname:
orbiculatus = kreisförmig

Herkunft:
Nordamerika, in Tal- und Höhenlagen bis 800 m

Wuchs:
Normalstrauch, straff aufrecht, buschig, im Alter dicht mit locker überhängenden Zweigen, Höhe und Breite bis 2 m

Blüten:
Juni - Juli; Ähren, weiß, in Büscheln, glockig, 4 mm lang

Früchte:
Beeren, kugelig, bis 6 mm breit, in dicken Büscheln, purpurrot, zahlreich, auffallend, giftig

Blätter:
Stumpfgrün, eirund bis breit elliptisch, 2-4 cm lang, Herbstfärbung rötlich, sommergrün

Verwendung:
In der Landschaft und im Siedlungsbereich als Deckstrauch, zur Flächenbegrünung und als Straßenbegleitgrün, nicht an Kinderspielplätzen, Schulen, Kindergärten

Lebensbereich:
[2] Auen- und Ufergehölze, Ordnungsziffer 2.5.4.5

Standort:
Sonnig bis halbschattig; sandige, sandig-kiesige bis kiesig-lehmige, mäßig trockene bis frische, schwach saure bis alkalische, mäßig nährstoffreiche bis nährstoffreiche Böden; kalktolerierend

Gärtnerische Vermehrung:
Durch Steckholz

Hinweise:
Frost- und rauchhart, stadtklimafest, salztolerant, Wurzeldruck vertragend, anspruchslos, evtl. nur Bedarfsschnitt

Weitere Arten und Sorten:
S. x doorenbosii 'White Hedge', Höhe bis 1,5 m, weiß, glockenförmig, Früchte weiß, kugelige Beeren, Herbstfärbung gelblich

---

Unten: S. x doorenbosii 'White Hedge'

Königs-Flieder, Chinesischer Flieder Oleaceae, Ölbaumgewächse

Erklärung Artname:
chinensis = aus China stammend

Herkunft:
Züchtung aus S. vulgaris und S. persica, in Frankreich 1777 im Botanischen Garten in Rouen entstanden;
Art: in Tal- und Höhenlagen bis 800 m

Wuchs:
Großstrauch, buschig, aufrecht, locker, Triebe überhängend, Höhe und Breite 3-5 m

Blüten:
Mai; Rispen, lila, nickend, bis 15 cm lang, am mehrjährigen Holz, duftend

Früchte:
Kapseln, länglich, grün

Blätter:
Dunkelgrün, eiförmig bis oval, 4-8 cm lang, keine Herbstfärbung, sommergrün

Verwendung:
Als Solitär- oder Gruppengehölz für Hausgärten und im Siedlungsbereich

Lebensbereich:
[9] Gehölze der Hecken und Strauchflächen, Ordnungsziffer 9.3.3.4

Standort:
Sonnig; sandig-humose bis sandig-lehmige, frische bis feuchte, schwach saure bis alkalische, nährstoffreiche Böden; kalktolerierend

Gärtnerische Vermehrung:
Durch Veredlung

Hinweise:
Frost- und rauchhart, hitze- und trockenverträglich, stadtklimafest, Verjüngungsschnitt im 2. Jahr nach der Pflanzung, abgeblühte Blütenstände entfernen

Weitere Arten und Sorten:
S. x chinensis 'Saugeana', Höhe 3-4 m, locker hängende Rispen, Blüten tief lilarot, sonst wie die Art;
S. meyeri 'Palibin', zierlich, dichtbuschig, Höhe und Breite bis 1,2 m, Blattränder gewellt, Blüten helllila, unverzweigte Rispen, sehr gut duftend, Herbstfärbung keine

Syringa komarowii subsp. reflexa (Syn.: Syringa reflexa)

Bogen-Flieder, Hänge-Flieder
Oleaceae, Ölbaumgewächse

Erklärung Artname:
komarowii = nach V. L. Komarow (russischer Botaniker, 1869-1945), reflexa = zurückgebogen

Herkunft:
Mittel-China, in Laub- und Nadelmischwäldern

Wuchs:
Großstrauch, trichterförmig aufrecht, breit, Seitenzweige bogig überhängend, Höhe und Breite 3-4 m

Blüten:
Juni - Juli; außen rosa, innen hellrosa, in Knospe karminrosa, Rispen walzenförmig leicht gebogen, bis 16 cm lang, hängend, stark duftend

Früchte:
Kapseln, länglich, grün, 1-2 cm lang

Blätter:
Oberseits sattgrün, unterseits graugrün, länglich-lanzettlich bis oval, derb, runzelig, bis 15 cm lang, Herbstfärbung gelblich, sommergrün

Verwendung:
Als Solitärgehölz, als Blütenstrauch in gemischten Hecken

Lebensbereich:
[7] Gehölze kühl-feuchter Wälder, Ordnungsziffer 7.2.2.4

Standort:
Sonnig; sandig-humose bis lehmige, frische bis feuchte, saure bis neutrale, mäßig nährstoffreiche Böden; kalkempfindlich

Gärtnerische Vermehrung:
Durch Aussaat

Hinweise:
Bienenweide, verblühte Rispen entfernen fördert Blütenansatz, blüht am zweijährigen Holz, frosthart, stadtklimafest

Weitere Arten und Sorten:
S. josikaea, buschig, dicht, breit aufrecht, Höhe und Breite bis 4 m, helllila, in 10-15 cm langen, schmal pyramidalen Rispen, stark duftend, Herbstfärbung gelb

Syringa vulgaris 'Charles Joly'

Edel-Flieder
Oleaceae, Ölbaumgewächse

Erklärung Artname:
vulgaris = gewöhnlich

Herkunft:
Züchtung; Art: Südosteuropa, in Tal- und Höhenlagen bis 800 m

Wuchs:
Großstrauch, oft auch als mehrtriebiger, kleiner Baum, steif aufrecht, breitausladend, Höhe und Breite 3-7 m

Blüten:
Mai - Juni; purpurrot, gefüllt, Rispen 10-20 cm lang, am mehrjährigen Holz, duftend

Früchte:
Werden nicht ausgebildet

Blätter:
Frischgrün, breit oval bis herzförmig, bis 10 cm lang, keine Herbstfärbung, sommergrün

Verwendung:
Im Siedlungsbereich als Solitär- oder Gruppengehölz, als Hecke

Lebensbereich:
[9] Gehölze der Hecken und Strauchflächen, Ordnungsziffer 9.3.2.4

Standort:
Sonnig; sandig-humose bis sandig-lehmige, frische bis feuchte, schwach saure bis alkalische, nährstoffreiche Böden; kalktolerierend

Gärtnerische Vermehrung:
Durch Veredlung und In-Vitro-Methode

Hinweise:
Frosthart, hitzeverträglich, stadtklimafest, rauchhart, windresistent, aufkahlend, sehr schnittverträglich, Februar - März

Weitere Arten und Sorten:
S. vulgaris 'Andenken an Ludwig Späth', dunkelpurpur, einfach, bis 30 cm lang, duftend;
S. vulgaris 'Michel Buchner', lila mit weißem Auge, gefüllt, bis 30 cm, duftend;
S. vulgaris 'Mme Lemoine', reinweiß, gefüllt, bis 20 cm lang, duftend

Unten: S. vulgaris 'Mme Lemoine'

Tamarix parviflora

Rosa Frühlings-Tamariske
Tamaricaceae, Tamariskengewächse

Erklärung Artname:
parviflora = kleinblütig

Herkunft:
Südost-Europa, in Tal- und Höhenlagen bis 800 m

Wuchs:
Großstrauch, teilweise straff aufrecht, wenig verzweigt, Triebe weit ausladend und bis zum Boden überhängend, Sprosse purpurn, Höhe 3-5 m, Breite bis 6 m

Blüten:
Mai - Juni; blassrosa , 4-zählig, an straff aufrechten, endständigen Rispen, 3-4 cm lang, sehr zahlreich an vorjährigen Trieben

Früchte:
Werden nicht ausgebildet

Blätter:
Bläulich-grün, lanzettlich, schuppenartig, 3 mm lang, keine Herbstfärbung, sommergrün

Verwendung:
Als Solitärgehölz in Hausgärten (Blüten) und als Schutzpflanzung

Lebensbereich:
[6] Steppengehölze und Trockenwälder, Ordnungsziffer 6.3.2.4

Standort:
Sonnig bis halbschattig; sandig-lehmige, mäßig trockene bis frische, schwach saure bis stark alkalische, mäßig nährstoffreiche bis nährstoffreiche Böden; kalktolerierend

Gärtnerische Vermehrung:
Durch Steckholz

Hinweise:
Frosthart, trocken- und hitzeresistent, stadtklimafest, hohe Salztoleranz, windfest, anspruchslos, nur Bedarfsschnitt

Weitere Arten und Sorten:
T. ramosissima, überhängende, rotbraune Sprossen, Höhe und Breite bis 5 m, Blätter spitz, 4 cm lang, Blüten rosa, 5-zählig, an bis zu 7 cm langen Rispen, Juli - September, Herbstfärbung blass-gelblich

Winter-Linde
Malvaceae, Malvengewächse

Erklärung Artname:
cordata = herzförmig

Herkunft:
Europa, in Laubmisch- und Auenwäldern, in Tal- und Höhenlagen bis 1500 m

Wuchs:
Großbaum, Krone hochgewölbt, etwas unregelmäßig ausladend, Stamm kurz, Seitenäste breit überhängend, Höhe 18-30 m, Breite 10-20 m

Blüten:
Juli; Trugdolden, gelblich-weiß, 2 cm breit, bis zu 10 gebüschelt, hängend, duftend

Früchte:
Nüsschen, erbsengroß, bräunlich, ab August, mit einem Flügelblatt

Blätter:
Oberseits dunkelgrün, unterseits bläulich-grün, schief herzförmig, in den Achseln der Adern braune Haare, bis 10 cm lang, Herbstfärbung gelb, sommergrün

Verwendung:
Als Solitär- oder Gruppengehölz im Siedlungsbereich, als Allee-, Park- und Straßenbaum, in der freien Landschaft, als Forstgehölz

Lebensbereich:
[3] Artenreiche Wälder und Gehölzgruppen, Ordnungsziffer 3.1.3.1

Standort:
Sonnig bis halbschattig; sandig-lehmige, mäßig trockene bis frische, schwach saure bis alkalische, mäßig nährstoffreiche bis nährstoffreiche Böden; kalktolerierend

Gärtnerische Vermehrung:
Durch Aussaat, Sorten durch Veredlung

Hinweise:
Sehr frosthart, hitze-, trocken- und stadtklimaverträglich, anspruchslos, sehr schnittverträglich, Blattlausbefall = Honigtau

Weitere Arten und Sorten:
T. cordata 'Greenspire', kegel- bis eiförmig, Höhe 15-20 m, Breite 10-12 m, Herbstfärbung goldgelb;
T. cordata 'Rancho', kegelförmig, Höhe 10-15 m, Breite 4-8 m, Herbstfärbung dunkelgelb

Unten: T. cordata 'Greenspire'

Tilia x europaea 'Euchlora'

Krim-Linde
Malvaceae, Malvengewächse

Erklärung Artname:
europaea = aus Europa stammend;
euchlora = schön grün

Herkunft:
Züchtung aus Tilia cordata und Tilia dasystyla

Wuchs:
Mittelgroßer Baum, Krone kegel- bis eiförmig, Äste im Alter bogig überhängend, Stamm durchgehend, Höhe 15-20 m, Breite 10-12 m

Blüten:
Juni; Trugdolden, gelb, 1,5 cm breit, zu 3-7 gebüschelt, hängend

Früchte:
Nüsschen, August - September, bis Januar haftend, Flügelblatt

Blätter:
Oberseits dunkelgrün, glänzend, unterseits hellgrün, eiförmig bis rundlich, 5-10 cm lang, scharf gesägt, Herbstfärbung gelb, sommergrün

Verwendung:
Im Siedlungsbereich einzeln oder in Gruppen, als Straßen-, Allee- und Parkbaum (überhängende Wuchsform beachten)

Lebensbereich:
[3] Artenreiche Wälder und Gehölzgruppen, Ordnungsziffer 3.1.3.2

Standort:
Sonnig bis halbschattig; sandig-lehmige, mäßig trockene bis frische, schwach saure bis alkalische, mäßig nährstoffreiche bis nährstoffreiche Böden; kalktolerierend

Gärtnerische Vermehrung:
Durch Veredlung

Hinweise:
Wie Tilia cordata, aber kein Honigtau

Weitere Arten und Sorten:
T. x europaea, kegelförmig, Höhe 25-35 m, Breite 15-20 m, Blätter herzförmig, Herbstfärbung gelb, Bienenweide;
T. x europaea 'Pallida', gleichmäßig kegelförmig, Höhe 30-40 m, Breite 15-20 m, Blätter schief herzförmig, Herbstfärbung gelb

---

Oben: Belaubung im Frühjahr

Sommer-Linde
Malvaceae, Malvengewächse

Erklärung Artname:
platyphyllos = breitblättrig

Herkunft:
Mittel- bis Südeuropa,
in artenreichen Berg- und Schluchtwäldern

Wuchs:
Großbaum, meist kurzschäftig, oval, anfangs breit eiförmig, später rundlich, hoch gewölbt, Rinde grau bis schwarz, längsrissig oder gefurcht, Jungtriebe hellrotbraun, flaumig behaart, Höhe 30-35 m, Breite 18-25 m

Blüten:
Juni - Juli; Trugdolden, gelblich-weiß,
2 cm breit, zu 3-5 gebüschelt, duftend

Früchte:
Nüsschen mit einem Flügelblatt, erbsengroß, braun, graufilzig behaart

Blätter:
Oberseits stumpfgrün, unterseits graugrün, schief herzförmig, dicht weiß behaart, 7-15 cm lang, größte Blätter aller hier gängigen Tilia, Herbstfärbung gelb, sommergrün

Verwendung:
Im Einzelstand als Dorf- und Hofbaum,
für Haine und an breiten Landstraßen,
bedingt im städtischen Bereich

Lebensbereich:
[7] Gehölze kühl-feuchter Wälder,
Ordnungsziffer 7.3.2.1

Standort:
Sonnig bis halbschattig; humos-lehmige, sandig-lehmige bis lehmig-kiesige, feuchte, schwach saure bis alkalische, nährstoffreiche Böden; kalktolerierend

Gärtnerische Vermehrung:
Durch Aussaat

Hinweise:
Fordert gleichmäßig feuchte Boden- und Luftverhältnisse, salzempfindlich, wenig windfest, Bienenweide

Weitere Arten und Sorten:
T. platyphyllos 'Rubra', breit kegelförmig, hochgewölbt, Höhe 25-35 m, Breite 15-20 m, Zweige im Winter auffallend orange bis korallenrot, Herbstfärbung gelb

---

Unten: Blattunterseite und Blüten

Tilia tomentosa

Silber-Linde
Malvaceae, Malvengewächse

Erklärung Artname:
tomentosa = filzig, polstrig

Herkunft:
Südeuropa, Kleinasien,
in trocken-heißen Laubmischwäldern

Wuchs:
Großbaum, Hauptäste schmal aufrecht, dicht, regelmäßig breitkegelig, im Alter hochgewölbt, starke Seitenäste hängen teilweise bogig herab, Jungtriebe fein graufilzig bis leicht grünlich, Borke glatt, hellgrau, wenig gefurcht, Höhe 25-30 m, Breite 15-20 m

Blüten:
Juli; Trugdolden, gelblich-weiß, 1,5 cm breit, bis zu 10 gebüschelt, hängend, durchdringend duftend

Früchte:
Nüsschen, rundlich, gerippt

Blätter:
Oberseits dunkelgrün, unterseits silbergrau, schief herzförmig, dicht behaart, zugespitzt, wenig gelappt, bis 10 cm lang und 6 cm breit, Herbstfärbung strahlend gelb, sommergrün

Verwendung:
Als Allee-, Park- und Straßenbaum

Lebensbereich:
[6] Steppengehölze und Trockenwälder, Ordnungsziffer 6.3.2.1

Standort:
Sonnig; sandig-lehmige bis lehmige, mäßig trockene bis frische, schwach saure bis alkalische, mäßig nährstoffreiche bis nährstoffreiche Böden; kalkliebend

Gärtnerische Vermehrung:
Durch Aussaat, Sorten durch Veredlung

Hinweise:
Verträgt auch innerstädtisches Klima, empfindlich gegen Oberflächenverdichtung, Insektennährgehölz, Bienenweide, nur bedingt schnittverträglich

Weitere Arten und Sorten:
T. tomentosa 'Brabant', etwas kompakter als die Art, Höhe 20-25 m, Breite 12-18 m, Herbstfärbung leuchtend gelb

---

Unten: Blattunterseite

Resista®-Ulme 'New Horizon'
Ulmaceae, Ulmengewächse

Erklärung Artname:
Keiner Art zugeordnet

Herkunft:
Züchtung von Prof. Smalley und Prof. Guries von der Madison Universität in Wisconsin/USA, 1958

Wuchs:
Mittelgroßer Baum, Krone breit kegelförmig, dicht, Höhe 15-20 m, Breite 12-15 m

Blüten:
Unscheinbar und nicht von Bedeutung

Früchte:
Unscheinbar und nicht von Bedeutung

Blätter:
Dunkelgrün, glänzend, eiförmig, doppelt gesägt, lang anhaftend, Herbstfärbung grünlich-gelb bis gelb, sommergrün

Verwendung:
Als Allee-, Park- und Straßenbaum

Lebensbereich:
[2] Auen- und Ufergehölze, Ordnungsziffer 2.4.4.2

Standort:
Sonnig bis halbschattig; sandig-lehmige, frische bis feuchte, neutrale bis alkalische, nährstoffreiche Böden; kalkliebend

Gärtnerische Vermehrung:
Durch Stecklinge

Hinweise:
Große Standortamplitude, besonders hohe Resistenz gegen die Erreger der Holländischen Ulmenkrankheit, werden nur mit Resista®-Sortenetiketten und Echtheitszertifikat geliefert

Weitere Arten und Sorten:
U. 'Columella'®, säulenförmiger Wuchs, Höhe bis 18 m, Breite bis 5 m, Herbstfärbung gelb;
U. 'Fiorente'® (RESISTA®), schmaler Kronenaufbau, schnellwachsend, lang anhaltendes Laub;
U. 'Rebella'® (RESISTA®), lockerer Kronenaufbau, in der Spitze leicht überhängende Triebe, auffallend rötliche Herbstfärbung;
U. 'Rebona'® (RESISTA®), Höhe bis 25 m, gute Ausbildung des Leittriebes, sonst der Sorte 'New Horizon' sehr ähnlich

Unten: U. 'Rebona'® (RESISTA®)

Ulmus glabra

Berg-Ulme, Weißrüster
Ulmaceae, Ulmengewächse

Erklärung Artname:
glabra = kahl, glatt

Herkunft:
Europa, Westasien, in Schlucht- und Auenwäldern, in Tal- und Höhenlagen

Wuchs:
Großbaum, Krone rund, meist kurzstämmig, Zweige fischgrätenartig angeordnet, Höhe 25-40 m, Breite bis 20 m

Blüten:
März - April; braunrot, in Büscheln

Früchte:
Nüsse, geflügelt, 2,5 cm breit, grün

Blätter:
Oberseits dunkelgrün, unterseits hellgrün, flaumig behaart, eiförmig bis breit elliptisch (variabel), bis 16 cm lang, doppelt gesägt, die Blattspreite ist am Blattgrund stark asymmetrisch, Herbstfärbung gelb, sommergrün

Verwendung:
Als Landschaftsgehölz, auf Verwendung von im Handel befindlichen, als resistent bezeichneten Sorten, wird verwiesen (Ulmensterben)

Lebensbereich:
[2] Auen- und Ufergehölze, Ordnungsziffer 2.4.4.1

Standort:
Sonnig bis halbschattig; sandig-kiesige bis lehmige, frische bis feuchte, neutrale bis alkalische, nährstoffreiche Böden; kalkliebend

Gärtnerische Vermehrung:
Durch Aussaat, Sorten durch Veredlung

Hinweise:
Frosthart, Bedarfsschnitt Februar - März, weiter Pflanzabstand wegen Ulmenkrankheit wählen

Weitere Arten und Sorten:
U. glabra 'Pendula', weit überhängend, schirmförmig, Höhe bis 5 m, Breite bis 8 m, detaillierte Beschreibung in der App

---

Unten: U. glabra 'Pendula'

Ulmus x hollandica 'Wredei'

Gold-Ulme
Ulmaceae, Ulmengewächse

Erklärung Artname:
hollandica = aus Holland stammend

Herkunft:
Züchtung; Art: Europa, Nordafrika, Südwest-Asien, in Auwäldern, Hanglagen

Wuchs:
Kleinbaum, Stamm reicht weit bis in die Krone, säulenförmig, straff aufrecht, später trichterförmig, Höhe 8-10 m, Breite 4-5 m

Blüten:
Februar - März; bräunlich, in Büscheln, klein

Früchte:
Werden nicht ausgebildet

Blätter:
Leuchtend goldgelb beim Austrieb, später gelbgrün, breit oval bis eiförmig, gewellt, auffällig geadert, 6-10 cm lang, keine Herbstfärbung, sommergrün

Verwendung:
Als Ziergehölz, zur Einzelstellung in Hausgärten und im öffentlichen Grün

Lebensbereich:
[9] Gehölze der Hecken und Strauchflächen, Ordnungsziffer 9.3.3.3

Standort:
Sonnig; sandig-humose bis sandig-lehmige, frische bis feuchte, schwach saure bis alkalische, nährstoffreiche Böden; kalkliebend

Gärtnerische Vermehrung:
Durch Veredlung

Hinweise:
Auffallend durch den sehr intensiv leuchtend goldgelben Blattschmuck, Verbrennungen an den Blättern bei zu wenig Bodenfeuchte und zu starker Sonneneinstrahlung möglich, frosthart

Weitere Arten und Sorten:
U. x hollandica 'Groeneveld', Kleinbaum, dicht, gedrungen, Höhe 12-15 m, Breite 4-6 m, Blätter herzförmig, bis 10 cm lang, Herbstfärbung gelblich

Ulmus minor

Feld-Ulme, Feld-Rüster
Ulmaceae, Ulmengewächse

Erklärung Artname:
minor = kleiner

Herkunft:
Europa, Nordafrika, Südwest-Asien, in Auenwäldern, Hanglagen, entlang großer Flüsse

Wuchs:
Großbaum, Krone kugelförmig bis hoch gewölbt, mit überhängenden Ästen und meist dünnen Zweigen, Höhe 20-40 m, Breite 20-25 m

Blüten:
Februar - März; rötlich bis bräunlich, in Büscheln, unscheinbar

Früchte:
Nüsschen, im vorderen Bereich zu 15-30, in Büscheln, geflügelt, grün bis bräunlich, später braun, bis 1 cm groß

Blätter:
Oberseits dunkelgrün, unterseits mittelgrün, eiförmig bis kreisförmig, variabel in der Form, asymmetrisch, bis 10 cm lang, doppelt gesägt, entlang der Adern flaumig behaart, Herbstfärbung gelb, sommergrün

Verwendung:
Zur Einzelstellung in der Landschaft, Pioniergehölz an Gewässern

Lebensbereich:
[2] Auen- und Ufergehölze, Ordnungsziffer 2.5.2.1

Standort:
Sonnig bis halbschattig; sandig-kiesige bis lehmige, mäßig trockene bis frische, schwach saure bis alkalische, mäßig nährstoffreiche bis nährstoffreiche Böden; kalkliebend

Gärtnerische Vermehrung:
Durch Aussaat, Sorten durch Veredlung

Hinweise:
Verwendung wegen der Holländischen Ulmen-Krankheit nur mit Vorsicht, besser resistente Hybriden auswählen

Weitere Arten und Sorten:
U. minor 'Jacqueline Hillier', Höhe bis 3,5 m, Breite bis 5 m (nach 25 Jahren), Blätter auffallend dicht stehend, Herbstfärbung gelb

Prager Schneeball
Adoxaceae, Moschuskrautgewächse

Erklärung Artname:
Keiner Art zugeordnet;
pragense = aus Prag (Tschechien) stammend

Herkunft:
Züchtung aus V. rhytidophyllum und V. utile

Wuchs:
Normalstrauch, breitbuschig, rundlich, locker aufrecht, Höhe und Breite 2-3 m

Blüten:
Mai - Juni; Schirmrispen, weiß, halbkugelig, endständig, bis 10 cm breit, zahlreich und zierend, 5-8 mm breite, röhrenförmige Einzelblüten

Früchte:
Werden nicht ausgebildet

Blätter:
Oberseits dunkelgrün, glänzend, unterseits weißfilzig, elliptisch bis eiförmig, bis 10 cm lang und 6 cm breit, leicht runzelig, tief geadert, am Rand gewellt, immergrün

Verwendung:
Als Ziergehölz, einzeln oder als Gruppe in Gärten und öffentlichen Grünanlagen

Lebensbereich:
[6] Steppengehölze und Trockenwälder, Ordnungsziffer 6.4.4.5

Standort:
Halbschattig; sandig-lehmige bis lehmige, frische bis mäßig feuchte, schwach saure bis schwach alkalische, mäßig nährstoffreiche Böden; kalktolerierend

Gärtnerische Vermehrung:
Durch Stecklinge

Hinweise:
Immergrün, stadtklimaverträglich, möglichst kein Schnitt

Weitere Arten und Sorten:
V. x carlcephalum,
Höhe und Breite bis 3 m, weiß, in Knospe rosa, Herbstfärbung gelb bis orangerot;
V. rhytidophyllum, Höhe und Breite bis 5 m, Blätter runzelig, unterseits dicht behaart, detaillierte Beschreibung in der App;
V. sieboldii, breitbuschig, straff aufrecht, Höhe und Breite bis 4 m, Blätter gerieben unangenehm riechend, Herbstfärbung bronzefarben

Viburnum x bodnantense 'Dawn'

Winter-Schneeball, Bodnant-Schneeball Adoxaceae, Moschuskrautgewächse

Erklärung Artname:
bodnantense = aus Bodnant Gardens (Wales)

Herkunft:
Züchtung aus V. farreri und V. grandiflorum

Wuchs:
Normalstrauch, starktriebig, sparrig verzweigt, trichterförmig, leicht Ausläufer treibend, Höhe und Breite bis 3 m

Blüten:
Oktober - April; Rispen, dunkelrosa, bis 7 cm breit, Einzelblüten röhrenförmig, bis 1 cm breit, verblassen zu rosa überzogenem weiß, stark angenehm duftend, Blüte wird bei Frost vorübergehend eingestellt

Früchte:
Steinfrüchte, länglich oval, rot, später dunkelrot, bis 1 cm lang, in Büscheln

Blätter:
Dunkelgrün, glänzend, beim Austrieb oft rötlich überlaufen, oberseits rote, unterseits grüne Blattstiele, streng nach Paprika duftend, Herbstfärbung rot bis dunkelviolett, sommergrün

Verwendung:
Als Solitär- und Gruppengehölz im Siedlungsbereich, als Zierstrauch in Hausgärten

Lebensbereich:
[9] Gehölze der Hecken und Strauchflächen, Ordnungsziffer 9.3.2.5

Standort:
Sonnig; sandig-humose bis sandig-lehmige, frische bis feuchte, schwach saure bis alkalische, nährstoffreiche Böden; kalktolerierend

Gärtnerische Vermehrung:
Durch Stecklinge

Hinweise:
Frosthart, stadtklimafest, nur bedingt schnittverträglich

Weitere Arten und Sorten:
V. farreri, straff aufrecht, wenig verzweigt, Höhe und Breite bis 3 m, weiß, duftend, detaillierte Beschreibung in der App

Immergrüner Kissen-Schneeball Adoxaceae, Moschuskrautgewächse

Erklärung Artname:
davidii = nach A. David
(französischer Missionar in China, 1826-1900)

Herkunft:
Westchina

Wuchs:
Kleinstrauch, breitbuschig, rundlich, gedrungen, Höhe 0,5-1 m, Breite 1-2 m

Blüten:
Mai - Juni; Trugdolden, weiß, dicht, 5-10 cm breit, Röhrenblüten 4 mm breit, zierend

Früchte:
Steinfrüchte, eiförmig, metallisch, blau, 6 mm lang, ungenießbar

Blätter:
Oberseits tiefgrün, unterseits gelbgrün, elliptisch bis oval, deutlich 3-adrig, schwach gesägt, 5-15 cm lang, immergrün

Verwendung:
Als Ziergehölz in Gärten und Parkanlagen, zur Rabatten- und Kübelbepflanzung, im Einzelstand und in Gruppen, 3-5 Pflanzen/m²

Lebensbereich:
[6] Steppengehölze und Trockenwälder, Ordnungsziffer 6.4.4.6

Standort:
Halbschattig; sandig-lehmige bis lehmige, frische bis mäßig feuchte, schwach saure bis schwach alkalische, mäßig nährstoffreiche Böden; kalkempfindlich

Gärtnerische Vermehrung:
Durch Stecklinge

Hinweise:
Langsam wachsend, in kalten Gegenden etwas frostempfindlich, besonders schön in immergrünen Partien

Weitere Arten und Sorten:
V. x burkwoodii, Höhe und Breite bis 2,5 m, Blätter dunkelgrün, glänzend, bis 10 cm lang, Blüten weiß, 1 cm breit, duftend, in 9 cm breiten Schirmrispen, Herbstfärbung (teilweise) gelb bis orangerot

---

Unten: Fruchtstände

Viburnum lantana

Wolliger Schneeball
Adoxaceae, Moschuskrautgewächse

Erklärung Artname:
lantana = antiker Gattungsname der Verbenaceae, Wandelröschen

Herkunft:
Europa, Nordafrika, Kleinasien, an Waldrändern, in Tal- und Höhenlagen

Wuchs:
Großstrauch, straff aufrecht, dichtbuschig verzweigt, Höhe und Breite 2-5 m

Blüten:
Mai; Schirmrispen, weiß, bis 10 cm breit, halbkugelig, Einzelblüten 6 mm breit, röhrenförmig, strenger Geruch

Früchte:
Steinfrüchte, rot, später schwarz, eilänglich, giftig, 8 mm lang

Blätter:
Oberseits dunkelgrün, runzelig, unterseits graugrün, wollig, breit elliptisch, bis 12 cm lang, fein gesägt, Herbstfärbung gelb bis rötlich-braun, sommergrün

Verwendung:
Als Pioniergehölz in der freien Landschaft, auch im Siedlungsbereich, zur Bodenbefestigung

Lebensbereich:
[6] Steppengehölze und Trockenwälder, Ordnungsziffer 6.3.3.4

Standort:
Sonnig; sandig-lehmige bis lehmige, mäßig trockene bis frische, schwach saure bis alkalische, mäßig nährstoffreiche bis nährstoffreiche Böden; kalkliebend

Gärtnerische Vermehrung:
Durch Aussaat

Hinweise:
Frosthart, hitze- und trockenverträglich, windresistent, industrie- und stadtklimafest, anspruchslos, Verjüngungsschnitt ratsam

Weitere Arten und Sorten:
V. plicatum fo. tomentosum, breitrund, Zweigetagen sehr dicht stehend, Höhe bis 3,5 m, Breite bis 3 m, Blüten weiß, Blätter bis 10 cm lang, Ränder scharf gesägt, Herbstfärbung weinrot bis scharlachrot

Gewöhnlicher Schneeball, Wasser-Schneeball Adoxaceae, Moschuskrautgewächse

Erklärung Artname:
opulus = alter römischer Name für: Gewöhnlicher Schneeball

Herkunft:
Europa, Nordwest-Afrika, Asien, in Auenwäldern, an Fluss- und Bachufern, in Mischwäldern

Wuchs:
Großstrauch, breit aufrecht, ausladend, buschig, Höhe 2-5 m, Breite 3-4 m

Blüten:
Mai - Juni; Trugdolden, weißlich, tellerförmig (an Hortensien erinnernd), bis 8 cm breit, mit 2 cm breiten Röhrenblüten, am Außenrand sterile Schaublüten, 2 cm breit

Früchte:
Steinfrüchte, rundlich, glänzend rot, 8 mm breit, in hängenden Dolden, ungenießbar

Blätter:
Grün, 3- bis 5-lappig, ahornähnlich, bis 10 cm lang, Herbstfärbung orangerot, sommergrün

Verwendung:
Als Pioniergehölz für Bodenbefestigung und Uferschutz, als Landschaftsgehölz an Waldrändern, in Knicks (Heckenlandschaften)

Lebensbereich:
[2] Auen- und Ufergehölze, Ordnungsziffer 2.2.6.4

Standort:
Halbschattig; sandig-kiesige bis lehmige, frische bis feuchte, schwach saure bis alkalische, nährstoffreiche Böden; kalkliebend

Gärtnerische Vermehrung:
Durch Aussaat

Hinweise:
Eine Pflanzung in Hackfuchtgebieten ist wegen einer möglichen Schädlingsübertragung (Winterwirtspflanze) nicht anzuraten.

Weitere Arten und Sorten:
V. opulus 'Roseum', Höhe und Breite bis 4 m, schwächer wachsend als die Art, Herbstfärbung weinrot bis dunkelrot, detaillierte Beschreibung in der App

---

Unten: Herbstfärbung, mit Früchten

Viburnum plicatum 'Mariesii'

Japanischer Etagen-Schneeball, Breitwachsender Japanischer Schneeball
Adoxaceae, Moschuskrautgewächse

Erklärung Artname:
plicatum = gefaltet

Herkunft:
Züchtung; Art: Japan

Wuchs:
Normalstrauch, auffallend breitwüchsig mit einer ausgeprägt etagenförmigen Zweigstellung, Höhe 1,5-2 m, Breite 2-3 m

Blüten:
Mai - Juni; Trugdolden, weiß, 8 cm breit, tellerförmig mit reinweißen, sterilen Randblüten

Früchte:
Rundlich, anfangs rot, später schwarz, ab August, kaum vorhanden

Blätter:
Dunkelgrün, breit eiförmig, bis 10 cm lang, gesägt, tief geadert, Herbstfärbung weinrot bis violett, sommergrün

Verwendung:
Als Ziergehölz in Gärten und Parkanlagen, bevorzugt im Einzelstand auf freien Flächen

Lebensbereich:
[9] Gehölze der Hecken und Strauchflächen, Ordnungsziffer 9.3.5.5

Standort:
Halbschattig; sandig-humose bis lehmig-humose, frische bis feuchte, schwach saure bis alkalische, nährstoffreiche Böden; kalktolerierend

Gärtnerische Vermehrung:
Durch Stecklinge

Hinweise:
Empfindlich gegen starke Schnittmaßnahmen

Weitere Arten und Sorten:
V. plicatum, Höhe und Breite 2-3 m, Astpartien waagerecht ausgebreitet, Herbstfärbung dunkelweinrot bis violett

Kleines Immergrün, Kleinblättriges Singrün Apocynaceae, Hundsgiftgewächse

Erklärung Artname:
minor = kleiner

Herkunft:
Mittel- und Südeuropa, in Laubwäldern, an Waldrändern, auf Weinbergen

Wuchs:
Zwergstrauch, kriechend, teppichbildend, niederliegende Sprosse (wurzelnd)
Höhe bis 0,3 m, Breite bis 0,8 m

Blüten:
Mai und September; blaue Einzelblüten, klein, fünfblättrig

Früchte:
Balgkapseln

Blätter:
Dunkelgrün, elliptisch oder lanzettlich, 2-4 cm lang, gegenständig, immergrün

Verwendung:
Im Siedlungsbereich und in Hausgärten als Bodendecker, zur Unterpflanzung auch schattiger Partien sowie schattiger Böschungen, 10-12 Pflanzen/m^2

Lebensbereich:
[3] Artenreiche Wälder und Gehölzgruppen, Ordnungsziffer 3.1.7.7

Standort:
Halbschattig; sandig-lehmige bis lehmig-humose, mäßig trockene bis frische, schwach saure bis alkalische, mäßig nährstoffreiche bis nährstoffreiche Böden; kalktolerierend

Gärtnerische Vermehrung:
Durch Stecklinge, auch Teilung möglich

Hinweise:
Frosthart, stadtklimaresistent

Weitere Arten und Sorten:
V. major,
Blüten und Blätter wesentlich größer als bei V. minor, detaillierte Beschreibung in der App;
V. minor 'Alba',
weiß, sonst V. minor sehr ähnlich

Unten: V. major

Weigela 'Bristol Ruby'

Weigelie, Glockenstrauch Caprifoliaceae, Geißblattgewächse

Hinweise zur Nomenklatur siehe Beilage

Erklärung Artname:
Keiner Art zugeordnet;
Bristol = Stadt in den USA

Herkunft:
Züchtung, bei Cummings in Bristol, USA, 1941 entstanden

Wuchs:
Normalstrauch, locker aufrecht, breit überhängend, Höhe 2-3 m, Breite bis 4 m

Blüten:
Mai - Juni; tiefrot, glockig, röhrenförmig, dunkelrote Knospen

Früchte:
Balgkapseln

Blätter:
Dunkelgrün, elliptisch bis oval, bis 8 cm lang, gesägt, keine Herbstfärbung, sommergrün

Verwendung:
Als Blütengehölz für Hausgärten und Grünanlagen, als Solitär oder in Gruppen

Lebensbereich:
[9] Gehölze der Hecken und Strauchflächen, Ordnungsziffer 9.3.2.5

Standort:
Sonnig; sandig-humose bis sandig-lehmige, frische bis feuchte, schwach saure bis alkalische, nährstoffreiche Böden; kalktolerierend

Gärtnerische Vermehrung:
Durch Steckholz und Stecklinge

Hinweise:
Frosthart, robust, Auslichtungsschnitt nach 2-3 Jahren, gleich nach der Blüte, alte Blütenstände fallen erst im Frühjahr ab

Weitere Arten und Sorten:
W. 'Candida', Höhe und Breite 2,5-3 m, weiß;
W. 'Eva Rathke', Höhe bis 2 m, Breite bis 2,5 m, dunkel karminrot;
W. 'Styriaca', Höhe und Breite 2-3 m, rosa

Unten: W. 'Styriaca'

Weigela florida 'Foliis Purpureis' (Syn.: Weigela florida 'Purpurea')

Purpur-Weigelie, Niedriger Glockenstrauch Caprifoliaceae, Geißblattgewächse

Hinweise zur Nomenklatur siehe Beilage

Erklärung Artname:
florida = blütenreich;
foliis purpureis = purpurblättrig

Herkunft:
Züchtung; Art: Ostasien

Wuchs:
Kleinstrauch, breitbuschig, dicht geschlossen, aufrecht, weit ausladend,
Höhe 1-1,5 m, Breite 1-1,2 m

Blüten:
Juni - Juli; dunkelrosa, in Blütenbüscheln, Einzelblüten trichterförmig, 3 cm lang, zahlreich und zierend

Früchte:
Werden nicht ausgebildet

Blätter:
Dunkelrot beim Austrieb, später vergrünend, elliptisch, bis 8 cm lang, keine Herbstfärbung, sommergrün

Verwendung:
Als Blütengehölz in Gärten und Parkanlagen

Lebensbereich:
[9] Gehölze der Hecken und Strauchflächen, Ordnungsziffer 9.3.3.6

Standort:
Sonnig; sandig-humose bis sandig-lehmige, frische bis feuchte, schwach saure bis alkalische, nährstoffreiche Böden; kalktolerierend

Gärtnerische Vermehrung:
Durch Stecklinge

Hinweise:
Regelmäßiger Auslichtungsschnitt empfehlenswert, alte Blütenstände bis weit ins Frühjahr sichtbar

Weitere Arten und Sorten:
W. 'Nana Variegata', breitbuschig, Höhe und Breite bis 1,5 m, Blätter grün, weiß gerandet, Blüten weißrosa bis tiefrosa;
W. florida 'Alexandra'®, breitbuschig, Höhe und Breite bis 1 m, Blätter tiefdunkelrot, Blüten rosa

Wisteria floribunda 'Multijuga'

Japanischer Blauregen, Japanische Glyzine Fabaceae, Schmetterlingsblütler

Erklärung Artname:
floribunda = reichblütig

Herkunft:
Züchtung; Art: Japan

Wuchs:
Klettergehölz, rechtswindend, bis 8 m hoch, und manchmal sogar mehr

Blüten:
Mai - Juni; fliederblau, in dichten Trauben, hängend, 0,9-1,2 m lang

Früchte:
Hülsen, bohnenartig, bis 15 cm lang, grün, samtig behaart, giftig

Blätter:
Fiederblatt, grün, unpaarig zu 11-19, eiförmig bis lanzettlich, Herbstfärbung gelb, sommergrün

Verwendung:
Als Schlingpflanze und Blütengehölz (Kletterhilfe erforderlich)

Lebensbereich:
[2] Auen- und Ufergehölze, Ordnungsziffer 2.3.2.9

Standort:
Sonnig bis halbschattig; sandig-humose bis lehmige, frische bis feuchte, schwach saure bis neutrale, mäßig nährstoffreiche bis nährstoffreiche Böden; kalktolerierend

Gärtnerische Vermehrung:
Durch Veredlung

Hinweise:
Spätfrostgefährdet, bei Hitze zusätzlich wässern, nicht an Regenrohren und Dachrinnen klettern lassen, da diese sonst unter dem Druck der Ranken zusammengepresst werden könnten, alle Pflanzenteile giftig, Übelkeit bei Verzehr

Weitere Arten und Sorten:
W. floribunda 'Honbeni',
hellrosa, bis 45 cm lang, duftend;
W. floribunda 'Shiro-noda',
reinweiß, bis 60 cm lang, duftend

Unten: W. floribunda 'Shiro-noda'

Chinesischer Blauregen, Glyzine
Fabaceae, Schmetterlingsblütler

Erklärung Artname:
sinensis = aus China stammend

Herkunft:
China, in geschützten Tal- und Höhenlagen bis 600 m

Wuchs:
Klettergehölz, linkswindend, wenig verzweigt, Höhe 8-15 m, Breite 4-10 m

Blüten:
Mai - Juni; violett, in dichten Trauben, hängend, 10-30 cm lang, am mehrjährigen Holz, vor Austrieb

Früchte:
Hülsen, bis 15 cm lang, bohnenartig, grün, samtig behaart, giftig

Blätter:
Hellgrün, unpaarig gefiedert, zu 7-13, elliptisch oder eiförmig, 3-7 cm lang, Herbstfärbung gelb, sommergrün

Verwendung:
Als Kletterpflanze an Wänden, Pergolen und Lauben (Kletterhilfe erforderlich)

Lebensbereich:
[2] Auen- und Ufergehölze, Ordnungsziffer 2.3.1.9

Standort:
Sonnig; sandig-humose bis lehmige, frische bis feuchte, schwach saure bis neutrale, mäßig nährstoffreiche bis nährstoffreiche Böden; kalktolerierend

Gärtnerische Vermehrung:
Durch Veredlung, Wurzelschnittlinge, Aussaat, (Sämlingspflanzen sind unsichere Blüher)

Hinweise:
Sehr widerstandsfähig, nicht an Abflussrohren der Dachrinne (presst zusammen), nicht ins alte Holz zurückschneiden

Weitere Arten und Sorten:
W. sinensis 'Alba', weiß, 30 cm lang, duftend; W. sinensis 'Amethyst', violettrot, 30 cm lang, duftend, Nachblüte im Juni - Juli; W. sinensis 'Prolific', violettlila, 30 cm lang, duftend, reichblühend

Nadelgehölze

Die formalen Skulpturen

Durch meist kompakten Wuchs erhalten die Nadelgehölze formgebende, ausgeprägte Konturen. Dadurch sind sie z.B. als rationale Säule oder Kegel eine ideale Ergänzung zu den anderen meist gefühlsmäßig wirkenden Pflanzensortimenten, wodurch eine Verbindung von abwechslungsreicher Schönheit geschaffen wird.
Durch die vielfältigen Formen bezüglich Wuchs, Größe, Anordnung und Farbe von Nadeln und zapfenförmigen Fruchtständen prägen Nadelgehölze in unterschiedlicher Weise Landschaftsbilder und haben sich dank ihrer Anpassungsfähigkeit und Robustheit einen festen Platz in den Gärten erobert. Dies ist nicht zuletzt auch auf ihre meist immergrüne Erscheinung zurückzuführen, die im Winter klare Akzente setzt und im Sommer eine attraktive Kulisse bildet.
Einer gestalterischen Eintönigkeit im Bereich der Nadelgehölze wird durch eine abwechslungsreiche Pflanzung von eindrucksvollen Solitären, Zwergformen und teppichbildenden Pflanzen entgegengewirkt. Insbesondere das Zusammenspiel von Nadelgehölzen und Laubgehölzen hebt ihre ganz eigene Charakteristik.
Die Gestaltungsmöglichkeit mit Nadelgehölzen als prägende Elemente, zur Erzielung einzelner Effekte oder ganz einfach zur Verleihung eines charmanten Grüns sollte jeder, der maßgeblich in Garten und Landschaft gestaltet, kennen.

Abies alba

Weiß-Tanne
Pinaceae, Kieferngewächse

Erklärung Artname:
alba = weiß

Herkunft:
Mittel- und Südeuropa, auf frischen bis nährstoffreichen Standorten

Wuchs:
Großbaum, regelmäßige, stumpf-kegelförmige Krone, im Bestand gerade durchgehender Stamm, Äste waagerecht, Zweige leicht aufrecht; nach 10-15 Jahren 7 10 m hoch, Endhöhe 30-50 m, Breite 6-10 m

Blüten:
Mai - Juni; m: gelbbraune, kätzchenartige, länglich-ovale, überhängende Zapfen; w: hellgrüne, aufrechte Zapfen; einhäusig

Früchte:
Zapfen, aufrecht, zylindrisch, 10-15 cm lang und 3-5 cm dick, rötlich-braun

Blätter:
Nadeln, linealisch, flach, oberseits glänzend dunkelgrün, unterseits zwei weiße Streifen, 1,5-3 cm lang, immergrün

Verwendung:
Als Forstgehölz, selten in der Gartengestaltung

Lebensbereich:
[7] Gehölze kühl-feuchter Wälder, Ordnungsziffer 7.3.2.1

Standort:
Auf sonnigen bis absonnigen Standorten mit humusreichen, frischen bis feuchten, schwach sauren bis schwach alkalischen, nährstoffreichen Böden; kalktolerierend

Gärtnerische Vermehrung:
Durch Aussaat

Hinweise:
Bestandsbildend im Schwarzwald, empfindlich gegen Luftverschmutzung, laut Roter Liste gefährdete Pflanze

Weitere Arten und Sorten:
A. grandis, unregelmäßig säulenförmig, bis 50 (-70) m hoch und bis 7 m breit, Nadeln hellgrün, größte bekannte Tanne; A. veitchii, schmal kegelförmig, bis 25 m hoch und bis 6 m breit, Nadeln oberseits dunkelgrün, unterseits weißlich

---

Unten: Zweigunterseite

Colorado-Tanne, Grau-Tanne
Pinaceae, Kieferngewächse

Erklärung Artname:
concolor = einfarbig

Herkunft:
USA, Rocky Mountains bis New Mexiko, auf tiefgründigen, sauren Substraten in hohen Gebirgslagen

Wuchs:
Großbaum, breite, kegelförmige Krone, Stamm durchgehend, Seitenäste in Quirlen waagerecht bis leicht geneigt, im Freistand bis zum Boden beastet; nach 10-15 Jahren 8-12 m hoch, Endhöhe 20-25 m, in der Heimat bis 40 m, Breite 7-9 (-10) m

Blüten:
April - Mai; m: gelbe, rundliche Zapfen, w: grüngelbe, aufrechte Zapfen; einhäusig

Früchte:
Zapfen, aufrecht, zylindrisch, 10-14 cm lang und 3-5 cm breit, zunächst grünlich, später hellbraun, fruchtet erst nach ca. 20-25 Jahren

Blätter:
Nadeln, linealisch, beidseitig mattgrün, 4-8 cm lang, immergrün

Verwendung:
Im Einzelstand in großen Park- und Gartenanlagen

Lebensbereich:
[7] Gehölze kühl-feuchter Wälder, Ordnungsziffer 7.1.3.1

Standort:
Auf sonnigen bis absonnigen Standorten mit sandig-lehmigen, mäßig trockenen bis frischen, sauren bis schwach alkalischen, mäßig nährstoffreichen Böden; kalktolerierend

Gärtnerische Vermehrung:
Durch Aussaat, Sorten durch Veredlung

Hinweise:
Standorttolerante und unproblematische Tannenart, verträgt von allen Tannen am ehesten Trockenheit

Weitere Arten und Sorten:
A. concolor 'Compacta', schwach wachsend, kegelförmig, bis 5 m hoch und bis 2 m breit, Nadeln bläulich bereift

Unten: Neuaustrieb

Abies koreana

Korea-Tanne, Zapfen-Tanne
Pinaceae, Kieferngewächse

Erklärung Artname:
koreana = aus Korea stammend

Herkunft:
Korea, in Bergwäldern über 1000 m

Wuchs:
Kleinbaum, regelmäßige, breit-kegelförmige Krone, Stamm durchgehend, Äste etagenförmig, leicht ansteigend; nach 10-15 Jahren 3-4 m hoch, Endhöhe 10-12 m, Breite 3-5 m

Blüten:
Mai; m: kleine, anfangs rötliche, aufgeblüht gelbliche, hängende, ovale Zapfen;
w: blass purpurrote, aufrechte Zapfen; einhäusig

Früchte:
Zapfen, aufrecht, zylindrisch, 5-7 cm lang, bis zur Reife violettpurpur, meist beharzt, fruchtet erst nach 5-8 Jahren

Blätter:
Nadeln, linealisch, oberseits glänzend dunkelgrün, unterseits weiß mit grüner Mittelrippe, 1-2 cm lang, immergrün

Verwendung:
Als Solitärgehölz für kleinere Anlagen, in denen eine Tanne als Leitgehölz gewünscht wird

Lebensbereich:
[7] Gehölze kühl-feuchter Wälder, Ordnungsziffer 7.3.3.3

Standort:
Auf sonnigen bis absonnigen Standorten mit sandig-lehmigen, frischen bis feuchten, sauren bis alkalischen, nährstoffreichen Böden; kalktolerierend

Gärtnerische Vermehrung:
Durch Aussaat und Veredlung, Sorten nur durch Veredlung

Hinweise:
Veredlungen wachsen deutlich langsamer als Sämlingspflanzen, auch entwickeln sich hier die Zapfen früher und zahlreicher

Weitere Arten und Sorten:
A. koreana 'Molli', aufrecht gedrungen, bis 4 m hoch und bis 1,5 m breit, Nadeln oberseits dunkelgrün, unterseits silbrig;
A. koreana 'Silberlocke', aufrecht, bis 6 m hoch und 3 m breit, Nadeln unterseits silbrig-weiß

Unten: junge, unreife Zapfen

Nordmanns-Tanne, Kaukasus-Tanne
Pinaceae, Kieferngewächse

Erklärung Artname:
nordmanniana = nach A. von Nordmann (finnischer Botaniker, 1803-1866)

Herkunft:
Kaukasus und Nordost-Türkei, in Bergmischwäldern über 1000 m

Wuchs:
Großbaum, breit pyramidale Krone, Äste regelmäßig quirlständig und bis zum Boden; nach 10-15 Jahren 5-7 m hoch, Endhöhe 20-30 m, Breite 7-9 m

Blüten:
Mai; m: kleine, rötliche, ovale Zapfen; w: grünliche Zapfen, nur im oberen Kronenbereich; einhäusig

Früchte:
Zapfen, aufrecht, zylindrisch, 15-20 cm lang, grünlich, später dunkelbraun, mit Harztropfen

Blätter:
Nadeln, linealisch stumpf, oberseits dunkelgrün glänzend, unterseits zwei weiße Bänder, bis 3 cm lang, immergrün

Verwendung:
In Parkanlagen und großen Gärten, vor allem aber als Weihnachtsbaum

Lebensbereich:
[7] Gehölze kühl-feuchter Wälder, Ordnungsziffer 7.3.3.1

Standort:
Auf sonnigen bis absonnigen Standorten mit sandig-lehmigen, frischen bis feuchten, schwach sauren bis schwach alkalischen, nährstffarmen bis mäßig nährstoffreichen Böden; kalktolerierend

Gärtnerische Vermehrung:
Durch Aussaat

Hinweise:
Am weitesten im Handel verbreitet ist der Sämlingstyp A. nordmanniana 'Ambrolauri'. Immer wichtiger werden aber auch spätaustreibende, russische Herkünfte.

Weitere Arten und Sorten:
A. homolepis, breit kegelförmig, bis 30 m hoch und bis 8 m breit, Nadeln oberseits dunkelgrün, unterseits silbrig mit zwei weißen Bändern

Abies procera 'Glauca'

Silber-Tanne
Pinaceae, Kieferngewächse

Erklärung Artname:
procera = schlank; glauca = blaugrün

Herkunft:
Züchtung; Art: USA, Washington, Oregon, Kalifornien, in feuchten Gebirgslagen

Wuchs:
Mittelgroßer Baum, unregelmäßig breit, kegelförmig, locker, Stamm kerzengerade, walzenförmig, nach 10-15 Jahren 2-4 m hoch, Endhöhe 15-20 (-25) m, Breite 6-8 m

Blüten:
Mai; m: rötliche, kätzchenartige, länglich-ovale Zapfen; w: anfangs rötliche, später grünliche, aufrechte Zapfen; einhäusig

Früchte:
Zapfen, aufrecht, zylindrisch,15-20 cm lang, gelblich-braun, fruchtet erst nach 5-8 Jahren

Blätter:
Nadeln, linealisch, oberseits silbrig, unterseits graugrün, 2,5-3,5 cm lang, immergrün

Verwendung:
Durch die starke Färbung der Nadeln besonders auffälliger Baum, meist für den Einzelstand, auch für die Gewinnung von Schmuckreisig

Lebensbereich:
[7] Gehölze kühl-feuchter Wälder, Ordnungsziffer 7.2.2.2

Standort:
Auf sonnigen bis absonnigen Standorten mit humosen, tiefgründigen, frischen bis feuchten, sauren bis neutralen, mäßig nährstoffreichen Böden; kalkempfindlich

Gärtnerische Vermehrung:
Durch Veredlung

Hinweise:
Zapfenbesatz aufrecht, früh, zahlreich, auffallend groß, langlebigste Tannenart (bis 700 Jahre)

Weitere Arten und Sorten:
A. balsamea 'Nana', Zwergform, bis 1 m hoch und bis 2 m breit, Nadeln oberseits dunkelgrün, unterseits zwei weiße Streifen; A. lasiocarpa 'Compacta', kegelförmig, bis 3 m hoch und bis 1,5 m breit, Nadeln silbrig-blau bis graugrün

---

Unten: A. lasiocarpa 'Compacta'

Andentanne, Araukarie, Chilenische Schmucktanne Araucariaceae, Araukariengewächse

Erklärung Artname:
Die "Araukaner": südamerikanischer Indianerstamm

Herkunft:
Chile bis Südwest-Argentinien, Anden

Wuchs:
Großbaum, bizarr wachsend, kegelförmig, weibliche Bäume können eine Höhe von bis zu 35-40 m und eine Breite von bis zu 10 m erreichen

Blüten:
Juli - August; m: gelbliche, im Verblühen bräunliche, zylindrische, überhängende Zapfen; w: grünliche, runde, aufrechte Zapfen; meist zweihäusig

Früchte:
Zapfen, kugelig, schuppenbewehrt, braun, entfernt an eine Kokosnuss erinnernd, Durchmesser bis 15 cm, darin 3-4,5 cm lange, essbare Samen, die sogenannten "Pinones"

Blätter:
Spiralig angeordnet, spitz-dreieckig, dunkelgrün glänzend, bis zu 15 Jahre haftend, immergrün

Verwendung:
Liebhabergehölz für solitäre Verwendung, als Highlight repräsentativer Pflanzungen

Lebensbereich:
[7] Gehölze kühl-feuchter Wälder, Ordnungsziffer 7.4.1.3

Standort:
Auf sonnigen Standorten mit gut kultivierten, tiefgründigen, frischen bis feuchten, mäßig nährstoffreichen Böden; kalkempfindlich

Gärtnerische Vermehrung:
Durch Aussaat

Hinweise:
Ganz besonderer, waldartiger Bestand in Leuwen bei Brüssel

Weitere Arten und Sorten:
A. heterophylla, bekannteste Zimmerkonifere mit schönen, hellgrünen Blättern

Unten: männliche Blütenzapfen

Cedrus deodara

Himalaya-Zeder
Pinaceae, Kieferngewächse

Erklärung Artname:
deodara = indisch für Baum der Götter

Herkunft:
Himalaya-Gebirge,
in Bergwäldern zwischen 1000 und 4000 m

Wuchs:
Kleinbaum, breit kegelförmig,
Wipfeltrieb peitschenartig überhängend;
nach 10-15 Jahren 4-6 m hoch,
Endhöhe 10-15 (-20) m, Breite 6-10 m

Blüten:
September - Oktober; m: rötliche, aufrechte Zapfen; w: grünliche Zapfen; einhäusig

Früchte:
Zapfen, tonnenförmig, 8-10 cm lang, bläulich, später rostbraun, fruchtet selten

Blätter:
Nadeln, grün bis graugrün, 2,5-5 cm lang, immergrün

Verwendung:
In Gärten und Parkanlagen, überwiegend im Einzelstand. (wirkt noch malerischer als Cedrus libani 'Atlantica Glauca')

Lebensbereich:
[7] Gehölze kühl-feuchter Wälder,
Ordnungsziffer 7.2.1.1

Standort:
Auf sonnigen Standorten mit sandig-humosen, tiefgründigen, frischen bis feuchten, schwach sauren bis neutralen, nährstoffreichen Böden; kalkempfindlich

Gärtnerische Vermehrung:
Durch Aussaat, Sorten durch Veredlung

Hinweise:
Für spätfrostgefährdete Standorte besser frostharte Auslesen, sogenannte "Paktia-Herkünfte", verwenden, qualitativ hochwertiges Holz

Weitere Arten und Sorten:
C. deodara 'Aurea',
breit kegelförmig, Nadeln goldgelb;
C. deodara 'Eisregen',
schlank aufrecht, Nadeln hellblau,
sehr winterhart;
C. deodara 'Pendula',
Hängeform, Nadeln grün bis graugrün

Cedrus libani 'Atlantica Glauca' (Syn.: Cedrus atlantica 'Glauca')

Blau-Zeder, Blaue Atlas-Zeder
Pinaceae, Kieferngewächse

Hinweise zur Nomenklatur siehe Beilage

Erklärung Artname:
libani = aus dem Libanon stammend

Herkunft:
Züchtung; Art: Algerien, Marokko, Atlas-Gebirge bis auf 2000 m

Wuchs:
Mittelgroßer Baum, Krone ausladend locker, Stamm meist kurzschäftig mit mehreren, sich gabelnden Hauptästen; nach 10-15 Jahren 4-5 m hoch, Endhöhe 15-25 m, Breite 10-15 m

Blüten:
September-Oktober;
m: blassgelbe, kätzchenartige Zapfen;
w: grünliche bis rötliche Zäpfchen; einhäusig

Früchte:
Zapfen, aufrecht, eiförmig dick, 5-8 cm lang, hellgrün, später braun, bis in die unteren Astpartien, fruchtet erst nach 2-3 Jahren

Blätter:
Nadeln, in rosettenartigen Büscheln, steif, zugespitzt, graublau bis silbergrau, 2-2,5 cm lang, immergrün

Verwendung:
Klassischer Großbaum für die solitäre Verwendung in repräsentativen Parkanlagen und Gärten

Lebensbereich:
[6] Steppengehölze und Trockenwälder, Ordnungsziffer 6.4.2.2

Standort:
Auf sonnigen Standorten mit sandigen, tiefgründigen, mäßig trockenen bis frischen, schwach sauren bis stark alkalischen, nährstoffreichen Böden; kalkliebend

Gärtnerische Vermehrung:
Durch Veredlung, die Art durch Aussaat

Hinweise:
Frühjahrspflanzung und Winterschutz empfehlenswert, verlangt freien Stand

Weitere Arten und Sorten:
C. libani,
Großbaum, bis 40 m hoch, Nadeln dunkelgrün;
C. libani 'Glauca Pendula',
Hängeform, bis 6 m hoch, Nadeln graublau

Unten: junge, männliche Blütenzapfen

Chamaecyparis lawsoniana 'Columnaris'

Blaue Säulen-Scheinzypresse Cupressaceae, Zypressengewächse

Erklärung Artname:
lawsoniana = nach I. Lawson (schottischer Arzt, 1704-1747); columnaris = säulenartig

Herkunft:
Züchtung; Art: USA, Kalifornien, Oregon, in Nadelmischwäldern bis 1800 m

Wuchs:
Kleinbaum, säulenförmig, dichtstehende, straff aufrechte Äste, kurze, fächerförmige Zweiglein; nach 10-15 Jahren 3-4 m hoch, Endhöhe 5-8 (-10) m, Breite 1-1,5 (-2) m

Blüten:
April; m: rötlich-braune, kätzchenartige, ovale Zapfen; w: grünliche, runde Zapfen; einhäusig, blüht erst im hohen Alter

Früchte:
Zapfen, rundlich, 8-10 mm stark, braun

Blätter:
Schuppenförmig, dicht anliegend, blaugrün bis stahlblau bereift, immergrün

Verwendung:
Für schlanke, streng geometrische Hecken, selten im Einzelstand

Lebensbereich:
[7] Gehölze kühl-feuchter Wälder, Ordnungsziffer 7.3.3.3

Standort:
Auf sonnigen bis halbschattigen Standorten mit sandig-humosen, mäßig trockenen bis frischen, sauren bis schwach alkalischen, nährstoffreichen Böden; kalktolerierend

Gärtnerische Vermehrung:
Durch Stecklinge

Hinweise:
Sehr schnittverträglich, im Winter gegen Ostwinde schützen, salzempfindlich, bei Luft- und Bodentrockenheit Kümmerwuchs, Giftpflanze (alle Pflanzenteile sind durch das Terpen "Sabinen" giftig)

Weitere Arten und Sorten:
C. lawsoniana 'Alumii', locker säulenförmig, bis 15 m hoch und bis 4 m breit, blau, detaillierte Beschreibung in der App;
C. lawsoniana 'Spek', kegelförmig, bis 10 m hoch und bis 4 m breit, graublau

Chamaecyparis lawsoniana 'Ellwoodii'

Blaue Kegel-Scheinzypresse
Cupressaceae, Zypressengewächse

Erklärung Artname:
lawsoniana =
nach I. Lawson (schottischer Arzt, 1704-1747)

Herkunft:
Züchtung; Art: USA, Kalifornien, Oregon, in Nadelmischwäldern bis 1800 m

Wuchs:
Normalstrauch, kegelförmig geschlossen, im Alter lockerer, Zweige aufrecht und sehr dicht, nach 10-15 Jahren 1,5-2 m hoch, Endhöhe 2-4 (-5) m, Breite 1-1,5 (-2) m

Blüten:
April; m: rötlich-braune, kätzchenartige, ovale Zapfen; w: bläulich-grüne, rundliche Zapfen; einhäusig, blüht selten und erst im hohen Alter

Früchte:
Zapfen, rundlich, 8-10 mm stark, braun

Blätter:
Nadelförmig, sehr zierlich ausgebildet, dadurch fedrig wirkend, blaugrau, unterseits heller, immergrün

Verwendung:
Im Einzelstand oder als Gruppengehölz, in größeren Heidegärten als Ersatz für Juniperus

Lebensbereich:
[7] Gehölze kühl-feuchter Wälder, Ordnungsziffer 7.3.3.4

Standort:
Auf sonnigen bis halbschattigen Standorten mit sandig-humosen, mäßig trockenen bis frischen, sauren bis schwach alkalischen, nährstoffreichen Böden; kalktolerierend

Gärtnerische Vermehrung:
Durch Stecklinge

Hinweise:
Langsam wachsend, Giftpflanze (siehe Seite 294), leidet im Winter unter Schneebruch

Weitere Arten und Sorten:
C. lawsoniana 'Ellwood´s Gold', kegelförmig, bis 3 m hoch und bis 1,5 m breit, goldgelb;
C. lawsoniana 'Ellwood´s Pillar', ähnlich wie C. lawsoniana 'Ellwoodii' aber deutlich schmaler wachsend

Unten: C. lawsoniana 'Ellwood´s Gold'

Chamaecyparis lawsoniana 'Ivonne'

Goldgelbe Garten-Scheinzypresse Cupressaceae, Zypressengewächse

Erklärung Artname:
lawsoniana =
nach I. Lawson (schottischer Arzt, 1704-1747)

Herkunft:
Züchtung; Art: USA, Kalifornien, Oregon, in Nadelmischwäldern bis 1800 m

Wuchs:
Großstrauch, schlank kegelförmig, kompakte, aufrechte Aststellung, nach 10-15 Jahren bis 2 m hoch, Endhöhe 5-6 m, Breite 1,5-2 m

Blüten:
April; m: rötlich-braune, ovale Zapfen; w: grünlich-gelbe, runde Zapfen; einhäusig

Früchte:
Zapfen, rundlich, Durchmesser 8-10 mm, braun

Blätter:
Schuppenförmig, anliegend, goldgelb, auch noch im Winter, immergrün

Verwendung:
Im Einzelstand und in Gruppen als sonniger Aufheller in immergrünen Pflanzungen

Lebensbereich:
[9] Gehölze der Hecken und Strauchflächen, Ordnungsziffer 9.3.2.3

Standort:
Auf sonnigen bis absonnigen Standorten mit sandig-humosen, frischen bis feuchten, sauren bis alkalischen, nährstoffreichen Böden; kalktolerierend

Gärtnerische Vermehrung:
Durch Stecklinge

Hinweise:
Die goldgelbe Farbe wird nur am sonnigen Standort voll ausgebildet, Giftpflanze (siehe Seite 294)

Weitere Arten und Sorten:
C. lawsoniana 'Golden Wonder', detaillierte Beschreibung in der App;
C. lawsoniana 'Kelleriis Gold', kegelförmig, bis 8 m hoch und bis 3 m breit, grünlich-gelb;
C. lawsoniana 'Stardust', breit kegelförmig, bis 7 m hoch und bis 3 m breit, sattgelb

---

Unten: C. lawsoniana 'Golden Wonder'

Mähnenzypresse, Hänge-Alaskazypresse Cupressaceae, Zypressengewächse

Erklärung Artname:
nootkatensis = Nootka Island
(Insel an der Pazifikküste nahe Vancouver);
pendulus = hängend

Herkunft:
Züchtung; Art: westliches Amerika, Alaska bis Oregon, in luftfeuchten Nadelwäldern

Wuchs:
Kleinbaum, malerisch-locker, Seitenäste unregelmäßig lang, im Alter durchhängend; nach 10-15 Jahren 3-4 m hoch,
Endhöhe 10-15 m, Breite 3-5 m

Blüten:
April - Mai; m: gelbliche, eiförmige Zapfen; w: anfangs tiefgrüne, später schieferblaue, runde Zapfen; einhäusig

Früchte:
Zapfen, rundlich, 8-10 mm stark, rotbraun

Blätter:
Schuppenförmig, anliegend, ziemlich klein, oberseits dunkelgrün, unterseits heller,
2-6 mm lang, immergrün

Verwendung:
Verwunschen wirkender Baum,
nur für den freien Stand

Lebensbereich:
[7] Gehölze kühl-feuchter Wälder,
Ordnungsziffer 7.3.3.3

Standort:
Auf sonnigen bis absonnigen Standorten mit sandig-humosen, frischen bis feuchten, sauren bis alkalischen, nährstoffreichen Böden; kalktolerierend

Gärtnerische Vermehrung:
Durch Veredlung

Hinweise:
Neigt auf trockenen Böden zur Mehrstämmigkeit, empfindlich gegen Hitze und Trockenheit, Giftpflanze (siehe Seite 294)

Weitere Arten und Sorten:
C. nootkatensis 'Aurea', kegelförmig,
bis 20 m hoch und bis 5 m breit, gelbgrün;
C. nootkatensis 'Glauca', kegelförmig,
bis 20 m hoch und bis 6 m breit, blaugrün

Chamaecyparis obtusa 'Nana Gracilis'

Kleine Muschel-Scheinzypresse Cupressaceae, Zypressengewächse

Erklärung Artname:
obtusa = stumpf; nana = zwergig, gracilis = schlank

Herkunft:
Züchtung; Art: Japan, Taiwan, in Bergwäldern

Wuchs:
Normalstrauch, Zwergform, unregelmäßig breit kegelförmig, Äste fast waagerecht, Zweige muschel- bis tütenförmig gewellt und gedreht; nach 10-15 Jahren 0,4-0,5 m hoch, Endhöhe 1,5-2,5 m, Breite 1-1,5 m

Blüten:
April; nur männliche Blüten: rötliche, ovale Zapfen an den Triebspitzen; einhäusig

Früchte:
Nicht fruchtend

Blätter:
Schuppenförmig, stumpf, dunkelgrün glänzend, 4-6 mm lang, immergrün

Verwendung:
Wertvolles Gehölz für die Gestaltung von Gräbern und kleinen Gartenräumen, auch für Pflanzgefäße

Lebensbereich:
[9] Gehölze der Hecken und Strauchflächen, Ordnungsziffer 9.3.6.5

Standort:
Auf absonnigen bis halbschattigen Standorten mit sandig-humosen, frischen bis feuchten, schwach sauren bis schwach alkalischen, nährstoffreichen Böden; kalktolerierend

Gärtnerische Vermehrung:
Durch Veredlung und Stecklinge

Hinweise:
Sehr langsam wachsend, hitzeempfindlich, nicht in praller Sonne, Giftpflanze (siehe Seite 294)

Weitere Arten und Sorten:
C. obtusa 'Lycopodioides', kegelförmig, bis 1,5 m hoch, oberseits gelb, unterseits hellgrün;
C. obtusa 'Tsatsumi Gold', rundlich, bis 1,5 m hoch und breit, hellgelb bis goldgelb;
C. pisifera 'Teddy Bear', trichterförmig, bis 1,5 m hoch, dunkelgrün

Chamaecyparis pisifera 'Filifera Nana'

Zwerg-Faden-Scheinzypresse Cupressaceae, Zypressengewächse

Erklärung Artname:
pisifera = Erbsen tragend;
filifera = Fäden tragend, nana = zwergig

Herkunft:
Züchtung; Art: Japan,
in luftfeuchten Mittelgebirgslagen

Wuchs:
Kleinstrauch, kugelig, Äste allseitig fontänenartig überhängend, Zweige fadenförmig; nach 10-15 Jahren 0,5-0,6 m hoch, Endhöhe 1 (-2) m, Breite 2 (-4) m

Blüten:
Nicht blühend

Früchte:
Nicht fruchtend

Blätter:
Schuppenförmig, pfriemlich, scharf zugespitzt, anliegend, oberseits glänzend dunkelgrün, unterseits längliche, weiße Zeichnung

Verwendung:
Als kleines Solitärgehölz oder in kleinen Gruppen zu Wasserbecken oder Findlingen

Lebensbereich:
[9] Gehölze der Hecken und Strauchflächen, Ordnungsziffer 9.2.3.6

Standort:
Auf sonnigen bis absonnigen Standorten mit sandig-humosen, frischen bis feuchten, sauren bis neutralen, nährstoffreichen Böden; kalktolerierend

Gärtnerische Vermehrung:
Durch Stecklinge

Hinweise:
Kleines, variabel einsetzbares Gehölz mit großer Standortamplitude, Giftpflanze (siehe Seite 294)

Weitere Arten und Sorten:
C. pisifera 'Boulevard', breit kegelförmig, bis 6 m hoch und bis 2 m breit, blaugrün;
C. pisifera 'Sungold', halbkugelförmig, bis 1 m hoch und 1,5 m breit, goldgelb

Unten: C. pisifera 'Sungold'

Cryptomeria japonica

Japanische Sicheltanne
Cupressaceae, Zypressengewächse

Erklärung Artname:
japonica = aus Japan stammend

Herkunft:
Japan, Südchina

Wuchs:
Mittelgroßer Baum, schlank, der im Alter auch unregelmäßig, breit kegelförmig wächst, Endhöhe 15-25 m, in Japan auch bis 60 m, Breite 4-6 m, in der Jugend extrem schnellwüchsig (bis 1 m pro Jahr)

Blüten:
Februar - März; m: gelbliche, kätzchenartige, ovale Zapfen; w: hellgrüne, runde Zapfen; einhäusig

Früchte:
Zapfen, klein, kugelig, braun, an einen kleinen Morgenstern erinnernd

Blätter:
Nadeln, sichelförmig gekrümmt, glänzend dunkelgrün, nach 4- 5 Jahren mit den Kurztrieben abfallend, immergrün

Verwendung:
Solitärgehölz mit interessanter, rotrissiger Borke für große Gärten und Parkanlagen

Lebensbereich:
[7] Gehölze kühl-feuchter Wälder, Ordnungsziffer 7.2.4.1

Standort:
Auf absonnigen Standorten mit sandig-humosen, tiefgründigen, frischen bis feuchten, sauren bis neutralen, mäßig nährstoffreichen Böden; kalkempfindlich; bevorzugt Seeklima

Gärtnerische Vermehrung:
Durch Aussaat, Sorten durch Stecklinge

Hinweise:
Sehr langlebiges Gehölz, das Japans begehrtestes Bauholz liefert und resistent gegen die meisten Schädlinge ist

Weitere Arten und Sorten:
C. japonica 'Cristata', auch 'Sekka-Sugi', mit an Hahnenkämme erinnernde, abgeflachte Kurztriebe

Leylandzypresse, Grüne Baumzypresse Cupressaceae, Zypressengewächse

Erklärung Artname:
leylandii = nach C. J. Leyland (walisischer Gärtner, 1849-1926)

Herkunft:
Naturhybride (aus Cupressus macrocarpa x Chamaecyparis nootkatensis)

Wuchs:
Großbaum, schmal kegel- bis säulenförmig, Stamm durchgehend bis zur Spitze, Äste fast waagerecht, nach 10-15 Jahren 6-8 m hoch, Endhöhe 20-30 m, Breite 5-6 m;

Blüten:
April; m: gelbliche Zapfen; w: grünliche Zapfen; einhäusig, blüht sehr selten

Früchte:
Zapfen, kugelig, Durchmesser 1-2 cm, braun

Blätter:
Schuppenförmig, anliegend, stachelspitz, bilden fast vierkantige Triebe, dunkelgrün, harzig duftend, immergrün

Verwendung:
Als Heckenpflanze, Solitärgehölz und in Gruppen

Lebensbereich:
[7] Gehölze kühl-feuchter Wälder, Ordnungsziffer 7.1.1.1

Standort:
Auf sonnigen Standorten mit lehmig-humosen, mäßig trockenen bis frischen, sauren bis alkalischen, nährstoffreichen Böden; kalktolerierend; bevorzugt luftfeuchte und wintermilde Lagen

Gärtnerische Vermehrung:
Durch Stecklinge

Hinweise:
Freistehende Pflanzen müssen in den ersten Jahren gut verankert werden

Weitere Arten und Sorten:
x C. leylandii 'Castlewellan', in der Jugend schmal säulen-, später kegelförmig, bis 15 m hoch und bis 4 m breit, goldgelb

Unten: x C. leylandii 'Castlewellan'

Ginkgo biloba

Fächerblattbaum, Ginkgo Ginkgoaceae, Ginkgogewächse

Erklärung Artname:
biloba = zweilappig

Herkunft:
China, in Laub- und Nadelmischwäldern

Wuchs:
Großbaum, Krone oft unregelmäßig rund, im Alter meist ausladend, Äste dick, steif und sparrig; nach 10-15 Jahren 4-6 m hoch, Endhöhe 25-30 m, Breite 10-15 m

Blüten:
April - Mai; m: gelbliche, kätzchenartige Blüten; w: unscheinbare, grünliche, lang gestielte Blütenanlagen; zweihäusig

Früchte:
Steinfrüchte, mirabellenförmig, mit fleischigem, goldgelben Mantel, unangenehmer Geruch

Blätter:
Fächerförmig, an Langtrieben meist 2-lappig, an Kurztrieben vorn eingeschnitten und in Büscheln, Herbstfärbung strahlend gelb, sommergrün

Verwendung:
Einer der schönsten Solitärbäume für große Anlagen, als Straßenbaum möglichst männliche Exemplare pflanzen, da nicht fruchtend

Lebensbereich:
[6] Steppengehölze und Trockenwälder, Ordnungsziffer 6.3.2.1

Standort:
Auf sonnigen bis absonnigen Standorten mit sandig-lehmigen, mäßig trockenen bis feuchten, sauren bis alkalischen, nährstoffreichen Böden; kalktolerierend

Gärtnerische Vermehrung:
Durch Aussaat, Sorten durch Veredlung

Hinweise:
Hitzeverträglich, stadtklimafest, standorttolerant, Goethes "Baum, der aus dem Osten kam", Heilpflanze

Weitere Arten und Sorten:
G. biloba 'Mariken',
Kugelform, meistens als Hochstamm veredelt

Unten: G. biloba 'Mariken'

Juniperus communis 'Hibernica'

Irischer Säulen-Wacholder Cupressaceae, Zypressengewächse

Erklärung Artname:
communis = gewöhnlich;
hibernica = aus Irland stammend

Herkunft:
Züchtung; Art: Nördliche Halbkugel, auf offenen, trockenen Standorten

Wuchs:
Großstrauch, säulen- bis kegelförmig, Äste steil aufrecht, dicht verzweigt, Triebspitzen aufrecht, nicht nickend; nach 10-15 Jahren 1,5-2 m hoch, Endhöhe 3-5 m, Breite 1-1,5 m

Blüten:
März; männliche Form mit unscheinbaren, gelblichen, kätzchenartigen Zapfen; blüht sehr selten und erst im hohen Alter

Früchte:
Beerenzapfen, schwarzblau bereift, Durchmesser ca. 1 cm, als Gewürz und zur Herstellung von Gin verwendet

Blätter:
Nadelförmig zugespitzt, beiderseits bläulich-grün, bis 15 mm lang, immergrün

Verwendung:
Das klassische Säulengehölz für Heide- und Steingärten

Lebensbereich:
[9] Gehölze der Hecken und Strauchflächen, Ordnungsziffer 9.1.3.4

Standort:
Auf sonnigen Standorten mit sandigen, trockenen bis frischen, sauren bis alkalischen, mäßig nährstoffreichen Böden; kalkliebend

Gärtnerische Vermehrung:
Durch Stecklinge

Hinweise:
Bienenweide, Vogelnährgehölz, Beerenzapfen schwach giftig, Zwischenwirt für den Birnengitterrost, bei starken Schneefällen zusammenbinden

Weitere Arten und Sorten:
J. communis 'Gold Cone', säulenförmig, bis 3 m hoch und bis 1 m breit, goldgelb; J. communis 'Suecica', wertvolle Säulenform mit nickenden, stechenden Triebspitzen, sonst wie J. 'Hibernica'

Juniperus communis 'Repanda'

Kriech-Wacholder
Cupressaceae, Zypressengewächse

Erklärung Artname:
communis = gewöhnlich;
repanda = ausgeschweift, gekrümmt

Herkunft:
Züchtung; Art: Nordhalbkugel, auf offenen, trockenen Standorten

Wuchs:
Zwergstrauch, Zweige flach ausgebreitet, eine dicht geschlossene Bodendecke bildend; nach 10-15 Jahren 0,7-1,5 m breit, Endhöhe 0,3-0,6 m, Breite 2-2,5 m

Blüten:
März; weibliche Form mit unscheinbaren, grünlichen Zapfen; blüht äußerst selten

Früchte:
Beerenzapfen, schwarzblau bereift

Blätter:
Nadelförmig, oberseits dunkelgrün, unterseits weiß gestreift, im Winter bräunlich verfärbend, 5-8 mm lang, immergrün

Verwendung:
Als Bodendecker in Gärten und Parkanlagen, auch für Pflanzgefäße und Gräber

Lebensbereich:
[9] Gehölze der Hecken und Strauchflächen, Ordnungsziffer 9.1.3.6

Standort:
Auf sonnigen bis absonnigen Standorten mit sandig-lehmigen, trockenen bis frischen, sauren bis alkalischen, mäßig nährstoffreichen Böden; kalkliebend

Gärtnerische Vermehrung:
Durch Stecklinge

Hinweise:
Schöne Ergänzung unter der säulenförmigen Sorte J. communis 'Hibernica'

Weitere Arten und Sorten:
J. communis 'Goldschatz', sehr flach wachsend, bis 0,3 m hoch und bis 2 m breit, goldgelb;
J. procumbens 'Nana', flachwüchsig, bis 0,4 m hoch und bis 1,3 m breit, blaugrün

---

Unten: J. procumbens 'Nana'

Blauer Teppich-Wacholder Cupressaceae, Zypressengewächse

Erklärung Artname:
horizontalis = waagerecht

Herkunft:
Züchtung; Art: Alaska, Kanada, USA, auf nährstoffarmen, sandig-steinigen Standorten

Wuchs:
Zwergstrauch, flach ausgebreitet, teppichförmig; nach 10-15 Jahren 0,8-1 m breit, Endhöhe 0,15-0,2 m, Breite 2-2,5 m

Blüten:
Nicht blühend

Früchte:
Nicht fruchtend

Blätter:
Schuppenförmig, nadelartig zugespitzt, stechend, silberblau, immergrün

Verwendung:
Sehr niedriger Bodendecker für Steingärten, Gräber und an Wasserbecken

Lebensbereich:
[5] Heiden und Dünen, Ordnungsziffer 5.1.3.7

Standort:
Auf sonnigen bis absonnigen Standorten mit sandig-lehmigen, trockenen bis frischen, schwach sauren bis alkalischen, mäßig nährstoffreichen Böden; kalktolerierend

Gärtnerische Vermehrung:
Durch Stecklinge

Hinweise:
Noch flacher bleibend als J. communis 'Repanda', zudem mit einer ausgesprochen schönen Blaufärbung

Weitere Arten und Sorten:
J. horizontalis 'Blue Chip', flach wachsend, bis 0,4 m hoch und bis 2 m breit, silbrig-blau; J. horizontalis 'Glauca', sehr flach wachsend, langsam wachsend, bis 0,2 m hoch und bis 1,5 m breit, auffallend stahlblau; J. horizontalis 'Golden Carpet', sehr flach wachsend, bis 0,2 m hoch und bis 1 m breit, goldgelb

Unten: J. horizontalis 'Blue Chip'

Juniperus x pfitzeriana 'Mint Julep'

Grüner Strauch-Wacholder Cupressaceae, Zypressengewächse

Erklärung Artname:
pfitzeriana: nach W. Pfitzer (deutscher Baumschuler und Pflanzenzüchter, 1804-1885)

Herkunft:
Züchtung der Baumschule Monrovia (USA)

Wuchs:
Normalstrauch, breit ausladend, Seitenäste leicht ansteigend und am Ende sanft geneigt; nach 10-15 Jahren 1-1,5 m hoch, Endhöhe 1,5-2 m, Breite 2-3 m

Blüten:
März - April; m: gelbliche, runde Zapfen; w: grüngelbe, aufrechte Zapfen (unscheinbar); zweihäusig

Früchte:
Nicht fruchtend

Blätter:
Schuppenförmig, hellgrün bis dunkelgrün, am Anfang leicht gelblich, immergrün

Verwendung:
Als breitausladender Solitär an Stufenanlagen oder um Gebäudekanten zu umspielen, gelegentlich auch in kleinen Gruppen

Lebensbereich:
[9] Gehölze der Hecken und Strauchflächen, Ordnungsziffer 9.2.3.4

Standort:
Auf sonnigen bis schattigen Standorten mit sandig-lehmigen, trockenen bis frischen, sauren bis neutralen, mäßig nährstoffreichen Böden; kalktolerierend

Gärtnerische Vermehrung:
Durch Stecklinge

Hinweise:
Verträgt volle Sonne und Strahlungshitze ebenso wie schattige Standorte

Weitere Arten und Sorten:
J. x pfitzeriana 'Goldkissen', breitwachsend, bis 1,5 m hoch und bis 4 m breit, Nadeln hellgelb; J. x pfitzeriana 'Old Gold', kompakt wachsend, bis 1,5 m hoch und 3 m breit, Nadeln goldgelb; J. x pfitzeriana 'Wilhelm Pfitzer', detaillierte Beschreibung in der App

---

Unten: J. x pfitzeriana 'Old Gold'

Tamarisken-Wacholder
Cupressaceae, Zypressengewächse

Erklärung Artname:
sabina = lateinischer Name des Sadebaums

Herkunft:
Züchtung; Art: Mittel-Europa bis Nordchina

Wuchs:
Zwergstrauch, Äste waagerecht nach allen Seiten ausgebreitet, schindelartig übereinanderliegend; nach 10-15 Jahren 0,3-0,4 m hoch, Endhöhe 0,4-0,5 m, Breite 1,5-2,5 m

Blüten:
Nicht blühend

Früchte:
Nicht fruchtend

Blätter:
Nadelförmig, bläulich-grün bis graugrün, 3-5 mm lang, stechend, immergrün

Verwendung:
Zur Flächenbegrünung von Gräbern, Dachgärten, Mauerkronen und Steingärten

Lebensbereich:
[9] Gehölze der Hecken und Strauchflächen, Ordnungsziffer 9.1.3.7

Standort:
Auf sonnigen bis halbschattigen Standorten mit sandig-lehmigen, trockenen bis frischen, schwach sauren bis schwach alkalischen, nährstoffarmen Böden; kalkliebend

Gärtnerische Vermehrung:
Durch Stecklinge

Hinweise:
Große Hitze- und Trockenheitsresistenz, Stadtklima und Immissionen vertragend, gesamte Pflanze stark giftig

Weitere Arten und Sorten:
J. sabina 'Mas', breit wachsend, bis 2 m hoch und bis 5 m breit, Spitzen übernickend, dunkelgrün;
J. sabina 'Rockery Gem', flach und breit wachsend, bis 0,5 m hoch und bis 3 m breit, blaugrün

Unten: J. sabina 'Rockery Gem'

Juniperus scopulorum 'Blue Arrow'

Blauer Säulen-Wacholder, Blauer Raketen-Wacholder Cupressaceae, Zypressengewächse

Erklärung Artname:
scopulorum = der Felsen

Herkunft:
Züchtung; Art: westliches Nordamerika, von Kanada bis Mexiko

Wuchs:
Großstrauch, sehr schlankwüchsige Säulenform mit durchgehendem, geraden Stamm, nach 10-15 Jahren 2-3 m hoch, Endhöhe 6-8 m, Breite bis 1,5 m

Blüten:
März; m: gelbliche Zapfen; w: unscheinbare, grünliche Zapfen; zweihäusig

Früchte:
Beerenzapfen, hellbraun und später dunkelbraun bis schwarz, kugelrund, Durchmesser ca. 0,5 -1 cm

Blätter:
Nadeln, schuppenförmig, blau-grün, klein und dicht anliegend, immergrün

Verwendung:
In Einzelstellung oder in kleinen Gruppen für Gärten und Parkanlagen bei dem Wunsch nach einem besonders schlanken, immergrünen Gehölz, auch für Hecken

Lebensbereich:
[9] Gehölze der Hecken und Strauchflächen, Ordnungsziffer 9.1.3.4

Standort:
Auf sonnigen bis absonnigen Standorten mit sandig-lehmigen, trockenen bis frischen, sauren bis alkalischen, mäßig nährstoffreichen Böden; kalktolerierend

Gärtnerische Vermehrung:
Durch Stecklinge

Hinweise:
Kaum frostanfällig, die blaugrüne Farbe verblasst im Winter ein wenig

Weitere Arten und Sorten:
J. chinensis 'Plumosa Aurea', aufrecht breitbuschig, bis 3 m hoch, bis 4 m breit, goldgelb; J. chinensis 'Stricta', schmal kegelförmig, bis 4 m hoch und bis 2 m breit, blaugrün; J. scopulorum 'Skyrocket', säulenförmig, bis 8 m hoch und bis 2 m breit, blaugrün

Blauer Zwerg-Wacholder
Cupressaceae, Zypressengewächse

Erklärung Artname:
squamata = schuppig

Herkunft:
Züchtung; Art: Himalaya, China, Taiwan

Wuchs:
Zwergstrauch, kompakt und dicht, im Alter unregelmäßig breitkugelig; nach 10-15 Jahren 0,3-0,4 m hoch, Endhöhe 0,8-1 m, Breite 1-1,5 m

Blüten:
Nicht blühend

Früchte:
Nicht fruchtend

Blätter:
Nadelförmig, dicht und spitz, auffallend silberblau, 6-10 mm lang, immergrün

Verwendung:
Gut geeignet für kleine Gartensituationen, für Heidegärten und Dachterrassen, Kübel und Grabbepflanzungen, als Einzelgehölz oder in Gruppen, gut zu Rosen und Gräsern, als farblicher Kontrast zu Rottönen

Lebensbereich:
[9] Gehölze der Hecken und Strauchflächen, Ordnungsziffer 9.3.3.6

Standort:
Auf sonnigen Standorten mit sandig-lehmigen, trockenen bis frischen, sauren bis alkalischen, mäßig nährstoffreichen Böden; kalktolerierend

Gärtnerische Vermehrung:
Durch Stecklinge

Hinweise:
Besonders winterhart und anspruchslos, verträgt auch gelegentliche Trockenheit

Weitere Arten und Sorten:
J. squamata 'Blue Carpet', flach wachsend, bis 0,5 m hoch und bis 2 m breit, stahlblau;
J. squamata 'Holger', breit wachsend, bis 1 m hoch und bis 3 m breit, blau mit gelben Spitzen;
J. squamata 'Meyeri', Großstrauch, locker trichterförmig, bis 5 m hoch und bis 3 m breit, hellblau

Larix decidua

Europäische Lärche
Pinaceae, Kieferngewächse

Erklärung Artname:
decidua = laubabwerfend

Herkunft:
Mittel-Europa, Alpen, Karpaten, in Gebirgslagen bis zur Baumgrenze

Wuchs:
Großbaum, in der Jugend schmal kegelförmig, später unregelmäßig breit, Stamm bis zum Wipfel durchgehend, Äste waagerecht bis bogig aufwärts, Triebe dünn und meist herabhängend; nach 10-15 Jahren 6-10 m hoch, Endhöhe 25-35 m, Breite 12-15 m

Blüten:
März - April; m: gelbliche, runde Zapfen; w: rötlich-purpurne, aufrechte Zapfen; einhäusig

Früchte:
Zapfen, eilänglich, 2-4 cm lang, anfangs rot, später braun, mehrere Jahre haftend

Blätter:
Nadeln, weich, linealisch schmal, 1,5-3 cm lang, Herbstfärbung gelb, sommergrün

Verwendung:
Heimischer Nadelbaum, der durch seine Herbstfärbung in Parkanlagen und großen Gärten nicht verzichtbar ist. Larix sind die am lockersten wirkenden Nadelgehölze, auch ein wichtiges Forstgehölz

Lebensbereich:
[8] Bergwälder und Sträucher alpiner Lagen, Ordnungsziffer 8.2.3.1

Standort:
Auf sonnigen Standorten mit sandig-lehmigen, mäßig trockenen bis frischen, schwach sauren bis alkalischen, nährstoffarmen Böden; kalktolerierend

Gärtnerische Vermehrung:
Durch Aussaat, Sorten durch Veredlung

Hinweise:
Wertvolles, ausgesprochen witterungsbeständiges, harzreiches Holz

Weitere Arten und Sorten:
L. decidua 'Pendula', Hängeform, bis 12 m hoch und bis 5 m breit, Nadeln hellgrün

---

Unten: L. decidua 'Pendula', unreife Zapfen

Japanische Lärche
Pinaceae, Kieferngewächse

Erklärung Artname:
kaempferi = nach E. Kaempfer (deutscher Arzt und Forschungsreisender, 1651-1716)

Herkunft:
Japan, in Gebirgslagen zwischen 1000 und 2000 m

Wuchs:
Großbaum, in der Jugend breit kegelförmig, später ausladend unregelmäßig, Stamm gerade durchgehend, Äste waagerecht, Zweige hängend, nach 10-15 Jahren 6-10 m hoch, Endhöhe 25-30 m, Breite 10-15 m

Blüten:
April - Mai; m: gelbliche, runde Zapfen; w: rötlich-prpurne, aufrechtte Zapfen; einhäusig

Früchte:
Zapfen, rund, rosettenförmig aufgebogen, 3,5 cm lang, zu vielen kurzgestielt an Langtrieben, fruchtet erst nach ca. 10 Jahren

Blätter:
Nadeln, flach, 1,5-3 cm lang, in Büscheln zu 40-50, Herbstfärbung gelb, sommergrün

Verwendung:
Forstgehölz, Solitär stehend als dominanter Einzelbaum mit noch mehr Platzbedarf als L. decidua

Lebensbereich:
[7] Gehölze kühl-feuchter Wälder, Ordnungsziffer 7.2.3.1

Standort:
Auf sonnigen Standorten mit sandig-humosen, frischen bis feuchten, sauren bis alkalischen, nährstoffreichen Böden; kalktolerierend

Gärtnerische Vermehrung:
Durch Aussaat, Sorten durch Veredlung

Hinweise:
Eines der wenigen nicht immergrünen Nadelgehölze

Weitere Arten und Sorten:
L. kaempferi 'Diana', Kleinbaum, bis 10 m hoch und bis 5 m breit, Nadeln gelblich-grün; L. kaempferi 'Pendula', Hängeform, langsam wachsend, bis 10 m hoch und bis 6 m breit, Nadeln gelblich-grün

Metasequoia glyptostroboides

Urweltmammutbaum, Chinesisches Rotholz
Cupressaceae, Zypressengewächse

Erklärung Artname:
glypto = geschnitzt,
strobus = Weihrauch tragender Baum

Herkunft:
Mittel-China, in feuchten Gebirgswäldern auf tiefgründigen Standorten

Wuchs:
Großbaum, kegelförmig, Stamm durchgehend, Äste fast waagerecht, am Ende deutlich aufgerichtet; nach 10-15 Jahren 8-12 m hoch, Endhöhe 25-35 m, Breite 7-10 m

Blüten:
Mai; m: gelbliche, kätzchenartig überhängende, 5-6 cm lange Blütenstände; w: gelblich-grüne, rundliche Zapfen; einhäusig

Früchte:
Zapfen, hängend, kugelig, Durchmesser 2-2,5 cm, langgestielt, anfangs dunkelgrün, später dunkelbraun

Blätter:
Nadeln, frischgrün, weich, 1-3,5 cm lang, Herbstfärbung rotbraun, Kurztriebe mitsamt Nadeln abfallend, sommergrün

Verwendung:
Prächtiger und mächtiger Solitärbaum für spezielle Standorte, auch an Gewässern, benötigt viel Platz

Lebensbereich:
[2] Auen- und Ufergehölze, Ordnungsziffer 2.4.3.1

Standort:
Auf sonnigen bis absonnigen Standorten mit sandig-lehmigen, frischen bis feuchten, schwach sauren bis schwach alkalischen, nährstoffreichen Böden; kalktolerierend

Gärtnerische Vermehrung:
Durch Stecklinge

Hinweise:
Sehr schnittverträglich (Juni - Juli), auffallend weitreichendes, flaches Wurzelsystem, Höhenzuwachs auf guten Standorten von bis zu 1 m pro Jahr

Weitere Arten und Sorten:
M. glyptostroboides 'Gold Rush', ähnlich der Art, schwächer wachsend als diese, gelbnadelig, sommergrün

Gewöhnliche Fichte, Rot-Fichte
Pinaceae, Kieferngewächse

Erklärung Artname:
abies = antiker Name der Tanne

Herkunft:
Mittel-Europa, Osteuropa bis Sibirien

Wuchs:
Großbaum, Krone spitzkegelig, Äste waagerecht oder leicht geneigt mit bogig aufwärts gerichteten Spitzen; nach 10-15 Jahren 6-9 m hoch, Endhöhe 30-50 m, Breite 6-8 (10) m

Blüten:
Mai; m: anfangs purpurne bis rosarote, später gelbe, überhängende Zapfen; w: rötliche, aufrechte Zapfen; einhäusig, blüht nur alle 3-4 Jahre

Früchte:
Zapfen, hängend, zylindrisch zugespitzt, 10-15 cm lang, anfangs grünlich, später braun, sehr auffallend, fruchtet erst nach ca. 10 Jahren

Blätter:
Nadeln, stechend, glänzend dunkelgrün, 1-1,5 cm lang, immergrün

Verwendung:
Vorwiegend als Forstgehölz

Lebensbereich:
[7] Gehölze kühl-feuchter Wälder, Ordnungsziffer 7.1.3.1

Standort:
Auf sonnigen bis halbschattigen Standorten mit sandig-lehmigen, mäßig trockenen bis frischen, sauren bis schwach alkalischen, mäßig nährstoffreichen Böden; kalktolerierend

Gärtnerische Vermehrung:
Durch Aussaat, Sorten durch Veredlung

Hinweise:
Als Flachwurzler windwurfgefährdet, wichtiger Lieferant des sogenannten Tannenhonigs

Weitere Arten und Sorten:
P. abies 'Acrocona', bizarr, breit kegelförmig, bis 3 m hoch und bis 4 m breit, Nadeln dunkelgrün;
P. sitchensis, breit kegelförmig, bis 40 m hoch und bis 8 m breit, Nadeln oberseits grün, unterseits silbrigweiß, stechend

Picea abies 'Inversa'

Hänge-Fichte, Schleppen-Fichte Pinaceae, Kieferngewächse

Erklärung Artname:
abies = antiker Name der Tanne; inversa = anders, umgekehrt

Herkunft:
Züchtung; Art: Nord-, Mittel- und Südost-Europa, in Höhenlagen der Mittelgebirge und im Hochgebirge

Wuchs:
Kleinbaum, säulenförmig mit schleppenartig hängenden Zweigen, den Stamm wie ein Mantel bedeckend, im Alter bogig verwachsen, Endhöhe 6-8 (-10) m, Breite 2-2,5 m

Blüten:
Nicht blühend

Früchte:
Nicht fruchtend

Blätter:
Nadeln, spitz und steif, Farbe und Form wie die Art, beim Abreißen der Nadel ein "Fähnchen" an der Nadel hinterlassend, immergrün

Verwendung:
Einzelstellung in repräsentativen Pflanzungen, skurrile Sonderform, z. B. für Atrien oder Felsgärten

Lebensbereich:
[9] Gehölze der Hecken und Strauchflächen, Ordnungsziffer 9.3.3.3

Standort:
Auf sonnigen bis absonnigen Standorten mit sandig-lehmigen, mäßig trockenen bis feuchten, sauren bis schwach alkalischen, mäßig nährstoffreichen Böden; kalktolerierend

Gärtnerische Vermehrung:
Durch Veredlung

Hinweise:
In Dreier- oder Fünfer-Gruppen spannend zu kugeligen Gehölzen

Weitere Arten und Sorten:
P. abies 'Virgata', bizarrer Baum, dessen Zweige schlangenartig bis zum Boden hängen, bis 15 m hoch und bis 6 m breit, Nadeln dunkelgrün;
P. breweriana, Kleinbaum, bis 9 m hoch und bis 6 m breit, Nadeln dunkelgrün glänzend, detaillierte Beschreibung in der App

Nest-Fichte
Pinaceae, Kieferngewächse

Erklärung Artname:
abies = antiker Name der Tanne

Herkunft:
Züchtung; Art: Nord-, Mittel- und Südost-Europa, in Höhenlagen der Mittelgebirge und im Hochgebirge

Wuchs:
Kleinstrauch, flachkugelig mit in den ersten Jahren nestartig vertiefter Mitte, Äste leicht ansteigend, Zweige etagenförmig waagerecht, zahlreich; nach 10-15 Jahren 40-50 cm hoch, Endhöhe 0,8-1 (-1,2) m, Breite 2-2,5 (-3) m

Blüten:
Nicht blühend

Früchte:
Nicht fruchtend

Blätter:
Nadeln, hellgrün, 7-10 mm lang, gescheitelt, immergrün

Verwendung:
Sonderform für kleine Haus-, Stein- und Heidegärten, auf Gräbern, auch für Kübelbepflanzung

Lebensbereich:
[9] Gehölze der Hecken und Strauchflächen, Ordnungsziffer 9.3.3.6

Standort:
Auf sonnigen bis absonnigen Standorten mit sandig-lehmigen, frischen bis feuchten, sauren bis alkalischen, mäßig nährstoffreichen Böden; kalktolerierend

Gärtnerische Vermehrung:
Durch Stecklinge

Hinweise:
Im Alter unregelmäßiger Habitus, neigt schon mal zum Auskahlen, Vogelschutzgehölz

Weitere Arten und Sorten:
P. abies 'Echiniformis', igelartige Kugelform, bis 0,3 m hoch und ebenso breit, Nadeln dunkelgrün, detaillierte Beschreibung in der App;
P. glauca 'Conica', dichtgeschlossener Spitzkegel, bis 4 m hoch und bis 2 m breit, Nadeln fein, hellgrün, detaillierte Beschreibung in der App

Serbische Fichte, Omorika-Fichte
Pinaceae, Kieferngewächse

Erklärung Artname:
omorika = serbischer Name einer Picea-Art

Herkunft:
Balkan, an Nordhängen des Tara-Gebirges

Wuchs:
Mittelgroßer Baum, schmal kegelförmig, Äste sichelförmig aufgerichtet, Zweige im Alter meist hängend; nach 10-15 Jahren 5-6 m hoch, Endhöhe 15-25 (-30) m, Breite 3-4 m

Blüten:
April - Mai; m: purpurrote, kätzchenartige, ovale Zapfen; rötlich-braune, länglich-ovale Zapfen; einhäusig

Früchte:
Zapfen, hängend, schmal spindelförmig, 2,5-5 cm lang, anfangs hellrot bis rot, später blau-purpurn-grünlich, zuletzt zur Reifezeit dunkelbraun und glänzend, fruchtet erst nach ca. 5-10 Jahren

Blätter:
Nadeln, dünn, oberseits glänzend dunkelgrün, unterseits mit zwei weißen Streifen, 1,2-1,8 cm, immergrün

Verwendung:
Als schlanker Solitär oder in kleinen Gruppen in großen Anlagen, Raumbildner durch Reihenpflanzung

Lebensbereich:
[6] Steppengehölze und Trockenwälder, Ordnungsziffer 6.3.3.1

Standort:
Auf sonnigen bis absonnigen Standorten mit sandig-lehmigen, mäßig trockenen bis frischen, schwach sauren bis alkalischen, mäßig nährstoffreichen Böden; kalktolerierend

Gärtnerische Vermehrung:
Durch Aussaat, Sorten durch Veredlung

Hinweise:
Sehr empfindlich gegen Bodenverdichtung und Staunässe, Fichtenröhrenlaus

Weitere Arten und Sorten:
P. omorika 'Nana', breit kegelförmig, bis 5 m hoch und bis 3 m breit, Nadeln gelbgrün; P. omorika 'Pendula', Hängeform, bis 10 m hoch, Nadeln glänzend dunkelgrün

Orientalische Fichte, Kaukasus-Fichte Pinaceae, Kieferngewächse

Erklärung Artname:
orientalis = aus dem Orient stammend

Herkunft:
Kaukasus,
in Gebirgslagen zwischen 600-2000 m

Wuchs:
Großbaum, breit kegelförmig, Stamm gerade durchgehend, Äste in gleichmäßigen Quirlen, dicht verzweigt; nach 10-15 Jahren 3-4 m hoch, Endhöhe 20-30 m, Breite 6-8 m

Blüten:
April - Mai; m: purpurrote, kätzchenartige, ovale Zapfen; w: rosarote, länglich-ovale Zapfen; einhäusig

Früchte:
Zapfen, walzenförmig, 6-9 cm lang, anfangs grünlich, später glänzend braun

Blätter:
Nadeln, stumpf, im Querschnitt quadratisch, glänzend dunkelgrün, 0,5-1 cm lang, immergrün

Verwendung:
Schöne, elegante Alternative zu heimischen Fichten, im Einzelstand, in der Heimat als Forstgehölz

Lebensbereich:
[6] Steppengehölze und Trockenwälder, Ordnungsziffer 6.4.2.1

Standort:
Auf sonnigen bis absonnigen Standorten mit sandig-lehmigen, frischen bis feuchten, sauren bis alkalischen, nährstoffreichen Böden; kalktolerierend

Gärtnerische Vermehrung:
Durch Aussaat, Sorten durch Veredlung

Hinweise:
Kürzeste Nadeln der Gattung "Picea", hitzeverträglich

Weitere Arten und Sorten:
P. orientalis 'Aureospicata',
mittelgroßer Baum, bis 12 m hoch
und bis 5 m breit, Nadeln intensiv gelb;
P. orientalis 'Compacta',
breit kompakt wachsend, bis 6 m hoch
und bis 8 m breit, Nadeln hellgrün

Picea pungens 'Koster'

Veredelte Blau-Fichte
Pinaceae, Kieferngewächse

Erklärung Artname:
pungens = stechend

Herkunft:
Züchtung; Art: Westliche USA, hauptsächlich zentrale und südliche Rocky Mountains, in feuchten Gebirgslagen bis 3000 m

Wuchs:
Kleinbaum, kegelförmig, Äste waagerecht, etagenförmig, etwas unregelmäßig; nach 10-15 Jahren 3-4 m hoch, Endhöhe 10-15 (-20) m, Breite 4-5 m

Blüten:
Mai; m: gelbliche, ovale Zapfen; w: rosarote, länglich-zylindrische Zapfen; einhäusig

Früchte:
Zapfen, hängend, walzenförmig gestreckt, 6-8 cm lang, hellbraun

Blätter:
Nadeln, starr und stechend, vierkantig, junge Nadeln silberblau, ältere eher graublau, 2-2,5 cm lang, immergrün

Verwendung:
Im Einzelstand oder in kleinen Gruppen als Hintergrund kräftig farbiger Schaupflanzungen

Lebensbereich:
[7] Gehölze kühl-feuchter Wälder, Ordnungsziffer 7.1.3.2

Standort:
Auf sonnigen Standorten mit sandig-lehmigen, mäßig trockenen bis frischen, sauren bis alkalischen, mäßig nährstoffreichen Böden; kalktolerierend

Gärtnerische Vermehrung:
Durch Veredlung

Hinweise:
Wurzeln flach ausgebreitet, empfindlich gegen Bodenverdichtung, sonst anspruchslos und standorttolerant, häufiger Befall von Schädlingen

Weitere Arten und Sorten:
P. pungens 'Glauca Globosa', Zwergform, kugelig, bis 2 m hoch und bis 3 m breit, Nadeln weißblau;
P. pungens 'Hoopsii', mittelgroßer Baum, bis 12 m hoch und bis 4 m breit, blaueste Nadeln aller P. pungens Sorten

Zirbel-Kiefer, Arve
Pinaceae, Kieferngewächse

Erklärung Artname:
cembra = nach dem italienischen Namen (cembro) dieser Pinus-Art

Herkunft:
Mittel-Europa, Alpen und Karpaten, in Gebirgszonen oberhalb 1500 m

Wuchs:
Kleinbaum, anfangs langgestreckt oval, im Alter unregelmäßig locker, Äste kurz und gedrungen, nahezu bis zum Boden beastet; nach 10-15 Jahren 1-2,5 m hoch, Endhöhe 10-20 (-25) m, im Flachland selten über 5 m hoch, Breite 4-5 (-8) m

Blüten:
Mai - Juni; m: gelblich-violette, kätzchenartige, ovale Zapfen; w: violette, ovale Zapfen; einhäusig

Früchte:
Zapfen, eiförmig, 6-8 cm lang, anfangs purpurn, später dunkelbraun, fruchtet erst nach 60-80 Jahren

Blätter:
Nadeln, zu fünft, steif, stumpf zugespitzt, außen dunkelgrün, innen blaugrün mit weißen Stoma-Bändern, 5-10 cm lang, immergrün

Verwendung:
Sehr spezielle Erscheinung für den Einzelstand, aufgrund des langsamen Wuchses auch für kleine Gärten

Lebensbereich:
[8] Bergwälder und Sträucher alpiner Lagen, Ordnungsziffer 8.2.3.2

Standort:
Auf sonnigen Standorten mit sandig-kiesigen, frischen, stark sauren bis schwach alkalischen, mäßig nährstoffreichen Böden; kalktolerierend

Gärtnerische Vermehrung:
Durch Aussaat

Hinweise:
Samen (Zirbelnüsse) essbar, wichtiges Möbel- und Schnitzholz der Alpen

Weitere Arten und Sorten:
P. contorta, mittelgroßer Baum, bis 20 m hoch und bis 8 m breit, Nadeln gedreht, dunkelgrün; P. heldreichii, Kleinbaum, bis 15 m hoch und bis 8 m breit, Nadeln sehr dunkelgrün

Pinus mugo

Berg-Kiefer, Latsche
Pinaceae, Kieferngewächse

Erklärung Artname:
mugo = nach dem italienischen Namen dieser Pinus-Art

Herkunft:
Mittel-Europa, gesamter Alpenraum

Wuchs:
Großstrauch, vielgestaltig, sehr häufig niederliegend ausgebreitet mit bogig ansteigenden Ästen; nach 10-15 Jahren 1-1,5 m hoch, Endhöhe 4,5-6 m, oft so breit wie hoch

Blüten:
Mai; m: auffällige, gelbliche, ovale Zapfen, w: purpurrote, rundlich-eiförmige Zapfen; einhäusig

Früchte:
Zapfen, ei- bis kugelförmig, 3-7 cm lang und bis 4 cm breit, gelb- bis dunkelbraun, fruchtet erst nach 3 Jahren

Blätter:
Nadeln, zu zweit, leicht gebogen, auch gedreht, dunkelgrün, 4-5 cm lang, 5-10 Jahre haltend, immergrün

Verwendung:
Vielfältig verwendbar für naturhafte Situationen, auch für rustikale Hecken, im Alpinum mit Alpenrosen und Alpen-Erlen, ebenso in Dünengärten mit Rosa rugosa

Lebensbereich:
[8] Bergwälder und Sträucher alpiner Lagen, Ordnungsziffer 8.2.1.4

Standort:
Auf sonnigen bis absonnigen Standorten mit humosen, sandig-kiesigen, mäßig trockenen bis frischen, sauren bis alkalischen, mäßig nährstoffreichen Böden; kalktolerierend

Gärtnerische Vermehrung:
Durch Aussaat

Hinweise:
Wichtiges Pioniergehölz der Alpen mit vielfältiger pharmazeutischer Verwendung, verträgt auch Seeklima

Weitere Arten und Sorten:
P. mugo subsp. uncinata, baumförmiger Wuchs, bis 25 m hoch und bis 10 m breit, Nadeln denen von P. mugo sehr ähnlich

Pinus mugo subsp. mugo (Syn.: Pinus mugo subsp. mughus)

Krummholz-Kiefer
Pinaceae, Kieferngewächse

Erklärung Artname:
mugo = nach dem italienischen Namen dieser Pinus-Art

Herkunft:
Mittel-Europa,
Gebirge, auch über der Waldgrenze

Wuchs:
Normalstrauch, niederliegende, knieförmig gebogene Äste; nach 10-15 Jahren 0,8-1 m hoch, Endhöhe 2 (-3) m, Breite bis 4 m, meistens deutlich breiter als hoch

Blüten:
Mai; m: auffällige, gelbliche, ovale Zapfen; w: purpurrote, rundlich-eiförmige Zapfen; einhäusig

Früchte:
Zapfen, kegelförmig, 3-7 cm lang, anfangs grünlich, später braun, fruchtet erst nach 5-8 Jahren

Blätter:
Nadeln, zu zweit, oft sichelförmig gebogen, dunkelgrün, 3-4 cm lang, immergrün

Verwendung:
Sehr variable Kiefer für Heide- und Steingärten, Rabatten, Böschungen, Hecken, Dachgärten und Mobiles Grün, meistens in Gruppen

Lebensbereich:
[8] Bergwälder und Sträucher alpiner Lagen, Ordnungsziffer 8.2.1.5

Standort:
Auf sonnigen bis absonnigen Standorten mit humosen, sandig-kiesigen, mäßig trockenen bis feuchten, sauren bis schwach alkalischen, mäßig nährstoffreichen Böden; kalktolerierend

Gärtnerische Vermehrung:
Durch Aussaat, Sorten durch Veredlung

Hinweise:
Wertvolles Nähr- und Nistgehölz für Vögel, verträgt Einschüttungen, legt Geröllhalden fest, Schnitt nur am jungen Holz, gedeiht auch im Seeklima

Weitere Arten und Sorten:
P. mugo 'Gnom', kugelförmig, bis 3 m hoch und bis 2 m breit, Nadeln dunkelgrün;
P. mugo 'Mops', rundlich, bis 2 m hoch und breit, Nadeln dunkelgrün

Pinus mugo var. pumilio

Kriech-Kiefer, Zwerg-Kiefer
Pinaceae, Kieferngewächse

Erklärung Artname:
mugo = nach dem italienischen Namen dieser Pinus-Art, pumilio = zwergwüchsig

Herkunft:
Mittel- und Osteuropa, in Gebirgslagen

Wuchs:
Kleinstrauch, anfangs kugeliger, später breitbuschig unregelmäßiger Strauch; nach 10-15 Jahren 50-60 cm hoch, Endhöhe 0,8-1 (-1,5) m, Breite 2-3 m

Blüten:
Mai; m: auffällige, gelbliche, ovale Zapfen; w. purpurrote, rundlich-eiförmige Zapfen; einhäusig

Früchte:
Zapfen, eiförmig bis kugelig, anfangs violett, später braun

Blätter:
Nadeln, zu zweit, dunkelgrün, dichtstehend, 3-7 cm lang, immergrün

Verwendung:
Kleine Kiefer für landschaftliche Pflanzungen sowie jegliche kleinräumige Gartenplanung, Rosengärten, Hecken, Grabbepflanzung

Lebensbereich:
[8] Bergwälder und Sträucher alpiner Lagen, Ordnungsziffer 8.2.1.6

Standort:
Auf sonnigen bis absonnigen Standorten mit sandig-lehmigen, mäßig trockenen bis feuchten, sauren bis alkalischen, mäßig nährstoffreichen Böden; kalktolerierend

Gärtnerische Vermehrung:
Durch Aussaat, Sorten durch Veredlung

Hinweise:
Es gibt zahlreiche Gartenformen mit unterschiedlichstem Wuchscharakter und unterschiedlichster Farbe der Nadeln

Weitere Arten und Sorten:
P. mugo 'Carsten', kompakt, bis 3 m hoch und bis 6 m breit, Nadeln im Winter goldgelb, im Sommer hellgrün;
P. mugo 'Humpy', kissenförmig, bis 1 m hoch und bis 1,5 m breit, Nadeln graugrün;
P. mugo 'Mini Mops', Zwergform, flach, bis 0,5 m hoch und bis 1 m breit, sehr langsam wachsend

Schwarz-Kiefer, Österreichische Schwarz-Kiefer Pinaceae, Kieferngewächse

Erklärung Artname:
nigra = schwarz

Herkunft:
Mittel- und Südeuropa, Kleinasien, in Bergregionen auf sonnigen, freien Standorten

Wuchs:
Großbaum, Stamm meist gerade durchgehend, Äste waagerecht bis bogig aufrecht, stark, regelmäßig; nach 10-15 Jahren 3-5 m hoch, Endhöhe 20-30 (-45) m, Breite 8-10 (-15) m

Blüten:
April - Mai; m: grünlich-gelbe, länglich-ovale Zapfen, gehäuft am Ende der Langtriebe; w: anfangs grünliche, später karminrote, rundlich-eiförmige Zapfen; einhäusig

Früchte:
Zapfen, eiförmig, 4-8 cm lang, braun, fruchtet erst ab dem 10. Standjahr

Blätter:
Nadeln, zu zweit, steif und spitz, dunkelgrün, 8-16 cm lang, immergrün

Verwendung:
Die mächtigen Bäume sind die wichtigsten Nadelgehölze in großen Anlagen in Städten und an Küsten

Lebensbereich:
[8] Bergwälder und Sträucher alpiner Lagen, Ordnungsziffer 8.2.1.1

Standort:
Auf sonnigen Standorten mit sandig-kiesigen bis lehmigen, mäßig trockenen bis mäßig frischen, neutralen bis stark alkalischen, nährstoffarmen Böden; kalkliebend

Gärtnerische Vermehrung:
Durch Aussaat, Sorten durch Veredlung

Hinweise:
Große Standortamplitude, d. h. sowohl auf flachgründigem, steinigem Kalk als auch auf küstennahem Dünensand, gut stadtklimaverträglich

Weitere Arten und Sorten:
P. nigra 'Helga', Zwergform, bis 2 m hoch und ebenso breit, Nadeln hellgrün;
P. nigra 'Nana', kegelförmig, bis 3 m hoch und ebenso breit, Nadeln blaugrün

Pinus parviflora 'Glauca'

Blaue Mädchen-Kiefer
Pinaceae, Kieferngewächse

Erklärung Artname:
parviflora = kleinblütig; glauca = blaugrün

Herkunft:
Züchtung; Art: Japan, vom Flachland bis auf über 2000 m

Wuchs:
Kleinbaum, anfangs breit eiförmig, später unregelmäßig und betont locker, malerisch; nach 10-15 Jahren 1,2-1,5 m hoch, Endhöhe 6 (-10) m, Breite 5-7 m

Blüten:
Mai; m: rosa-rote, ovale Zapfen; w: purpurrote, rundlich-eiförmige Zapfen; einhäusig

Früchte:
Zapfen, zylindrisch kurz, bis 5 cm lang, braun, jahrelang haftend

Blätter:
Nadeln, außen tiefgrün, innen weiße Bänder, 4-6 cm lang, an den Zweigenden zu fünft, pinselartig gehäuft, immergrün

Verwendung:
Im Einzelstand in japanischen Gärten, zu Rosen oder als Bonsai in Schalen

Lebensbereich:
[9] Gehölze der Hecken und Strauchflächen, Ordnungsziffer 9.1.3.3

Standort:
Auf sonnigen Standorten mit sandig-humosen, mäßig trockenen bis frischen, schwach sauren bis alkalischen, mäßig nährstoffreichen Böden; kalktolerierend

Gärtnerische Vermehrung:
Durch Veredlung

Hinweise:
Besonders dekoratives Solitärgehölz für den vollsonnigen, freien Stand, langsam wachsend, Gegenstück zum Fächerahorn in japanischen Gärten, hitze- und trockenheitsempfindlich

Weitere Arten und Sorten:
P. parviflora 'Blauer Engel', Strauch, bis 2 m hoch und bis 1,5 m breit, Nadeln silbrig-blau; P. parviflora 'Negishi', breit kegelförmig, bis 6 m hoch und bis 4 m breit, Nadeln graublau, innen blauweiß; P. parviflora 'Tempelhof', kleiner Baum, bis 10 m hoch und bis 8 m breit, Nadeln dunkelblau

Wald-Kiefer, Föhre, Gewöhnliche Kiefer Pinaceae, Kieferngewächse

Erklärung Artname:
sylvestris = wild wachsend

Herkunft:
Europa, Asien, im Flachland und im Gebirge

Wuchs:
Großbaum, unregelmäßig runde bis schirmförmige Krone, Äste im Alter waagerecht bis hängend; nach 10-15 Jahren 4-6 m hoch, Endhöhe 10-20 (-35) m, Breite 7-10 (-15) m

Blüten:
Mai; m: grünlich-gelbe, kugel- bis eiförmige, aufgeblüht längliche, walzenförmige Zapfen; w: purpurrote, eiförmige Zapfen; einhäusig

Früchte:
Zapfen, eirundlich bis eikegelförmig, 5-7 cm lang, braun

Blätter:
Nadeln, zu zweit, steif und zugespitzt, graugrün, 5-7 cm lang, immergrün

Verwendung:
Wichtiges Forst- und Pioniergehölz, als malerisches Leitgehölz großer Gärten und Parkanlagen

Lebensbereich:
[4] Artenarme Wälder und Gehölzgruppen, Ordnungsziffer 4.2.3.1

Standort:
Auf sonnigen Standorten mit sandig-humosen, mäßig trockenen bis frischen, schwach sauren bis schwach alkalischen, nährstoffarmen Böden; kalktolerierend

Gärtnerische Vermehrung:
Durch Aussaat, Sorten durch Veredlung

Hinweise:
Schöner Überbau für Rhododendren und Azaleen

Weitere Arten und Sorten:
P. sylvestris 'Fastigiata', säulenförmig, bis 10 m hoch und bis 1,5 m breit, Nadeln blaugrün; P. sylvestris 'Typ Norwegen' (in vielen Katalogen: P. sylvestris 'Norske Typ'), skandinavische Auslese, kompakte, reich verzweigte Krone; P. sylvestris 'Watereri', Strauch, bis 5 m hoch und bis 6 m breit, Nadeln bläulich

Unten: P. sylvestris 'Watereri'

Pinus wallichiana

Tränen-Kiefer
Pinaceae, Kieferngewächse

Erklärung Artname:
wallichiana = nach N. Wallich (britischer Arzt und Botaniker dänischer Herkunft, 1786-1854)

Herkunft:
Himalaya,
in Höhenlagen zwischen 2000-4000 m

Wuchs:
Großbaum, breit kegelförmig, Äste fast waagerecht, Zweige dünn; nach 10-15 Jahren 6-8 m hoch, Endhöhe 20-25 m, Breite 8-12 m

Blüten:
Mai - Juni; m: purpurne, aufgeblüht gelb-braune, rundlich-ovale Zapfen;
w: blassrote, walzenförmige Zapfen; einhäusig

Früchte:
Zapfen, zylindrisch, braun mit deutlichen Harztropfen ("Tränen"), in Gruppen,
15-30 cm lang, auffallend

Blätter:
Nadeln, zu fünft, dünn, schlaff hängend, weich, graugrün bis blaugrün, 15-20 cm lang, immergrün

Verwendung:
Als Solitär großer Garten- und Parkanlagen, nur im Freistand, da auch im Alter bis zum Boden beastet

Lebensbereich:
[6] Steppengehölze und Trockenwälder,
Ordnungsziffer 6.2.1.1

Standort:
Auf sonnigen Standorten mit sandig-humosen, mäßig trockenen bis frischen, sauren bis neutralen, nährstoffreichen Böden;
kalktolerierend, auch im feuchten Uferbereich

Gärtnerische Vermehrung:
Durch Aussaat

Hinweise:
Gegen Immissionen empfindlich,
daher nur bedingt in der Stadt geeignet;
P. wallichiana = P. griffithii

Weitere Arten und Sorten:
P. peuce, Kleinbaum, schmal kegelförmig,
bis 15 m hoch und bis 6 m breit,
Nadeln dunkelgrün;
P. strobus, Großbaum, bis 30 m hoch
und bis 10 m breit, Nadeln blaugrün,
detaillierte Beschreibung in der App

Graue Douglasie
Pinaceae, Kieferngewächse

Erklärung Artname:
menziesii = nach A. Menzies (schottischer Gärtner und Pflanzensammler, 1754–1842), caesia = blaugrau, bläulich

Herkunft:
Nordwestliches Nordamerika, Waldbaum der Küstenregionen, in Berg- und Talwäldern, in Höhen von 600 bis 3000 m

Wuchs:
Großbaum, kegelförmig, breit ausladend, Äste waagerecht oder bogig aufrecht; nach 10-15 Jahren 6-8 m hoch, Endhöhe bis 50 m, in der Heimat bis 90 m, Breite bis 15 m

Blüten:
April; m: rötlich-gelbe, länglich-eiförmige Zapfen; w: anfangs grüne, später rotbraune, schmal-eiförmige Zapfen; einhäusig

Früchte:
Zapfen, zylindrisch, 8-10 cm lang, braun, fruchtet erst nach 15-20 Standjahren

Blätter:
Nadeln, weich und biegsam, oberseits graugrün glänzend, unterseits zwei silberweiße Streifen, 2,5 cm lang, immergrün

Verwendung:
Vorwiegend als Forstgehölz zur Gewinnung von hochwertigem Bauholz, Gruppengehölz, selten im Einzelstand

Lebensbereich:
[7] Gehölze kühl-feuchter Wälder, Ordnungsziffer 7.1.3.1

Standort:
Auf sonnigen bis absonnigen Standorten mit sandig-lehmigen, mäßig trockenen bis frischen, schwach sauren bis schwach alkalischen, mäßig nährstoffreichen Böden; kalktolerierend

Gärtnerische Vermehrung:
Durch Aussaat

Hinweise:
Als Bauholz hat Pseudotsuga ähnliche Eigenschaften wie Larix, invasive Art

Weitere Arten und Sorten:
P. menziesii var. glauca, Großbaum, bis 30 m hoch und bis 12 m breit, Nadeln blaugrün; P. menziesii var. menziesii, Großbaum, bis 40 m hoch und bis 15 m breit, Nadeln tiefgrün glänzend

Sciadopitys verticillata

Japanische Schirmtanne
Sciadopityaceae, Schirmtannengewächse

Erklärung Artname:
verticillata = quirlblättrig

Herkunft:
Japan, in Bergregionen

Wuchs:
Baum, kegelförmig, Stamm gerade durchgehend, Äste waagerecht, kurz; nach 10-15 Jahren 1-1,5 m hoch, Endhöhe 10-15 (-20) m, in der Heimat bis 40 m, Breite 3-4 m

Blüten:
April - Mai; m: gelbliche, ovale Zapfen; w: unscheinbare, grüne, rundlich-ovale Zapfen; einhäusig

Früchte:
Zapfen, eilänglich, 7-12 cm lang, grünlich-braun bis rötlich-braun, ab Oktober, erst im zweiten Jahr reifend

Blätter:
Nadeln, linealisch flach, glänzend grün, sog. Doppelnadeln, bestehend aus zwei parallel verwachsenen Einzelnadeln, in schirmartigen Quirlen, nach 2 Jahren abfallend, steif, lederartig, immergrün

Verwendung:
Im Einzelstand in Atrien und Parkanlagen, auffälliges Leitgehölz für asiatische Gartenmotive

Lebensbereich:
[7] Gehölze kühl-feuchter Wälder, Ordnungsziffer 7.1.5.3

Standort:
Auf sonnigen bis absonnigen Standorten mit lehmigen bis torfigen, gut durchlüfteten, frischen bis feuchten, stark sauren bis neutralen, nährstoffreichen Böden; kalkempfindlich

Gärtnerische Vermehrung:
Durch Aussaat

Hinweise:
Verlangt geschützten Standort, in der Jugend lichten Schatten bevorzugend, empfindlich gegen Trockenheit

Weitere Arten und Sorten:
In Deutschland ist keine weitere bedeutende Art oder Sorte von Sciadopitys im Handel

Kalifornischer Bergmammutbaum Cupressaceae, Zypressengewächse

Erklärung Artname:
giganteum = riesig

Herkunft:
Pazifisches Nordamerika, Bergwälder, Westhänge der Sierra Nevada, 1500-2500 m

Wuchs:
Großbaum, anfangs regelmäßig kegelförmig, im Alter unregelmäßig und locker; nach 10-15 Jahren 5-7 m hoch, Endhöhe 30- 35 m, in der Heimat bis 80 m, Breite 8-10 (-12) m

Blüten:
April - Mai; m: gelbliche, ovale Zapfen; w: unscheinbare, grüne, rundliche Zapfen; einhäusig

Früchte:
Zapfen, eiförmig, 5-6 cm lang, dunkelbraun

Blätter:
Schuppenförmig, zugespitzt, graugrün, ca. 6 mm lang, an Seitentrieben auch linealisch, bläulich-grün, immergrün

Verwendung:
Im Einzelstand und als Gruppengehölz in großen Gärten und Parkanlagen

Lebensbereich:
[7] Gehölze kühl-feuchter Wälder, Ordnungsziffer 7.4.2.1

Standort:
Auf sonnigen bis absonnigen Standorten mit sandigen bis kiesigen, frischen bis feuchten, sauren bis alkalischen (pH-Wert über 7,4), nährstoffreichen Böden; kalktolerierend

Gärtnerische Vermehrung:
Durch Aussaat

Hinweise:
Als junger Baum nur bedingt winterhart; auffallend dicke, weiche, braune Borke, dadurch im Alter resistent gegen Waldbrände

Weitere Arten und Sorten:
S. giganteum 'Glaucum', schmal kegelförmig, bis 40 m hoch und bis 10 m breit, Nadeln blaugrau;
Sequoia sempervirens, immergrün, in Amerika als "Redwood" bekannt, einer der höchsten (bis 100 m) und ältesten (bis 1000 Jahre) Bäume der Erde

Taxodium distichum

Sumpfzypresse
Cupressaceae, Zypressengewächse

Erklärung Artname:
distichum = zweizeilig

Herkunft:
Südöstliches Nordamerika, in Sumpfwäldern von Florida, in Überschwemmungsgebieten

Wuchs:
Großbaum, unregelmäßig kegelförmig, Stamm gerade, Äste kurz, waagerecht oder aufsteigend, meist bis zum Boden beastet; nach 10-15 Jahren 4-5 m hoch, Endhöhe 30-40 (-50) m, Breite 8-10 m

Blüten:
März - April; m: grünlich-gelbe, überhängende, ährenartige Blütenstände; w: unscheinbare, nur 3 mm große, kugelige Zäpfchen; einhäusig

Früchte:
Zapfen, kugelig, 2,5 cm Durchmesser, anfangs grün, später braun

Blätter:
Nadeln, wechselständig, linealisch abgeflacht, frischgrün, 1,5-2 cm lang, im Herbst rotbraun, zusammen mit den Kurztrieben abfallend, sommergrün

Verwendung:
Im Einzelstand und als Gruppengehölz in Parkanlagen, auch geeignet in der Nähe von Wasserflächen

Lebensbereich:
[2] Auen- und Ufergehölze, Ordnungsziffer 2.1.2.1

Standort:
Auf sonnigen Standorten mit sandig-lehmigen, frischen bis feuchten, sauren bis neutralen, nährstoffreichen Böden; kalkempfindlich

Gärtnerische Vermehrung:
Durch Aussaat, Sorten durch Veredlung

Hinweise:
Empfindlich gegen Oberflächenverdichtung, bevorzugt mineralische Substrate

Weitere Arten und Sorten:
T. distichum 'Nutans',
mittelgroßer Baum, bis 20 m hoch,
Nadeln hellgrün;
T. distichum 'Pevé Minaret',
Zwergform, kegelförmig, bis 6 m hoch,
Nadeln hellgrün, später rötlich

Gewöhnliche Eibe
Taxaceae, Eibengewächse

Hinweise zur Nomenklatur siehe Beilage

Erklärung Artname:
baccata = mit Beeren

Herkunft:
Europa, Nordafrika, Kleinasien, in luftfeuchten Laub- und Nadelmischwäldern

Wuchs:
Kleinbaum, breit kegelförmig bis rundlich, stammbildend, stark verzweigt; nach 10-15 Jahren 2-3 m hoch und 3-5 m breit, Endhöhe 6-12 m, Breite 8-12 (-15) m

Blüten:
März - April; m: gelbliche, kätzchenartige, kugelige Zapfen; w: unscheinbare, nur 1,5 mm große, grüne, rundliche Zäpfchen; zweihäusig

Früchte:
Samenkerne in auffallend roter, fleischiger Hülle (Arillus), ca. 1 cm groß, rund, reifend ab September

Blätter:
Nadeln, linealisch, flach, oberseits schwarzgrün glänzend, unterseits blassgrün, bis 3 cm lang, immergrün

Verwendung:
Im Einzelstand und als Gruppengehölz, gut geeignet für hohe, immergrüne Hecken, gute Art für Formgehölze

Lebensbereich:
[3] Artenreiche Wälder und Gehölzgruppen, Ordnungsziffer 3.3.5.3

Standort:
Auf sonnigen bis halbschattigen Standorten mit sandig-lehmigen, frischen bis feuchten, schwach sauren bis schwach alkalischen, nährstoffreichen Böden; kalkliebend

Gärtnerische Vermehrung:
Durch Aussaat, Sorten durch Stecklinge

Hinweise:
Giftgehölz, siehe Taxus baccata 'Repandens'

Weitere Arten und Sorten:
T. baccata 'Dovastoniana',
Großstrauch, bis 8 m hoch und bis 6 m breit, Nadeln dunkelgrün;
T. baccata 'Overeynderi',
Strauch, eiförmig, bis 5 m hoch und bis 3 m breit, Nadeln dunkelgrün

Taxus baccata 'Fastigiata'

Säulen-Eibe
Taxaceae, Eibengewächse

Hinweise zur Nomenklatur siehe Beilage

Erklärung Artname:
baccata = mit Beeren;
fastigiata = mit aufstrebenden Seitenzweigen

Herkunft:
Züchtung; Art: siehe Seite 331

Wuchs:
Großstrauch, schmal säulenförmig, im Alter meist breiter, Äste steil aufrecht, Zweige zahlreich und meist dicht stehend; nach 10-15 Jahren 0,8-1,2 m hoch, Endhöhe 4-6 m, Breite 2-3 m

Blüten:
März - April; weibliche Form mit unscheinbaren, nur 1,5 mm großen, grünen, rundlichen Zäpfchen

Früchte:
Samenkerne in roter, becherförmiger Hülle (Arillus), ca. 1 cm groß, rund, zahlreich

Blätter:
Nadeln, sichelartig nach unten gebogen, allseitig abstehend, schwarzgrün, bis 3 cm lang, immergrün

Verwendung:
Im Einzelstand für Heidegärten und Innenhöfe, auch zur Grabbepflanzung

Lebensbereich:
[9] Gehölze der Hecken und Strauchflächen, Ordnungsziffer 9.3.2.4

Standort:
Auf sonnigen bis halbschattigen Standorten mit sandig-lehmigen, frischen bis feuchten, schwach sauren bis alkalischen, nährstoffreichen Böden; kalkliebend

Gärtnerische Vermehrung:
Durch Stecklinge

Hinweise:
Giftgehölz, siehe Taxus baccata 'Repandens'

Weitere Arten und Sorten:
T. baccata 'Fastigiata Aureomarginata', Säulenform, bis 5 m hoch und bis 2,5 m breit, Nadeln goldgelb;
T. baccata 'Fastigiata Robusta', schmale Säulenform, bis 8 m hoch und bis 2 m breit, Nadeln mittelgrün

---

Unten: T. baccata 'Fastigiata Robusta'

Taxus baccata 'Repandens'

Kissen-Eibe, Tafel-Eibe
Taxaceae, Eibengewächse

Hinweise zur Nomenklatur siehe Beilage

Erklärung Artname:
baccata = mit Beeren;
repandus = ausgeschweift, gekrümmt

Herkunft:
Züchtung; Art: siehe Seite 331

Wuchs:
Kleinstrauch, flach ausgebreitete, sich überlappende Äste, mit überhängenden Trieben; nach 10-15 Jahren 0,5-0,6 m hoch, Endhöhe 0,8-1 m, Breite 2-4 m

Blüten:
März - April; weibliche Form mit unscheinbaren, nur 1,5 mm großen, grünen, rundlichen Zäpfchen

Früchte:
Samenkerne in auffallend roter, fleischiger Hülle (Arillus), ca. 1 cm groß, rund, wenig

Blätter:
Nadeln, linealisch flach, oberseits schwarzgrün glänzend, unterseits blassgrün, bis 3 cm lang, immergrün

Verwendung:
Ruhige Unterpflanzung farbiger Akzente an nicht zu exponierten Standorten

Lebensbereich:
[9] Gehölze der Hecken und Strauchflächen, Ordnungsziffer 9.3.6.6

Standort:
Auf sonnigen bis halbschattigen Standorten mit sandig-lehmigen, frischen bis feuchten, schwach sauren bis alkalischen, nährstoffreichen Böden; kalkliebend

Gärtnerische Vermehrung:
Durch Stecklinge

Hinweise:
Giftgehölz, nicht geeignet für Kinderspielplätze, Schulen und Pferdesportanlagen, Nähr- und Nistgehölz für Vögel

Weitere Arten und Sorten:
T. baccata 'Semperaurea',
bis 3 m hoch und 4 m breit, Nadeln goldgelb;
T. baccata 'Summergold',
bis 1 m hoch und bis 2 m breit, Nadeln gelb

Unten: T. baccata 'Semperaurea'

Taxus cuspidata 'Nana'

Japanische Zwerg-Eibe
Taxaceae, Eibengewächse

Hinweise zur Nomenklatur siehe Beilage

Erklärung Artname:
cuspidata = stachelspitzig; nana = zwergig

Herkunft:
Züchtung; Art: Ostasien,
in Gebirgen, in Küsten- und Bergwäldern

Wuchs:
Kleinstrauch, gedrungen, kein erkennbarer Mitteltrieb, stark verzweigt mit recht kurzen, dicht stehenden Zweigen; nach 10-15 Jahren 0,5-0,8 m hoch, Endhöhe 2-3 m, Breite 2-4 m

Blüten:
März - April; männliche Form mit gelblichen, kätzchenartigen, kugeligen Zapfen

Früchte:
Nicht fruchtend

Blätter:
Nadeln, linealisch kurz zugespitzt, oberseits tiefgrün, unterseits zwei gelbliche Streifen, im Winter bronzefarben überlaufen, 2-2,5 cm lang, immergrün

Verwendung:
Solitär und Gruppenpflanzungen in kleinräumigen Gartensituationen, als Unterpflanzung

Lebensbereich:
[9] Gehölze der Hecken und Strauchflächen, Ordnungsziffer 9.3.3.5

Standort:
Auf sonnigen bis halbschattigen Standorten mit sandig-lehmigen, frischen bis feuchten, schwach sauren bis alkalischen, nährstoffreichen Böden; kalkliebend

Gärtnerische Vermehrung:
Durch Stecklinge

Hinweise:
Giftgehölz, nicht geeignet für Kinderspielplätze, Schulen und Pferdesportanlagen, Nähr- und Nistgehölz für Vögel

Weitere Arten und Sorten:
T. baccata 'Nissen's Präsident', trichterförmig, bis 3 m hoch und bis 8 m breit, Nadeln tiefgrün

---

Unten: Formgehölz

Fruchtende Becher-Eibe
Taxaceae, Eibengewächse

Hinweise zur Nomenklatur siehe Beilage

Erklärung Artname:
media = in der Mitte

Herkunft:
Züchtung (T. cuspidata x T. baccata)

Wuchs:
Großstrauch, breit vasenförmig aufrecht, Äste straff in die Höhe strebend; nach 10-15 Jahren 1-1,5 m hoch, Endhöhe 3-5 m, Breite 3-4 m

Blüten:
März - April; weibliche Form mit grünlich-gelben, rundlichen Zapfen; sehr reichblühend

Früchte:
Samenkerne in auffallend roter, fleischiger Hülle (Arillus), ca. 1 cm groß, rund, sehr zahlreich

Blätter:
Nadeln, linealisch flach, zugespitzt, oberseits schwarzgrün glänzend, unterseits blassgrün, bis 3 cm lang, immergrün

Verwendung:
Für lockere, frei wachsende Hecken oder im Einzelstand in Heide-, Stein- und Rosengärten

Lebensbereich:
[9] Gehölze der Hecken und Strauchflächen, Ordnungsziffer 9.3.3.4

Standort:
Auf sonnigen bis halbschattigen Standorten mit sandig-lehmigen, frischen bis feuchten, schwach sauren bis schwach alkalischen, nährstoffreichen Böden; kalkliebend

Gärtnerische Vermehrung:
Durch Stecklinge

Hinweise:
Sehr gute Alternative zu Taxus baccata, sehr schnittverträglich, besonders attraktiver Fruchtschmuck, Giftgehölz, nicht geeignet für Kinderspielplätze, Schulen und Pferdesportanlagen, Nähr- und Nistgehölz für Vögel

Weitere Arten und Sorten:
T. x media 'Hillii',
kegelförmig, bis 5 m hoch und bis 3 m breit, Nadeln hellgrün, nicht fruchtend;
T. x media 'Straight Hedge',
dicht aufrecht, bis 5 m hoch und bis 2 m breit, Nadeln stumpf grün, fruchtend

Thuja occidentalis 'Brabant'

Abendländischer Lebensbaum Cupressaceae, Zypressengewächse

Erklärung Artname:
occidentalis = aus dem Westen stammend

Herkunft:
Züchtung; Art: nordöstliches Amerika, in Berg- und Moorwäldern

Wuchs:
Kleinbaum, kegel- bis säulenförmig, Stamm meist gerade durchgehend, Äste aufsteigend oder waagerecht; nach 10-15 Jahren 3-4 m hoch, Endhöhe 12-15 m, Breite 3-4 m

Blüten:
April - Mai; m: rötliche, fast kugelige, bis 2 mm große Zapfen; w: unscheinbare, hellbraune, eiförmige Zapfen; einhäusig

Früchte:
Zapfen, aufrecht, eilänglich, Durchmesser 0,8 cm bis 1,2 cm, anfangs gelblich-grün, später hellbraun

Blätter:
Schuppenförmig, dicht dachziegelartig angeordnet, gegenständig, oberseits und unterseits frischgrün, auch im Winter, 6-8 mm lang, immergrün

Verwendung:
Fast ausschließlich für Heckenpflanzungen

Lebensbereich:
[9] Gehölze der Hecken und Strauchflächen, Ordnungsziffer 9.3.3.3

Standort:
Auf sonnigen bis halbschattigen Standorten mit sandig-humosen, frischen bis feuchten, schwach sauren bis schwach alkalischen, nährstoffreichen Böden; kalktolerierend

Gärtnerische Vermehrung:
Durch Stecklinge

Hinweise:
Giftgehölz, gut schnittverträglich, verzeiht jedoch keinen Rückschnitt ins alte Holz, als Flachwurzler empfindlich gegen Dürre, Vogelschutz- und Nährgehölz, wichtiges Mittel der Homöopathie

Weitere Arten und Sorten:
T. occidentalis 'Holmstrup', schmal aufrecht, leicht kegelförmig, 3 bis 4 m hoch und bis 1,5 m breit, hellgrün

Säulen-Lebensbaum Cupressaceae, Zypressengewächse

Erklärung Artname:
occidentalis = aus dem Westen stammend; columnaris = säulenartig

Herkunft:
Züchtung; Art: nordöstliches Amerika, in Berg- und Moorwäldern

Wuchs:
Kleinbaum, schmal säulenförmig, Äste waagerecht abstehend, kurz und gedrängt; nach 10-15 Jahren 2-3 m hoch, Endhöhe 5-8 m, Breite 1-1,5 m

Blüten:
April - Mai; m: rötliche, fast kugelige, bis 2 mm große Zapfen; w: unscheinbare, hellbraune, eiförmige Zapfen; einhäusig, blüht nur selten und erst im hohen Alter

Früchte:
Zapfen, aufrecht, eilänglich, Durchmesser 0,8 cm bis 1,2 cm, hellbraun

Blätter:
Schuppenförmig, dunkelgrün, 4-7 mm lang, an Seitentrieben kürzer, immergrün

Verwendung:
Als Heckenpflanze, selten auch im Einzelstand

Lebensbereich:
[9] Gehölze der Hecken und Strauchflächen, Ordnungsziffer 9.3.3.4

Standort:
Auf sonnigen bis halbschattigen Standorten mit sandig-humosen, frischen bis feuchten, schwach sauren bis schwach alkalischen, nährstoffreichen Böden; kalktolerierend

Gärtnerische Vermehrung:
Durch Stecklinge

Hinweise:
Giftgehölz, als Flachwurzler empfindlich gegen Dürre, Vogelschutz- und Nährgehölz

Weitere Arten und Sorten:
T. occidentalis 'Danica',
Zwergform, bis 0,6 m hoch und bis 1 m breit, hellgrün, sehr langsam wachsend;
T. occidentalis 'Rheingold',
kegelig, bis 4 m hoch und bis 3 m breit, goldgelb

Unten: T. occidentalis 'Rheingold'

Thuja occidentalis 'Smaragd'

Smaragd-Lebensbaum Cupressaceae, Zypressengewächse

Erklärung Artname:
occidentalis = aus dem Westen stammend; Smaragd = sehr hochwertiger Edelstein

Herkunft:
Züchtung; Art: nordöstliches Amerika, in Berg- und Moorwäldern

Wuchs:
Großstrauch, schmal kegelförmig aufrecht, auch ausgewachsen dicht geschlossen; nach 10-15 Jahren 2-2,5 m hoch, Endhöhe 4-6 m, Breite 1-1,8 m

Blüten:
April - Mai; m: rötliche, fast kugelige, bis 2 mm große Zapfen; w: unscheinbare, hellbraune, eiförmige Zapfen; einhäusig, blüht nur selten und erst im hohen Alter

Früchte:
Zapfen, eiförmig, 1,2 cm lang, selten ausgebildet

Blätter:
Schuppenförmig, frischgrün, auch im Winter, immergrün

Verwendung:
Als Heckenpflanze und hellgrüne Kulisse, selten auch in kleinen Gruppen

Lebensbereich:
[9] Gehölze der Hecken und Strauchflächen, Ordnungsziffer 9.3.3.4

Standort:
Auf sonnigen bis absonnigen Standorten mit sandig-humosen, frischen bis feuchten, schwach sauren bis schwach alkalischen, nährstoffreichen Böden; kalktolerierend

Gärtnerische Vermehrung:
Durch Stecklinge

Hinweise:
Giftpflanze, langsam wachsend und sehr schnittverträglich, verzeiht aber keinen Schnitt ins alte Holz, eine der besten Heckenpflanzen, empfindlich gegen Luft- und Bodentrockenheit

Weitere Arten und Sorten:
T. occidentalis 'Sunkist', breit kegelförmig, bis 5 m hoch und bis 2 m breit, goldgelb;
T. occidentalis 'Teddy', kugelförmig, bis 0,6 m hoch und breit, grün, an den Spitzen oft bronzefarben

Riesen-Lebensbaum Cupressaceae, Zypressengewächse

Erklärung Artname:
plicata = gefaltet

Herkunft:
Westliches Nordamerika, in Berg- und Nadelwäldern niederschlagsreicher Regionen

Wuchs:
Kleinbaum, schmal kegelförmig, im Alter deutlich breiter, Äste abstehend bis überhängend; nach 10-15 Jahren 3-4 m hoch, Endhöhe 10-15 m, Breite 4- 5 m

Blüten:
April; m: unscheinbare, blassgelbe, rundliche Zapfen; w: gelb-grüne, eiförmige Zapfen; einhäusig

Früchte:
Zapfen, eiförmig, Durchmesser 1 cm, braun

Blätter:
Schuppenförmig, oberseits dunkelgrün glänzend, unterseits heller, immergrün

Verwendung:
Für besonders hohe, immergrüne Hecken, gelegentlich auch im Einzelstand

Lebensbereich:
[7] Gehölze kühl-feuchter Wälder, Ordnungsziffer 7.3.2.1

Standort:
Auf sonnigen bis absonnigen Standorten mit sandig-humosen, frischen, sauren bis alkalischen, nährstoffreichen Böden; kalktolerierend

Gärtnerische Vermehrung:
Durch Aussaat, Sorten durch Stecklinge

Hinweise:
Giftgehölz, als Flachwurzler empfindlich gegen lange Trockenheit, Vogelnährgehölz

Weitere Arten und Sorten:
T. plicata 'Atrovirens', kegelförmig, bis 20 m hoch und bis 5 m breit, dunkelgrün;
T. plicata 'Aurescens', kegelförmig, bis 15 m hoch und bis 4 m breit, grünlich-gelb;
T. plicata 'Excelsa', kegelförmig, bis 15 m hoch und bis 5 m breit, dunkelgrün

Unten: unreife Zapfen

Tsuga canadensis

Kanadische Hemlocktanne
Pinaceae, Kieferngewächse

Erklärung Artname:
canadensis = aus Kanada stammend

Herkunft:
Östliches Nordamerika, in Bergwäldern, in Laub- und Nadelmischwäldern

Wuchs:
Mittelgroßer Baum, breit kegelförmig, häufig mehrstämmig, Äste waagerecht bis schräg ansteigend, überhängender Wipfeltrieb, abwärts geneigte Zweigenden;
nach 10-15 Jahren 3-4 m hoch,
Endhöhe 15-20 m, Breite 8-12 m

Blüten:
Mai; m: gelbe, rundliche Zapfen; w: blassgrüne, aufrechte, eiförmige Zapfen; einhäusig

Früchte:
Zapfen, eiförmig, gestielt, bis 2 cm lang, im reifen Zustand dunkelbraun

Blätter:
Nadeln, flach, oberseits dunkelgrün glänzend, unterseits mit zwei hellen Streifen, beidseitig vom Zweig abstehend, 1-1,5 cm lang, immergrün

Verwendung:
Im Einzelstand und als Gruppengehölz für große Gärten und Parkanlagen, oft auf Friedhöfen

Lebensbereich:
[7] Gehölze kühl-feuchter Wälder,
Ordnungsziffer 7.2.6.2

Standort:
Auf sonnigen bis absonnigen Standorten mit humosen bis sandig-lehmigen, frischen bis feuchten, schwach sauren bis neutralen, nährstoffreichen Böden; kalktolerierend

Gärtnerische Vermehrung:
Durch Aussaat

Hinweise:
Sehr schnittverträglich, wirkt von allen Nadelgehölzen am leichtesten, leidet in ausgesprochenem Stadtklima

Weitere Arten und Sorten:
T. diversifolia, kegelförmig, bis 20 m hoch und bis 8 m breit, Nadeln dunkelgrün;
T. mertensiana 'Glauca', schmal kegelförmig, bis 8 m hoch und bis 2 m breit,
Nadeln silbrig-blau

Kissen-Hemlocktanne, Zwerg-Hemlocktanne Pinaceae, Kieferngewächse

Erklärung Artname:
canadensis = aus Kanada stammend;
nana = zwergig

Herkunft:
Züchtung; Art: Östliches Nordamerika, in Bergwäldern, in Laub- und Nadelmischwäldern

Wuchs:
Kleinstrauch, halbkugelig, Äste kurz, dichtstehend, bogig überhängend; nach 10-15 Jahren 0,3-0,5 m hoch, Endhöhe 0,8-1 m, Breite 1,5 (-2) m

Blüten:
Mai; m: gelbe, rundliche Zapfen;
w: blassgrüne, aufrechte, eiförmige Zapfen; einhäusig, blüht nur selten

Früchte:
Zapfen, eiförmig, gestielt, bis 2 cm lang, im reifen Zustand dunkelbraun, selten ausgebildet

Blätter:
Nadeln, flach, oberseits dunkelgrün, unterseits mit zwei hellen Streifen, 6-8 mm lang, immergrün

Verwendung:
Im Einzelstand und als Gruppengehölz für Heidegärten und kleinste Gartensituationen

Lebensbereich:
[9] Gehölze der Hecken und Strauchflächen, Ordnungsziffer 9.2.3.6

Standort:
Auf sonnigen bis absonnigen Standorten mit sandig-lehmigen, humosen, frischen bis feuchten, schwach sauren bis neutralen, nährstoffreichen Böden; kalktolerierend

Gärtnerische Vermehrung:
Durch Stecklinge

Hinweise:
Sehr schnittverträglich, gute Alternative zu Picea abies 'Nidiformis'

Weitere Arten und Sorten:
T. canadensis 'Jeddeloh', Zwergform, bis 1 m hoch und bis 2 m breit, Nadeln frischgrün;
T. canadensis 'Pendula', Hängeform, bis 3 m hoch und ebenso breit, Nadeln dunkelgrün

Unten: T. canadensis 'Pendula'

Obst-gehölze

Kulinarische Früchte aus der Natur

Der Ursprung vieler Obstbestände in Deutschland liegt in den Kriegs- und Nachkriegsjahren. In dieser Zeit wurde mit der Parole „Hast Du einen Raum – pflanze einen Baum“ massiv für die Anpflanzung von Obstgehölzen geworben, um Ernährungsmangelerscheinungen entgegenzuwirken. Die vielfachen Inhaltsstoffe der Früchte, allen voran die Vitamine, über den Zucker bis hin zu den Mineralstoffen, haben damals über manchen Ernährungsengpass hinweggeholfen.

Den Bereich der Produktion erfüllt heute zum größten Teil der Erwerbsobstbau. Bei der Anpflanzung in Garten und Landschaft steht dagegen das ganzjährige Naturschauspiel von der Blüte über den Blattaustrieb und der Fruchtreife bis hin zu der Ernte und dem Laubfall im Vordergrund. So ist ein Garten erst dann komplett, wenn alle Sinne angesprochen werden, daher darf das Obst hier nicht fehlen – nur so wird der Garten zur „Geschmackssache“.

Um die passende Sorte für den entsprechenden Garten- und Landschaftstyp auswählen zu können, sollte sich daher jeder Gärtner ein Grundlagenwissen über die Obstarten zu eigen machen.

Actinidia deliciosa 'Sorte'

Kiwi, Kiwifrucht, Chinesische Stachelbeere Actinidiaceae, Strahlengriffelgewächse

Erklärung Artname:
deliciosa = köstlich

Herkunft:
Züchtung; Art: China, in lichten Wäldern

Wuchs:
Kletterpflanze, rotbraun behaarte Triebe, kann über 10 m hoch klettern

Blüten:
Juni; cremeweiß bis gelb, 4 cm breit

Früchte:
Beeren, bis 10 cm lang und 6 cm dick, behaart, bauchig-walzenförmig, essbar, Reife: Oktober - November, reifen nur in Weinbaulagen gut aus

Blätter:
Breit eiförmig bis herzförmig, bis 20 cm lang

Verwendung:
Als Nahrungsmittel, zur Begrünung von Mauern, Hauswänden und Pergolen (Kletterhilfe erforderlich)

Lebensbereich:
Für die Kultur-Sorten nicht definiert; Wildform: [3] Artenreiche Wälder und Gehölzgruppen, Ordnungsziffer 3.3.4.9

Standort:
Auf sonnigen Standorten mit humosen, tiefgründigen, frischen bis feuchten, schwach sauren, mäßig nährstoffreichen Böden; kalktolerierend bis kalkempfindlich

Gärtnerische Vermehrung:
Durch Stecklinge und Steckholz

Hinweise:
Frostgefährdet; die meisten Sorten sind zweihäusig, (ca. eine männliche mit 10 weiblichen Exemplaren pflanzen), es gibt aber auch einhäusige Sorten wie z. B. A. deliciosa 'Jenny' und A. deliciosa 'Solo'

Weitere Arten und Sorten:
A. deliciosa 'Bruno', weiblich, sehr hohe Erträge; A. deliciosa 'Hayward', weiblich, wichtigste aller Kiwi-Sorten, qualitativ hochwertige Früchte; A. deliciosa 'Matua', männliche Befruchtersorte; A. deliciosa 'Monty', weiblich, hohe Erträge

---

Unten: A. deliciosa 'Monty'

Corylus avellana 'Sorte'

Haselnuss, Kultur-Hasel Corylaceae, Haselnussgewächse

Erklärung Artname:
avellana = aus Abella (Italien) stammend

Herkunft:
Züchtung; Art: Europa, Westasien, in lichten Laubwäldern, am Waldrand und in Hecken

Wuchs:
Großstrauch, breit aufrecht, 6-8 Haupttriebe, Höhe 4-6 m

Blüten:
Februar - März; m: gelbe oder rote Kätzchen; w: rötlich, unscheinbar

Früchte:
Nüsse

Blätter:
Rundlich bis herzförmig, gezähnt, Blattoberfläche rau

Verwendung:
Als Hecke, zur Nussgewinnung, heimisches Knickgehölz, Deckstrauch

Lebensbereich:
Für die Kultur-Sorten nicht definiert; Wildform: [3] Artenreiche Wälder und Gehölzgruppen, Ordnungsziffer 3.1.6.4

Standort:
Auf sonnigen bis halbschattigen Standorten mit sandig-lehmigen, mäßig trockenen bis frischen, schwach sauren bis alkalischen, nährstoffreichen Böden; kalktolerierend

Gärtnerische Vermehrung:
Durch Absenker und Steckholz

Hinweise:
Gefahr für die Blüten durch Spätfröste, dadurch Ertragsverlust

Weitere Arten und Sorten:
C. avellana 'Cosford', mittelgroße, länglich-eiförmige Früchte;
C. avellana 'Halle'sche Riesen', sehr große, breit kegelförmige Früchte, guter Pollenspender;
C. avellana 'Rote Lambertsnuss', mittelgroße, rundlich-ovale Früchte;
C. avellana 'Webb's Preisnuss', mittelgroße, länglich-eiförmige Früchte

Unten: C. avellana 'Cosford'

Cydonia oblonga 'Sorte'

Quitte, Echte Quitte
Rosaceae, Rosengewächse

Erklärung Artname:
oblonga = länglich

Herkunft:
Züchtung; Art: Südwest-Asien

Wuchs:
Großstrauch, rundlich, dicht stehende Äste, Höhe und Breite 3-5 m

Blüten:
Mai; blassrosa bis weiß, 5 cm breit, in den Blattachseln, die meisten Sorten sind selbstfruchtbar

Früchte:
Kernfrüchte, grün-gelblich, apfel-oder birnenförmig

Blätter:
Eiförmig, dunkelgrün, unterseits grau behaart, bis 10 cm groß

Verwendung:
Meist als Solitärgehölz zur Fruchtgewinnung, die Früchte eignen sich nur bedingt zum Rohgenuss, aber zur Weiterverarbeitung (Quittengelee, Quittensaft, Quittenkompott)

Lebensbereich:
Für die Kultur-Sorten nicht definiert; Wildform: [6] Steppengehölze und Trockenwälder, Ordnungsziffer 6.4.2.4

Standort:
Auf sonnigen bis absonnigen Standorten mit lehmigen, frischen, schwach sauren bis neutralen, nährstoffreichen Böden; kalkempfindlich

Gärtnerische Vermehrung:
Durch Veredlung

Hinweise:
Holz empfindlich gegen Winterfrost, Chlorosen bei einem pH-Wert von 6-7

Weitere Arten und Sorten:
C. oblonga 'Bereczki',
sehr große, birnenförmige Früchte,
Reife: Anfang Oktober - Anfang November;
C. oblonga 'Konstantinopeler',
große, apfelförmige Früchte,
Reife: Mitte Oktober - Mitte November;
C. oblonga 'Portugiesische',
große, birnenförmige Früchte,
Reife: Ende September - Anfang November

Unten: C. oblonga 'Bereczki'

Erdbeere, Kultur-Erdbeere
Rosaceae, Rosengewächse

Erklärung Artname:
ananassa = Ananas

Herkunft:
Züchtung; die Elternarten stammen aus Amerika

Wuchs:
Bodendeckende und Ausläufer bildende Staude, Höhe bis 40 cm

Blüten:
Mai - Juni; Trugdolden aus weißen Blüten mit 5 rundlichen Kronblättern

Früchte:
Sammelnussfrüchte, rot

Blätter:
Eiförmig, gezähnt, wechselständig

Verwendung:
Im Erwerbsobstbau und in Hausgärten, Früchte zum Rohverzehr und zur Weiterverarbeitung (Marmelade, Kompott, Saft)

Lebensbereich:
Nicht eindeutig definiert

Standort:
Auf sonnigen bis absonnigen Standorten mit humosen, frischen, schwach sauren bis neutralen, nährstoffreichen Böden; kalktolerierend

Gärtnerische Vermehrung:
Durch Ausläufer und In-Vitro-Methode

Hinweise:
Maximale Kulturdauer sollte 2-3 Jahre nicht überschreiten, da sonst der Ertrag deutlich zurück geht; Pflanzung unkrautfrei halten und lockern; Fruchtstände vor der Ernte unterlegen

Weitere Arten und Sorten:
F. x ananassa 'Elsanta',
hohe Erträge, für Erwerbsanbau;
F. x ananassa 'Senga Sengana',
hohe Erträge, vorwiegend für Hausgärten;
F. x ananassa 'Tenira', hohe Erträge,
für Hausgärten und Erwerbsobstbau

Unten: F. x ananassa 'Elsanta'

Juglans regia 'Sorte'

Walnuss, Kultur-Walnuss Juglandaceae, Walnussgewächse

Erklärung Artname:
regia = königlich

Herkunft:
Züchtung; Art: Kleinasien, Bosnien, West-China, in Auen und Laubmischwäldern

Wuchs:
Mittelgroßer Baum, rundkronig, locker, ausladend, Höhe 15-20 m, Breite 10-15 m

Blüten:
Mai; einhäusig, sehr frostempfindlich, m: braungrüne Kätzchen; w: klein, einzeln, grün

Früchte:
Steinfrüchte, braun mit Fleischhülle, eiförmig

Blätter:
Wechselständig, gefiedert, 20-30 cm lang, meist 5-9 Fiederblätter, aromatisch duftend, elliptisch, dunkelgrün, gezähnt oder ganzrandig, sommergrün

Verwendung:
Als Haus- und Erwerbsobstbaum, Früchte meistens zum Rohverzehr

Lebensbereich:
Für die Kultur-Sorten nicht definiert; Wildform: [3] Artenreiche Wälder und Gehölzgruppen, Ordnungsziffer 3.3.1.2

Standort:
Auf sonnigen bis halbschattigen Standorten mit lehmigen, mäßig trockenen bis feuchten, schwach sauren bis schwach alkalischen, nährstoffreichen Böden; kalkliebend

Gärtnerische Vermehrung:
Durch Veredlung

Hinweise:
Junge Pflanzen spätfrostempfindlich, die Pflanzung unterschiedlicher Sorten erhöht den Fruchtansatz

Weitere Arten und Sorten:
J. regia 'Jupiter', kleiner Standraum, sehr hoher Ertrag; J. regia 'Klon Nr. 120', großer Standraum, hoher Ertrag; J. regia 'Mars', selbstfruchtbar, hoher Ertrag; J. regia 'Weinsberg 1', kleinerer Standraum, hoher Ertrag

---

Unten: J. regia 'Klon Nr. 120'

Apfel, Kultur-Apfel

(Moderne und krankheitsunempfindliche Sorten)

Rosaceae, Rosengewächse

Erklärung Artname:
domestica = zum Haus gehörend

Herkunft:
Züchtung; Art: Asien, in Wäldern und an Waldrändern

Wuchs:
Kleinbaum, breite Krone, Höhe und Breite 6-8 m

Blüten:
Mai - Juni; Einzelblüten, weißrosa

Früchte:
Kernfrüchte, gelb, grün, rot, Größe sortenbedingt, mehrfach resistent, Reife: September - Anfang Dezember

Blätter:
Breit-elliptisch bis kreisrund

Verwendung:
Im Erwerbsobstbau und in Hausgärten, Früchte zum Rohverzehr und zur Weiterverarbeitung

Lebensbereich:
Für die Kultur-Sorten nicht definiert; Wildform: [2] Auen- und Ufergehölze, Ordnungsziffer 2.5.2.3

Standort:
Auf sonnigen bis halbschattigen Standorten mit sandig-lehmigen, mäßig trockenen bis frischen, schwach sauren bis alkalischen, nährstoffreichen Böden; kalkliebend

Gärtnerische Vermehrung:
Durch Veredlung

Hinweise:
Nach der Banane und den Zitrusfrüchten weltweit wichtigste Obstart, Blüte spätfrostgefährdet

Weitere Arten und Sorten:
M. domestica 'Reanda'®, mittelgroße bis große, gelbgrüne Früchte mit roter Backe, Reife: Ende November - Anfang Dezember, schorf- und mehltauresistent;
M. domestica 'Retina'®, große, dunkelrote Früchte, Reife: Anfang September, schorf- u. mehltauresistent;
M. domestica 'Topaz'®, mittelgroße, orangerote Früchte, Reife: Ende Oktober - Anfang November, schorf- und mehltauresistent

Unten: M. domestica 'Retina'®

Malus domestica 'Sorte'

Apfel, Kultur-Apfel
(Bewährte und historische Sorten)

Rosaceae, Rosengewächse

Erklärung Artname:
domestica = zum Haus gehörend

Herkunft:
Züchtung; Art: Asien, in Wäldern und an Waldrändern

Wuchs:
Kleinbaum, breite Krone, Höhe und Breite 6-8 m

Blüten:
Mai - Juni; Einzelblüten, weißrosa

Früchte:
Kernfrüchte, gelb, grün, rot, Größe sortenbedingt, Reife: September - Anfang Dezember

Blätter:
Breit-elliptisch bis kreisrund

Verwendung:
Im Erwerbsobstbau und in Hausgärten, Früchte zum Rohverzehr und zur Weiterverarbeitung

Lebensbereich:
Für die Kultur-Sorten nicht definiert; Wildform: [2] Auen- und Ufergehölze, Ordnungsziffer 2.5.2.3

Standort:
Auf sonnigen bis halbschattigen Standorten mit sandig-lehmigen, mäßig trockenen bis frischen, schwach sauren bis alkalischen, nährstoffreichen Böden; kalkliebend

Gärtnerische Vermehrung:
Durch Veredlung

Hinweise:
Im Naturschutz für Streuobstwiesen bewährte Sorten

Weitere Arten und Sorten:
M. domestica 'Elstar'®, mittelgroße, goldgelbe bis leuchtend karminrote Früchte, Reife Ende September - Anfang Oktober; M. domestica 'Freiherr von Berlepsch', kleine bis mittelgroße, rote Früchte, Reife: Ende September, nur für beste Lagen; M. domestica 'Roter Boskoop', große bis sehr große, dunkelrote Früchte, Reife: Dezember - Februar

---

Oben: M. domestica 'Elstar'®
Unten: M. domestica 'Roter Boskoop'

Aprikose, Marille
Rosaceae, Rosengewächse

Erklärung Artname:
armeniaca = aus Armenien stammend

Herkunft:
Züchtung; Art: Zentral-Asien

Wuchs:
Kleinbaum, Höhe 6-8 m, Breite 4-6 m

Blüten:
April - Mai; anfangs rosa, dann immer mehr in weiß übergehend

Früchte:
Steinfrüchte, gelb mit roten Flecken, an der Sonnenseite teilweise rot, weichfleischig

Blätter:
Rundlich-eiförmig, 5-10 cm lang, an den Blattenden zugespitzt

Verwendung:
Im Erwerbsobstbau und in Hausgärten, Früchte zum Rohverzehr und zur Weiterverarbeitung (Marmelade, Saft, Marillengeist)

Lebensbereich:
Für die Kultur-Sorten nicht definiert;
Wildform: [6] Steppengehölze und Trockenwälder, Ordnungsziffer 6.3.2.3

Standort:
Auf sonnigen bis halbschattigen Standorten mit sandig-lehmigen bis lehmigen, mäßig trockenen bis frischen, schwach sauren bis alkalischen, mäßig nährstoffreichen Böden; kalktolerierend

Gärtnerische Vermehrung:
Durch Veredlung

Hinweise:
Blüte durch Spätfröste gefährdet, erhöhte Krankheitsanfälligkeit durch Temperaturschwankungen, anfällig für Viruskrankheit "Scharka"

Weitere Arten und Sorten:
P. armeniaca 'Apricose von Nancy', große, orangegelbe Früchte, Reife: Anfang August;
P. armeniaca 'Kuresia'®, mittelgroße, kugelige, orangegelbe Früchte, Reife: Ende Juli - Anfang August, Scharka-resistent;
P. armeniaca 'Ungarische Beste', mittelgroße, grünlich gelbe Früchte, Reife: Anfang - Mitte August

Unten: P. armeniaca 'Ungarische Beste'

Prunus avium 'Sorte'

Süß-Kirsche, Knorpel-Kirsche, Herz-Kirsche
Rosaceae, Rosengewächse

Erklärung Artname:
avium = von Vögeln gern gefressen

Herkunft:
Züchtung; Art: Europa, Westasien, in Mischwäldern, an Waldrändern und Bachufern

Wuchs:
Kleinbaum, aufrecht, ausladend,
Höhe und Breite 5-6 (-8) m

Blüten:
April - Mai; weiß, 3 cm, in Dolden

Früchte:
Steinfrüchte, Unterscheidung nach Knorpelkirschen (knackiges Fruchtfleisch) und Herzkirschen (weiches Fruchtfleisch), schwarz, rot, hellgelb

Blätter:
Eilänglich, 15 cm lang, dunkelgrün,
im Herbst rotgelb färbend, sommergrün

Verwendung:
Im Erwerbsobstbau und in Hausgärten, Früchte zum Rohverzehr und zur Weiterverarbeitung

Lebensbereich:
Für die Kultur-Sorten nicht definiert;
Wildform: [3] Artenreiche Wälder und Gehölzgruppen, Ordnungsziffer 3.3.3.3

Standort:
Auf sonnigen Standorten mit lehmigen, frischen bis feuchten, durchlässigen, schwach sauren bis schwach alkalischen, nährstoffreichen Böden; kalkliebend

Gärtnerische Vermehrung:
Durch Veredlung

Hinweise:
Fruchtschädigung durch Niederschläge, empfindlich gegen kalte Winter und kühle Witterung im Frühjahr

Weitere Arten und Sorten:
P. avium 'Burlat', große Herzkirsche,
Reife: Mitte - Ende Juni;
P. avium 'Große Späte Schwarze Knorpelkirsche', große Knorpelkirsche, Reife: Mitte Juli;
P. avium 'Hedelfinger Riesenkirsche',
sehr große Knorpelkirsche, Reife: Ende Juli;
P. avium 'Regina', sehr große Knorpelkirsche,
Reife: Anfang August

Unten: P. avium 'Große Späte Schwarze Knorpelkirsche'

Sauer-Kirsche, Weichsel
Rosaceae, Rosengewächse

Erklärung Artname:
cerasus = Kirsche

Herkunft:
Züchtung; Art: Europa, Asien

Wuchs:
Großstrauch, sortenbedingt strauchiger oder baumartiger Wuchs, breitkronig bis pyramidal, Höhe und Breite 4-5 m

Blüten:
Apri - Mai; weiß, in sitzenden Dolden

Früchte:
Steinfrüchte, Weichselkirschen mit färbendem Saft, Amarellen mit nicht färbendem Saft, Reife: Ernte Juli - Anfang August

Blätter:
Oval, an den Blattenden zugespitzt, unterseits behaart

Verwendung:
Im Erwerbsobstbau und in Hausgärten, Früchte nur zur Weiterverarbeitung geeignet, nicht zum Rohverzehr

Lebensbereich:
Für die Kultur-Sorten nicht definiert; Wildform: [9] Gehölze der Hecken und Strauchflächen, Ordnungsziffer 9.1.3.3

Standort:
Auf sonnigen bis absonnigen Standorten mit sandig- bis lehmig-humosen, trockenen bis frischen, schwach sauren bis alkalischen, mäßig nährstoffreichen Böden; kalktolerierend

Gärtnerische Vermehrung:
Durch Veredlung

Hinweise:
Durch Steinweichselunterlage auch auf Sandböden anbauwürdig

Weitere Arten und Sorten:
P. cerasus 'Ludwigs Frühe', mittelgroße, hellrote Früchte, frühe Reife;
P. cerasus 'Morellenfeuer', mittelgroße, dunkelbraunrote Früchte, mittelspäte Reife;
P. cerasus 'Safir'®, sehr große, fast schwarze Früchte, mittelspäte Reife;
P. cerasus 'Schattenmorelle', mittelgroße, dunkelbraunrote Früchte, späte Reife

Unten: P. cerasus 'Morellenfeuer'

Prunus domestica 'Sorte'

Mirabelle
Rosaceae, Rosengewächse

Erklärung Artname:
domestica = zum Haus gehörend

Herkunft:
Züchtung; Art: Kleinasien

Wuchs:
Großstrauch, Höhe 4-6 m, durch Erziehung auch als Busch mit einer Höhe von 3-4 m, Zweige anfangs filzig behaart

Blüten:
Mai - Juni; reinweiß, zu zweit in Büscheln

Früchte:
Steinfrüchte, rund, mit glattem, sich vom Fleisch lösendem Stein, gelblich, teilweise auch gerötet, ziemlich klein, Reife: August, beste Ware zum Schnaps brennen

Blätter:
Klein, spitzoval

Verwendung:
Im Erwerbsobstbau und in Hausgärten, Früchte zum Rohverzehr und zur Weiterverarbeitung

Lebensbereich:
Für die Kultur-Sorten nicht definiert; Wildform: [9] Gehölze der Hecken und Strauchflächen, Ordnungsziffer 9.3.1.4

Standort:
Auf sonnigen Standorten mit lehmig-humosen, frischen bis feuchten, schwach sauren bis alkalischen, nährstoffreichen Böden; kalktolerierend

Gärtnerische Vermehrung:
Durch Veredlung

Hinweise:
Bevorzugt auf wenig spätfrostgefährdeten und windgeschützten Standorten anzubauen

Weitere Arten und Sorten:
P. domestica 'Bellamira'®, hohe Erträge, relativ große Früchte, Reife: Anfang August - Anfang September; P. domestica 'Nancymirabelle', hohe Erträge, Früchte etwas regen-empfindlich, wertvolle Mirabellensorte, Reife: Mitte August - Mitte September

---

Unten: P. domestica 'Nancymirabelle'

Pflaume, Zwetsche, Zwetschge
Rosaceae, Rosengewächse

Erklärung Artname:
domestica = zum Haus gehörend

Herkunft:
Züchtung; Art: Kleinasien

Wuchs:
Kleinbaum, Höhe 6-8 m, durch Erziehung auch als Busch mit einer Höhe von 3-4 m

Blüten:
Mai - Juni; grünlich-weiß, zu zweit in Büscheln

Früchte:
Steinfrüchte, länglich, mit fast glattem Stein, blau, Reife: August - Oktober

Blätter:
Länglich-oval, größer als 8 cm

Verwendung:
Im Erwerbsobstbau und in Hausgärten, Früchte zum Rohverzehr und zur Weiterverarbeitung

Lebensbereich:
Für die Kultur-Sorten nicht definiert; Wildform: [9] Gehölze der Hecken und Strauchflächen, Ordnungsziffer 9.3.1.3

Standort:
Auf sonnigen Standorten mit lehmig-humosen, frischen bis feuchten, schwach sauren bis alkalischen, nährstoffreichen Böden; kalktolerierend

Gärtnerische Vermehrung:
Durch Veredlung

Hinweise:
Bevorzugt auf wenig spätfrostgefährdeten und windgeschützten Standorten anzubauen

Weitere Arten und Sorten:
P. domestica 'Hanita'®,
Reife: Anfang September, hohe Erträge;
P. domestica 'Hauszwetsche',
Reife: Mitte September, hohe Erträge;
P. domestica 'Jojo'®,
Reife: Anfang September, hohe Erträge, erste scharkaresistente Sorte;
P. domestica 'Wangenheimer Frühzwetsche',
Reife: Ende August, hohe Erträge, robuste Sorte

Unten: P. domestica 'Hauszwetsche'

Prunus domestica 'Sorte'

Reneklode, Reineclaude
Rosaceae, Rosengewächse

Erklärung Artname:
domestica = zum Haus gehörend

Herkunft:
Züchtung; Art: Kleinasien

Wuchs:
Großstrauch, Höhe 4-6 m, durch Erziehung auch als Busch mit einer Höhe von 3-4 m, Zweige anfangs filzig behaart

Blüten:
Mai - Juni; reinweiß, zu zweit in Büscheln

Früchte:
Steinfrüchte, rund, mit rauem, sich meist nicht gut vom Fleisch lösenden Stein, grünlich, gelblich oder rot, sehr groß, Reife: August - September

Blätter:
Länglich-oval

Verwendung:
Im Erwerbsobstbau und in Hausgärten, Früchte zum Rohverzehr und zur Weiterverarbeitung, nicht lange frisch haltbar

Lebensbereich:
Für die Kultur-Sorten nicht definiert; Wildform: [9] Gehölze der Hecken und Strauchflächen, Ordnungsziffer 9.3.1.4

Standort:
Auf sonnigen Standorten mit lehmig-humosen, frischen bis feuchten, schwach sauren bis schwach alkalischen, nährstoffreichen Böden; kalktolerierend

Gärtnerische Vermehrung:
Durch Veredlung

Hinweise:
Bevorzugt auf wenig spätfrostgefährdeten und windgeschützten Standorten anzubauen

Weitere Arten und Sorten:
P. domestica 'Graf Althans Reneklode', rote Früchte, Reife: Ende August, hohe Erträge; P. domestica 'Große Grüne Reneklode', grüne Früchte, Reife: Mitte August, mittlere Erträge; P. domestica 'Oullins Reneklode', gelbe Früchte, Reife: Mitte August, hohe Erträge

---

Oben: P. domestica 'Graf Althans Reneklode'
Unten: P. domestica 'Große Grüne Reneklode'

Pfirsich
Rosaceae, Rosengewächse

Erklärung Artname:
persica = Pfirsich

Herkunft:
Züchtung; Art: China

Wuchs:
Kleinbaum, aufrecht, ausladend, Höhe und Breite 5-6 (-8) m

Blüten:
Mai; vor dem Blattaustrieb, rosa, schüsselförmig, 4 cm breit, selbstfertil

Früchte:
Steinfrüchte, sortenabhängige Größe von 8-12 cm, behaart, orangegelb, Reife: Juli - September

Blätter:
Schmal elliptisch, 15 cm lang, glänzend mittel- bis dunkelgrün

Verwendung:
Im Erwerbsobstbau in milden Klimagebieten, in Hausgärten an geschützten Stellen, Früchte zum Rohverzehr und zur Weiterverarbeitung

Lebensbereich:
Für die Kultur-Sorten nicht definiert; Wildform: [6] Steppengehölze und Trockenwälder, Ordnungsziffer 6.4.2.3

Standort:
Auf sonnigen bis absonnigen Standorten mit sandig-lehmigen bis lehmigen, frischen, schwach sauren bis schwach alkalischen, mäßig nährstoffreichen Böden; kalktolerierend

Gärtnerische Vermehrung:
Durch Veredlung

Hinweise:
Hoher Wärmebedarf, anfällig für tiefe Wintertemperaturen, Spätfröste, Staunässe und Trockenheit, Pflegeschnitt im Frühjahr, Fruchtausdünnung bei Kirschgröße

Weitere Arten und Sorten:
P. persica 'Redhaven', mittelgroße, gelbrote Früchte, Reife: Anfang August; P. persica 'Revita'®, große, gelbgrüne bis dunkelrote Früchte, Reife: Ende August, geringe Anfälligkeit für Kräuselkrankheit

Unten: P. persica 'Redhaven'

Pyrus communis 'Sorte'

Birne, Kultur-Birne
Rosaceae, Rosengewächse

Erklärung Artname:
communis = gewöhnlich

Herkunft:
Züchtung; Art: Südeuropa, Südwest-Asien

Wuchs:
Kleinbaum, aufrecht, säulenförmig bis hochpyramidal, Höhe 7-9 m, Breite 4-6 m

Blüten:
Apri - Mai; weiß, in doldenartigen Trauben

Früchte:
Kernfrüchte, glockenförmig, grünlich-gelb bis braun, Reife: August - Oktober

Blätter:
Eiförmig bis elliptisch, glänzend dunkelgrün, bis 10 cm lang

Verwendung:
Im Erwerbsobstbau und in Hausgärten, Früchte zum Rohverzehr und zur Weiterverarbeitung

Lebensbereich:
Für die Kultur-Sorten nicht definiert;
Wildform: [6] Steppengehölze und Trockenwälder, Ordnungsziffer 6.4.2.3

Standort:
Auf sonnigen bis absonnigen Standorten mit sandig-lehmigen bis lehmigen, frischen, schwach sauren bis schwach alkalischen, mäßig nährstoffreichen Böden; kalktolerierend

Gärtnerische Vermehrung:
Durch Veredlung

Hinweise:
Holz empfindlich gegen tiefe Wintertemperaturen, Blüte spätfrostempfindlich

Weitere Arten und Sorten:
P. communis 'Alexander Lucas',
große bis sehr große, gelbe Früchte,
Reife: Ende September - Anfang November,
robuste Tafelbirne;
P. communis 'Gute Luise',
kleine bis mittelgroße, gelbgrüne Früchte,
Reife: Anfang September - Mitte Oktober;
P. communis 'Williams Christbirne',
mittelgroße, goldgelbe Früchte,
Reife: Mitte August - Anfang September

Unten: P. communis 'Gute Luise'

Ribes nigrum 'Sorte'

Schwarze Johannisbeere
Grossulariaceae, Stachelbeergewächse

Erklärung Artname:
nigrum = schwarz

Herkunft:
Züchtung; Art: Europa, Asien

Wuchs:
Normalstrauch, sparrig, Höhe 1,5-1,8 m, Breite 1,2-1,6 m

Blüten:
April - Mai; grünlich, innen rötlich, glockig, in vier- bis zehnblütigen Trauben

Früchte:
Beeren, in kurzen bis mittellangen Trauben, schwarz, Vitamin C-haltig, Reife: Juni - Juli

Blätter:
Rundlich, 3- bis 5-lappig, unterseits drüsig

Verwendung:
Im Erwerbsobstbau und in Hausgärten, Früchte zum Rohverzehr und zur Weiterverarbeitung

Lebensbereich:
Für die Kultur-Sorten nicht definiert; Wildform: [2] Auen und Ufergehölze, Ordnungsziffer 2.2.6.6

Standort:
Auf sonnigen bis halbschattigen Standorten mit sandig-humosen, frischen bis feuchten, schwach sauren bis alkalischen, mäßig nährstoffreichen Böden; kalktolerierend

Gärtnerische Vermehrung:
Durch Steckholz, Stammformen durch Veredlung auf Ribes aureum

Hinweise:
Sortenabhängig selbstfruchtbar,
Blüten spätfrostgefährdet,
altes Holz immer wieder ausschneiden

Weitere Arten und Sorten:
R. nigrum 'Bona', kurze, sehr dichte Trauben, sehr große Beeren, Reife: Anfang - Mitte Juni;
R. nigrum 'Titania', mittellange Trauben, sehr große Beeren, Reife: Mitte Juni - Anfang Juli, hohe Erträge, mehltauresistent;
R. nigrum 'Tsema', langtraubig, große Beeren, Reife: Anfang - Mitte Juli, hohe Erträge, etwas mehltauanfällig

Unten: R. nigrum 'Titania'

Ribes rubrum 'Sorte'

Rote Johannisbeere, Weiße Johannisbeere Grossulariaceae, Stachelbeergewächse

Erklärung Artname:
rubrum = rot

Herkunft:
Züchtung; Art: Europa

Wuchs:
Kleinstrauch, Höhe 1,3-1,5 m, Breite 1,1-1,3 m

Blüten:
April - Mai; grün mit purpurn, Kelchblätter radförmig, traubenförmig hängend

Früchte:
Beeren, rot oder weiß, saftig, in langen bis mittellangen Trauben, Reife: Juni - Juli

Blätter:
Rundlich, 3-lappig

Verwendung:
Im Erwerbsobstbau und in Hausgärten, Früchte zum Rohverzehr und zur Weiterverarbeitung

Lebensbereich:
Für die Kultur-Sorten nicht definiert; Wildform: [1] Moor- und Sumpfgehölze, Ordnungsziffer 1.2.3.5

Standort:
Auf sonnigen bis halbschattigen Standorten mit humosen, feuchten, sauren bis schwach alkalischen, mäßig nährstoffreichen Böden; kalktolerierend

Gärtnerische Vermehrung:
Durch Steckholz, Stammformen durch Veredlung auf Ribes aureum

Hinweise:
Alle Sorten selbstfruchtbar, Fremdbefruchtung bringt aber höheren Ertrag

Weitere Arten und Sorten:
R. rubrum 'Jonkheer van Tets', langtraubig, mittelgroße, rote Beeren, leicht säuerlich, Reife: Anfang Juni, hohe Erträge;
R. rubrum 'Rovada', sehr langtraubig, große, rote Beeren, Reife: Anfang Juli, sehr hohe Erträge;
R. rubrum 'Weiße Versailler', mittellang- bis langtraubig, mittelgroße, weiße Beeren, leicht säuerlich, Reife: Mitte Juni, hohe Erträge

Unten: R. rubrum 'Rovada'

Stachelbeere, Kultur-Stachelbeere Grossulariaceae, Stachelbeergewächse

Erklärung Artname:
uva-crispa = krause Traube

Herkunft:
Züchtung; Art: Europa, Asien

Wuchs:
Kleinstrauch, Zweige mit dreiteiligen Stacheln, Höhe und Breite 0,8-1,2 m

Blüten:
April - Mai; grünlich, kurz gestielt

Früchte:
Beeren, eiförmig, behaart oder drüsigborstig, rot, gelb oder grün, Reife: Juni - Juli

Blätter:
Herzförmig, keilförmig, kerbig gezähnte Lappen, kahl oder behaart

Verwendung:
Im Erwerbsobstbau und in Hausgärten, Früchte zum Rohverzehr und zur Weiterverarbeitung

Lebensbereich:
Für die Kultur-Sorten nicht definiert; Wildform: [2] Auen und Ufergehölze, Ordnungsziffer 2.4.6.6

Standort:
Auf sonnigen bis absonnigen Standorten mit sandig-kiesigen, frischen bis feuchten, schwach sauren bis alkalischen, mäßig nährstoffreichen Böden; kalktolerierend

Gärtnerische Vermehrung:
Durch Steckholz und Abrisse, Stammformen durch Veredlung auf Ribes aureum

Hinweise:
Fremdbefruchtung vorteilhaft, mehltaufeste Sorten werden empfohlen

Weitere Arten und Sorten:
R. uva-crispa 'Hinnonmäki Gelb', mittelgroße, gelbe Beeren, Reife: Mitte Juli, mittlere Erträge, gering anfällig für Mehltau;
R. uva-crispa 'Invicta', große, hellgrüne Beeren, Reife: Ende Juni, sehr hohe Erträge, gering anfällig für Mehltau;
R. uva-crispa 'Redeva'®, mittelgroße, purpurrote Beeren, Reife: Ende Juli, hohe Erträge, sehr gering anfällig für Mehltau

Unten: R. uva-crispa 'Invicta'

Rubus fruticosus 'Sorte'

Brombeere, Kultur-Brombeere
Rosaceae, Rosengewächse

Erklärung Artname:
fruticosus = strauchig, buschig

Herkunft:
Züchtung; Art: Europa, Asien, auf Waldlichtungen und in Gebüschen

Wuchs:
Normalstrauch, bogig überhängend, Ausläufer bildend, Höhe 1,2-2 m

Blüten:
Juni - August; weiß und rosa, in Trugdolden, an den Triebenden, Durchmesser 2 cm

Früchte:
Sammelfrüchte mit Nüsschen, glänzend schwarz, kegelförmig, Reife: August - Oktober

Blätter:
5- bis 7-zählig, vielgestaltig, oberseits dunkelgrün, unterseits graugrün bis weiß-filzig

Verwendung:
Im Erwerbsobstbau und in Hausgärten, Früchte zum Rohverzehr und zur Weiterverarbeitung

Lebensbereich:
Für die Kultur-Sorten nicht definiert; Wildform: [4] Artenarme Wälder und Gehölzgruppen, Ordnungsziffer 4.2.4.5

Standort:
Auf sonnigen bis halbschattigen Standorten mit sandig-humosen, trockenen bis frischen, schwach sauren bis schwach alkalischen, nährstoffarmen Böden; kalktolerierend

Gärtnerische Vermehrung:
Durch Stecklinge und In-Vitro-Methode

Hinweise:
Frostempfindlich, Geiztriebe kürzen, abgetragene Ranken entfernen

Weitere Arten und Sorten:
R. fruticosus 'Chester Thornless', starkwüchsig, stachellos, große Beeren, Reife: Anfang August - Anfang Oktober, sehr hohe Erträge;
R. fruticosus 'Loch Ness'®, starkwüchsig, stachellos, große Beeren, Reife: Mitte Juli - Ende September, hohe Erträge

---

Unten: R. fruticosus 'Loch Ness'®

Himbeere, Kultur-Himbeere
Rosaceae, Rosengewächse

Erklärung Artname:
idaeus = aus dem Idagebirge (auf Kreta)

Herkunft:
Züchtung; Art: Europa, an Waldrändern

Wuchs:
Halbstrauch, Höhe 0,8-2 m

Blüten:
Mai - Juni; einfach, weiß, in Trugdolden

Früchte:
Sammelfrüchte mit Nüsschen, rot und gelb, halbkugelig, Reife: ab Juni

Blätter:
Fiederblätter, 3- bis 5-zählig, oberseits grün, unterseits weißfilzig

Verwendung:
Im Erwerbsobstbau und in Hausgärten, Früchte zum Rohverzehr und zur Weiterverarbeitung

Lebensbereich:
Für die Kultur-Sorten nicht definiert; Wildform: [3] Artenreiche Wälder und Gehölzgruppen, Ordnungsziffer 3.3.6.5

Standort:
Auf sonnigen bis halbschattigen Standorten mit lehmig-humosen, frischen bis feuchten, schwach sauren bis alkalischen, mäßig nährstoffreiche Böden; kalktolerierend

Gärtnerische Vermehrung:
Durch Ausläufer, Stecklinge und In-Vitro

Hinweise:
Es wird unterschieden in sommer- und herbsttragende Sorten

Weitere Arten und Sorten:

R. idaeus 'Golden Queen', orange-gelbe Beeren, sommertragend, Reife: Ende Juni;
R. idaeus 'Himbo Top'®, mittelstarkwüchsig, große Beeren, herbsttragend, Reife: ab August
R. idaeus 'Rubaca'®, mittelstarkwüchsig, mittelgroße Beeren, sommertragend, Reife: ab Anfang Juli;
R. idaeus 'Schönemann', starkwüchsig, sehr große Beeren, sommertragend, Reife: ab Mitte Juli

Unten: R. idaeus 'Schönemann'

Vaccinium corymbosum 'Sorte'

Kultur-Heidelbeere, Blaubeere Ericaceae, Heidekrautgewächse

Erklärung Artname:
corymbosum = doldentraubig

Herkunft:
Züchtung; Art: Östliches Nordamerika

Wuchs:
Kleinstrauch, vieltriebig, straff aufrecht, später breitbuschig, Höhe und Breite bis 1,8 m

Blüten:
Mai - Juni; weiß oder rosa, in Trauben

Früchte:
Beeren, dunkelblau, oft auch graublau bereift, kugelig, nicht blutend oder färbend

Blätter:
Elliptisch, 5-8 cm lang, Herbstfärbung gelb bis orangerot

Verwendung:
Im Erwerbsobstbau und in Hausgärten, Früchte zum Rohverzehr und zur Weiterverarbeitung

Lebensbereich:
Für die Kultur-Sorten nicht definiert; Wildform: [1] Moor- und Sumpfgehölze, Ordnungsziffer 1.1.4.6

Standort:
Auf halbschattigen Standorten mit sandig-humosen, feuchten, sauren bis schwach sauren, nährstoffarmen Böden; kalkempfindlich

Gärtnerische Vermehrung:
Durch Steckholz und Stecklinge

Hinweise:
Die Pflanzung unterschiedlicher Sorten erhöht den Fruchtansatz

Weitere Arten und Sorten:
V. corymbosum 'Berkeley', starkwüchsig, sehr große Beeren, Reife: August; V. corymbosum 'Bluecrop', starkwüchsig, große Beeren, Reife: Anfang August - September; V. corymbosum 'Bluetta', schwachwüchsig, kompakt, mittelgroße Beeren, Reife: Anfang Juli - Anfang August

---

Unten: V. corymbosum 'Bluecrop'

Weinrebe, Tafeltraube, Weintraube
Vitaceae, Rebengewächse

Erklärung Artname:
Keiner Art zugeordnet
Herkunft:
Züchtung; Art: Europa, Asien, in Auen und an Waldrändern
Wuchs:
Kletternde Liane, stark wachsende Sorten beranken ganze Hauswände, Kletterhilfe erforderlich
Blüten:
Mai - Juni; grün, in Rispen
Früchte:
Beeren, grünlich-gelb bis blauschwarz, Reife: September - Oktober
Blätter:
Rundlich, meist 3- bis 5-lappig, oberseits kahl, unterseits behaart
Verwendung:
Im Erwerbsobstbau und in Hausgärten, zur Begrünung von Wänden und Pergolen, Früchte zum Frischverzehr, aber vor allem zur Weinherstellung, eine der ältesten kultivierten Obstsorten
Lebensbereich:
Für die Kultur-Sorten nicht definiert; Wildform: [2] Auen- und Ufergehölze, Ordnungsziffer 2.4.2.9
Standort:
Auf sonnigen Standorten mit sandig-kiesigen, trockenen bis feuchten, neutralen bis alkalischen, nährstoffreichen Böden; kalktolerierend
Gärtnerische Vermehrung:
Durch Veredlung
Hinweise:
Es sollten moderne, gegenüber Pilzerkrankungen robuste Sorten gepflanzt werden
Weitere Arten und Sorten:
V. 'Katharina'®, mittelstarkwüchsig, lockere Trauben, große, ovale, rosa Beeren, Reife: Ende September - Anfang Oktober; V. 'Lakemont', starkwüchsig, lange Trauben, gelbgrüne Beeren, Reife: Mitte - Ende September; V. 'Muscat bleu', starkwüchsig, große, lockere Trauben, blaue Beeren, Reife: Anfang - Mitte September

Unten: V. 'Lakemont'

Küchen- und Gewürzkräuter

Aromatische Bereicherung der Küche aus dem eigenen Garten

Die Küchen- und Gewürzkräuter runden in vielen Haus-, Schreber- und Wochenend-Gärten den Nutzgartenbereich mit Obstgehölzen und Spielrasenflächen ab. Auch in der heutigen Zeit, in der alle erdenkbaren Küchen- und Gewürzkräuter als frische Kräuter, als Topfpflanzen, getrocknet aus dem Gewürz-Regal oder tief gefroren zur Verfügung stehen, sind für viele Gartenbesitzer, und vor allem Gartenbesitzerinnen, die selbst gepflanzten, gepflegten und geernteten Kräuter, ein sonst unerreichter Hochgenuss in der guten Küche. Durch die Naturgarten-Bewegung haben diese, hauptsächlich aus dem sonnigen Süden stammenden, Kräuter wieder Verwendung in unseren Gärten gefunden. Neben der Küchennutzung sind sie auch als Aroma-Spender wieder vermehrt von Bedeutung. Dazu zieren viele Gewürzkräuter auch durch ihre Blüten, die Blattfärbung und ihren Duft die Gärten. So finden einige dieser Kräuter, wie Salbei und Lavendel, auch Verwendung im Stauden-Beet. Auch die Anlage einer Kräuterspirale mit den wärmespeichernden Steinen und dem trockenen, abgemagerten Substrat sorgt in einigen Gärten für einen beeindruckenden Blickfang.

Daher gehört die Verwendung eines Grundsortiments von Küchen- und Gewürzkräutern in der Gartengestaltung zum originären Aufgabengebiet des Garten- und Landschaftsbaus.

Allium schoenoprasum

Schnitt-Lauch, Schnittlauch
Alliaceae, Lauchgewächse

Erklärung Artname:
schoenos = binsenblättrig, prasum = Lauch

Herkunft:
In allen nördlichen und alpinen Bereichen von Europa, Asien und Nordamerika, in zeitweise überfluteten Uferbereichen, Flutrasen, feuchten bis nassen Wiesen und Ruderal-Flächen; heimische, gefährdete Wildpflanze, Rote Liste: 0-3

Wuchs:
Staude; Blatthöhe 20-35 cm, Blütenhöhe 25-50 cm, dichthorstig, aufrecht, Geophyt mit verzweigtem, röhrenförmigem Rhizom

Blüten:
Mai - August; rosarot, hellviolett oder lila, gelegentlich auch weiß, kugelige Dolden

Früchte:
Dreiteilige Kapseln, bis zur Reife vom Perigon, der sechsteiligen Blütenhülle, umgeben

Blätter:
Grundständig, röhrig, hohl, stängelumfassend, grün bis graugrün, bedingt wintergrün

Verwendung:
Gewürzpflanze, für Naturgärten und extensive Dachbegrünung, Schnittblume

Lebensbereich:
3.3.6.8. I-II Fr_{1-3}, GR_{1-3}, St_{1-3}
7-15 Pflanzen/m², Pflanzabstand 15-25 cm

Standort:
Auf sonnigen Standorten mit mäßig trockenen bis feuchten, nährstoffreichen Böden; bevorzugt kiesige bis sandig-lehmige, durchlässige, neutrale bis alkalische Böden; kalkliebend

Gärtnerische Vermehrung:
Durch Aussaat und Teilung

Hinweise:
In vielen Kulturen verbreitete Gewürzpflanze, stets frisch geschnitten, für Salate, Suppen, Fleischgerichte, Quarkspeisen, stark aromatischer Lauchgeschmack

Weitere Arten und Sorten:
A. cepa 'Sorte', Küchen-Zwiebel, in vielen Sorten, weit verbreitetes Basisgewürz für zahlreiche Speisen;
A. sativum, Echter Knoblauch;
A. ursinum, Bär-Lauch, Beschreibung siehe im Kapitel "Zwiebel- und knollenbildende Arten"

Garten-Dill, Gurkenkraut
Apiaceae, Doldenblütler

Erklärung Artname:
graveolens = stark duftend

Herkunft:
Alte Kulturform; Wildart aus Südwest-Asien, teilweise in Europa verwildert bzw. eingebürgert, in Unkraut-Gesellschaften, auf steinigen Äckern und in Ruderal-Flächen

Wuchs:
Einjährige Pflanze; Blatthöhe 50-80 cm, Blütenhöhe 60-120 cm, horstig, buschig, aufrecht, verzweigt, Stängel bereift

Blüten:
Juni - September; gelb, große, gewölbte Dolden aus 20-50 Döldchen

Früchte:
Fruchtstände doldig, Früchte linsenähnlich, flügelartig verbreitert

Blätter:
3- bis 4-fach gefiedert, Zipfel fadenförmig, graugrün, sommergrün

Verwendung:
Gewürzpflanze, Bienenweide, Heil- und Medizinpflanze, für naturnahe Bereiche

Lebensbereich:
3.1.5.7. I Fr_{1-2}
3-6 Pflanzen/m², Pflanzabstand 40-50 cm

Standort:
Auf sonnigen bis absonnigen Standorten mit trockenen bis frischen, nährstoffreichen Böden; bevorzugt humose, sandige bis lehmige, durchlässige, schwach saure bis schwach alkalische Böden; kalktolerierend

Gärtnerische Vermehrung:
Durch Aussaat

Hinweise:
Ganze Pflanze enthält ätherische Öle, Appetit anregend, gegen Blähungen, meist frisch verwendet, aber auch getrocknet, zu verschieden Salaten, Soßen und Eierspeisen, zum Einlegen von Gurken und Zwiebeln

Weitere Arten und Sorten:
A. graveolens var. graveolens, Acker-Dill, Herkunft siehe oben, nicht in der Küchenverwendung

Anthriscus cerefolium

Echter Garten-Kerbel
Apiaceae, Doldenblütler

Erklärung Artname:
cerefolium = antiker Pflanzenname

Herkunft:
Südost-Europa, Russland, Kleinasien bis Sibirien, in ganz Europa teilweise verwildert, in Ruderal-Standorten, Hecken, Mauern und Felsen, an Wegrändern und in Weinbergen

Wuchs:
Einjährige Pflanze; 70 cm hoch, horstig, buschig, aufrecht, stark verzweigt, dünne, spindelförmige Wurzel, deutlicher Anis-Geruch

Blüten:
Mai - August; weiß, klein, zusammengesetzte Dolden

Früchte:
Fruchtstände doldig, Früchte längliche Doppelachäne, 7-11 mm

Blätter:
2- bis 4-fach gefiedert, grün, petersilienähnlich, sommergrün

Verwendung:
Gewürzpflanze, Bienenweide, Heil- und Medizinpflanze, für naturnahe Bereiche

Lebensbereich:
3.1.5.7. I Fr_{1-2}
3-6 Pflanzen/m², Pflanzabstand 40-50 cm

Standort:
Auf absonnigen bis halbschattigen Standorten mit trockenen bis mäßig frischen, nährstoffreichen Böden; bevorzugt sandige bis lehmige, durchlässige, schwach saure bis schwach alkalische Böden; kalktolerierend

Gärtnerische Vermehrung:
Durch Aussaat

Hinweise:
Vor allem in der französischen, holländischen und englischen Küche, stets frisch verwendet, Kerbel-Suppe, zu Eierspeisen, Suppen und Fisch, für Kräuterbutter, harn- und schweißtreibend, für Frühjahrskuren, ganze Pflanze phototoxisch

Weitere Arten und Sorten:
Es werden verschiedene Sorten mit glatten und krausen Blättern angeboten;
A. sylvestris, Wiesen-Kerbel, naturnahe Pflanzungen, nicht in der Küchenverwendung

Echter Wermut, Absinth
Asteraceae, Korbblütler

Erklärung Artname:
absinthium = lateinischer Pflanzenname: Wermut

Herkunft:
Gemäßigtes Europa, Mittelmeergebiet, Südsibirien, an Wegrändern, auf Mauern, in Felsen, Ruderal-Standorten und Schafweiden

Wuchs:
Halbstrauch; 60-120 cm hoch, buschig, aufrecht, stark verzweigt, ganze Pflanze filzig behaart

Blüten:
Juli - September; gelb, klein, kleine, nickende Köpfchen in verzweigten Rispen

Früchte:
Körbchenartige Fruchtstände

Blätter:
Fiederteilig, graugrün, silbrig-grau behaart, sommergrün

Verwendung:
Gewürzpflanze, Bienenweide, Heil- und Medizinpflanze, für naturnahe Bereiche

Lebensbereich:
3.1.2.5. I Fr_1, St_1, FS_1
3-6 Pflanzen/m², Pflanzabstand 40-50 cm

Standort:
Auf sonnigen Standorten mit trockenen bis mäßig trockenen, nährstoffarmen Böden; bevorzugt sandige bis lehmige, durchlässige, neutrale bis alkalische Böden; kalkliebend

Gärtnerische Vermehrung:
Durch Kopfstecklinge und Aussaat

Hinweise:
Ganze Pflanze giftig, lähmende, krampfende Wirkung, gefährlich in der Schwangerschaft, zur Herstellung von Magenbittern und Weinbränden, zu Martinis, für fette Speisen in kleiner Dosierung, frisch oder getrocknet, stark würzig, aromatisch, bitter

Weitere Arten und Sorten:
A. abrotanum, Eberraute, duftet nach Zitrone, Gewürzpflanze, für Getränke und fette Speisen

Artemisia dracunculus

Estragon
Asteraceae, Korbblütler

Erklärung Artname:
dracunculus = lateinischer Pflanzenname: Drachenwurz, Estragon

Herkunft:
Sibirien, China, Zentral-Asien und in Teilen von Nordamerika, in Europa teilweise eingebürgert, Stromtalpflanze, in Ruderal-Standorten

Wuchs:
Staude; 100-120 cm hoch, buschig, aufrecht, verzweigt, ganze Pflanze aromatisch duftend

Blüten:
August - Oktober; weißlich-grün bis gelblich, kleine, nickende Köpfchen in lockeren Rispen

Früchte:
Körbchenartige Fruchtstände

Blätter:
Lineallanzettlich, grün, kahl, sommergrün

Verwendung:
Gewürzpflanze, Bienenweide, Heil- und Medizinpflanze, für naturnahe Bereiche

Lebensbereich:
3.1.6.4. I Fr_1
3-6 Pflanzen/m², Pflanzabstand 40-50 cm

Standort:
Auf sonnigen Standorten mit trockenen bis mäßig trockenen, nährstoffarmen Böden; bevorzugt sandige bis lehmige, durchlässige, neutrale bis alkalische Böden; kalkliebend

Gärtnerische Vermehrung:
Durch Aussaat und Stecklinge

Hinweise:
Ganze Pflanze schwach giftig,
zur Herstellung von Essigen, Senf und Ölen,
für unterschiedlichste Fleischgerichte und Salate, frisch oder getrocknet, stark würzig, wichtiges Gewürz in der französischen Küche

Weitere Arten und Sorten:
A. vulgaris, Gewöhnlicher Beifuß,
Gewürzpflanze, Heilpflanze, für Getränke und fette Speisen, schon bei den Kelten verwendet

Kümmel, Wiesen-Kümmel
Apiaceae, Doldenblütler

Erklärung Artname:
carvi = nach Carum
(dem arabischen Namen des Kümmels)

Herkunft:
Nordeuropa bis zum nördlichen Mittelmeergebiet und Balkan, Zentral-Asien, in Wiesen, extensiven Weiden, an Wegrändern; heimische, in wenigen Bundesländern gefährdete Wildpflanze, Rote Liste: 2-3

Wuchs:
Zweijährige Pflanze; 30-60 cm hoch, buschig, aufrecht, stark verzweigt, kahl, dicke spindelförmige Wurzel

Blüten:
Mai - Juni; weiß, teilweise etwas rötlich, kleine, aufrechte Dolden

Früchte:
Fruchtstände doldig, abgeflachte, ca. 3 mm lange Früchte

Blätter:
Gefiedert, tief eingeschnitten,
Fiederteile linealisch, grün, kahl, sommergrün

Verwendung:
Gewürzpflanze, Bienenweide, Heil- und Medizinpflanze, für naturnahe Bereiche, in Wiesenund Kräuterrasen

Lebensbereich:
3.1.0.7. I Fr_1, GR_1
3-6 Pflanzen/m², Pflanzabstand 40-50 cm

Standort:
Auf sonnigen Standorten mit trockenen bis mäßig trockenen, nährstoffreichen Böden; bevorzugt tonige bis lehmige, humose, durchlässige, schwach saure bis schwach alkalische Böden; kalkliebend

Gärtnerische Vermehrung:
Durch Aussaat

Hinweise:
Ganze Pflanze wenig giftig, enthält ätherische Öle, krampflösend, verdauungsfördernd, gegen Blähungen, als Tee, zu fettigen Fleischgerichten, in Brot und Käse, zu Kartoffeln,
selten frische Blätter, meist reife Früchte

Weitere Arten und Sorten:
C. verticillatum, Quirlblättriger Kümmel, atlantische Wiesenpflanze,
nicht in gärtnerischer Kultur

Lavandula angustifolia

Echter Lavendel
Lamiaceae, Lippenblütler

Erklärung Artname:
angustifolia = schmalblättrig

Herkunft:
Europäisches Mittelmeergebiet und Balkan, wenige Verwilderungen auch in Mittel-Europa, auf steinigen Matten, in Garigues, Felsfluren und in Feldfluren, vielfach auch feldmäßig angebaut

Wuchs:
Halbstrauch; Blatthöhe 25-35 cm, Blütenhöhe 40-100 cm, horstig, aufrecht bis ausladend, buschig, ganze Pflanze aromatisch duftend

Blüten:
Juli - August; lavendelblau bis violett, lippenförmig, in Ähren

Früchte:
Fruchtstände ährig, kleine Nüsschen

Blätter:
Linealisch, sitzend, matt graugrün, filzig, immergrün

Verwendung:
Gewürzpflanze, Bienenweide, Heil- und Medizinpflanze, für extensive Dachbegrünung

Lebensbereich:
3.1.2.5. I-II Fr_1, FS_1, SH_1
5-12 Pflanzen/m², Pflanzabstand 20-40 cm

Standort:
Auf sonnigen Standorten mit trockenen bis mäßig trockenen, mäßig nährstoffreichen Böden; bevorzugt sandig-lehmige bis lehmige, humose, durchlässige, neutrale bis alkalische Böden; kalkliebend

Gärtnerische Vermehrung:
Durch Aussaat und Stecklinge

Hinweise:
Enthält ätherische Öle, krampflindernd, nervenberuhigend, in Gewürzmischungen "Kräuter der Provence", zu Gegrilltem, als Gewürz getrocknet, für Kosmetik und Heilkunde frische Blüten und Triebe, Duftsträuße, gegen Motten in Schränken

Weitere Arten und Sorten:
L. stoechas, Schopf-Lavendel, auffällige Blüten, Winterschutz oder Wintergarten, nicht in der Küchenverwendung

Liebstöckel, Maggikraut
Apiaceae, Doldenblütler

Erklärung Artname:
officinale = als Arznei gebräuchlich

Herkunft:
Iran, Gebirge Südwest-Asiens, in Europa vielfach angepflanzt, gelegentlich verwildert, teilweise eingebürgert, in steinigen und felsigen Standorten

Wuchs:
Staude; 100-200 cm hoch, horstig, aufrecht, hohle Triebe, ganze Pflanze nach Sellerie duftend, dicker, fleischiger Wurzelstock

Blüten:
Juli - August; hellgelb, klein, doldig

Früchte:
Fruchtstände doldig, Früchte 5-7 mm lang

Blätter:
2- bis 3-fach gefiedert, Abschnitte rhombisch, aromatisch, gezähnt, glänzend grün, sommergrün

Verwendung:
Gewürzpflanze, Bienenweide, Heil- und Medizinpflanze, für Bauerngärten

Lebensbereich:
3.2.1.5. I Fr_2, B_2
1-3 Pflanzen/m², Pflanzabstand 60-80 cm

Standort:
Auf sonnigen Standorten mit mäßig trockenen bis frischen, nährstoffreichen Böden; bevorzugt sandig-lehmige bis lehmige, humose, durchlässige, schwach saure bis neutrale Böden; kalktolerierend

Gärtnerische Vermehrung:
Durch Aussaat und Teilung

Hinweise:
Enthält ätherische Öle, zu vielen Fleischgerichten, zu Salaten, in Soßen und Quarkspeisen, in Kräutermischungen, frisch oder getrocknet, Früchte auch als Essiggemüse, bei Blasen- und Nierenleiden, in Magenbittern

Weitere Arten und Sorten:
Dieses ist die einzige Art der Gattung in Mittel-Europa, darüber hinaus gibt es noch einige wenige Arten in Südeuropa bis Iran

Melissa officinalis

Zitronen-Melisse, Melisse
Lamiaceae, Lippenblütler

Erklärung Artname:
officinalis = als Arznei gebräuchlich

Herkunft:
Östliches Mittelmeergebiet mit Nordafrika, in Mittel-Europa vielfach angepflanzt, häufig verwildert, teilweise eingebürgert, an Ufern und feuchten Waldsäumen, in schattigen Ruderal-Standorten

Wuchs:
Staude; 30-90 cm hoch, horstig, aufrecht, verzweigt, Rhizom mit kurzen Ausläufern, vierkantige, behaarte Stängel, ganze Pflanze stark nach Zitrone duftend

Blüten:
Juni - August; weiß, hellgelb oder sehr blassblau, zweilippig, aus den Blattachseln

Früchte:
Nüsschen, rundlich, 1,5-2 mm

Blätter:
Mattgrün, oval bis eiförmig, gekerbt, sommergrün

Verwendung:
Gewürzpflanze, Bienenweide, Heil- und Medizinpflanze, für Bauerngärten

Lebensbereich:
2.1.3.4. I GR_2, B_2
3-6 Pflanzen/m², Pflanzabstand 40-50 cm

Standort:
Auf sonnigen Standorten mit mäßig trockenen bis frischen, mäßig nährstoffreichen Böden; bevorzugt sandig-humose bis humose, durchlässige, alkalische Böden; kalkliebend

Gärtnerische Vermehrung:
Durch Aussaat und Stecklinge

Hinweise:
Enthält ätherische Öle, als Tee krampflösend, beruhigend, gegen Migräne und Schlafstörungen, getrocknet oder frisch, für Gewürzmischungen, für Suppen, Salate, Fisch-, Geflügel-, Reis- und Pilzgerichte, zu Limonaden und Essig

Weitere Arten und Sorten:
Dieses ist die einzige Art der Gattung in Europa, es gibt noch 2 weitere Arten in Südost-Asien;
M. officinalis 'Aurea', gelbliche Blätter;
M. officinalis 'Binsago', Erwerbsanbau;
M. officinalis 'Citronella', intensiver Zitronenduft

Mentha x piperita

Pfeffer-Minze, Pfefferminze
Lamiaceae, Lippenblütler

Erklärung Artname:
piperita = gepfeffert, pfefferartig

Herkunft:
In England in Kultur entstandene Hybride aus Mentha aquatica und Mentha spicata, heute in Europa teilweise verwildert, in Ruderal-Stellen, an Ackerrändern und Wegen

Wuchs:
Staude; 30-90 cm hoch, locker aufrecht, verzweigt, Ausläufer bildend, ganze Pflanze stark duftend

Blüten:
Juli - September; lilarosa, lippenförmig, in Ähren

Früchte:
Eiförmige Nüsschen

Blätter:
Mattgrün, eiförmig-lanzettlich, fein gesägt, gestielt, sommergrün

Verwendung:
Gewürzpflanze, Bienenweide, Heil- und Medizinpflanze, für Bauerngärten

Lebensbereich:
2.1.3.4. I GR_2
3-6 Pflanzen/m², Pflanzabstand 40-50 cm

Standort:
Auf sonnigen Standorten mit mäßig trockenen bis frischen, nährstoffreichen Böden; bevorzugt sandig-humose bis humose, durchlässige, schwach saure bis schwach alkalische Böden; kalkliebend

Gärtnerische Vermehrung:
Durch Stecklinge und Teilung

Hinweise:
Enthält ätherische Öle, als Tee, keine Daueranwendung, krampflösend, gegen Magen- und Darmstörungen, getrocknet oder frisch, für Gewürzmischungen, für Salate, Gemüse-, Geflügel- und Lammgerichte, vor allem in der englischen Küche

Weitere Arten und Sorten:
M. x piperita 'Micham', Englische Minze, hoher offizineller Wert, Stängel rötlich;
M. pulegium, Polei-Minze, alte Heilpflanze, gefährdete Wildpflanze, RL: 0-3;
M. spicata, Grüne Minze, alte Heil- und Teepflanze

Nasturtium officinale

Brunnenkresse, Wasserkresse
Brassicaceae, Kreuzblütler

Erklärung Artname:
officinale = als Arznei gebräuchlich

Herkunft:
Gemäßigte Zonen in Europa und Asien, heute fast weltweit in den gemäßigten Zonen eingebürgert, an flachen, langsam fließenden Bächen und Flüssen, Bachröhrichtpflanze

Wuchs:
Staude; Blatthöhe 20-40 cm, Blütenhöhe 30-50 cm, Trieblänge bis 100 cm, niederliegend, am Ende aufsteigend, stark verzweigt, teils bewurzelnd, hohl, Ausläufer bildend

Blüten:
Mai - Oktober; weiß, Staubbeutel gelb, klein, doldenartig

Früchte:
Etwas breite Schoten mit zweireihigen Samenkörnern

Blätter:
Mattgrün, ab Herbst braun, gefiedert, Einzelblättchen eiförmig bis elliptisch, ganzrandig, kahl, wintergrün

Verwendung:
Gewürzpflanze, Bienenweide, Heil- und Medizinpflanze, für große Wasserflächen

Lebensbereich:
7.3.1.3. II WR_{4-5}
7-9 Pflanzen/m², Pflanzabstand 30 cm, Wasserstand: 0-20 cm (-100 cm)

Standort:
Auf sonnigen bis halbschattigen Standorten mit sumpfigen bis nassen, nährstoffreichen Böden; bevorzugt humose bis lehmig-humose, durchlässige, schwach saure bis schwach alkalische Böden; kalktolerierend

Gärtnerische Vermehrung:
Durch Aussaat und Stecklinge

Hinweise:
Harntreibend, gegen Gallenleiden, bei rheumatischen Beschwerden, als vitaminreicher Salat, in Mischsalaten, für Quark- und Eierspeisen, nur frisches Kraut im Frühjahr, Samen als Senfersatz, gute Wildstaude

Weitere Arten und Sorten:
N. microphyllum, Kleinblättrige Brunnenkresse; N. x sterile, Bastard-Brunnenkresse; beide Arten nicht in der Küchenverwendung

Basilikum, Basilienkraut
Lamiaceae, Lippenblütler

Erklärung Artname:
basilicum = königliche Heilpflanze

Herkunft:
Die Heimat ist nicht eindeutig bekannt, weltweit in den Subtropen angebaut und verwildert

Wuchs:
Einjährige Pflanze; 50-80 cm hoch, aufrecht, verzweigt, an der Basis leicht verholzend

Blüten:
Juni - August; weiß bis cremegelb, lippenblütig, in lockeren Quirlen

Früchte:
Schwarze, kugelige Nüsschen

Blätter:
Mattgrün, gegenständig, schmal-eiförmig, ganzrandig, teils etwas gesägt, kahl, sommergrün

Verwendung:
Gewürzpflanze, Bienenweide, Heil- und Medizinpflanze

Lebensbereich:
3.1.0.7. I Fr_{1-2}
9-15 Pflanzen/m², Pflanzabstand 25-30 cm

Standort:
Auf sonnigen Standorten mit mäßig trockenen bis frischen, nährstoffreichen Böden; bevorzugt humose bis lehmig-humose, durchlässige, schwach saure bis schwach alkalische Böden; kalktolerierend

Gärtnerische Vermehrung:
Durch Aussaat

Hinweise:
Bei Magen- und Darmstörungen, verdauungs-fördernd, frisch und getrocknet, für Salate, Gemüse, verschiedene Suppen, Tomatensoße, Pizza, vor allem in der südeuropäischen Küche

Weitere Arten und Sorten:
O. americanum, Zitronen-Basilikum, nach Zitrone duftend;
O. tenuiflorum, Kleines Basilikum, asiatische Heilpflanze;
beide Arten für den Wintergarten, nicht in der Küchenverwendung

Origanum majorana

Majoran
Lamiaceae, Lippenblütler

Erklärung Artname:
majorana = arabischer Name des Majoran

Herkunft:
Nordafrika, Mittelmeergebiet, West-Anatolien über Südwest-Asien bis Vorder-Indien, in Felsfluren, in Ruderal-Stellen und auf Matten

Wuchs:
Einjährige bis zweijährige Pflanze; 40-60 cm hoch, aufrecht, verzweigt, ganze Pflanze graufilzig behaart, aromatisch duftend

Blüten:
Juli - Oktober; weiß bis rosa, lippenblütig, in lockeren Quirlen, in den Blattachseln

Früchte:
Kleine, einsamige Nüsschen

Blätter:
Mattgrün, eiförmig, ganzrandig, rau behaart, sommergrün

Verwendung:
Gewürzpflanze, Bienenweide, Heil- und Medizinpflanze, für Bauern- und Naturgärten

Lebensbereich:
3.1.0.7. I Fr_1
9-15 Pflanzen/m², Pflanzabstand 25-30 cm

Standort:
Auf sonnigen Standorten mit trockenen bis mäßig trockenen, nährstoffarmen Böden; bevorzugt sandig-lehmige bis lehmig-humose, durchlässige, schwach saure bis schwach alkalische Böden; kalkliebend

Gärtnerische Vermehrung:
Durch Aussaat

Hinweise:
Harntreibend, beruhigend, meist getrocknet, aber auch frisch, zu fetten Speisen, auf Pizza, in Soßen, zu Bratkartoffeln, in Leberwurst, in mediterranen Gewürzmischungen

Weitere Arten und Sorten:
O. vulgare,
Gewöhnlicher Dost, Wilder Majoran,
Beschreibung siehe im Kapitel "Stauden"

Blatt-Petersilie, Krause Petersilie Apiaceae, Doldenblütler

Erklärung Artname:
crispum = kraus

Herkunft:
Ursprünglich im östlichen Mittelmeergebiet und Nordafrika, heute im ganzen mediterranen Raum eingebürgert, in steinigen Rasen, Felsbereichen und auf Steinschuttflächen

Wuchs:
Zweijährige Pflanze; 60-100 cm hoch, aufrecht, verzweigt, Stängel gefurcht, dicke Pfahlwurzel

Blüten:
Juni - Juli; grünlich-gelb bis rötlich, flache Dolden

Früchte:
Kleine, gelblich-braune, eiförmige Schließfrüchte

Blätter:
Mattgrün, 2- bis 3-fach gefiedert, kraus, gezähnt, sommergrün

Verwendung:
Gewürzpflanze, Bienenweide, Heil- und Medizinpflanze, für Bauern- und Naturgärten

Lebensbereich:
6.2.3.7. II B_2, Fr_2
12-15 Pflanzen/m², Pflanzabstand 10-20 cm

Standort:
Auf sonnigen Standorten mit mäßig trockenen bis frischen, mäßig nährstoffreichen Böden; bevorzugt humose bis lehmig-humose, durchlässige, schwach saure bis schwach alkalische Böden; kalkliebend

Gärtnerische Vermehrung:
Durch Aussaat

Hinweise:
Harntreibend, verdauungsfördernd, meist frische Blätter, aber auch die Wurzel, sehr vitaminreich, in Gewürzmischungen, in verschiedenen Fleisch-, Fisch- und Gemüsegerichten, Suppen und Eiergerichten, auf kalten Platten, in bayrischen Semmelknödeln

Weitere Arten und Sorten:
P. crispum var. neapolitanum, Italienische Petersilie, glatte Blätter;
P. crispum var. tuberosum, Knollen-Petersilie, Verwendung der Knolle

Rosmarinus officinalis

Rosmarin
Lamiaceae, Lippenblütler

Erklärung Artname:
officinalis = als Arznei gebräuchlich

Herkunft:
Ursprünglich im ganzen Mittelmeergebiet und auch auf den Kanarischen Inseln, in Garigues, Macchien und lichten Wäldern

Wuchs:
Kleinstrauch; 50-150 cm hoch, aufrecht bis aufsteigend, verzweigt, ganze Pflanze stark aromatisch duftend

Blüten:
(Januar) März - Juni; hell- bis blassblau, in achselständigen Trauben, lippenblütig

Früchte:
Braune Nüsschen

Blätter:
Mattgrün, unterseits weißfilzig, linealisch, immergrün

Verwendung:
Gewürzpflanze, Bienenweide, Heil- und Medizinpflanze, für Bauerngärten, im Wintergarten, Kübelpflanze, Formgehölz

Lebensbereich:
6.2.1.9. I B_{1-2}, Fr_{1-2}
6-9 Pflanzen/m², Pflanzabstand 30-40 cm

Standort:
Auf sonnigen Standorten mit mäßig trockenen bis frischen, mäßig nährstoffreichen Böden; bevorzugt sandige bis lehmig-humose, durchlässige, schwach saure bis schwach alkalische Böden; kalkliebend

Gärtnerische Vermehrung:
Durch Stecklinge

Hinweise:
Ätherische Öle, nervenstärkend, krampflösend, frische Blätter, in vielen Gewürzmischungen, in Frankreich, Spanien und Italien wichtiges Gewürz auf Pizza, zu Gegrilltem, zu verschiedenen Fleischgerichten, auch zu Wild, zur Parfum-Herstellung, nur in wintermilden Gebieten gartengeeignet, Winterschutz ratsam, ganze Pflanze schwach giftig

Weitere Arten und Sorten:
Dieses ist die einzige Art der Gattung in gärtnerischer Kultur, einige Sorten für den Ziergarten, nicht für die Küchenverwendung

Echter Salbei
Lamiaceae, Lippenblütler

Erklärung Artname:
officinalis = als Arznei gebräuchlich

Herkunft:
Im ganzen Mittelmeergebiet bis Vorderasien, in Garigues und Felsfluren

Wuchs:
Halbstrauch; Blatthöhe 30 cm, Blütenhöhe 40-60 cm, aufrecht, lockerhorstig, verzweigt, ganze Pflanze graufilzig behaart

Blüten:
Juni - August; hellviolettblau, in endständigen Scheinquirlen, lippenblütig

Früchte:
Kugelige, eiförmige Klausen

Blätter:
Gegenständig, gestielt, behaart, oben verkahlend, schmal-elliptisch, dicklich, runzelig, wintergrün

Verwendung:
Gewürzpflanze, Bienenweide, Heil- und Medizinpflanze, für Bauerngärten und extensive Dachbegrünung

Lebensbereich:
3.1.2.9. I Fr_1, St_1, FS_1
5-7 Pflanzen/m², Pflanzabstand 40 cm

Standort:
Auf sonnigen Standorten mit trockenen bis mäßig trockenen, mäßig nährstoffreichen Böden; bevorzugt sandige bis lehmig-sandige, durchlässige, schwach saure bis schwach alkalische Böden; kalkliebend

Gärtnerische Vermehrung:
Durch Stecklinge und Aussaat

Hinweise:
Ätherische Öle, bei Gallen- und Leberstörungen, entzündungshemmend beim Gurgeln, Erkältungs-Tee, vor allem getrocknete Blätter und junge Triebe, in vielen Gewürzmischungen, wichtiges Gewürz in Südeuropa, zu Gegrilltem, verschiedenen Fleischgerichten, Bratkartoffeln, ganze Pflanze schwach giftig

Weitere Arten und Sorten:
Es gibt einige buntblättrige Sorten von S. officinalis in der Stauden-Verwendung; S. sclarea, Muskateller-Salbei, alte Gewürzpflanze, für Süßspeisen, Duftbäder

Satureja hortensis

Sommer-Bohnenkraut
Lamiaceae, Lippenblütler

Erklärung Artname:
hortensis = Garten-

Herkunft:
Ursprünglich im östlichen Mittelmeergebiet, mittlerweile im ganzen mediterranen Raum bis Anatolien verbreitet, in Garigues, in Macchien und auf lückigen Matten

Wuchs:
Einjährige Pflanze; 10-30 cm hoch, aufrecht, verzweigt, buschig, ganze Pflanze aromatisch

Blüten:
Juli - Oktober; weiß bis rosa, lippenblütig, in achselständigen Scheinquirlen

Früchte:
Kugelige, eiförmige Klausen

Blätter:
Grün, fast kahl, ganzrandig, ledrig, linealisch, fast sitzend, sommergrün

Verwendung:
Gewürzpflanze, Bienenweide, Heil- und Medizinpflanze, für Bauerngärten

Lebensbereich:
3.1.6.7. II Fr_1, St_1, FS_1
12-15 Pflanzen/m², Pflanzabstand 20 cm

Standort:
Auf sonnigen Standorten mit trockenen bis mäßig trockenen, mäßig nährstoffreichen Böden; bevorzugt sandige bis kiesig-lehmige, durchlässige, schwach saure bis schwach alkalische Böden; kalkliebend

Gärtnerische Vermehrung:
Durch Aussaat

Hinweise:
Ätherische Öle, antiseptische Wirkung, Gurgeln gegen Halsentzündungen, gegen Husten und Durchfall, frische Blätter, auch getrocknete Blätter und junge Triebe, in vielen Gewürzmischungen, besonders zu Bohnen und Kohl, in verschiedenen Salaten, Soßen und Suppen, zu Geflügel

Weitere Arten und Sorten:
S. montana, Berg-Bohnenkraut, Zwergstrauch, Steingartenpflanze, alte Heil- und Gewürzpflanze, Verwendung wie S. hortensis; S. montana subsp. illyrica, Illyrisches Bohnenkraut, Steingartenpflanze

Echter Thymian, Quendel
Lamiaceae, Lippenblütler

Erklärung Artname:
vulgaris = gewöhnlich

Herkunft:
Spanien, Südfrankreich, Italien, Balearen und Nordafrika, in Garigues und lückigen Weiden, in Trockenrasen und Felsen

Wuchs:
Halbstrauch; 10-30 cm hoch, bogig aufsteigend bis aufrecht, verzweigt, buschig, lockerhorstig, ganze Pflanze kurz behaart und stark aromatisch duftend

Blüten:
Juni - September; weißlich bis hellviolett, endständige Scheinquirle, lippenblütig

Früchte:
Klausen mit 4 Nüsschen

Blätter:
Mattgrün, graugrün, unterseits weißfilzig, linealisch bis elliptisch, immergrün

Verwendung:
Gewürzpflanze, Bienenweide, Heil- und Medizinpflanze, für Bauern- und Steingärten

Lebensbereich:
4.1.0.9. II St_1, FS_1, Fr_1
9-15 Pflanzen/m², Pflanzabstand 25 cm

Standort:
Auf sonnigen Standorten mit trockenen bis mäßig trockenen, nährstoffarmen Böden; bevorzugt sandige bis kiesig-lehmige, durchlässige, schwach saure bis neutrale Böden; kalktolerierend

Gärtnerische Vermehrung:
Durch Aussaat, Stecklinge und Teilung

Hinweise:
Ätherische Öle, schleimlösend, krampflindernd, Hustentee, geruchshemmend,
daher in Mundwasser, als Badezusatz,
meist getrocknete Blätter und Blüten, in vielen Gewürzmischungen, auf Pizza, zu Gegrilltem, zu Fleischgerichten, für dunkle Soßen,
auch zu Wild, zum Räuchern

Weitere Arten und Sorten:
T. x citriodorus, Zitronen-Thymian, aromatisch nach Zitrone duftend, altes Gewürzkraut;
T. vulgaris 'Compactus', sehr gedrungen;
T. vulgaris 'Silver Posie', weißrandige Blätter

Pflanzen für die Innenraum-Begrünung

Natur des Südens im eigenen Haus

Direkt mit dem Begriff der Innenraum-Begrünung ist der Begriff Wintergarten verbunden. Verstand man lange Zeit darunter noch ein Gewächshaus für die Überwinterung von kälteempfindlichen Pflanzen, so wird heute darunter ein harmonisches Miteinander von Mensch und Pflanze verstanden.

Der Traum vom Süden, vermittelt durch Pflanzen, die einem am Urlaubsort begegnen, hat mittlerweile viele Menschen erfasst. So findet sich die Freude an südlichen Pflanzen, verbunden mit der Sehnsucht nach Sommer, Sonne und Urlaub sowohl im Wohnbereich als auch in Bürogebäuden, Restaurants und Einkaufszentren.

Diese Freude an südlichen Pflanzen resultiert auch aus deren vielfältigen Wirkungen. Neben Kühlung durch Beschattung und Verdunstung sowie der Regenerierung der Luft durch Photosynthese und der Aufnahme von Schadstoffen erfolgt auch eine nachhaltige positive Beeinflussung des Lebensgefühls durch die ästhetischen Formen, Farben und angenehmen Düfte.

Die Fachleute für die Gestaltung von Innenräumen sind die Gärtnerinnen und Gärtner der Fachrichtung Garten- und Landschaftsbau. Daher werden die wichtigsten Pflanzen dieses interessanten und an Bedeutung für den Berufsstand zunehmenden Arbeitsbereiches in diesem Pflanzenbuch vorgestellt.

Abutilon 'Sorte'

Schönmalve, Samtpappel, Zimmerahorn
Malvaceae, Malvengewächse

Erklärung Artname:
Keiner Art zugeordnet

Herkunft:
Züchtung (A. darwinii x A. pictum), Eltern aus den subtropischen Regionen in Mittel- und Südamerika, vor allem Brasilien

Wuchs:
Strauchartiger Wuchs, 1,5-2,5 m hoch, häufig als Hochstämmchen angeboten

Blüten:
Juni - September; hängende, rote, weiße, gelbe, orangefarbene oder zweifarbige, glockenförmige Blüten in Rispen

Früchte:
Mehrteilige Spaltfrüchte, bei Verwendung als Kübelpflanze oder im Wintergarten werden selten Früchte gebildet

Blätter:
Zart, handförmig gelappt, leicht behaart, hellgrün, immergrün

Verwendung:
Als Kübelpflanze, für winterkühle Wintergärten, in Beetpflanzungen mit Sommerflor

Lebensbereich:
Winterkühler Wintergarten, im Winter 6-10 °C

Standort:
Vollsonniger bis sonniger Standort,
im Sommer reichlich gießen und düngen,
im Winter spärlich gießen,
neutrales, lockeres Substrat, kalktolerierend

Gärtnerische Vermehrung:
Durch Kopfstecklinge und Aussaat

Hinweise:
Während der Ruhezeit nicht austrocknen lassen

Weitere Arten und Sorten:
A. 'Goldprinz', leuchtend orange,
gelb marmorierte Blätter, breiter Wuchs;
A. megapotamicum, bis 2 m überhängend,
auffallend zweifarbige, rotgelbe Blüten;
A. pictum 'Thompsonii',
gelb panaschierte Blätter

Oben: A. 'Sorte', orange Sorte
Unten: A. 'Goldprinz'

Schmalblättrige Akazie, Quirlblättrige Akazie
Fabaceae, Schmetterlingsblütler

Erklärung Artname:
verticillata = quirlständig, quirlförmig

Herkunft:
Subtropische Regionen, Savannen in Südost-Australien und Tasmanien

Wuchs:
Aufrechter, stark verzweigter Strauch, in der Heimat 2-6 m, im Innenraum 2,5-3 m hoch

Blüten:
März - Mai; gelb, köpfchenförmig, traubig, aus den Blattachseln

Früchte:
Schmallängliche, flache Hülsen, die aber im Wintergarten selten ausgebildet werden

Blätter:
Nadelförmige, quirlig angeordnete Phyllodien (flächig verbreiterte Blattstiele), wirkt nadelbaumartig, immergrün

Verwendung:
Als Kübelpflanze für Terrassen, winterkühle Wintergärten, Kalthauspflanze

Lebensbereich:
Winterkühler Wintergarten, im Winter 2-10 °C

Standort:
Im Sommer vollsonnig und warm, reichlich gießen, saures bis neutrales, durchlässiges Substrat, in der Hauptwachstumszeit wöchentlich düngen, im Winter absonnig und hell, spärlich gießen, kalktolerierend bis kalkempfindlich

Gärtnerische Vermehrung:
Durch Stecklinge und Aussaat, manche Sorten auch durch Veredlung

Hinweise:
Im Blumenladen als "Mimosen"-Zweige angeboten, Rückschnitt nach der Blüte

Weitere Arten und Sorten:
A. longifolia, besitzt keine Blätter, dafür zu blattförmigen Phyllodien umgewandelte Blattstiele, köpfchenartige, gelbe Blüten; A. paradoxa, gelb, reichblühend, dornig, Kleinstrauch, gut schnittverträglich

Albizia julibrissin

Schlafbaum, Seidenbaum, Seidenakazie
Fabaceae, Schmetterlingsblütler

Erklärung Artname:
julibrissin = persischer Name der Flockseide

Herkunft:
Subtropische Wälder in Asien, Iran bis Japan

Wuchs:
Raschwüchsiger, graziöser, baumartiger Strauch, schirmförmige Krone, 5-7 m hoch, im Innenraum 2-5 m

Blüten:
Juni - August; elegante, hellrosa Köpfchen mit langen, hervorragenden Staubgefäßen

Früchte:
Bis 15 cm lange, auffällige, braune Hülsen, bei der Reife von grün, über strohgelb, braun werdend

Blätter:
Akazienartig, doppelt gefiedert, 20-30 cm lang, einzelne Fiedern sichelförmig, gelbe Herbstfärbung

Verwendung:
Als Kübelpflanze, für winterkühle Wintergärten, im subtropischen Klima auch als Zierbaum

Lebensbereich:
Winterkühler Wintergarten, im Winter 5-15 °C, Nachttemperatur 3-5 °C, oder darunter

Standort:
Sonniger bis halbschattiger Standort in frischem, schwach saurem, nährstoffreichem Substrat; im Winter mäßig trocken halten; kalktolerierend

Gärtnerische Vermehrung:
Durch Aussaat, Sorten durch Veredlung

Hinweise:
Gefiedertes Laub wird nachts zusammengefaltet (Schlafbaum), in wintermilden Gebieten auch Auspflanzen möglich

Weitere Arten und Sorten:
A. julibrissin 'Ombrella', rosarot, etwas frosthärter als die Art;
A. julibrissin var. rosea, kräftig rosa, insgesamt zierlicher als die Art

Westlicher Erdbeerbaum Ericaceae, Heidekrautgewächse

Erklärung Artname:
unedo = antiker römischer Name für Arbutus-Arten

Herkunft:
Mittelmeerraum, Südeuropa, in immergrünen Wäldern und Macchien

Wuchs:
Immergrüner Kleinbaum oder Strauch, in der Heimat 2-14 m hoch, im Innenraum 2-5 m

Blüten:
Je nach Standort Ende Juli - Februar; klein, glockenförmig, rosa bis weiß, in hängenden Rispen

Früchte:
Erdbeerähnliche Beeren, rot bis orange, essbar, fade schmeckend

Blätter:
Ledrig, dunkelgrün, mit stark gesägtem Rand, immergrün

Verwendung:
Für winterkühle Wintergärten, Kübelpflanze für Terrassen

Lebensbereich:
Winterkühler Wintergarten, im Winter 5-10 °C

Standort:
Für sonnige bis absonnige Standorte, in schwach saurem bis neutralem Substrat mit hohem Porenvolumen, im Sommer frisch, im Winter mäßig trocken; kalktolerierend

Gärtnerische Vermehrung:
Durch Stecklinge, auch Aussaat möglich

Hinweise:
Gleichzeitig Blüten und Früchte im Herbst und Winter, Früchte werden für Marmelade und Likör verwendet, kann kurzfristig etwas Frost vertragen

Weitere Arten und Sorten:
A. menziesii, aufrechte Blütenrispen, sehr zierende Borke, selten im Handel; A. unedo 'Compacta', langsamerer Wuchs und größere Frosthärte als die Art, etwas blühfaul

Bougainvillea glabra

Glatte Bougainvillee, Drillingsblume Nyctaginaceae, Wunderblumengewächse

Erklärung Artname:
glabra = glatt, kahl, unbewehrt

Herkunft:
Tropische und subtropische Regionen in Südamerika, vor allem Brasilien

Wuchs:
Kletternder Spreizklimmer, im Mittelmeerraum bis 10 m hoch, im Innenraum bis zu 3 m

Blüten:
März - Juli, bis Oktober nachblühend; klein, unscheinbar, creme-weißlich, umgeben von drei farbenprächtigen, breiteiförmigen, hell- bis dunkelvioletten Hochblättern

Früchte:
Kleine Schließfrüchte, die Hochblätter sind mit den Früchten verwachsen

Blätter:
Wechselständig, elliptisch, zugespitzt, oben glänzend grün, unten hellgrün

Verwendung:
Als Kübelpflanze für Terrassen und vor Südwänden, in winterkühlen Wintergärten

Lebensbereich:
Winterkühler Wintergarten, im Winter 5-8 °C

Standort:
Im Sommer vollsonnig und warm, frisch bis feucht, im Winter hell und kühl, sehr trocken halten, in saurem bis neutralem, gut durchlässigem, mäßig nährstoffreichem Substrat; kalktolerierend

Gärtnerische Vermehrung:
Durch Kopfstecklinge

Hinweise:
Pflanzen gut schnittverträglich, Erziehung zu Hochstämmchen möglich

Weitere Arten und Sorten:
B. 'Scarlet O´Hara', tiefrot, 2-3 m;
B. x buttiana, viele Sorten mit orangefarbenen, roten, gelben oder purpurnen Hochblättern;
B. glabra 'Crimson Lake', scharlachrot;
B. glabra 'Hawaiian Gold', orangerot, robust, 1-1,5 m

Karminroter Zylinderputzer
Myrtaceae, Myrtengewächse

Erklärung Artname:
citrinus = zitronengelb

Herkunft:
Küstenregionen in Südost-Australien

Wuchs:
Zäher, wuchskräftiger Strauch, teilweise mit kurzem Stamm, 1,5-3 m hoch

Blüten:
Anfang März - Juli; dunkelrote, bis 10 cm lange, bürstenförmige Ähren, Zierwirkung vor allem durch die Staubblätter

Früchte:
Holzige, auffällige Kapseln, bei manchen Arten lange zierend

Blätter:
Im Austrieb kupferfarbig, lang, schmal, lanzettförmig, zerriebene Blätter duften nach Zitrone, wintergrün

Verwendung:
Als dekorative Kübelpflanze für Terrassen und winterkühle Wintergärten, Einzelstand

Lebensbereich:
Winterkühler Wintergarten, im Winter 5-8 °C

Standort:
Im Sommer sonniger, warmer Standort, in saurem bis neutralem Substrat, ausreichend feucht halten, im Winter sonnig, mäßig trocken bis trocken halten; kalkempfindlich

Gärtnerische Vermehrung:
Durch Kopfstecklinge

Hinweise:
Zu nasse Überwinterung führt meist zum Befall durch Pilze und Blattläuse, vor allem bei jüngeren Pflanzen, Jungpflanzen und zu sparrige, ältere Pflanzen kräftig zurückschneiden

Weitere Arten und Sorten:
C. rigidus, starre Blätter, dunkelrot, junge Triebe seidig behaart;
C. salignus, auffällige Rinde, reichblühend, rosa;
C. speciosus, karminrote Staubfäden mit goldgelben Staubgefäßen

Camellia japonica 'Sorte'

Japanische Kamelie, Teestrauch
Theaceae, Teebaumgewächse

Erklärung Artname:
japonica = aus Japan stammend

Herkunft:
Züchtung; Art: Japan, Korea und Südost-China, im Gebüsch, in lichten Wäldern und Küstenregionen

Wuchs:
Buschiger Kleinstrauch, bis zu 4 m hoch

Blüten:
November - Mai; einfache, rote Schalenblüten, in den Blattachseln sitzend, stark duftend

Früchte:
Längliche Kapseln

Blätter:
Eiförmig, länglich zugespitzt, ledrig, dunkelgrün, immergrün

Verwendung:
Als Kübelpflanze, in winterkühlen Wintergärten

Lebensbereich:
Winterkühler Wintergarten, im Winter 3-5 °C

Standort:
Im Sommer schattig bis halbschattig, luftig, in saurem bis neutralem, frischem, humosem Substrat, mit kalkfreiem Wasser gießen, im Winter sonnig bis absonnig, mäßig trocken bis frisch

Gärtnerische Vermehrung:
Durch Aussaat und Stecklinge, Sorten nur durch Stecklinge

Hinweise:
Kamelien benötigen Kupferdüngung, da es sonst zu starken Mangelerscheinungen kommen kann, zu warme Überwinterung führt zum Abfallen der Blüten und Blütenknospen. Es gibt auch einige relativ frostharte Sorten für die Gartenverwendung in geschützten Lagen, vor allem bei Jungpflanzen ist Winterschutz ratsam

Weitere Arten und Sorten:
Es gibt zahlreiche Sorten mit einfachen, halbgefüllten und häufig auch gefüllten weißen, rosa oder roten Blüten

Oben: C. japonica 'Adolphe Audusson'
Unten: C. japonica 'Madame Lourmand'

Europäische Zwergpalme
Arecaceae, Palmen

Erklärung Artname:
humilis = niedrig

Herkunft:
Westliches Mittelmeergebiet, von Portugal bis Italien sowie in Nordafrika, einzige auf dem europäischen Festland heimische Palme, auf sandigen Böden, in Felsfluren, Zwergstrauchheiden und Garigues, an den Küsten bis mittlere Gebirgslagen, in höheren Lagen meist sehr niedrig wachsend

Wuchs:
Niedrige Fächerpalme, mehrstämmig, unverzweigt, meist nur 1-2 m hoch, an günstigen Standorten auch 3-5 m hoch, im Innenraum gleiche Höhe erreichbar

Blüten:
April - Juni; leuchtend gelb, dichte, hängende Rispen, meist zweihäusig, selten auch zwittrig

Früchte:
Kugelige, rötlich-braune, ungenießbare Beeren

Blätter:
Tief eingeschnittene Fächer, 50-80 cm breit, fast kreisrund, grün bis graugrün, zugespitzt, Blattstiel dornig gezähnt, bis 100 cm lang, immergrün

Verwendung:
Für mittlere bis große Wintergärten, als Solitär, als Kübelpflanze

Lebensbereich:
Winterkühler Wintergarten, im Winter 5-10 °C

Standort:
Auf vollsonnigen bis sonnigen Standorten mit mäßig trockenen bis trockenen, nährstoffreichen Böden; bevorzugt humose, sandige, gut durchlässige, schwach saure bis alkalische Böden; kalkliebend

Gärtnerische Vermehrung:
Durch Aussaat oder Abtrennen von Kindeln

Hinweise:
Sehr robust, erträgt auch leichten Frost, relativ unempfindlich gegen Ballentrockenheit, sehr langsam wachsend, alte Nutzpflanze, Fasern als Polstermaterial und für Besen, Blattknospen als Gemüse

Weitere Arten und Sorten:
Einzige Art der Gattung, in Südeuropa werden auch verschiedene Varietäten und Sorten angeboten, die sich in Größe, Blatt- und Fruchtfarbe unterscheiden

Weißliche Zistrose
Cistaceae, Zistrosengewächse

Erklärung Artname:
albidus = weißlich (auf die Triebe und Blätter, nicht auf die Blüte beziehend)

Herkunft:
Küstenregionen des westlichen Mittelmeers und Nordafrika, in Macchien und lichten Wäldern

Wuchs:
Gedrungener Kleinstrauch, 0,5-1,5 m hoch, 0,5-2 m breit, Triebe flaumhaarig weiß

Blüten:
April - Juni; rosa mit gelbem Basalfleck, 3-6 Blüten zusammen, die Einzelblüten öffnen sich morgens, die Blütenblätter fallen im Lauf des gleiches Tages wieder ab

Früchte:
Kleine, fünffächrige Kapseln

Blätter:
Oval bis länglich, bis 5 cm lang, weißfilzig, gegenständig, immergrün

Verwendung:
Für winterkühle Wintergärten, als Kübelpflanze für Terrassen

Lebensbereich:
Winterkühler Wintergarten, im Winter 5-8 °C

Standort:
Vollsonnig bis sonnig; in schwach saurem, nährstoffarmem, frischem Substrat, im Winter trocken halten; kalkliebend

Gärtnerische Vermehrung:
Durch Triebstecklinge und Aussaat (Sämlingspflanzen sind in der Regel besser verzweigt)

Hinweise:
Sehr anspruchslos, vom 16.-19. Jahrhundert wichtige Pflanzen der Orangerien, Pflanzen sollten nicht beschnitten, höchstens etwas ausgelichtet werden

Weitere Arten und Sorten:
C. ladanifer, weiße Blüten mit rotem Basalfleck, bis 2 m hoch;
C. laurifolius, weißblühend, klebrige Blätter, härteste Art, im Weinbauklima bedingt winterhart

Zitrone
Rutaceae, Rautengewächse

Erklärung Artname:
limon = Limone (älterer Name der Zitrone)

Herkunft:
Ursprünglich wärmeres Asien, Indonesien bis China und Australien

Wuchs:
Großer, etwas unförmiger Strauch, 3-5 m hoch, sparrig, wenig bedornt

Blüten:
März - Juni; weiß, wohlriechend, einzeln oder in kleinen Büscheln

Früchte:
Zitrone, Pflanzen tragen häufig Blüten und Früchte gleichzeitig; fruchtet in sonnigem Wintergarten gut

Blätter:
Ledrig, glänzend, hellgrün, immergrün

Verwendung:
Als Kübelpflanze für Terrassen, in Wohn-Wintergärten

Lebensbereich:
Wohn-Wintergarten, im Winter um 15 °C

Standort:
Windgeschützter, vollsonniger Standort, in saurem bis neutralem, frischem, nährstoffreichem Substrat; kalkempfindlich

Gärtnerische Vermehrung:
Durch Veredlung

Hinweise:
Schädlingsanfällig, abgestorbene Äste sofort entfernen, ganze Pflanze mit kleinen Ölbehältern, daher der stark aromatische Duft von Blättern, Blüten und Früchten; bei schattigem Stand blühfaul und meist nicht fruchtend. Bei optimalen Bedingungen reifen die Früchte auch im Wintergarten.

Weitere Arten und Sorten:
C. reticulata, Mandarine, kleine, runde, orange Früchte, fruchtet auch im Wintergarten reichlich, sehr robustes Gehölz sowohl als Kübelpflanze wie im Innenraum;
C. sinensis, Orange, Apfelsine, größere, dickschalige Früchte, nur für große Wintergärten

---

Unten: reife Zitronen

Palmfarn, Japanischer Sagopalmfarn Cycadaceae, Palmfarngewächse

Erklärung Artname:
revoluta = zurückgerollt, umgerollt

Herkunft:
Südostasien, südjapanische Inseln, tropische und subtropische Regionen

Wuchs:
3 m hoch, ausladend, mit großem Wedelschopf, sehr langsam wachsend

Blüten:
Zweihäusig, m: endständige Zapfen; w: gelbbraune, laubblattähnliche Fruchtblätter

Früchte:
Glattschalige Nüsse, roh giftig, gekocht essbar

Blätter:
Gefiedert, dicht gedrängte, sehr schmale, stachelbesetzte Fiederblätter, 0,5-2 m lang, immergrün

Verwendung:
Als dekorative Kübelpflanze für Terrassen, für winterkühle und Wohn-Wintergärten, gut unter sommergrünen Gehölzen

Lebensbereich:
Winterkühler Wintergarten, im Winter 10-15 °C

Standort:
Absonnig bis halbschattig, keine Mittagssonne, in schwach saurem bis neutralem, durchlässigem, frischem bis mäßig feuchtem Substrat, Staunässe vermeiden; kalktolerierend

Gärtnerische Vermehrung:
Durch Aussaat und Abtrennen von Stammknollen

Hinweise:
Stammesgeschichtlich sehr alt, nachgewiesen bis zum Erdmittelalter, ganze Pflanze giftig, alte Heilpflanze

Weitere Arten und Sorten:
C. circinalis, selten im Handel, mehrere Stämme ausbildend, große männliche Blütenzapfen

---

Unten: männlicher Blütenstand

Echter Drachenbaum
Asparagaceae, Spargelgewächse

Erklärung Artname:
draco = Drache

Herkunft:
Kanarische Inseln, Madagaskar, an felsigen Küsten

Wuchs:
Langsam wachsender, palmenartiger Kleinbaum, in der Heimat bis zu 10 m hoch, im Innenraum wesentlich kleiner, mit auffällig dickem, glattem Stamm, im Alter kurze, dicke Äste

Blüten:
Mai - August; lange Rispen, weißlich-grün, klein, im Wintergarten selten blühend, blüht erst mit ca. 20 Jahren

Früchte:
Kirschgroße, orange Beeren, im Wintergarten aber nicht fruchtend

Blätter:
Schmal, spitz, hart, bis 80 cm lang, blaugrün, immergrün

Verwendung:
Als Kübelpflanze, für den Wohn-Wintergarten, Einzelstellung

Lebensbereich:
Wohn-Wintergarten, ganzjährig über 18 °C, im Winter mindestens 10 °C

Standort:
Vollsonnig bis sonnig, in frischem, neutralem, durchlässigem, mäßig nährstoffreichem Substrat; kalktolerierend

Gärtnerische Vermehrung:
Durch Aussaat

Hinweise:
Radikaler Rückschnitt bei zu hohem Wuchs möglich, sollte aber vermieden werden, Pflanze enthält rotes Gummiharz, das sogenannte "Drachenblut", das früher in der Volksheilkunde verwendet wurde

Weitere Arten und Sorten:
D. fragrans 'Lindenii', gelbgrün gestreift;
D. fragrans 'Victoria', grünlich-silberne Mitte, gelbe Blattränder

Dracaena fragrans

Strauchige Dracaene, Strauchiger Drachenbaum Asparagaceae, Spargelgewächse

Erklärung Artname:
fragrans = duftend

Herkunft:
Äquatorial-Afrika

Wuchs:
Raschwüchsiger, palmenartiger Strauch, bis zu 3 m hoch, im Innenraum kleiner, mehrstämmig

Blüten:
Juni - August; in terminalen Rispen, außen rot, innen weiß, unangenehm duftend, blüht selten im Wintergarten

Früchte:
Kleine Beeren, im Innenraum selten fruchtend

Blätter:
Dunkelgrün, schwertförmig, länglich, bis 50 cm lang, immergrün

Verwendung:
Als Zimmerpflanze, für den Wohn-Wintergarten, als Unterpflanzung, für Hydrokultur geeignet

Lebensbereich:
Wohn-Wintergarten, ganzjährig über 18 °C

Standort:
Für absonnige bis halbschattige Standorte, hohe Luftfeuchtigkeit, Substrat stets feucht halten, aber Nässe vermeiden, in schwach saurem bis neutralem, nährstoffreichem Substrat; kalkempfindlich

Gärtnerische Vermehrung:
Durch Kopfstecklinge oder Stammstücke

Hinweise:
Bei zu üppigem Wuchs ist radikaler Rückschnitt möglich, anhaltende Nässe führt zu Wurzelfäule

Weitere Arten und Sorten:
D. fragrans 'Longii', mit weißem Mittelstreifen, Blätter stärker hängend;
D. fragrans 'Warneckii', weißgrau gestreifte Blätter, verträgt viel Schatten;
D. reflexa var. angustifolia, detaillierte Beschreibung in der App

---

Unten: D. fragrans 'Warneckii'

Japanische Wollmispel
Rosaceae, Rosengewächse

Erklärung Artname:
japonica = aus Japan stammend

Herkunft:
Mittel-China und Südjapan, in wärmeren Regionen, in lichten Wäldern

Wuchs:
Großstrauch bis kleiner Baum, 5-7 m hoch, im Innenraum 2-4 m, veredelte Sorten kleiner bleibend, bildet meist einen kleinen Stamm mit kugeliger, breiter Krone

Blüten:
September - November, weiß, in endständigen Trauben, stark duftend

Früchte:
Rundliche bis eiförmige, gelbe oder orangefarbene Apfelfrüchte, 2-5 große Samen, essbar, Reife im April - Mai des Folgejahres

Blätter:
Mattgrün, derb, 20-25 cm lang, oberseits glänzend, dunkelgrün, unterseits weiß, wollig behaart, im Austrieb silbrigweiß behaart, wechselständig, elliptisch, immergrün

Verwendung:
Für mittlere bis sehr große Wintergärten, Solitär, Kübelpflanze, im Weinbauklima auch zum Auspflanzen, Obstgehölz

Lebensbereich:
Winterkühler Wintergarten, im Winter 0-10 °C

Standort:
Auf sonnigen bis halbschattigen Standorten mit frischen bis mäßig trockenen, mäßig nährstoffreichen Böden; bevorzugt leicht humose, sandige bis lehmige, durchlässige, schwach saure bis alkalische Böden; kalkliebend

Gärtnerische Vermehrung:
Durch Aussaat und Stecklinge, verschiedene Fruchtsorten durch Veredlung

Hinweise:
Bei zu wenig Licht im Winter verlieren sie teilweise das Laub, Früchte reifen auch im Innenraum, relativ frosthart im Freiland, in Mittel-Europa keine Fruchtreife, im Mittelmeerraum, Kalifornien und anderen subtropischen Gebieten als wichtiges Obstgehölz verbreitet

Weitere Arten und Sorten:
In Deutschland ist nur die Art erhältlich, im Mittelmeerraum sind verschiedene Auslesen und Fruchtsorten zu bekommen

Eucalyptus globulus

Eukalyptus, Blaugummibaum, Fieberbaum
Myrtaceae, Myrtengewächse

Erklärung Artname:
globulus = Kügelchen, Pille

Herkunft:
Australien, Victoria und Tasmanien, in tropischen und subtropischen Wäldern, im Mittelmeergebiet häufiges Nutzholz

Wuchs:
Hoher, mächtiger Baum, in der Heimat bis zu 60 m hoch, schnell wachsend, im Innenraum langsam wachsend und wesentlich kleiner bleibend

Blüten:
November - Mai; weiße, ungestielte Einzelblüten mit breiten, gerunzelten Blütendeckeln

Früchte:
Kegelförmige Kapseln mit weißlichem Rand

Blätter:
Bei Jungpflanzen rechteckig, blaugrau, später sehr lang, bis 30 cm, sichelförmig, tiefgrün, immergrün

Verwendung:
Als Kübelpflanze, für große bis sehr große winterkühle und Wohn-Wintergärten

Lebensbereich:
Winterkühler Wintergarten, Wohn-Wintergarten möglich, im Winter 5-15 °C

Standort:
Vollsonnig bis sonnig, in frischem bis feuchtem, neutralem, durchlässigem Substrat; kalktolerierend

Gärtnerische Vermehrung:
Durch Aussaat

Hinweise:
Blätter und Früchte schwach giftig, kräftigen Rückschnitt gut vertragend, erste, nach Europa eingeführte Art, wichtiger Lieferant für Zellstoff und Eukalyptusöl, bei zu warmem Stand pilzanfällig

Weitere Arten und Sorten:
E. citriodora, duftet nach Zitrone, auch als Kübelpflanze geeignet, langsam wachsend;
E. gunnii, Jugendblätter rundlich, blaugrau, auffällige, weiße Blüten

Birken-Feige, Benjamin-Gummibaum Moraceae, Maulbeerbaumgewächse

Erklärung Artname:
benjamina = leitet sich von Bangan ab (indischer Name von Ficus benghalensis)

Herkunft:
Tropisches bis subtropisches Indien, Südost-Asien, Nordaustralien

Wuchs:
Mehrstämmiger Baum mit leicht hängenden Zweigen, in der Heimat bis 15 m hoch, im Innenraum bis 10 m

Blüten:
Nicht sichtbar, da in der Innenseite eines becherartigen Gebildes wachsend, im Wintergarten selten blühend

Früchte:
Kleine, achselständige, kugelige Feigen, Durchmesser 1 cm, zu zweit, gelblich bis rot, im Wintergarten selten fruchtend

Blätter:
Glänzend, grün, lang, schmal oval, ledrig, wechselständig, immergrün

Verwendung:
Für Wohn-Wintergärten, auch als Zimmerpflanze, besonders für große Räume geeignet, Solitärpflanze, für Hydro-Kultur

Lebensbereich:
Wohn-Wintergarten, ganzjährig nicht unter 18 °C

Standort:
Absonnig bis halbschattig, keine direkte Mittagssonne; in schwach saurem, frischem, nährstoffreichem Substrat; kalkempfindlich

Gärtnerische Vermehrung:

Durch Stecklinge

Hinweise:
Milchsaftführend, sehr starker Rückschnitt gut vertragend, ganze Pflanze schwach giftig, möglichst hohe Luftfeuchtigkeit

Weitere Arten und Sorten:
F. benjamina 'De Gantel', weiß panaschiert, dichter Wuchs;
F. benjamina 'Golden King', cremegelb panaschiert;
F. elastica, Gummibaum, große, dunkelgrüne Blätter, alte Zimmerpflanze

---

Unten: F. benjamina 'De Gantel'

Ficus carica

Echte Feige, Feigenbaum
Moraceae, Maulbeerbaumgewächse

Erklärung Artname:
carica = nach der Bezeichnung für die Früchte

Herkunft:
Wildform von den Trockenhängen Vorderasiens, seit dem Altertum im ganzen Mittelmeerraum verbreitet

Wuchs:
Baum, in der Heimat 10-15 m hoch, im Innenraum bis zu 5 m, breite, schirmartige Krone, dicke Zweige

Blüten:
Nicht sichtbar, da in der Innenseite eines becherartigen Gebildes wachsend

Früchte:
Feigen, genau genommen keine Frucht, sondern fleischig gewordener Blütenstand, Ernte ist in warmen, geschützten Lagen auch in Mittel-Europa möglich

Blätter:
Feigenblätter, handförmig, tief gelappt, hell- bis dunkelgrün, hart, wechselständig, sommergrün

Verwendung:
Als Kübelpflanze, winterkühler Wintergarten, als Nutzpflanze vor Südwänden, im Weinbauklima auch Auspflanzung möglich

Lebensbereich:
Winterkühler Wintergarten, im Winter 0-8 °C

Standort:
Vollsonnig bis sonnig; warm und geschützt, in schwach saurem bis neutralem, durchlässigem, frischem, nährstoffreichem Substrat mit Lehmanteilen, im Winter trockenes Substrat; kalktolerierend

Gärtnerische Vermehrung:
Durch Steckhölzer

Hinweise:
Nur parthenokarpische Sorten (ohne Bestäubung fruchtend) pflanzen, sonst in Mittel-Europa keine Fruchtbildung, ganze Pflanze leicht giftig, auch unreife Früchte

Weitere Arten und Sorten:
Es gibt eine große Anzahl von Kultursorten zur Fruchtgewinnung

Kletter-Feige, Kletter-Ficus
Moraceae, Maulbeerbaumgewächse

Erklärung Artname:
pumila = zwergig

Herkunft:
Japan, Vietnam und China, in tropischen und subtropischen Wäldern

Wuchs:
Wüchsige, immergrüne Kletterpflanze mit Haftwurzeln

Blüten:
Nicht sichtbar, da in der Innenseite eines becherartigen Gebildes wachsend, im Wintergarten selten blühend

Früchte:
Nur bei älteren Pflanzen, dunkelviolette Feigen, im Wintergarten selten fruchtend

Blätter:
Dünn, herzförmig, anfangs leuchtend grün, immergrün

Verwendung:
Für den Wohn-Wintergarten, auch als Zimmerpflanze, besonders für Feuchträume geeignet, als Unterpflanzung, Bodendecker, Wandbegrünung

Lebensbereich:
Wohn-Wintergarten, ganzjährig nicht unter 18 °C

Standort:
Absonnig bis halbschattig; in schwach saurem bis neutralem, frischem, nährstoffarmem Substrat; kalktolerierend

Gärtnerische Vermehrung:
Durch Stecklinge

Hinweise:
Liebt hohe Luftfeuchtigkeit, verliert bei trockenem Stand schnell viele Blätter, ganze Pflanze leicht giftig

Weitere Arten und Sorten:
F. pumila 'Variegata', weißbunte Blätter;
F. sagittata, Bodendecker,
Blätter länglich, zugespitzt

Unten: F. pumila 'Variegata'

Grevillea robusta

Australische Silbereiche
Proteaceae,
Silberbaumgewächse

Erklärung Artname:
robusta = stark, kräftig

Herkunft:
Australien, Queensland und Neusüdwales, in küstennahen Regenwäldern

Wuchs:
Baum, in der Heimat 30-35 m hoch, im Innenraum deutlich kleiner, teils strauchartig wachsend, bis 5 m

Blüten:
April - Juni; orangegelbe, einseitswendige Röhrenblüten, erst nach 10-15 Jahren

Früchte:
Kleine, hölzerne Balge, im Innenraum selten fruchtend

Blätter:
Doppelt fein gefiedert, farnartig, grünsilbern überhaucht, wintergrün

Verwendung:
Für große winterkühle Wintergärten, bedingt auch im Wohn-Wintergarten, Kübelpflanze, Zimmerpflanze

Lebensbereich:
Winterkühler Wintergarten, im Winter 5-15 °C

Standort:
Sonnig bis absonnig, luftig, kühl in saurem bis schwach saurem, mäßig nährstoffreichem, frischem, im Winter mäßig trockenem Substrat mit hohem Porenvolumen; kalkempfindlich

Gärtnerische Vermehrung:
Durch Aussaat, auch Stecklinge möglich

Hinweise:
Wertvoller Holzbaum für Möbel, Parkett und Furniere, die Blätter können bei Hautberührungen allergene Reaktionen hervorrufen, Rückschnitt, auch ins alte Holz, gut vertragend, attraktive Blattpflanze, schöne Borke

Weitere Arten und Sorten:
G. rosmarinifolia, sehr dekorative Blüten und Belaubung, gute Kübelpflanze;
G. thelemanniana, strauchförmig, bis 2 m, blüht im Wintergarten regelmäßig

Chinesischer Rosen-Eibisch
Malvaceae, Malvengewächse

Erklärung Artname:
rosa-sinensis = chinesische Rose

Herkunft:
Vermutlich Küstenpflanze aus der Region des Indischen Ozeans, China, eventuell Naturhybride

Wuchs:
3-5 m hoher, sparriger Strauch, im Innenraum häufig nur 1,5-2 m hoch

Blüten:
April - September; bei der Wildform rosarot, einfach, einzeln, breit, trichterförmig

Früchte:
5-klappige Kapseln, aufspringend

Blätter:
Eiförmig bis elliptisch, glänzend, dunkelgrün, wechselständig, wintergrün

Verwendung:
Für den Wohn-Wintergarten, als reichblühende Zimmer- oder Kübelpflanze, auch in Sommerflor-Beeten

Lebensbereich:
Wohn-Wintergarten, ganzjährig über 15 °C

Standort:
Für vollsonnige bis sonnige Standorte in neutralem, durchlässigem, frischem, nährstoffreichem Substrat; kalktolerierend

Gärtnerische Vermehrung:
Durch Kopf- und Triebstecklinge

Hinweise:
In allen tropischen, subtropischen und mediterranen Klimazonen als Zierstrauch und Blüten-Hecke weit verbreitet, Nationalblume von Hawaii und Malaysia

Weitere Arten und Sorten:
Es gibt zahlreiche Sorten mit einfachen, halbgefüllten oder gefüllten Blüten, gelb, rot, rosa, orange, auch zweifarbig, ebenso gibt es Sorten mit geschlitzten oder panaschierten Blättern

Oben: H. rosa-sinensis 'Sorte', rote, einfach blühende Sorte
Unten: H. rosa-sinensis 'Sorte', rote, halbgefüllt blühende Sorte

Howea forsteriana

Kentiapalme, Paradiespalme
Arecaceae, Palmen

Erklärung Artname:
forsteriana = entweder nach J. R. Forster (1729-1799) oder dessen Sohn J.G. Forster (1754-1794), beide deutsche Botaniker

Herkunft:
Lord-Howe-Inseln vor Westaustralien, einzeln, in Hainen

Wuchs:
Bis 15 m hohe Palme, häufig mehrstämmig, strauchig, im Innenraum langsam wachsend, bis 5 m hoch

Blüten:
April - Juli; einhäusig, hängende, verzweigte Blütenstände in den Blattachseln

Früchte:
Kleine, 6 cm große Datteln, im Wintergarten selten fruchtend

Blätter:
Wedel, einfach gefiedert, unterseits punktartig beschuppt, im Alter 3-4 m lang, immergrün

Verwendung:
In großen Innenräumen, im Wohn-Wintergarten, als Kübel- oder Zimmerpflanze, als Solitärpflanze

Lebensbereich:
Wohn-Wintergarten, ganzjährig über 20 °C

Standort:
Absonnige bis schattige Standorte, in durchlässigem, saurem bis neutralem, frischem bis mäßig feuchtem, nährstoffreichem Substrat; kalktolerierend

Gärtnerische Vermehrung:
Durch Aussaat

Hinweise:
Eine der schattenverträglichsten Innenraumpflanzen, bei direkter Sonneneinstrahlung kann es zu Blattverfärbungen kommen

Weitere Arten und Sorten:
H. belmoreana, unempfindlicher als H. forsteriana, insgesamt kleiner bleibend und zierlicher, direktes Sonnenlicht besser ertragend, bildet kleinen Stamm aus

---

Unten: reife Früchte

Kräuselmyrte, Kreppmyrte, Indischer Flieder
Lythraceae, Blutweiderichgewächse

Erklärung Artname:
indica = aus Indien stammend (hier irreführend verwendet)

Herkunft:
Ursprünglich aus China und Korea

Wuchs:
Baum, in der Heimat 7-10 m hoch, im Innenraum 3-5 m, auffällige, zierende, zimtbraune Rinde, ältere Borke abblätternd

Blüten:
Juli - Oktober; rot, rosa, weiß bis malvenfarbig, kreiselförmig, Blütenblätter gekräuselt, in endständigen Rispen

Früchte:
Vielsamige Kapseln, holzig

Blätter:
Glänzend, grün, 3-5 cm lang, länglich elliptisch, leuchtend purpurrote Herbstfärbung, sommergrün

Verwendung:
In winterkühlen Wintergärten und als Kübelpflanze auf der Terrasse

Lebensbereich:
Winterkühler Wintergarten, im Winter 3-10 °C

Standort:
Vollsonnig bis sonnig und warm; geschützte Lage, schwach saures, mäßig nährstoffreiches, gut durchlässiges Substrat; kalktolerierend

Gärtnerische Vermehrung:
Durch Stecklinge und Aussaat

Hinweise:
Bei Kübelpflanzen vor der Überwinterung auf 30 cm Trieblänge zurückschneiden, im Wintergarten im Frühjahr zurückschneiden, Schnitt fördert die Blütenfülle, im Weinbauklima an geschützten Standorten auch Auspflanzung möglich

Weitere Arten und Sorten:
Von L. indica sind zahlreiche Sorten vorhanden, in Deutschland aber meist (noch) nicht im Handel; L. speciosa, Blüte morgens rosa, abends purpurn, benötigt wärmere Überwinterung

Lantana camara 'Sorte'

Wandelröschen
Verbenaceae, Eisenkrautgewächse

Erklärung Artname:
camara = Südamerikanischer Volksname des Wandelröschens

Herkunft:
Tropische und subtropische Regionen Amerikas, Hawaii

Wuchs:
Kleinstrauch, bis zu 2 m hoch, kann als Hochstämmchen gezogen werden

Blüten:
Juni - September; rosa, gelb, orange, weiß oder rot, je nach Sorte, Röhrenblüten in halbrunden Köpfen, Blütenfarbe verändert sich beim Blühen, daher "Wandelröschen"

Früchte:
Erbsengroße, glänzend blauschwarze Steinfrüchte, giftig

Blätter:
Eiförmig, länglich, runzelig, hellgrün, bedingt wintergrün

Verwendung:
Für winterkühle Wintergärten, als Kübelpflanze, auch als Beet- und Balkonpflanze

Lebensbereich:
Winterkühler Wintergarten, im Winter 5-10 °C

Standort:
Vollsonnig bis sonnig; in nährstoffreichem, schwach saurem, frischem, im Winter trockenem Substrat; kalktolerierend

Gärtnerische Vermehrung:
Durch Stecklinge

Hinweise:
Jährlich kräftig zurückschneiden, ganze Pflanze giftig

Weitere Arten und Sorten:
Es sind zahlreiche einfarbige und mehrfarbige Sorten im Handel;
L. camara 'Goldsonne', leuchtend gelb;
L. montevidensis, kaskadenartige, lilarosa Blüten

Oben: L. camara 'Sorte', zwei verschiedene Sorten
Unten: L. camara 'Goldsonne'

Lorbeer, Lorbeerbaum
Lauraceae, Lorbeergewächse

Erklärung Artname:
nobilis = edel, vornehm

Herkunft:
Mittelmeerraum und Kleinasien, in schattigen, feuchten Wäldern

Wuchs:
Kleinbaum oder Strauch, in der freien Natur 7-15 m hoch, im Innenraum bis 5 m

Blüten:
März - Mai; grünweiß-gelblich, in achselständigen Trugdolden, zweihäusig

Früchte:
Glänzend blauschwarze Steinfrüchte, bis 2 cm lang

Blätter:
Dunkelgrün, ledrig, wellige Ränder, wechselständig, kurz gestielt, bis 10 cm lang, sehr aromatisch, immergrün

Verwendung:
Als Kübel- und Gewürzpflanze für Terrassen, als Dekoration für Feierlichkeiten, für winterkühle Wintergärten, als Formgehölz

Lebensbereich:
Winterkühler Wintergarten, im Winter 3-8 °C

Standort:
Vollsonnig bis absonnig; warm, in nährstoffarmem, schwach saurem, mäßig trockenem Sand-Lehm-Substrat; kalktolerierend

Gärtnerische Vermehrung:
Durch Stecklinge

Hinweise:
Blätter seit der Antike für Lorbeerkränze und als Gewürz genutzt, in wintermilden, geschützten Lagen auch in Deutschland meist ausreichend frosthart, alte Heilpflanze; Fruchtbildung nur wenn männliche und weibliche Pflanzen gleichzeitig blühen, bei Formgehölzen meist keine Blütenbildung

Weitere Arten und Sorten:
Einzige weitere Art ist L. azorica, die aber nicht in gärtnerischer Kultur ist

Unten: männliche Blüten

Musa acuminata

Banane
Musaceae, Bananengewächse

Erklärung Artname:
acuminata = zugespitzt

Herkunft:
Burma, Thailand, Malaysia, Indochina, Borneo und Australien, in tropischen Wäldern

Wuchs:
1,5-2 m hohe Staude, sie bildet einen Scheinstamm, knolliges, kriechendes Rhizom

Blüten:
Große, hängende, gekrümmte Trauben, gelbgrün, mit purpurnen Hochblattern, einhäusig

Früchte:
Banane, Wildarten mit Samenkörnern, Kultursorten meist ohne

Blätter:
Länglich, bis 1 m lang, glänzend grün, immergrün

Verwendung:
Für den Wohn-Wintergarten, als Kübelpflanze für die windgeschützte Terrasse, bedingt auch als Zimmerpflanze

Lebensbereich:
Wohn-Wintergarten, im Winter 10-18 °C

Standort:
Für vollsonnige bis sonnige Standorte mit schwach saurem, nährstoffreichem, lehmig-humosem Substrat; kalktolerierend

Gärtnerische Vermehrung:
Durch Abtrennen von Wurzelschösslingen, auch durch Aussaat möglich

Hinweise:
Blüht und fruchtet im Wintergarten häufig, als Kübelpflanze nur bei optimaler Überwinterung, nach der Reife stirbt die Staude ab, vorher entwickeln sich neue Scheinstämme aus dem Rhizom

Weitere Arten und Sorten:
M. basjoo, rötlicher Scheinstamm bis 6 m, härteste Bananenart, im Weinbauklima im Freien mit starkem Winterschutz möglich, treibt aus dem Rhizom jährlich neu aus;
M. x paradisiaca 'Dwarf Chyla', Höhe um 2 m, kleinste angebotene Ess-Banane

Braut-Myrte, Gewöhnliche Myrte

Myrtaceae, Myrtengewächse

Erklärung Artname:
communis = gewöhnlich

Herkunft:
Kanaren, Mittelmeerraum bis Zentral-Asien, in Macchien und lichten Wäldern, im Gebüsch

Wuchs:
Reich verzweigter Strauch, 2-5 m hoch, buschig, im Innenraum deutlich kleiner bleibend, 1-3 m

Blüten:
Juni - September; weiße, wohlriechende Einzelblüten, in den Blattachseln

Früchte:
Erbsengroße, kugelige, wohlschmeckende, blauschwarze Beeren

Blätter:
Eirundlich bis lanzettlich, dunkelgrün, glatt, glänzend, würzig duftend, schwach giftig, immergrün

Verwendung:
Für winterkühle Wintergärten, Formgehölz, als Hochstämmchen, als Kübelpflanze für sehr sonnige Standorte, in der Blumenbinderei für Brautschmuck, Blätter für Duftmischungen, sowie Parfümherstellung und Verwendung in der Volksmedizin

Lebensbereich:
Winterkühler Wintergarten, im Winter 5-8 °C

Standort:
Vollsonnig bis sonnig; in schwach saurem, mäßig nährstoffreichem, trockenem bis frischem Substrat, nicht austrocknen lassen; kalkempfindlich

Gärtnerische Vermehrung:
Durch Kopfstecklinge, auch Aussaat möglich, Sorten nur durch Stecklinge

Hinweise:
Ideale Pflanze für den Formschnitt, dann allerdings keine Blüte, mythologische Pflanze

Weitere Arten und Sorten:
M. communis 'Flore Pleno', lanzettliche Blätter, Blüten teilweise gefüllt;
M. communis subsp. tarentina, zierlicher Wuchs und zierliches Laub

Nerium oleander

Oleander
Apocynaceae, Hundsgiftgewächse

Erklärung Artname:
oleander = Ölbaumrose

Herkunft:
Mittelmeerregion, Iran bis Ostasien, auf steinigen Böden, an Flussufern und in austrocknenden Bachläufen

Wuchs:
Buschiger, breit ausladender Strauch, im Mittelmeerraum bis 5 m hoch, im Innenraum 2-3 m

Blüten:
Juni - Oktober; sehr variabel, rote, lila, rosa, orange, gelbe bis weißliche, endständige, vielblütige Trugdolden

Früchte:
Rötlich-braune Balgkapseln, Samen mit auffälligem braunen Haarschopf

Blätter:
Lineal-lanzettlich, ledrig, spitz, quirlständig oder gegenständig, immergrün

Verwendung:
In winterkühlen Wintergärten, bekannte Kübelpflanze, Heilpflanze

Lebensbereich:
Winterkühler Wintergarten, im Winter 5-8 °C

Standort:
Vollsonnig bis sonnig und warm; in schwach saurem, nährstoffreichem, frischem Substrat, im Winter wenig gießen; kalktolerierend

Gärtnerische Vermehrung:
Durch Aussaat und Stecklinge

Hinweise:
Alle Pflanzenteile stark giftig, wird seit über 2000 Jahren kultiviert, die Wildform ist nicht im Handel, blüht nur bei ausreichend sonnigem Stand; bei zu warmer Überwinterung häufig Befall durch Schildläuse

Weitere Arten und Sorten:
Es gibt zahlreiche Sorten mit einfachen und gefüllten Blüten, dazu stark duftende Sorten, in Deutschland sind meist keine Namenssorten, sondern nur Farbsorten im Handel

---

Oben: N. oleander 'Sorte', rote Sorte
Unten: N. oleander 'Sorte', rosa Sorte

Olive, Ölbaum, Olivenbaum
Oleaceae, Ölbaumgewächse

Erklärung Artname:
europaea = aus Europa stammend

Herkunft:
Wildform: Mediterrane Küstenregion bis Vorderasien; Kulturform: weltweit, in allen mediterranen Klimaten

Wuchs:
Knorriger, mittelgroßer Baum, 10-15 m hoch, ausladende Krone, im Innenraum strauchig oder kleiner Baum, meist nicht über 5 m hoch, Wildform bedornt

Blüten:
Mai - Juli; gelblich-weiß, duftend, klein, in Rispen, zwittrig, selten auch zweihäusig

Früchte:
Olive, rundliche, schwarzblaue Steinfrüchte

Blätter:
Länglich-lanzettlich, ledrig, 3-8 cm lang, 1-2 cm breit, unterseits silbrig-grau, immergrün

Verwendung:
In winterkühlen Wintergärten und als Kübelpflanze; in der Heimat als Nutzpflanze für Oliven, Öl und Holz

Lebensbereich:
Winterkühler Wintergarten, im Winter 5-8 °C

Standort:
Vollsonnig bis sonnig; luftig; in schwach saurem, gut durchlässigem, mäßig nährstoffreichem Substrat, mäßig trocken bis frisch, Staunässe vermeiden; kalktolerierend

Gärtnerische Vermehrung:
Durch Stecklinge und Veredlung, auch Aussaat möglich (blüht dann aber erst nach ca. 10 Jahren)

Hinweise:
Sehr alte Kulturpflanze, dient der Gewinnung von Olivenöl, sehr alt werdend, hohe Schnittverträglichkeit, Olivenzweig gilt als klassisches Friedenssymbol

Weitere Arten und Sorten:
Es gibt in den Anbaugebieten zahlreiche Sorten mit unterschiedlichen Früchten, Wuchs und Belaubung, in Deutschland sind in der Regel keine Namenssorten im Handel

Oben: reife und unreife Früchte

Passiflora caerulea

Blaue Passionsblume
Passifloraceae, Passionsblumengewächse

Erklärung Artname:
caerulea = blau

Herkunft:
Tropische Regionen Mittelamerikas und westliches Südamerika

Wuchs:
Starkwüchsiger Kletterstrauch, in der Heimat bis in hohe Bäume kletternd, im Innenraum 3-7 m hoch

Blüten:
Juni - September; weißliche Hüllblätter mit violett gestreiften Staubgefäßen, große Einzelblüten, duftend, Einzelblüten nur 2 Tage geöffnet, reichblühend

Früchte:
Passionsfrüchte, vielsamige, fade schmeckende Beeren; bei bestimmten Arten Maracuja

Blätter:
5- bis 7-lappig, wechselständig, achselständige Ranken, immergrün

Verwendung:
Für Wintergärten, zur Wandbegrünung, kletternde Kübelpflanze für die Terrasse

Lebensbereich:
Winterkühler Wintergarten, bedingt auch Wohn-Wintergarten, im Winter 8-15 °C

Standort:
Vollsonnig bis sonnig; luftig; in mäßig trockenem bis frischem, schwach saurem bis neutralem, mäßig nährstoffreichem, durchlässigem Substrat; im Sommer möglichst warm, vor Winternässe schützen; kalktolerierend

Gärtnerische Vermehrung:
Durch Stecklinge und Absenker, auch Aussaat möglich (blüht dann aber erst nach ca. 5 Jahren)

Hinweise:
Jährlich kräftig zurückschneiden, im Weinbauklima Auspflanzen möglich, fruchtet dann gut, verliert bei Frost das Laub, ganze Pflanze, außer den Früchten, giftig, alte Heilpflanze

Weitere Arten und Sorten:
P. edulis, echte Maracuja, sehr schöne, auffällig purpurne, große Blüten;
P. incarnata, rosa, frosthärteste Art

Philodendron hederaceum var. hederaceum

Kletter-Philodendron, Kletternder Baumfreund
Araceae, Aronstabgewächse

Erklärung Artname:
hederaceum = efeuartig

Herkunft:
Tropische Wälder Mittelamerikas

Wuchs:
Kletternder Strauch mit Luftwurzeln, Trieblängen, kletternd oder am Boden, 3 bis 5 m

Blüten:
Ein weißliches, unten geschlossenes Hochblatt, Spatha genannt, umhüllt die blütentragenden Kolben, Einzelblüten zahlreich, klein, grünlich, erinnert im Aussehen an die Blütenstände des Aronstabes, im Wintergarten nicht blühend

Früchte:
Schwarze Beeren, werden im Wintergarten nicht ausgebildet

Blätter:
In der Jugend herz-eiförmig, glänzend, 9-10 cm lang, im Alter mehr pfeilförmig, bis 30 cm lang, immergrün

Verwendung:
Im Wintergarten als Bodendecker und zur Wandbegrünung, mit Kletterhilfen, auch als Zimmer- und Ampelpflanze

Lebensbereich:
Wohn-Wintergarten, ganzjährig über 18 °C

Standort:
Halbschattig bis schattig, keine direkte Sonne, in schwach saurem, mäßig nährstoffreichem Torfsubstrat, frisch bis feucht; kalkempfindlich

Gärtnerische Vermehrung:
Durch Kopfstecklinge oder Trieb- und Stammstecklinge

Hinweise:
Blätter sind reizend und können allergene Reaktionen auslösen, gedeiht bei relativ wenig Licht, Rückschnitt gut vertragend

Weitere Arten und Sorten:
P. angustisectum, kräftige Liane, lange Luftwurzeln;
P. erubescens, schnell wachsend, dunkelgrüne, in der Jugend rötliche Blätter

Unten: P. erubescens

Plumbago auriculata

Kap-Bleiwurz
Plumbaginaceae,
Grasnelkengewächse

Erklärung Artname:
auriculata = ohrförmig

Herkunft:
Südafrika, Kap-Region, im Niederwald

Wuchs:
Strauch, Spreizklimmer, überhängend, sparrig, bis 5-6 m kletternd, im Innenraum 1,5-3 m hoch, stark verzweigt, kantige Triebe

Blüten:
Mai - Oktober; hellblau, porzellanblau, in kurzen, endständigen Ähren, sehr lange blühend

Früchte:
Kapseln, 5-klappig, bei Reife aufspringend

Blätter:
Klein, 5-6 cm, hellgrün, unten kleine weiße Punkte, sommergrün

Verwendung:
Für kleine bis große Wintergärten, als Kübel- und Spalierpflanze, für Wandbegrünung, auch als Hochstämmchen

Lebensbereich:
Winterkühler Wintergarten, im Winter 0-10 °C

Standort:
Auf vollsonnigen bis sonnigen Standorten mit frischen bis mäßig trockenen, nährstoffreichen Böden; bevorzugt humose, lehmige, durchlässige, schwach saure bis alkalische Böden; kalkliebend

Gärtnerische Vermehrung:
Durch Aussaat und Stecklinge

Hinweise:
Heller luftiger Standort nötig, sonst krankheitsanfällig, bei Lichtmangel im Winter Blattfall, alte Pflanzen können stark zurück geschnitten werden, haftet schlecht, muss daher zum Klettern festgebunden werden

Weitere Arten und Sorten:
P. auriculata 'Caerulea', leuchtend blau, sonst wie die Art;
P. auriculata var. alba, weiß, sonst wie die Art;
P. indica, rosa bis rot, 1-2 m, immergrün, für Wohn-Wintergarten

Tempel-Steineibe, Großblättrige Steineibe Podocarpaceae, Steineibengewächse

Erklärung Artname:
macrophyllus = großblättrig

Herkunft:
Südchina und Südjapan,
Gebirgspflanze bis 3000 m aufsteigend

Wuchs:
Baum, teilweise auch nur Großstrauch,
12-15 m hoch, im Innenraum nur 2-4 m, dicke Triebe fast waagrecht abstehend, sehr dicht

Blüten:
Mai - Juni; einhäusig, m: zylindrisch, grünlich,
w: mit fleischigem, roten Blütenbecher

Früchte:
Fleischiger äußerer Mantel um inneren, verholzten Mantel mit eiförmigen, violetten Samen

Blätter:
Länglich, 8-15 cm lang, spiralig angeordnet, dicht stehend, glänzend grün, immergrün

Verwendung:
Für kleine bis sehr große Wintergärten,
als Kübelpflanze, Solitärpflanze,
unter großen Bäumen, Formgehölz

Lebensbereich:
Winterkühler Wintergarten, im Winter 5-8 °C

Standort:
Auf sonnigen bis schattigen Standorten mit frischen bis mäßig feuchten, nährstoffreichen Böden; bevorzugt humose, lehmige, durchlässige, schwach saure bis alkalische Böden; kalkliebend

Gärtnerische Vermehrung:
Durch Aussaat, Stecklinge sind auch möglich

Hinweise:
Langsam wachsendes Gehölz, verträgt sehr viel Schatten, dann noch langsamer wachsend, sehr robust, wenig krankheitsanfällig,
verträgt auch vorübergehend große Hitze

Weitere Arten und Sorten:
P. latifolius, dunkelgrüne Blätter, bis 6 m;
P. nubigenus, sichelförmige, unten blaugrüne Blätter, strauchig, bis 2 m;
P. salignus, kurze, glänzend hellgrüne Blätter, überhängend

Granatapfel, Granatbaum
Lythraceae, Blutweiderichgewächse

Erklärung Artname:
granatum = vielkörnig

Herkunft:
Ursprüngliche Heimat wahrscheinlich Vorderasien bis zum Himalaya, schon sehr lange im Mittelmeerraum eingebürgert

Wuchs:
Strauch, 3-5 m hoch, dicht verzweigt, gelegentlich dornig, vier- bis sechskantige Zweige

Blüten:
Juni - September; korallenrot, ca. 5 cm große Einzelblüten in den Blattachseln

Früchte:
Granatäpfel, kugelige Beeren, ledrig, rot überlaufen, reif aufspringend

Blätter:
Eiförmig bis lanzettlich, 3-8 cm lang, im Austrieb kupferig, später glänzend hellgrün, derb ledrig, sommer- bis wintergrün

Verwendung:
Anspruchslose Kübelpflanze, in Wintergärten, in der Heimat Nutzpflanze (Frucht, Farbstoff, Gerbstoff)

Lebensbereich:
Winterkühler Wintergarten, im Winter 0-6 °C

Standort:
Vollsonniger bis sonniger Standort, in frischem, im Winter trockenem, schwach saurem, mäßig nährstoffreichem, lehmig-humosem Substrat; kalktolerierend

Gärtnerische Vermehrung:
Durch Stecklinge und Aussaat, manche Sorten auch durch Veredlung

Hinweise:
Mythologische Symbolpflanze, bei Bedarf Rückschnitt im Herbst, Verwendung in der Volksmedizin, Blätter und Triebe giftig, nicht aber das Fruchtfleisch, in geschützten Lagen im Weinbauklima Auspflanzen möglich

Weitere Arten und Sorten:
P. granatum 'Nana', 0,5-2 m hohe Zwergsorte, blüht und fruchtet gut

Stein-Eiche
Fagaceae, Buchengewächse

Erklärung Artname:
ilex = Gattungsname der Stechpalme (wegen der ähnlichen Blätter)

Herkunft:
Küstenregionen des Mittelmeers, Portugal, Nordspanien bis Nordwest-Frankreich, bestandsbildender Baum der immergrünen, krautreichen Wälder

Wuchs:
Mittelgroßer Laubbaum, in der Heimat 20-25 m hoch, im Innenraum kleiner bleibend, 3-6 m, glatte Rinde, junge Triebe graufilzig, sehr dichte Krone bildend

Blüten:
April - Juni; einhäusig, m: gelbliche, hängende Kätzchen; w: kurze Ähren

Früchte:
Kleine Eicheln, zu 1-3, zur Hälfte vom Fruchtbecher umhüllt

Blätter:
Sehr variabel, länglich bis elliptisch, 5-10 cm lang, häufig stachelig gezähnt, dunkelgrün, glänzend, Unterseite weiß, flaumig behaart, im Frühjahr viele neue Blätter, wintergrün

Verwendung:
In großen Wintergärten, als Kübelpflanze für Terrassen, in geschützten Lagen auch auspflanzbar, auch als Formgehölz

Lebensbereich:
Winterkühler Wintergarten, im Winter 0-5 °C

Standort:
Vollsonnig bis sonnig, luftig; in mäßig trockenem bis frischem, neutralem, mäßig nährstoffreichem, lehmig-sandigem Substrat; kalkliebend

Gärtnerische Vermehrung:
Durch Aussaat

Hinweise:
Sehr hartes Holz zum Drechseln, gut schnittverträglich, ganze Pflanze giftig, vor allem Blätter und Rinde, leichten Frost gut vertragend

Weitere Arten und Sorten:
Q. suber, Kork-Eiche, detaillierte Beschreibung in der App

Schefflera actinophylla

Queensland-Strahlenaralie, Tintenfischbaum Araliaceae, Araliengewächse

Erklärung Artname:
actinophylla = strahlenblättrig

Herkunft:
Nordaustralien und Neuguinea, in tropischen und subtropischen Regenwäldern

Wuchs:
In der Heimat sparrig verzweigter Baum oder Großstrauch, bis 15 m hoch, im Innenraum meist strauchig, 1-3 m

Blüten:
Kleine, dicht gedrängte, gelbgrüne Köpfchen an langen Blütenachsen, im Wintergarten selten blühend

Früchte:
Dunkelpurpurne Kapseln, im Wintergarten nicht fruchtend

Blätter:
Junge Blätter 3-lappig, ältere Blätter bis 16-fach handförmig geteilt, langgestielt, schirmförmig angeordnet, 30 cm breit, glänzend, immergrün

Verwendung:
Solitärgehölz im Wintergarten, auch als Zimmerpflanze

Lebensbereich:
Wohn-Wintergarten, ganzjährig über 18 °C

Standort:
Absonnig bis halbschattig, in mäßig trockenem bis frischem, nährstoffreichem, schwach saurem Substrat; kalktolerierend

Gärtnerische Vermehrung:
Durch halbreife Stecklinge mit je einem ausgewachsenem Blatt

Hinweise:
Sehr pflegeleicht, nur bei zu tiefen Temperaturen und zu nassem Stand häufig Schädlingsbefall

Weitere Arten und Sorten:
S. actinophylla 'Variegata', grauweiße Blätter, wesentlich kleiner als die Art;
S. arboricola 'Gold Capella', gelbbunte, fleischigere Blätter, ganze Pflanze zierlicher als vorige Art, strauchig

---

Unten: S. arboricola 'Gold Capella'

Prinzessinnenblume, Glänzende Tibouchine Melastomataceae, Schwarzmundgewächse

Erklärung Artname:
Keine eindeutige Erklärung möglich

Herkunft:
Tropische Regionen Brasiliens

Wuchs:
Strauchartig, aufrecht, sparrig, wenig verzweigt, 6 m hoch, im Innenraum 1,5-2 m, Triebe weich behaart

Blüten:
August - Oktober; blauviolett, einzeln oder zu dritt an den Triebenden, groß, bis 12 cm, Blütenknospen mit rötlichen Hochblättern umgeben

Früchte:
Kapseln, im Wintergarten in der Regel nicht fruchtend

Blätter:
Oval, 3- bis 7-nervig, bis 12 cm lang, dunkelgrün, Unterseiten heller, beidseitig behaart, immergrün

Verwendung:
In Wintergärten und als Kübelpflanze, auch als Hochstämmchen

Lebensbereich:
Winterkühler Wintergarten, im Winter 8-12 °C

Standort:
Sonnig, hell, in schwach saurem, frischem, mäßig nährstoffreichem, kalkarmem Substrat

Gärtnerische Vermehrung:
Durch Stecklinge

Hinweise:
Blüht relativ spät im Jahr, Pflanze verzweigt sich auch bei Schnitt schlecht, daher Jungpflanzen häufig stutzen, Rückschnitt ins alte Holz nicht vertragend, kein kalkiges Gießwasser verwenden

Weitere Arten und Sorten:
In Südeuropa sind weitere Arten in Kultur, die aber in Deutschland in der Regel nicht erhältlich sind

Trachycarpus fortunei

Chinesische Hanfpalme
Arecaceae, Palmen

Erklärung Artname:
fortunei = nach Robert Fortune (schottischer Pflanzensammler und Reisender, 1812-1880)

Herkunft:
Bergregionen Mittel- und Ostchinas, des Himalayas, Burmas und Südjapans

Wuchs:
Mittelhohe Fächerpalme, 12 m hoch, im Innenraum 3-7 m, schlanker Stamm mit dunkelbraunen Fasern

Blüten:
April - Juli; gelb, in dichten, langen Rispen, große Hüllblätter, einhäusig

Früchte:
Bohnenförmige, dunkelblaue, glatte Beeren

Blätter:
Bis zu 30 Wedel im Blattschopf, bis zu 1,5 m Durchmesser, dunkelgrün, tief gefächert, Blattstielränder dornig, immergrün

Verwendung:
Für große bis sehr große Wintergärten, als Kübelpflanze, in geschützten Lagen auch zum Auspflanzen

Lebensbereich:
Winterkühler Wintergarten, im Winter 0-5 °C

Standort:
Vollsonnig bis sonnig, hell; in schwach saurem bis alkalischem, frischem, nährstoffreichem Substrat; kalktolerierend

Gärtnerische Vermehrung:
Durch Aussaat

Hinweise:
Jungpflanzen vor kaltem Wind schützen, der Stamm ist von einem Netzwerk bräunlicher Fasern eingehüllt, härteste Palmenart, hält in geschützten Lagen gut aus und entwickelt sich zu großen Palmen, nach stärkerem Frost sterben Blätter und Blütenstände ab, treibt aber später, teilweise erst im Hochsommer, wieder durch

Weitere Arten und Sorten:
T. wagnerianus, kleinere, zierlichere, festere Blätter und winterhärter als die obige Art

---

Unten: Fruchtstände

Laurustinus, Mittelmeer-Schneeball, Lorbeer-Schneeball Adoxaceae, Moschuskrautgewächse

Erklärung Artname:
tinus = römischer Name der Pflanze

Herkunft:
Südeuropa, Mittelmeergebiet bis Anatolien, in Macchien und immergrünen Wäldern

Wuchs:
Strauchartig, 0,8-3 m hoch, dicht verzweigt

Blüten:
Januar - Juni, im Mittelmeerraum November - April; weißrosa, etwas duftend, an endständigen Trugdolden

Früchte:
Eiförmige, trockene Beeren, tiefblau, später schwarz, ungenießbar bis schwach giftig

Blätter:
Eiförmig, bis 10 cm lang, dunkelgrün, glänzend, lorbeerartig, immergrün

Verwendung:
Frühblühender Strauch für Wintergärten, robuste Kübelpflanze für Terrassen und Dachgärten, in geschützten Lagen gut winterhart, für Innenhöfe

Lebensbereich:
Winterkühler Wintergarten, im Winter 0-5 °C

Standort:
Sonnig bis absonnig, hell, aber ohne direkte Mittagssonne, luftig, in mäßig nährstoffreichem, schwach saurem bis neutralem Substrat; kalktolerierend

Gärtnerische Vermehrung:
Durch Stecklinge und Aussaat

Hinweise:
Wie alle Viburnum-Arten giftig, vor allem Rinde und Blätter, Pflanzen werden mittlerweile in vielen Baumschulen im normalen Laubgehölz-Sortiment geführt

Weitere Arten und Sorten:
V. tinus 'Eve Price', hellrosa, dichtbuschig, kompakt, langsam wachsend;
V. tinus 'Variegatum', weiß, gelbbunte Blätter

Washingtonia filifera

Kalifornische Washingtonpalme, Priesterpalme
Arecaceae, Palmen

Erklärung Artname:
filifera = fadentragend

Herkunft:
Südöstliches Kalifornien, Westarizona und nordwestliches Mexiko

Wuchs:
Fächerpalme, dickschäftiger, grauer Stamm, in der Heimat 15-20 m hoch, im Innenraum bis 5 m

Blüten:
Weiß, an großen, aufrechten Blütenständen, im Innenraum in der Regel nicht blühend

Früchte:
Beeren, steinfruchtartig, eiförmig, schwarz, im Innenraum nicht fruchtend

Blätter:
Fächerförmige Wedel, die mit Bastfäden verbunden bleiben, Blattstiele bestachelt, Fächer und Blattstiel sehr groß, bis zu 2 m, immergrün

Verwendung:
Für große bis sehr große Wintergärten und als Kübelpflanze

Lebensbereich:
Winterkühler Wintergarten, im Winter 5-10 °C

Standort:
Vollsonnig bis sonnig, luftig, in frischem, humosem bis lehmigem, schwach saurem, mäßig nährstoffreichem Substrat; kalktolerierend

Gärtnerische Vermehrung:
Durch Aussaat

Hinweise:
Im Gegensatz zu anderen Palmen fallen die abgestorbenen Wedel lange nicht ab, sie bilden die Form eines Umhangs, daher die Namen “Priesterpalme” oder in den USA “Unterrockpalme”, leichten Frost vertragend

Weitere Arten und Sorten:
W. robusta, sehr ähnlich der obigen Art, aber bräunliche Blattstiele, noch mächtiger, die bei alten Pflanzen deutlich verbreiterte Stammbasis wird umgangssprachlich auch "Elefantenfuß" genannt

Riesen-Palmlilie, Elefantenfuß-Palmlilie Asparagaceae, Spargelgewächse

Erklärung Artname:
elephantipes = elefantenfußartig

Herkunft:
Tropische Regionen Mexikos und Guatemalas

Wuchs:
Meist vielstämmiger Baum, verzweigt, Stammbasis knollig verdickt, 10 m hoch, im Innenraum 2-4 m, Blattschöpfe

Blüten:
August - September; weiße, leicht hängende Glockenblüten an langen, endständigen Rispen, stark duftend

Früchte:
Kapseln, im Innenraum nicht fruchtend

Blätter:
Lanzettlich, spitz, dunkelgrün glänzend mit fein gesägten Rändern, bis 1 m lang und 8 cm breit, immergrün

Verwendung:
Für Wintergärten und als Kübelpflanze, auch als robuste Zimmerpflanze verbreitet, blüht dort aber nicht

Lebensbereich:
Winterkühler Wintergarten, bedingt auch Wohn-Wintergarten, im Winter 5-10 °C, bis 18 °C möglich

Standort:
Vollsonnig bis sonnig; in mäßig trockenem bis frischem, im Winter trockenem, nährstoffreichem, schwach saurem, durchlässigem Substrat; kalktolerierend

Gärtnerische Vermehrung:
Durch Stammstecklinge

Hinweise:
Im Mittelmeerraum häufig in Gärten, von dort verwildert, Blätter werden zur Fasergewinnung genutzt, Triebspitzen und Blüten als Gemüse verwendet

Weitere Arten und Sorten:
Y. aloifolia, dolchförmige Blätter;
Y. elephantipes 'Jewel', sehr robust und wüchsig, cremeweiße Längsstreifen

Unten: Y. elephantipes 'Jewel'

Liste giftiger Pflanzenarten

Das Bundesministerium für Umwelt, Naturschutz und Reaktorsicherheit hat am 17.04.2000 die „**Offizielle Liste giftiger Pflanzen**" im Bundesanzeiger (v. 06.05.2000, Jahrgang 52, Nr. 86, S. 8517) neu veröffentlicht.

Diese Liste enthält ausschließlich Pflanzen, die auch bei Aufnahme geringer Mengen an Pflanzenmaterial mittelschwere (**) bis schwere (***) Vergiftungen verursachen können.

Neben den Pflanzen in dieser Aufstellung gibt es sehr viele andere, die Inhaltsstoffe enthalten, die – in großen Mengen aufgenommen – zu Magen-Darmbeschwerden oder bei direktem Kontakt zu Haut- oder Augenreizungen führen können.

Eine bundeseinheitliche, verbindliche Liste mit giftigen Pflanzen, die für die Begrünung von Spielplätzen, Kindergärten oder Schulen verboten sind, gibt es nicht. Etwas konkretisierend wirkt die DIN 18034 (Objektplanung für Spielflächen). Dazu gibt es in vielen Städten einschränkende Regelungen und sehr viele Empfehlungen von Fachleuten aus der Pädagogik und der Medizin. Grundsätzlich lautet aber die Empfehlung, dass alle anschließend aufgeführten Pflanzen zum Schutz von Kindern vor Vergiftungen nicht im Umfeld von Spielflächen gepflanzt werden sollen.

Botanischer Name (Deutscher Name)	**Toxizität**	**Vorwiegend giftige Pflanzenteile**
Aconitum napellus (Blauer Eisenhut)	***	alle Pflanzenteile
Andromeda polifolia (Gränke)	**	Blüten und Blätter
Arum maculatum (Gefleckter Aronstab)	**	Wurzelstock, Beeren, Blätter
Atropa bella-donna (Tollkirsche)	***	Früchte, Blätter, Wurzeln
Brugmansia spec. (Engelstrompeten-Arten)	***	alle Pflanzenteile, bes. während der Blüte
Bryonia alba (Weiße Zaunrübe)	**	Wurzel, Beeren, Samen
Bryonia dioica (Rotbeerige Zaunrübe)	**	Wurzel, Beeren, Samen
Cicuta virosa (Wasserschierling)	***	gesamte Pflanze, bes. der Saft des Wurzelstockes
Colchicum autumnale (Herbst-Zeitlose)	***	Samen, Knolle
Colchicum spec. (Zeitlose)	***	Samen, Knolle
Conium maculatum (Gefleckter Schierling)	***	alle Pflanzenteile
Convallaria majalis (Maiglöckchen)	**	Blüten, Blätter, Beeren
Daphne spec. (Seidelbast-Arten)	***	Rinde, Samen, Blüten, Blätter
Datura stramonium (Stechapfel)	***	Blätter, Samen
Dieffenbachia spec. (Dieffenbachien-Arten)	**	alle Pflanzenteile
Digitalis lanata (Wolliger Fingerhut)	**	Blätter, Blüten, Samen
Digitalis purpurea u. a. (Roter Fingerhut u. a.)	**	Blätter, Blüten, Samen
Euonymus europaeus (Pfaffenhütchen)	**	Samen, Blätter, Rinde
Euphorbia spec. (Wolfsmilch-Arten)	**	Milchsaft
Frangula alnus (Faulbaum)	**	unreife Früchte, frische Rinde, Blätter

Liste giftiger Pflanzenarten

Botanischer Name (Deutscher Name)	Toxizität	Vorwiegend giftige Pflanzenteile
Fritillaria imperialis (Kaiserkrone)	**	Zwiebel
Genista tinctoria (Färber-Ginster)	**	Samen
Hedera helix (Efeu)	**	Beeren, Blätter
Heracleum mantegazzianum (Riesen-Bärenklau)	**	alle Pflanzenteile
Heracleum sphondylium (Wiesen-Bärenklau)	**	Blätter und Pflanzensaft
Hyoscyamus niger (Bilsenkraut)	***	Blätter, Samen
Ilex aquifolium (Stechpalme)	**	Blätter, Früchte
Juniperus sabina (Sadebaum)	**	alle Pflanzenteile
Laburnum anagyroides (Goldregen)	**	Blüten, grüne Früchte, Samen
Lactuca virosa (Gift-Lattich)	**	Milchsaft
Lantana camara (Wandelröschen)	**	Beeren, Kraut
Nerium oleander (Oleander)	**	Blätter, Blüten, Rinde
Nicotiana spec. (Tabak-Arten)	***	gesamte Pflanze, außer reife Samen
Papaver somniferum (Schlaf-Mohn)	**	unreife Kapseln, Milchsaft
Phaseolus coccineus (Feuer-Bohne)	**	unreife rohe Früchte, Blätter
Phytolacca americana (Kermesbeere)	**	alle Pflanzenteile
Prunus laurocerasus (Kirschlorbeer)	**	Blätter, Samen
Ranunculus sceleratus (Gift-Hahnenfuß)	**	alle Pflanzenteile
Ricinus spec. (Rizinus)	***	Samen
Solanum dulcamara (Bittersüßer Nachtschatten)	**	unreife Beeren, u.a. Pflanzenteile vor der Blüte
Solanum nigrum (Schwarzer Nachtschatten)	**	unreife Beeren, u.a. Pflanzenteile vor der Blüte
Solanum pseudocapsicum (Korallenkirsche)	**	unreife Beeren
Solanum spec. (Nachtschatten-Arten)	**	unreife Beeren, u.a. Pflanzenteile vor der Blüte
Solanum tuberosum (Kartoffel)	**	unreife Beeren, Keime, grüne Knollen
Taxus baccata (Eibe)	***	Nadeln, zerbissener Samen
Thuja spec. (Lebensbaum)	**	Zweigspitzen, Zapfen
Urginea maritima (Meerzwiebel)	**	Zwiebel
Veratrum album (Weißer Germer)	**	alle Pflanzenteile

** = Die Aufnahme geringer Mengen kann zu mittelschweren Vergiftungen führen.

*** = Die Aufnahme geringer Mengen kann zu schweren bis tödlichen Vergiftungen führen.

Synonym-Liste für die Pflanzen-Familien in Band I

Gegenüberstellung der botanischen Namen der Pflanzen-Familien die, insgesamt oder nur bei einzelnen Gattungen, in den Internationalen Namenlisten (2016-2020) und dem Zander (19. Auflage) voneinander abweichen.

Zander, Handwörterbuch der Pflanzennamen, 19. Auflage, 2014	**Namenliste Gehölze ENA** **Namenliste Stauden ISU** International standard 2016 - 2020
Adiantaceae	Pteridaceae
Agavaceae	Asparagaceae
Betulaceae	Corylaceae
Buddlejaceae	Scrophulariaceae
Caesalpinaceae	Fabaceae
Callitrichaceae	Plantaginaceae
Caprifoliaceae	Adoxaceae
Clusiaceae	Hypericaceae
Convallariaceae	Asparagaceae
Dracaenaceae	Asparagaceae
Fumariaceae	Papaveraceae
Hamamelidaceae	Altingiaceae
Hippuridaceae	Plantaginaceae
Hostaceae	Asparagaceae
Lemnaceae	Araceae
Mimosaceae	Fabaceae
Punicaceae	Lythraceae
Scrophulariaceae	Calceolariaceae, Paulowniaceae, Plantaginaceae
Taxodiaceae	Cupressaceae
Tiliaceae	Malvaceae
Ulmaceae	Cannabaceae
Verbenaceae	Lamiaceae

Namenliste Gehölze ENA **Namenliste Stauden ISU** International standard 2016 - 2020	**Zander,** Handwörterbuch der Pflanzennamen, 19. Auflage, 2014
Adoxaceae	Caprifoliaceae
Altingiaceae	Hamamelidaceae
Araceae	Lemnaceae
Asparagaceae	Agavaceae, Convallariaceae, Dracaenaceae, Hostaceae
Calceolariaceae	Scrophulariaceae
Cannabaceae	Ulmaceae
Corylaceae	Betulaceae
Cupressaceae	Taxodiaceae
Fabaceae	Caesalpinaceae, Mimosaceae
Hypericaceae	Clusiaceae
Lamiaceae	Verbenaceae
Lythraceae	Punicaceae
Malvaceae	Tiliaceae
Papaveraceae	Fumariaceae
Paulowniaceae	Scrophulariaceae
Plantaginaceae	Callitrichaceae, Hippuridaceae, Scrophulariaceae
Pteridaceae	Adiantaceae
Scrophulariaceae	Buddlejaceae

Synonym-Liste der Gattungen, Arten und Sorten, Band I

Die in diesem Band verwendeten botanischen Namen stehen in der rechten Spalte.

Abweichende Namen im **Zander** 19. Auflage, 2014, Handwörterbuch der Pflanzennamen, sowie in anderen **Fachbüchern und Katalogen**	**Namenliste Gehölze** International standard ENA 2016 - 2020
Laubgehölze	
Acer campestre subsp. campestre	Acer campestre
Acer negundo subsp. negundo	Acer negundo
Acer rubrum var. rubrum	Acer rubrum
Alnus incana subsp. incana	Alnus incana
Amelanchier rotundifolia	Amelanchier ovalis
Aralia elata var. elata	Aralia elata
Aronia melanocarpa 'Nero'	Aronia x prunifolia 'Nero'
Buxus sempevirens	Buxus sempevirens var. arborescens
Callicarpa bodinieri var. giraldii 'Profusion'	Callicarpa bodinieri 'Profusion'
Chaenomeles japonica var. japonica	Chaenomeles japonica
Clematis montana 'Rubens'	Clematis montana var. rubens
Cornus alba 'Argenteomarginata'	Cornus alba 'Elegantissima'
Cornus kousa var. kousa	Cornus kousa
Cornus sanguinea subsp. sanguinea	Cornus sanguinea
Cotoneaster dammeri var. radicans	Cotoneaster dammeri 'Major'
Cotoneaster salicifolius var. floccosus	Cotoneaster floccosus
Crataegus laevigata 'Paul's Scarlet'	Crataegus x media 'Paul´s Scarlet'
Cytisus scoparius subsp. scoparius	Cytisus scoparius
Euonymus alatus var. alatus	Euonymus alatus
Euonymus europaeus var. europaeus	Euonymus europaeus
Euonymus fortunei radicans	Euonymus fortunei var. radicans
Euonymus fortunei 'Radicans'	Euonymus fortunei var. radicans
Fraxinus ornus var. ornus	Fraxinus ornus
Hedera colchica 'Arborescens'	Hedera colchica 'Fall Favourite'
Hippophae rhamnoides subsp. rhamnoides	Hippophae rhamnoides
Hydrangea aspera subsp. strigosa	Hydrangea aspera 'Macrophylla'
Hydrangea petiolaris	Hydrangea anomala subsp. petiolaris
Juglans regia subsp. regia	Juglans regia
Koelreuteria paniculata var. paniculata	Koelreuteria paniculata
Magnolia liliiflora	Magnolia liliiflora 'Nigra'
Mahonia bealei	Mahonia japonica
Parthenocissus quinquefolia var. quinquefolia	Parthenocissus quinquefolia
Platanus x acerifolia	Platanus x hispanica
Polygonum aubertii	Fallopia baldschuanica
Prunus padus subsp. padus	Prunus padus
Prunus serrulata 'Kiku-shidare-zakura'	Prunus 'Kiku-shidare-zakura'
Prunus triloba var. triloba	Prunus triloba
Quercus petraea subsp. petraea	Quercus petraea
Quercus robur subsp. robur	Quercus robur
Rhamnus frangula	Frangula alnus
Rhododendron forrestii 'Baden-Baden'	Rhododendron 'Baden-Baden' (Forrestii-Gruppe)
Rhododendron impeditum 'Blue Tit'	Rhododendron 'Blue Tit' (Impeditum-Gruppe)

Synonym-Liste der Gattungen, Arten und Sorten, Band I

Abweichende Namen im **Zander** 19. Auflage, 2014, Handwörterbuch der Pflanzennamen, sowie in anderen **Fachbüchern und Katalogen**	**Namenliste Gehölze** International standard ENA 2016 - 2020
Rhododendron x obtusum 'Canzonetta'	Rhododendron 'Canzonetta' (Japonicum-Gruppe)
Rhododendron catawbiense 'Grandiflorum'	Rhododendron 'Catawbiense Grandiflorum' (Catawbiense-Gruppe)
Rhododendron yakushimanum 'Fantastica'	Rhododendron 'Fantastica' (Yakushimanum-Gruppe)
Robinia pseudoacacia 'Monophylla'	Robinia pseudoacacia 'Unifoliola'
Rosa spinosissima	Rosa pimpinellifolia
Rubus sect. Rubus	Rubus fruticosus
Salix alba var. alba	Salix alba
Salix alba 'Tristis'	Salix x sepulcralis 'Chrysocoma'
Salix caprea 'Mas'	Salix caprea 'Atlas'
Salix repens argentea	Salix repens var. nitida
Salix repens subsp. dunensis	Salix repens var. nitida
Sambucus racemosa subsp. racemosa	Sambucus racemosa
Skimmia japonica subsp. japonica	Skimmia japonica
Sophora japonica	Styphnolobium japonicum
Sorbus aucuparia subsp. aucuparia	Sorbus aucuparia
Sorbus aucuparia subsp. moravica	Sorbus aucuparia var. edulis
Sorbus aucuparia 'Edulis'	Sorbus aucuparia var. edulis
Syringa reflexa	Syringa komarowii subsp. reflexa
Tilia x euchlora	Tilia x europaea 'Euchlora'
Ulmus x hollandica 'Dampieri Aurea'	Ulmus x hollandica 'Wredei'
Wisteria floribunda 'Macrobotrys'	Wisteria floribunda 'Multijuga'

Nadelgehölze

Abies nordmanniana subsp. nordmanniana	Abies nordmanniana
Cedrus atlantica 'Glauca'	Cedrus libani 'Atlantica Glauca' ***
Cryptomeria japonica var. japonica	Cryptomeria japonica
x Cuprocyparis leylandii	x Cupressocyparis leylandii
Juniperus x media 'Mint Julep'	Juniperus x pfitzeriana 'Mint Julep'
Larix decidua var. decidua	Larix decidua
Pinus leucodermis	Pinus heldreichii
Pinus montana	Pinus mugo
Pinus montana pumilio	Pinus mugo var. pumilio
Pinus mugo subsp. mughus	Pinus mugo subsp. mugo
Pinus nigra	Pinus nigra subsp. nigra
Pinus nigra austriaca	Pinus nigra subsp. nigra
Pinus nigra nigra	Pinus nigra subsp. nigra

*** Anmerkung: Um die Blaue Atlas-Zeder auch im botanischen Namen eindeutig zuzuordnen, verwenden wir den Sorten-Namen 'Atlantica Glauca' abweichend von der Namensliste Gehölze (dort: Cedrus libani Glauca Gruppe)

Synonym-Liste der Gattungen, Arten und Sorten, Band I

Abweichende Namen im **Zander** 19. Auflage, 2014, Handwörterbuch der Pflanzennamen, sowie in anderen **Fachbüchern und Katalogen**	**Namenliste Gehölze** International standard ENA 2016 - 2020

Obstgehölze

Juglans regia subsp. regia	Juglans regia 'Sorte'
Prunus domestica subsp. domestica 'Sorte'	Prunus domestica 'Sorte'
Prunus domestica subsp. italica 'Sorte'	Prunus domestica 'Sorte'
Prunus domestica subsp. syriaca 'Sorte'	Prunus domestica 'Sorte'
Prunus persica var. persica 'Sorte'	Prunus persica 'Sorte'
Ribes rubrum var. domesticum 'Sorte'	Ribes rubrum 'Sorte'
Ribes uva-crispa var. sativum 'Sorte'	Ribes uva-crispa 'Sorte'
Rubus sect. Rubus 'Sorte'	Rubus fruticosus 'Sorte'
Vitis vinifera 'Sorte'	Vitis 'Sorte'
Vitis vinifera subsp. vinifera 'Sorte'	Vitis 'Sorte'

Pflanzen für die Innenraum-Begrünung

Abutilon Hybride 'Sorte'	Abutilon 'Sorte'
Callistemon lanceolatus	Callistemon citrinus
Citrus limonum	Citrus limon
Citrus medica var. limon	Citrus limon
Dracaena deremensis	Dracaena fragrans
Eucalyptus globulus subsp. globulus	Eucalyptus globulus
Ficus repens	Ficus pumila
Kentia forsteriana	Howea forsteriana
Lagerstroemia elegans	Lagerstroemia indica
Lantana Camara-Hybride 'Sorte'	Lantana camara 'Sorte'
Metrosideros citrina	Callistemon citrinus
Olea europaea subsp. europaea	Olea europaea
Philodendron scandens	Philodendron hederaceum var. hederaceum

Abweichende Namen im **Zander** 19. Auflage, 2014, Handwörterbuch der Pflanzennamen, sowie in anderen **Fachbüchern und Katalogen**	**Namenliste Stauden** International standard ISU 2016 - 2020

Küchen- und Gewürzkräuter

Allium schoenoprasum var. schoenoprasum	Allium schoenoprasum
Anethum graveolens var. hortorum	Anethum graveolens
Anthriscus cerefolium var. cerefolium	Anthriscus cerefolium
Artemisia glauca	Artemisia dracunculus
Lavandula officinalis	Lavandula angustifolia
Majorana hortensis	Origanum majorana
Petroselinum crispum var. crispum	Petroselinum crispum

Register der botanischen Pflanzennamen

Register der botanischen Pflanzennamen

Register der botanischen Pflanzennamen

Register der botanischen Pflanzennamen

Register der botanischen Pflanzennamen

Register der botanischen Pflanzennamen

Register der botanischen Pflanzennamen

Register der botanischen Pflanzennamen

Register der deutschen Pflanzennamen

Register der deutschen Pflanzennamen

Register der deutschen Pflanzennamen

Register der deutschen Pflanzennamen

Register der deutschen Pflanzennamen

Register der deutschen Pflanzennamen

Register der deutschen Pflanzennamen

Register der deutschen Pflanzennamen

Register der deutschen Pflanzennamen

Register der deutschen Pflanzennamen

Register der deutschen Pflanzennamen

Register der deutschen Pflanzennamen

Register der deutschen Pflanzennamen

P1802917__Handbuch AuGala # Band I_15_Back